NRW-Forum Kultur und Wirtschaft Düsseldorf

# *RheinRuhrCity*
Die Unentdeckte Metropole – The Hidden Metropolis

## The REGIONMAKER

## MVRDV

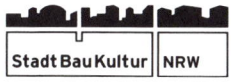

Ein Leitprojekt der Initiative StadtBauKultur

# INHALT / CONTENTS

## Vorworte / Forewords

### Einführung / Introduction
Danksagungen / Acknowledgements

## New Regionalism
### Gibt es überhaupt Regionen? / Do Regions Exist?
Global-Lokal / Global-Local
Was ist eine Region? / What is a Region?
Interview Peter Hall
Interview Bert van de Knaap
Interview Saskia Sassen / Richard Sennett

## The REGIONMAKER
### Einsatzgebiete für den Regionmaker / Why the REGIONMAKER
Aufbruch in das dritte Maschinenzeitalter / Upbeat to the Third Machine Age
Architectural Devices / Architektonische Geräte
The REGIONMAKER und Regionen / and Regions
Die Stuktur des REGIONMAKER / The Structure of The REGIONMAKER
Verbindungen und Flussdiagramme / Linkages and Flowcharts
Technische Grundlagen / Technical Descriptions
Das Handbuch / The Manual

## *RheinRuhrCity*
Das Ruhrgebiet / The Ruhr Area
Interview Minister Dr. Michael Vesper
Interviews Bürgermeister / Mayors
Interviews Bewohner / Residents
Beobachtungen / Observations

RRC und der REGIONMAKER / RRC and the REGIONMAKER
### Und Jetzt? / And Now?
Szenarien / Scenarios

Rhein Central: Anzeigen / Advertisements
Bibliografie / Bibliography
Impressum / Imprint

| | |
|---|---|
| Minister Dr. Michael Vesper | 4 |
| Oberbürgermeister Joachim Erwin | 6 |
| Hartmut Miksch | 7 |
| Petra Wenzel und Werner Lippert | 8 |
| Winy Maas | 10 |
| Winy Maas | 14 |
| | |
| Winy Maas | 22 |
| Ronald Wall | 28 |
| Ronald Wall | 30 |
| Winy Maas, Penelope Dean | 54 |
| Winy Maas, Penelope Dean | 66 |
| Winy Maas, Penelope Dean | 78 |
| | |
| Winy Maas, Manuel de Rivero | 92 |
| Winy Maas | 100 |
| Winy Maas | 106 |
| Ronald Wall | 110 |
| Ronald Wall | 120 |
| Winy Maas, Ronald Wall | 130 |
| Daniel Dekkers | 142 |
| MVRDV | 160 |
| | |
| Marc Feustel | 196 |
| Winy Maas, Pablo Molestina | 208 |
| Dr. Michael Köhler | 216 |
| Tihamér Hazarja Salij | 226 |
| Tihamér Hazarja Salij | 244 |
| Ronald Wall | 260 |
| Winy Maas | 268 |
| Winy Maas, Anton van Hoorn, Manuel de Rivero | 278 |
| BBDO | 336 |
| | 344 |
| | 348 |

# VORWORT
VON DR. MICHAEL VESPER, MINISTER FÜR STÄDTEBAU UND WOHNEN, KULTUR UND SPORT IN NRW

In der Diskussion um die Zukunft des Ballungsraums Rhein-Ruhr hat es schon fast Alles gegeben: elegante, hochfliegende Modelle genauso wie trübe Alpträume. Kein Zweifel, diese nahezu unbegrenzte, auch widersprüchliche Metropolenregion provoziert zu Visionen. Moderne Architekten und Urbanisten schreiben ihr einzigartige Zukunftschancen zu – als ein Laboratorium der Moderne. Wie in kaum einer anderen europäischen Region verbinden sich hier ökonomische Chancen (etwa in den Bereichen Zukunftstechnologien, Ingenieurwesen und Logistik) mit einer einmaligen Kulturqualität und -dichte.

Auf der anderen Seite steht diesen gedanklichen Optionen eine Realität gegenüber, die von Vielen negativ qualifiziert wird, als kleinmütiges Kirchturmsdenken oder systematische Innovationsschwäche. Noch immer fehlt ein Netz aus innovativen Milieus und kreativen Zentren; von einer neuen Politik- und Verwaltungskultur ist kaum zu sprechen. Deshalb bleibt die Frage, wer die gewaltigen Optionen und Probleme des Ballungsraums räumlich, inhaltlich und institutionell zusammenführen kann – und vor allem wie – auf der politischen Agenda.

Fragen über Fragen: Wie können – aufbauend auf den Ergebnissen der Internationalen Bauausstellung Emscher Park (IBA) – Struktur- und Kulturpolitik zusammengeführt werden? Gibt es Strategien, um die bundes- und vermutlich auch europaweit einmalige Bildungslandschaft für die Region besser nutzbar zu machen? Welche Regeln und (interkommunalen) Strategien brauchen wir, um der Flut der maßstabssprengenden und antiurbanistischen Handels- und Freizeitgroßprojekte Herr zu werden? Und schließlich: Wie sieht in diesem Ballungsraum metropolitane Baukultur aus?

Wenn der Rhein-Ruhr-Raum mit der Implosion der Montanindustrie sein ökonomisches Rückgrat verliert, stellt sich nun die Frage, wie der Übergang in die Wissensgesellschaft zu gestalten ist. Die IBA hat gezeigt, dass die Metropolregion gut beraten ist, sich ihrer Wurzeln und ihrer Kraft aus der industriekulturellen Vergangenheit bewusst zu sein. Sie hat aber auch gezeigt, dass wir im Hinblick auf die Zukunftsaufgaben der Region plastische Bilder und konkrete Utopien einer neuen Wirklichkeit brauchen. Wir brauchen neue Strukturen und Symbole einer postindustriellen Urbanität, die über die Diskussion um die „Zwischenstadt" hinausgehen.

An welchen Zielen sich der Suchprozess nach einer postindustriellen Urbanität orientieren kann, ist noch ungeklärt. Sicher ist allerdings, dass bei der Suche nach neuen Orientierungen, neuen Zeitrastern und neuen ökonomischen Strukturen Kunst und Kultur (und damit auch Architektur und Städtebau) eine zentrale Perspektive bilden. Und das nicht nur, weil Kunst und Kultur grundsätzlich zu den stärksten stadtbildenden und -gestaltenden Kräften der Zukunft gehören werden. Sondern auch, weil gerade die Kunst neue Zukunftsbilder generieren kann. Solche Bilder sind Referenzebenen für neue Identitäten und Identifikationen.

Auch wenn Visionäre gerade in der Ruhrgebietsdebatte häufig als Dilettanten beschimpft werden: in dieser Metropolregion gibt es einen signifikanten Mangel an plastischen Entwicklungsbildern, die Menschen und Meinungen zusammenführen. Dem Flickenteppich suburbaner Welten müssen eindringliche neue Bilder entgegengesetzt werden: Begriffe wie „Netzstadt„ und „Regionalstadt" sind dafür nur ein konzeptioneller Rahmen.

Stadtpolitik muss auch Faszination erzeugen. Die Ausstellung „RheinRuhrCity" gehört zu den Projekten, die an neuen, faszinierenden und provokativen Bildern für die Zukunft des Ballungsraums Rhein-Ruhr arbeiten. Wo wird sich dieser Ballungsraum demnächst in Nordrhein-Westfalen, in Deutschland und in Europa verorten? Wie wird sich sein zukünftiger Charakter in der Wechselwirkung zwischen Identität und Konkurrenz ausbilden? Geht es in Zukunft eher um zurückhaltende Bestandspflege und strukturellen Rückbau oder um profilsetzende Leuchtturmprojekte? RheinRuhrCity ist – auch – ein Laboratorium zum Nachdenken bei gelockerter Vernunft.

Die Ausstellung ist ein zentrales Projekt in der Landesinitiative StadtBauKultur Nordrhein-Westfalen. Sie wird das Denken und – so ist zu hoffen – das Handeln der Verantwortlichen in der Region verändern und erweitern. Denn Baukultur bedeutet vor allem, Stadt und Region zum öffentlichen Thema zu machen.

Das Projekt „RheinRuhrCity" ist außerdem Teil einer Gesamtentwicklung hin zu neuen metropolitanen Denkweisen. Mit der gemeinsamen Bewerbung um die Ausrichtung der Olympischen Spiele haben die beteiligten Städte ein beachtliches Zeichen im Hinblick auf neue Kooperationskultur gesetzt. Schon vorher hatte die IBA neue regionale Maßstäbe entwickelt; die Denk- und Handlungsansätze setzen sich in den städteübergreifenden „Regionalen: Kunst- und Kulturräumen" fort. Die Frage der Ruhrstadt bewegt alle politischen Gruppen.

Das Projekt RheinRuhrCity soll vieles in Bewegung bringen – das Sehen, das Denken – und das Handeln.

MICHAEL VESPER

# VORWORT
## DES OBERBÜRGERMEISTERS DER LANDESHAUPTSTADT DÜSSELDORF
## JOACHIM ERWIN

Kirchturmpolitik bringt uns nicht weiter. Aber was bringt uns weiter? Ideen hierzu wird uns diese Ausstellung im NRW-Forum Kultur und Wirtschaft Düsseldorf vorstellen. Die Landeshauptstadt Düsseldorf hat sich bei der Bewerbung als Austragungsort für die Olympischen Spiele 2012 mit der Region Rhein-Ruhr zusammengetan. Dieser Zusammenschluss ist für diese Bewerbung ganz sicher richtig gewesen, denn allein hätte keine der beteiligten Städte diese Aufgabe schultern können, zusammen rechnen wir uns gute Chancen aus. Aber wäre ein ähnlicher Zusammenschluss über die Bewerbung hinaus überhaupt sinnvoll oder würde ein städtisches Gebilde, das von Dortmund bis Köln alle Gemeinden und Städte einschließt vielmehr unübersichtlich und unregierbar? Ich bin sehr gespannt auf die möglichen Zukunftsszenarien, die, basierend auf einer Strukturstudie von MVRDV, einem visionären jungen Architekturbüro, im NRW Forum Kultur und Wirtschaft der Öffentlichkeit vorgestellt werden.

Nur das Vorhandene zu bewahren, das reicht in der heutigen schnelllebigen Zeit nicht aus. Wenn alle anderen voranschreitem wird Stillstand zum Rückschritt. Wir müssen daher vorausschauend planen und auch vor zunächst absolut unrealisierbar erscheinenden Visionen nicht gleich zurückschrecken, denn vielleicht ist es gerade eine völlig utopische Vision, die den Anstoß zu einer ganz konkreten Neuerung gibt, die eine Kommune ein Stück weiter voran bringt.

In diesem Sinne wünsche ich der Ausstellung eine lebhafte Publikumsreaktion und hoffe, dass sie den Anstoß zu vielen fruchtbringenden Diskussionen geben wird.

JOACHIM ERWIN

# VORWORT
DES PRÄSIDENTEN DER ARCHITEKTENKAMMER NORDRHEIN-WESTFALEN
HARTMUT MIKSCH

Was haben der Kölner Dom, das Düsseldorfer Stadttor, das Duisburger Hüttenwerk Meiderich, der RWE-Tower in Essen und die Westfalenhalle gemeinsam? – Alle Bauwerke rangieren ganz oben auf der Skala der Gebäude, die für Bürgerinnen und Bürger unserer Städte regionale Identität stiften.

Bauwerke sind mehr als Behausungen. Bauwerke sind unverzichtbarer Bestandteil von Identitäten. Sowohl der individuellen Identität von Menschen als auch der Identität von Regionen. Nicht umsonst regt sich in Köln bei jedem neuen Hochhausprojekt die Sorge, man könne irgendwann den Dom nicht mehr sehen. Und kein Dortmunder mag sich vorstellen, über die B1 von Bochum kommend in seine Stadt zu fahren, ohne einen Blick nach rechts auf die Westfalenhalle zu werfen. Das Phänomen der identitätsstiftenden Wirkung bestimmter Gebäude lässt sich sowohl auf die meisten Städte und Dörfer übertragen als auch auf verschiedene Bezugsgrößen: Straße, Quartier, Stadtteil, Stadt, Ballungsraum.

Ballungsraum? Gibt es eine identitätsstiftende Wirkung von Architektur, die über die Stadtgrenze hinausreicht? Gibt es ein Bauwerk, das eine RheinRuhrCity repräsentieren könnte?

Wer diese Frage stellt, erhebt zugleich die Frage, ob es heute noch regionale Architektur gibt. Die Architektenkammer Nordrhein-Westfalen hat diese Fragestellung an ihre Mitglieder weitergereicht. Wir wollten wissen, ob Architekten auf dem Land anders bauen als in der Großstadt, und ob im Münsterland eine andere Architektur realisiert wird als in den Großstädten am Rhein. Die Ergebnisse werden wir in einem Vortrag im Rahmen der Ausstellung diskutieren. Ich denke, sie lassen vielfältige Rückschlüsse darauf zu, wie wir mit dem baulichen Erbe in unserer Region umgehen sollten, aber auch, wie wir künftig für diese Agglomeration planen und bauen sollten.

Wollen wir ernsthaft Perspektiven für RheinRuhrCity, für einen gemeinsamen Ballungsraum von Köln bis Dortmund und von Velbert bis Marl entwickeln, dann müssen wir auch darüber nachdenken, wie diese Region städtebaulich zusammenwachsen kann. Angesichts der enormen Dichte unseres Siedlungsraums kann es dabei nur um ein qualitatives, nicht aber um eine quantitatives Wachstum gehen. Damit will ich nicht dem Rückbau das Wort reden – es gibt auch ein Wachstum nach innen: Neubau auf Brachen und Konversionsflächen, Umbau im Bestand, Sanierung und Weiterentwicklung vorhandener Bausubstanz.

Dabei wird es wichtig sein, innovative Architekturansätze aus aller Welt mit regionaler und vielleicht sogar lokal identifizierbarer Architektur zu kombinieren, unter Umständen sogar zu versöhnen. Der Rhein-Ruhr-Raum bietet dafür heute schon diverse Anschauungsbeispiele, man denke nur an den Duisburger Binnenhafen, den Medienhafen in Düsseldorf oder die Stadtkrone-Ost in Dortmund. Die genannten Beispiele zeigen auch, wie wichtig bei solchen städtebaulichen Entwicklungsprojekten das Zusammenspiel von Architekten, Innenarchitekten, Landschaftsarchitekten und Stadtplanern sowie die interdisziplinäre Kooperation mit Ingenieuren, Soziologen, Wirtschaftsförderern und nicht zuletzt der Bevölkerung ist.

„Heimat ist da, wo man sich nicht erklären muss." Dieses Wort von Johann Gottfried von Herder könnte als Leitgedanke der RheinRuhrCity gelten. Ein Konglomerat, das in Planungsstäben und Verwaltungen ohne Einbindung der Nutzer, also der Bürgerinnen und Bürger, konstruiert wird, kann nicht funktionieren. Die Probleme mit den Zwangs-Eingemeindungen der 70er Jahre geben davon ein beredtes Beispiel. Eine nachhaltige, am Konzept der Agenda 21 ausgerichtete Stadt- bzw. Regionalentwicklung muss die Bevölkerung mit auf die Reise nehmen. Insofern ist das Konzept des Ausstellungs- und Diskussionsprojektes RheinRuhrCity ein wichtiger Schritt auf einem vermutlich langen Weg.

HARTMUT MIKSCH

# EINLEITUNG UND DANK
## NRW-FORUM KULTUR UND WIRTSCHAFT DÜSSELDORF

Das NRW-Forum Kultur und Wirtschaft stellt seinem Auftrag entsprechend Ausstellungen vor, die Alltagsphänomene auf kulturelle Implikationen hinterfragen, oder vice versa, kulturelle Themen und ihren Einfluss auf Alltag und Wirtschaft untersuchen. Im Rahmen unserer Ausstellungsplanung hat das Thema Baukultur eine hohe Priorität. Die Ausstellung „Living Bridges" im Jahr 2000 war für uns in dieser Hinsicht beispielhaft – so zeigten historische Brückenmodelle, dass Brücken neben ihrer Verkehrsfunktion selber kulturelle Phänomene sind; auf der anderen Seite waren neu entwickelte Brückenmodelle junger Architekten der Impuls für eine lebhafte aktuelle Diskussion.

Mit „Living Bridges" nahm auch dieses Projekt seinen Anfang. In den Diskussionen mit Winy Maas, dem Prinzipal des Architekturbüros MVRDV, das für „Living Bridges" eine visionäre Konstruktion über den Rhein in Düsseldorf entworfen hatte, entstand der Wunsch nach weiterer Zusammenarbeit und die Idee, Rhein/Ruhr zu erforschen.

Das Ruhrgebiet war seit Anfang des letzten Jahrhunderts das industrielle Herz Deutschlands. Mit dem Niedergang der Montanindustrie steht die Region nun vor einer existenziellen Zukunftsfrage: Wachstum oder Schrumpfung? Aber – lässt sich diese Region vom direkten, wirtschaftlich und kulturell starken Partner, dem Rheinland, isoliert betrachten? Was kommt nach dem Aufstieg des Ruhrgebietes zu einer industriellen Metropole? Werden die globalen Einflüsse auf Gebiete dieser Art von lethaler Wirkung sein? Oder lassen sich die brachliegenden Potentiale reaktivieren? Diese Fragen – und viele mehr – waren der Ausgangspunkt für eine strukturelle Untersuchung von Rhein-Ruhr. Wenn sich die Identität einer Region durch Zusammenhalt und Differenz definiert, wo stehen dann „Wir in NRW"?

Die Ausstellung im NRW-Forum Kultur und Wirtschaft stellt als Bühne für Visionen die entscheidenden Fragen. Lässt sich ein neues RheinRuhrGebiet definieren und durch substanzielle Eingriffe fit für den globalen Wettbewerb machen? Oder sollte durch zurückhaltende Bestandspflege ein struktureller Rückbau unterstützt werden?

Was kann ein Kulturinstitut zu solchen Fragen – die substantiell für die Zukunft dieses Ballungsraumes sind – beitragen? Nun, die Antwort muss ein kultureller Diskurs sein, denn das ist die (einzige) Kompetenz eines Ausstellungshauses. Fragen nach Identität und Symbolhaftigkeit einerseits und die künstlerischen Mittel der Übertragung und des visionären Szenarios andererseits sind die Mittel, deren wir uns bedient haben. Was aber die wirkliche Kompetenz eines Ausstellungsinstituts, wie dem NRW-Forum ausmacht, ist die unbedingte Notwendigkeit des Visuellen in der Beherrschung der globalisierten Informationsflut und in der Infrastrukturplanung. Hier ensteht die Forderung nach einer „visuellen Kompetenz" - auf Seiten der Planer wie auf Seiten der Betrachter.

Wir danken insbesondere Herrn Minister Vesper und Herrn Oberbürgermeister Erwin, die uns zu einem Zeitpunkt ihre Förderung zugesagt haben, als wir weder auf die Frage, was wir ausstellen wollten, noch auf die Frage, wie wir es ausstellen wollten, eine befriedigende Auskunft geben konnten. Gleicher Dank gebührt der Architektenkammer NRW und ihrem Präsidenten Herrn Miksch für die früh eingegangene Partnerschaft. Die finanzielle und ideelle Unterstützung dieser drei Partner hat RheinRuhrCity erst ermöglicht. Für die Unterstützung, die wir durch Dr. Hatzfeld, unseren Partner im Ministerium für Städtebau und Wohnen, Kultur und Sport des Landes Nordrhein-Westfalen, erfahren haben, danken wir ganz besonders – er hat dieses Projekt von Beginn an mit ebenso großem Enthusiasmus wie mit konstruktiver Kritik begleitet.

Den hoffentlich eintretenden Erfolg dieser Ausstellung beim Publikum werden wir auch unseren Medienpartnern verdanken: dem WDR, insbesondere WAZ und NRZ und ihren Chefredakteuren, Herrn Knüpfer und Herrn Kiessler. Mit dem Projekt ZEUS – „Zeitung und Schule", sowie zwei Projekten, die das Ministerium für Schule, Wissenschaft und Forschung des Landes NRW fördert, betreten wir Neuland in der pädagogischen Arbeit des NRW-Forums. Und dank einer Kooperation mit VRR und Rheinbahn ermöglichen wir jedem Besucher – und hoffentlich zahlreichen Jugendlichen und Schülern – die kostenlose An- und Abreise von ihrem Wohnort zum NRW-Forum in Düsseldorf.

Die eigentliche, visionäre Arbeit aber haben die Teams des niederländischen Architekturbüros MVRDV unter der Leitung von Winy Maas und der Projektsteuerung von Marc Feustel geleistet. In einer länderübergreifenden Zusammenarbeit mit Hochschulen aus Deutschland und den Niederlanden waren weit über hundert Professoren, Assistenten, Studenten in den Entstehungsprozess dieser Ausstellung involviert. Ihnen allen gilt unser besonderer Dank – und Hendrik Sander, der diese fächer- und länderübergreifende Kooperation der Hochschulen mit koordiniert hat. Danken müssen wir an dieser Stelle auch den OberbürgermeisterInnen und BürgermeisterInnen, den Bürgern, Planern, Forschern und Experten, die an intensiven Interviews mit gewirkt haben.

Winy Maas verdanken wir das Konzept dieses Katalogbuches, in dem er neben den eigenen visionären Ansätzen auch Beiträge der angesehensten Städteplaner zum Thema RheinRuhrCity zusammengebracht hat. Wir bewundern an diesem Projekt nicht nur seine intellektuelle Leistung, sondern auch den unbedingten Willen, viele lose Enden aus unterschiedlichen Disziplinen zu einem neuenGanzen zusammenzuführen.

Die Agentur BBDO hat in ihrem weltweiten Netz in 7 StädtenWerbekampagnen entwickelt, die eine fiktive Stadt namens „Rhein Central" im jeweiligen Land positionieren und bewerben, dafür danken wir Dr. Zimmermann, dem CEO von BBDO Group Germany; und der Firma Wall - Herrn Dornik -, die die Plakatvitrinen zur Verfügung stellte.

Die Multimedia-Installationen - von Eline Wieland und Marino Gouwens -, die innovative Software - von Daniel Dekkers - für den so genannten Regionmixer, dem Kern dieser Ausstellung, und schließlich die Musik, die das Landesensemble musikFabrik NRW unter Leitung ihres Geschäftsführers Herrn Fichter beigesteuert hat (und für deren Finanzierung wir Arabel von Karajan Dank gebühren), überschreiten das konventionelle Raster einer „Ausstellung" so weit, dass wir uns oft gefragt haben, ob wir dem ganzen Vorhaben nicht besser einen Untertitel wie „A Space Opera" hätten geben sollen - denn wie in einer Oper, so dominiert auch im Projekt RheinRuhrCity das synästhetische Zusammenspiel von Wort und Bild, von Animation und Musik.

Ein internationales Zusammenspiel schließlich war auch die Kooperation zwischen Architekten, Forschern, Hochschullehrern, Studenten, Kreativen und Planern aus aller Welt - Arbeitssprache war Englisch mit Einsprengseln von Holländisch, Deutsch, Spanisch, Türkisch und Dialekten aus Irland und Südafrika - daher haben wir uns entschlossen eine Vielzahl von englischen Begriffen wie „RheinRuhrCity" oder „Smart", „Network", und anderen Bezeichnungen, die sich selber erklären, beizubehalten.

Das ganze Bild dieses Projektes erschließt sich erst in der Vielzahl von Veranstaltungen rund um diese Ausstellung, in denen sich die Einzelaspekte der Ausstellung wie unter einem Vergrößerungsglas betrachten lassen. Den jeweiligen Organisatoren danken wir für diese Leistung: dem Deutschen Werbemuseum und der Agentur BBDO, dem Europäischen Medieninstitut, dem Wissenschaftszentrum, der Architektenkammer NRW, den Industrie- und Handelskammern der Städte Düsseldorf und Köln sowie den unzähligen Referenten, die diese Veranstaltungen durch ihre Vorträge und Diskussionsbeiträge bereichern werden.

Schließlich danken wir unseren ständigen Sponsoren, der Sparkasse Düsseldorf, Händle + Korte, dem Fachverband Aussenwerbung und seinen Mitglieds-Firmen, Windsor und allen anderen - wie den Firmen Wall, J. C. Deceaux, Blow Up, Handelsblatt -, die uns durch ihre Kooperation unterstützt haben. Das Medienunternehmen VVA hat uns bei der Produktion der Drucksachen und mit einer Internet-Datenbank unterstützt.

Eins haben wir aus der Arbeit an RheinRuhrCity gelernt: Ohne die vertiefte Wahrnehmung der unterschiedlichen Kulturen, die im Ballungsraum an Rhein und Ruhr zusammentreffen, ohne die Akzeptanz der unterschiedlichen Identitäten und Strömungen und ohne die Entwicklung einer eigenen Differenziertheit gegenüber anderen Regionen wird RheinRuhrCity nicht entstehen können. Vor allem aber nicht ohne die Hilfe kreativer und innovationsschöpfender Prozesse. Wir hoffen, dass diese Ausstellung und dieses Katalogbuch die Diskussion über das Konzept RheinRuhrCity anregen und vielleicht sogar einen Beitrag zu ihrem Entstehen leisten.

**PETRA WENZEL, WERNER LIPPERT**
Ausstellungsmanagement des NRW-Forum Kultur und Wirtschaft Düsseldorf

# EINFÜHRUNG

Das Buch The REGIONMAKER / *RheinRuhrCity* begleitet die gleichnamige Ausstellung im NRW-Forum Kultur und Wirtschaft in Düsseldorf vom 16. November 2002 bis zum 16. Februar 2003. Ziel der Ausstellung ist es, eine Diskussion über die mögliche Zukunft der Rhein-Ruhr-Region anzuregen.

Diese Ausstellung ist in einer Zeit zu sehen, in der die Architektur (erneut) mit großflächig angelegten Projekten betraut wird. Es ist erstaunlich, wie viele Architektur- und Stadtplanungsbüros eine ungewöhnlich hohe Anzahl an Aufträgen für regionale Projekte erhalten. In letzter Zeit erhielt das Architekturbüro MVRDV Projektanfragen verschiedener europäischer Regierungen, Stadtregierungen, Länder und Provinzen (darunter die Schweiz, Nordrhein-Westfalen, Nordbrabant, Oslo und Rotterdam, Katalonien und die Niederlande). Bei den Projekten sollen Wirtschaftswissenschaftler, Geografen und Stadtplaner an der Neuausrichtung von regionalen Identitäten und Funktionen mitwirken, um diese dann zu visualisieren.

Es galt also, die Darstellungen und Strukturen der Gegenwart zu analysieren, um dann Arbeitsmittel für eine neue Zukunft zu entwerfen. Dafür muss man auch mit den Bewohnern der Regionen in Dialog treten. Die Architektur sollte die unterschiedlichen Kontexte verarbeiten und wieder an der Gestaltung neuer Aussagen mitwirken.

Die Rhein-Ruhr-Region hat dramatisch an Bedeutung verloren. In der Zeit um den Zweiten Weltkrieg machte sich die Region als Hauptmotor der Schwerindustrie einen Namen. Sie liegt irgendwo im endlos ausgedehnten Herzen Europas, irgendwo zwischen Berlin, London, Paris und Mailand. Es ist eine Region mit einer verblassten Geschichte, einer verblassten Identität, ohne starkes Zentrum; eine Region, in der man über das enorm dichte Autobahnnetz in minutenschnelle von Stadt zu Stadt fahren kann; eine Region ohne große Verdichtung.

Die zunehmende Kooperation innerhalb Europas und die Einführung des Euros bewirken einen Wandel des gesamten europäischen Territorialgefüges. Nationen scheinen sich aufzulösen, eine neue „Ordnung" bildet sich heraus. Handelt es sich um eine Anordnung von Agglomerationen oder von Dispersionen – oder vielleicht um eine Kombination von beidem? Wie wird Europa sich neu „sortieren" – oder wird es „sortiert" werden? Welche „Methode" und welches „Hilfsgerät" kann uns bei der Auseinandersetzung mit der zunehmenden Komplexität solcher Fragen assistieren?

Hypothesen scheinen dabei zu eigenmächtig und vorläufig zu sein. Wahrscheinlich ist es klug, ein Werkzeug zu entwickeln, das bei diesen „Sortierungsvorgängen" helfen kann. Ein Arbeitsmittel, das an mehreren Orten gleichzeitig genutzt werden kann und dabei nachhaltig Wissen akkumuliert.

Wird uns dieses Werkzeug dann zu neuen regionengenerierenden Strategien befähigen? Wenn das so wäre, wie lassen sich Eigenschaften, Funktionen und Abgrenzungen einer europäischen Region mit ihren Sub- und Meta-Regionen

# INTRODUCTION

The REGIONMAKER / *RheinRuhrCity* book accompanies the exhibition with the same name in the NRW-Forum Kultur und Wirtschaft in Düsseldorf from November 16th 2002 to February 16th 2003, that wants to generate a discussion on the possible future of the Rhine Ruhr region in Germany.

The quest of this exhibition coincides at the moment that large-scale items have (again) become part of the architectural domain. It is remarkable how many architectural and urban planning practices are receiving an unusual number of commissions on the regional level. Recently MVRDV has been asked by different European governments, municipalities and provinces (Switzerland, North Brabant, Oslo, Rotterdam, Catalonia and the Netherlands) to work with economists, geographers and planners on their regional identity and possible future programs and to visualize these.

This stresses the demand for a visualization and spatialization of regions, where it becomes necessary to start designing and building a tool, to understand the present, to conceptualize the future and to communicate with the inhabitants of these regions, hereby creating a context and therefore a meaning to architectural products again.

The Rhine Ruhr region has lost its meaning dramatically. It used to be known for its heavy industry around the time of World War II. It is situated somewhere in the endless middle European field, somehow in between Berlin, London, Paris, Milano. A zone without remarkable identity, without strong centrality, without high density, every place equally accessable by an enormous network of highways – but with an enormous population. Without notice so many europeans live here.

The upcoming collaboration within Europe and the introduction of the Euro is causing a complete change of the European territory. Nations seem to dissolve. A new 'order' is emerging. Is this an order of agglomerations or dispersions – or an integral system of both? How will Europe 'sort' itself, or be 'sorted'? What 'method' and 'device' can assist us to sort ourselves within the escalating complexity?

Hypotheses seem very arbitrary and preliminary. Maybe it is wise to develop a device that can help to distinguish such a 'sorting action'. A device that can be used longer and at more places. That can develop knowledge over time.

Does this device then aspire towards a novel strategy of regionalization or regionmaking? If so, how do we define the properties, functions and delimitations of the European region, its sub-regions and meta-regions? Is the Ruhrgebiet a localized or infinite entity? Can it become the

definieren? Ist das Ruhrgebiet dann lokalisierbar oder von eher endlosem Charakter? Kann es die RheinRuhrCity werden?

Der REGIONMAKER sollte als ein erster Schritt in dieser Entwicklung betrachtet werden. Das Architekturbüro MVRDV, verschiedene akademische Institutionen und unabhängige Spezialisten haben die Software in enger Zusammenarbeit für die Ausstellung entwickelt.

Der REGIONMAKER dient als „dynamisches Anschauungsmittel", mit dem Regionen repräsentiert werden können, mit dem gezeigt wird, wie ihre Strukturen aufgebaut sind und funktionieren. Die Software kann dann für bestimmte Fälle konkret angewendet werden, wie z.B. für die Rhein-Ruhr-Region. Das Programm ist daraufhin ausgerichtet, zukünftige Konzepte und Visionen der jeweiligen Region zu visualisieren.

Das vorliegende Buch ist eine Art „Gebrauchsanleitung" für den REGIONMAKER und seine Anwendung auf die Region Rhein-Ruhr. Eine optimistische Anleitung, denn es repräsentiert mehr einen „Traum" als eine anwendbare Realität. Die Anleitung beschreibt die Ziele und die Struktur der Software. Für eine technische Erfüllung aller vorgeschlagener Anwendungen reichte die Entwicklungszeit bisher nicht aus.

Der REGIONMAKER wird kontinuierlich weiterentwickelt. Er markiert nur den Ausgangspunkt eines umfassenden Arbeitsgerätes, das über ein enormes Entwicklungspotenzial verfügt. Er erlaubt ein Manövrieren und Balancieren zwischen globalen und regionalen Ebenen und Maßstäben. Die Software wurde zum ersten Mal angewandt, um die RheinRuhrCity zu generieren.

## RheinRuhrCity?

The REGIONMAKER can be seen as the first step of this process. It has been developed through collaboration between MVRDV, various academic institutions and professionals.

The outcome of this collaboration is the conceptualization and initial implementation of a software called the REGIONMAKER, which serves as a 'dynamic presentation device' to represent regions, how they can ultimately be operated and eventually applied to specific cases, such as the Rhine Ruhr region. The software is used to visualize future concepts and visions of this area. The application has been used to re-evaluate the software.

This book can be seen as a 'manual' for The REGIONMAKER and its application on the Rhine Ruhr area. It is an optimistic manual as it represents a 'dream' rather than a complete reality yet. The manual describes the targets and the structure of the software. The real software cannot totally cover this manual yet. The development time was too short for that.

The REGIONMAKER is therefore not completed. It will probably and hopefully never be completed, because it is the aim to develop over time. It is very much a prototype of a comprehensive tool. Balancing and manoeuvering between globalism and regionalism. The software was applied for the first time to generate the RheinRuhrCity.

# DANKSAGUNGEN

The REGIONMAKER / *RheinRuhrCity* wurde von Winy Maas, Architekt des niederländischen Architekturbüros MVRDV, und Werner Lippert, dem Leiter des NRW-Forums Kultur und Wirtschaft, aus Anlass der Ausstellung „Living Bridges" im Jahr 2001 konzeptioniert.

The REGIONMAKER / *RheinRuhrCity* wurde von MVRDV in Rotterdam: Winy Maas, Jacob van Rijs und Nathalie de Vries mit Marc Feustel, Ronald Wall, Anton van Hoorn, Arjan Harbers, Penelope Dean, Ana Belen Franco, Fernando Rodriguez, Manuel de Rivero, Sophie Troch, Theo Deutinger, Tihamér Hazarja Salij konzipiert und entwickelt.

Die heuristische Struktur des REGIONMAKER basiert auf vorangegangenen Studien für die Software des FUNCTIONMIXER, der die Kombination und Mischung unterschiedlicher Nutzungen optimiert. Das Programm wurde bereits im Frühjahr 2002 für und in Zusammenarbeit mit MIXMAX als Bestandteil des Habiforums in den Niederlanden entwickelt.

Inhalt und Struktur des REGIONMAKER wurden am Berlage Institute Rotterdam im Verlauf des Studienjahres 2001-2002 von Studenten entwickelt, die von Winy Maas, Ronald Wall, Anton van Hoorn und Daniel Dekkers betreut wurden.

Die Umsetzung des Konzepts in den Softwarebereich wurde zusammen mit der Firma cThrough in Eindhoven: Daniel Dekkers durchgeführt.

Die Computeranimationen entstanden bei Wieland+Gouwens, Rotterdam: Eline Wieland und Marino Gouwens.

Die Texte stammen von Winy Maas, Ronald Wall, Daniel Dekkers, Marc Feustel, Tihamér Hazarja Salij, Anton van Hoorn und Manuel de Rivero.

Die Interviews führten Winy Maas, Penelope Dean, Tihamér Hazarja Salij und Pablo Molestina.

Die vergleichenden Untersuchungen der Region Rhein-Ruhr wurde von MVRDV in Zusammenarbeit mit den Hochschulen RWTH Aachen, BTU Cottbus, BU Wuppertal, Universität Dortmund, Fachhochschule Köln, Fachhochschule Düsseldorf, Design Academy Eindhoven und der TU Eindhoven angefertigt.

Layout und Gestaltung des Buches kommen von MVRDV: Winy Maas, Roddy Mac Mahon und Anton van Hoorn in Zusammenarbeit mit thonic, Amsterdam: Thomas Widdershoven.

Für die Koordination des Projektes war Marc Feustel zuständig.

Die geistige Schirmherrschaft tragen Petra Wenzel und Werner Lippert von der Projects GmbH, die das Projekt mit ihrer starken, einfühlsamen und sorgfältigen Begleitung maßgeblich gefördert haben.

# ACKNOWLEDGEMENTS

The REGIONMAKER / RheinRuhrCity was conceived by Winy Maas with Werner Lippert, the director of the NRW-Forum Kultur und Wirtschaft in Düsseldorf, on the occasion of the "Living Bridges" exhibition in 2001.

The REGIONMAKER / RheinRuhrCity has been researched, designed and produced by MVRDV, Rotterdam: Winy Maas, Jacob van Rijs und Nathalie de Vries mit Marc Feustel, Ronald Wall, Anton van Hoorn, Arjan Harbers, Penelope Dean, Ana Belen Franco, Fernando Rodriguez, Manuel de Rivero, Sophie Troch, Theo Deutinger, Tihamér Hazarja Salij.

The heuristic structure of The REGIONMAKER is based on preliminary studies for The FUNCTIONMIXER, a software that optimizes the mix in functions, developed in the spring of 2002 for and in collaboration with the MIXMAX as part of the Habiforum enterprise in the Netherlands.

The urban content and structure of The REGIONMAKER has been studied and developed at the Berlage Institute in Rotterdam in the academic year 2001-2002, tutored by Winy Maas with Ronald Wall, Anton van Hoorn and Daniel Dekkers.

The software has been developed and created by cThrough in Eindhoven: Daniel Dekkers.

The animation has been created by Wieland + Gouwens in Rotterdam: Eline Wieland and Marino Gouwens.

The texts have been written by Winy Maas, Ronald Wall, Daniel Dekkers, Marc Feustel, Tihamér Hazarja Salij, Anton van Hoorn and Manuel de Rivero.

The interviewes have been taken by Winy Maas, Penelope Dean, Tihamér Hazarja Salij and Pablo Molestina.

The comparative analysis of the Rhine Ruhr Area has been carried out by MVRDV in collaboration with the unversities RWTH Aachen, BTU Cottbus, BU Wuppertal, Universität Dortmund, Fachhochschule Köln, Fachhochschule Düsseldorf, Design Academy Eindhoven, and TU Eindhoven.

The book has been designed by MVRDV: Winy Maas, Roddy Mac Mahon and Anton van Hoorn in collaboration with thonic, Amsterdam: Thomas Widdershoven.

For the coordination of the project Marc Feustel was responsible.

It has been intellectually made possible by the strong, sensitive and carefull accompany of Petra Wenzel and Werner Lippert of Projects GmbH, Düsseldorf.

New Reg

ionalism

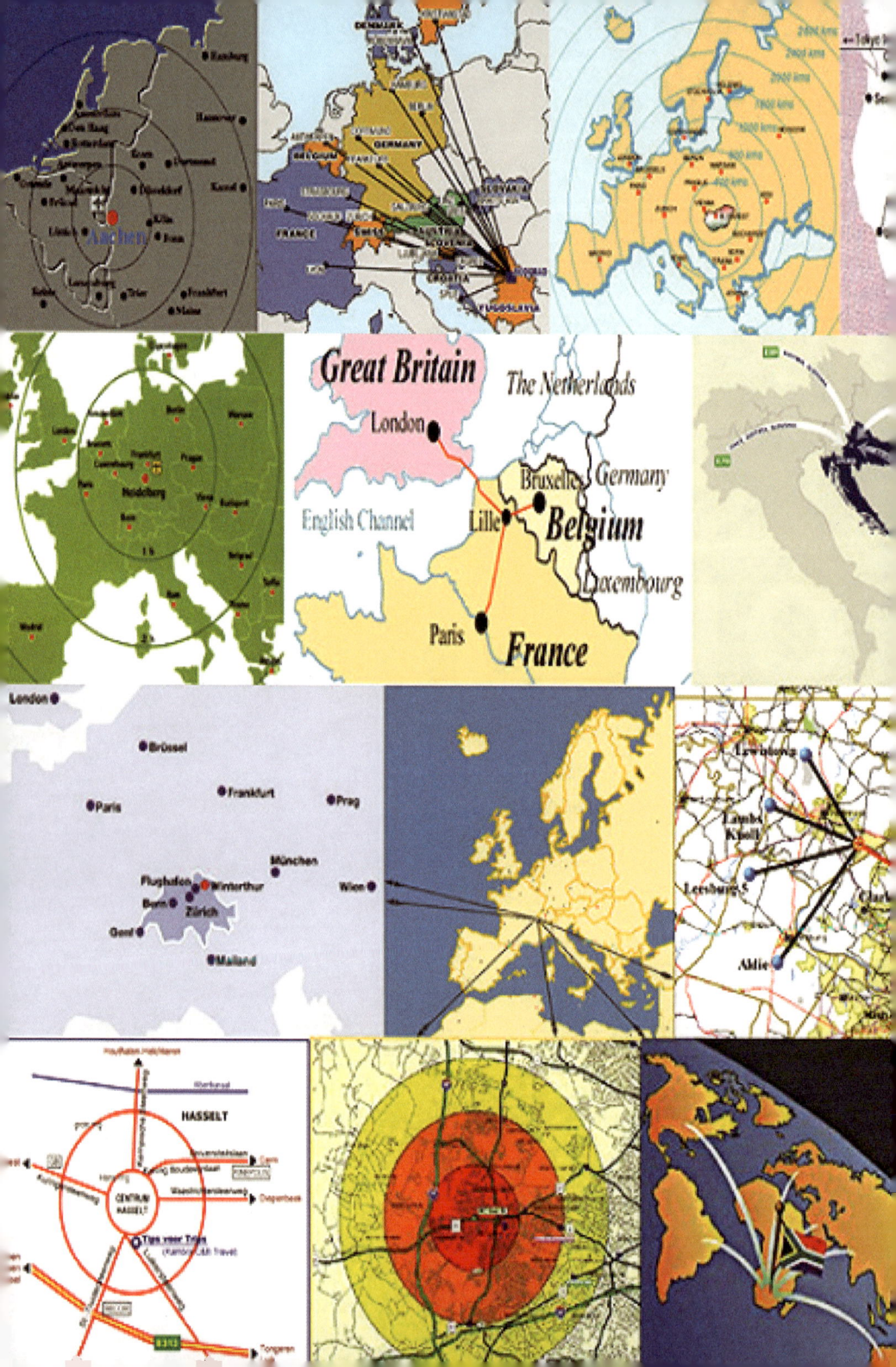

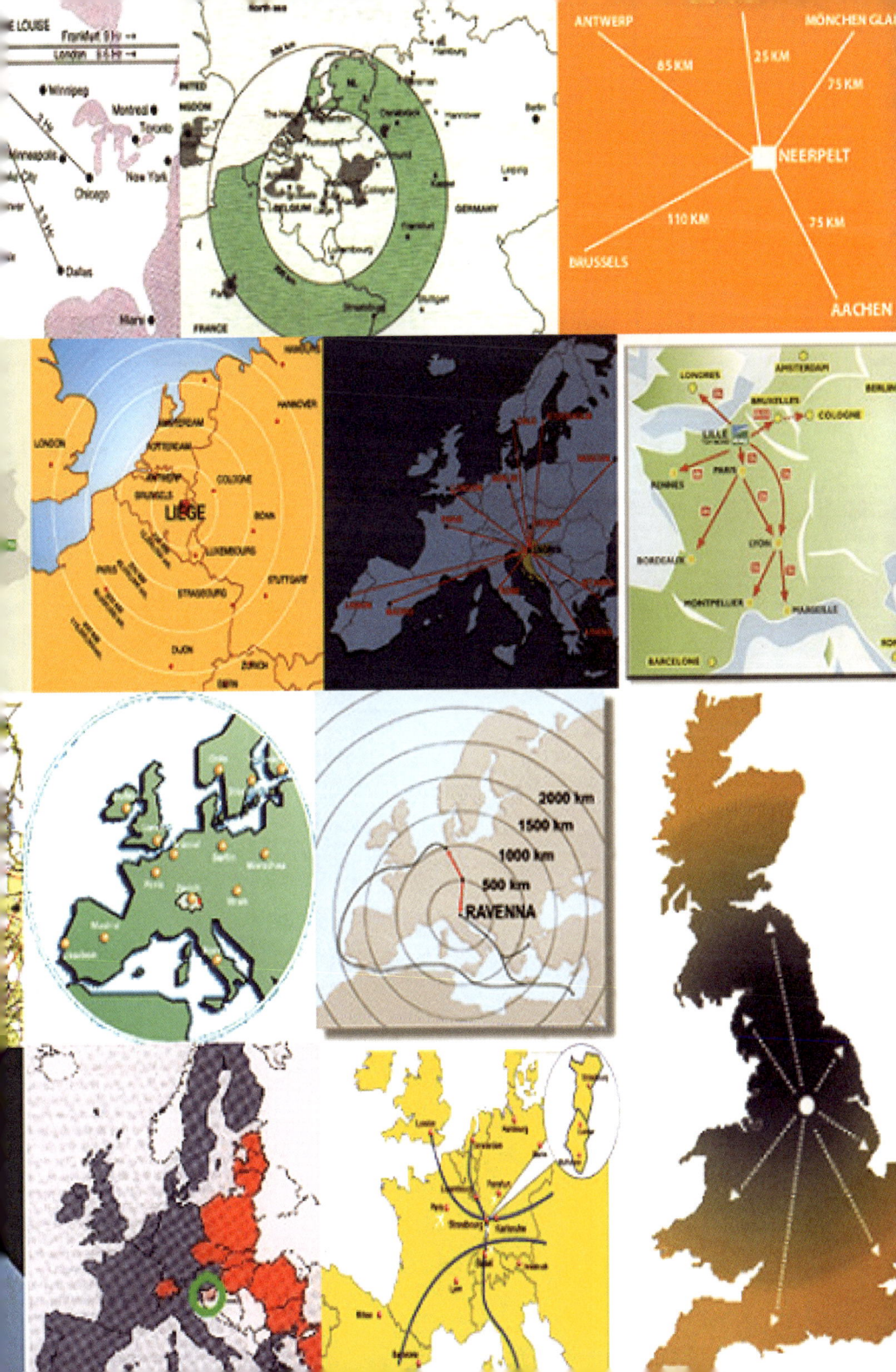

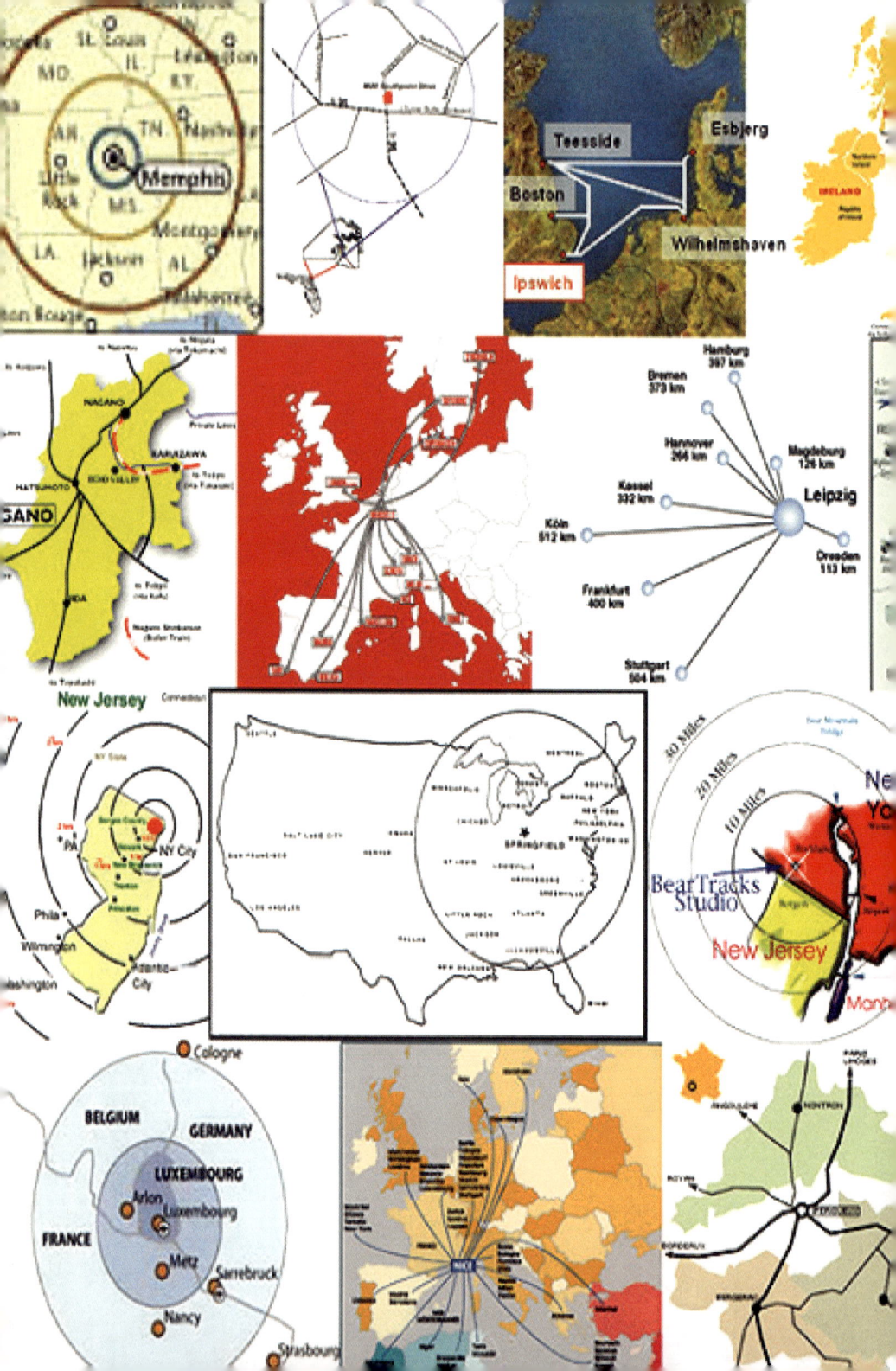

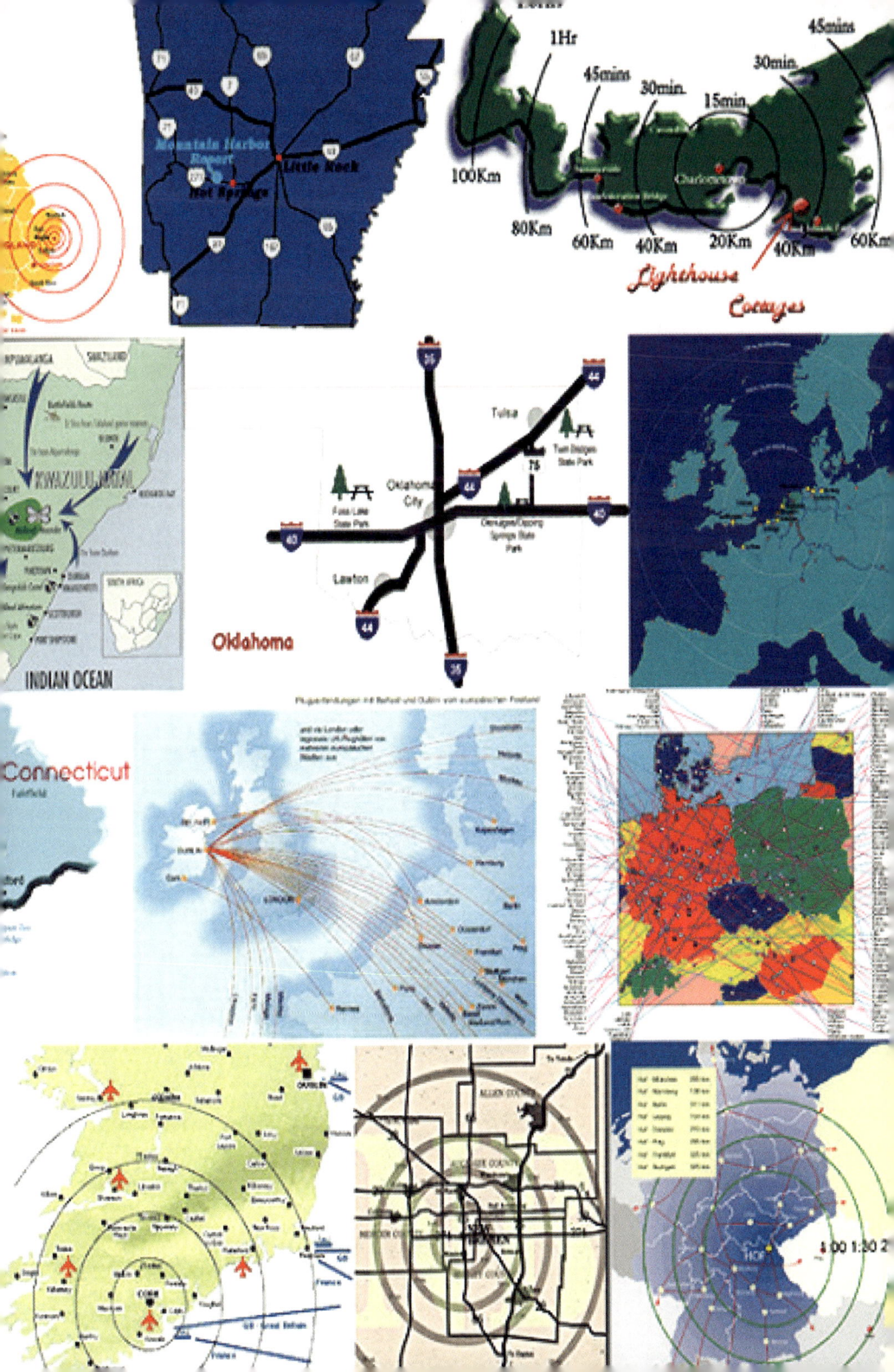

# GIBT ES ÜBERHAUPT REGIONEN?

Das verstärkte Interesse an Studien über Regionen ist ein Anzeichen dafür, dass sich die Gesellschaft zunehmend für die Thematik Regionen und Regionalismus interessiert, was angesichts der Tatsache, dass wir uns in einer Phase historischer Umwälzungen befinden, nicht weiter verwundern mag. Es ist dies eine Phase, die von der bipolaren Opposition technologisch-wirtschaftlicher Globalisierung und soziokultureller Identität geprägt ist.

In allen großen Verschiebungen sozialen Wandels geht dieses neue Paradigma mit veränderten Formen und veränderten Vorstellungen von Zeit und Raum einher. Die Loslösung von Kommunikation sowie vom Waren- und Informationsaustausch hat eine Welt hervorgebracht, die sich in ständigem Fluss befindet und deren zeitliche Begrenzungen ins Unendliche verlaufen. Unsere Städte und Regionen haben sich im Informationszeitalter grundlegend verändert; die Folgen dieser Veränderungen sind dabei noch nicht genau abzusehen. In dieser neuen Welt haben sich die Verkehrs- und Reisewege vervielfacht, der Zugriff auf Informations- und Kommunikationsressourcen hat sich über das Internet und andere Telekommunikationstechnologien beschleunigt; die Vorstellungen von einem „Zentrum", von einem allgemein-verbindlichen Bezugspunkt sind abgetragen (Castells, 1998).

Unter diesen veränderten Umständen bemühen sich die Regionen nun darum, ihre Wettbewerbsfähigkeit zu stärken. Ihr so genanntes „Branding", die Vermarktungsstrategien, sind gewissermaßen Ausdruck des Bedürfnisses nach „Aufmerksamkeit". Es gilt, die Attraktivität der Region unter Beweis zu stellen, es gilt zu überleben. Dabei sind alle Regionen darum bemüht, doch etwas von der „Zentralität" für sich zu retten, in Anspruch zu nehmen: So ist jede Region für sich genommen der Mittelpunkt der Welt, und für jede

# DO REGIONS EXIST?

The upcoming demand for studies on regions signifies a new shift in society towards the topic of regions and regionalism, which is not surprising when we consider that we are living in a moment of historical transformation. One characterized by the bipolar opposition between techno-economic globalization and socio-cultural identity.

As in all major processes of social change, the new paradigm is characterized by new forms of time and space. The de-localization of communication and exchanges is leading us to the space of flows and of eternal time, where one can question the outcome this will have on cities and regions in this Information Age. It is a world that, due to the increase of modes of transport and travel, and the accelerating access of information and communication by Internet and other telecommunication, becomes 'equally' accessible, and where centralization ceases to exist (Castells, 1998).

In this world, regions advance their competitivity. Their 'branding' reflects their 'cry for attention', in order to attract, and in order to survive. All regions aspire to contain a certain centrality, where every region is in itself, the heart of the world, and where each region is in proximity to other global actors, forming a portal to contingent regions..... forming their own openings to infinite 'hinterlands'.

So how can regions deal with this competition? Is there, in such a world, still a reason for concentration, both programmatically and spatially? Is there, once again, a desire for new meanings, regional coherences and identities?

Region sind die Global Player vor Ort eine Tür zu allen angrenzenden Regionen, eine Art Öffnung zum unendlich ausgedehnten „Hinterland" – dem Rest der Welt.

Welche Methoden müssen die Regionen für die globalen Märkte entwickeln, um ihre Wettbewerbsfähigkeit zu erhalten? Sind Konzepte wie programmatische und räumliche Konzentration überhaupt noch zeitgemäß? Und gibt es erneut ein Bedürfnis nach neuen Sinnzusammenhängen, nach regionalem Zusammenhalt und regionaler Identität?

**SPEZIALISIERUNG** Die modische Begrifflichkeit der Dezentralisierung stellt städtische und regionale Identität in Frage. Diese Identitäten sind sehr eng mit dem Grad der Spezialisierung verknüpft, und das gilt nicht nur für die Finanzmärkte, sondern auch für die Energie-, Agrar-, Freizeit-, Dienstleistungs- und Industriemärkte. Können sich die Städte und Regionen mittels territorialer, wirtschaftlicher und historischer Bezugspunkte im Kontext globaler Netzwerke überhaupt noch spezialisieren? Oder anders gefragt: Ist Spezialisierung im Zeitalter der Globalisierung überhaupt noch sinnvoll? Wäre es mittels Spezialisierung und den damit zusammenhängenden Konzentrationsstrukturen möglich, Unternehmen anzulocken, und ist die Spezialisierung in der Lage, Informationsindustrien und Innovation voranzutreiben, um so bestimmte Region in „Kompetenzzentren" umzuwandeln? Wie kann regionale Spezialisierung neue Entwicklungstendenzen initiieren, und wie wäre es dann möglich, durch Differenzierungsmaßnahmen ein ausbalanciertes Handelsnetz wechselseitiger Abhängigkeiten aufzubauen? Und schließlich: Würde diese Struktur der Interdependenz wirtschaftliche und politische Stabilität bestärken oder eher schwächen?

**SPECIALIZATION** The current notion of decentralization questions the identity of today's cities and regions. These identities are strongly connected to their specializations, not only concerning financial markets, but also in energy, agriculture, leisure, service and industrial markets as well. Can, within the contemporary context of global networks, cities and regions still 'specialize', by nature of their territorial, economic and historical circumstances? Is specialization (still) useful in times of globalization? Can specialization, due to its concentration, attract targeted companies, and can it enforce knowledge industries and innovation, so as to turn certain regions into centers of excellence? How can regional specialization generate new 'development', and how can this help to stimulate mutual trade and therefore mutual interdependency, by virtue of differentiation? And, can this interdependency stimulate economic and political stability?

Wir müssen die Definitionen von Architektur und urbanem Design erweitern, so dass sie neben den real-physischen auch die virtuellen Räume umfassen, dass sie Software und Hardware mit einschliessen, dass sie sowohl Netzwerke über Telekommunikationsverbindungen als auch real-physische Netzwerke und Verkehrssysteme erfassen. Dies ist genau der richtige Zeitpunkt, um die Konzepte von urbanem Design und Stadtentwicklung neu zu erfinden und um die Rolle der Architektur neu auszurichten.

W. J. MITCHELL, E-TOPIA, 1999

Regionen sind nichts weiter als Arbeitsmittel, mit denen man bei Raumanalysen bestimmte Ergebnisse hervorbringen kann. Das Hauptproblem bezieht sich auf das Erarbeiten des maximal grössten Bereiches, bei dem die grundlegenden Unterschiede nicht durch Durchschnittsberechnungen herausgenommen werden.

E. L. ULLMAN, 1945

Eine Region ist ein intellektuelles Konzept, das dazu dient, die Bedeutung räumlicher Aspekte der Verteilung physischer, biologischer und sozialer Phänomene besser zu verstehen.

M. D. THOMAS, 1961

Eine Region kann beides sein: sowohl ein Konzept als auch eine konkrete Realität.

W. ISARD, 1998

Regionen und Städte sind sich selbst organisierende Systeme, und als solche in einem besonders hohen Maß unberechenbar und unplanbar.

J. PORTUGALI, 1999

We must extend the definitions of architecture and urban design to encompass virtual places as well as physical ones, software as well as hardware, and interconnection by means of telecommunication links, as well as physical adjacencies and transportation systems. It is, I suggest, a moment to reinvent urban design and development and to rethink the role of architecture.

W. J. MITCHELL, E-TOPIA, 1999


Regions are merely working tools to achieve some end related to spatial analysis. The main problem relates to getting the maximum size area, which does not average out significant differences.

E. L. ULLMAN, 1945


A region is an intellectual concept devised to facilitate a better understanding of the significance of the aerial aspects of the distribution of physical, biotic and societal phenomena.

M. D. THOMAS, 1961


A region may be both, a concept and a concrete reality.

W. ISARD, 1998


Regions and cities are self-organising systems and as such to a large extent unpredictable and unplannable.

J. PORTUGALI, 1999

# GLOBAL / LOKAL

In den postindustriellen Nationen haben sich viele der großen Städte zu zentralen Schnittstellen der neuen Dienstleistungsgesellschaft gewandelt, zu Strategiepunkten für Beschleunigung von Kapital- und Informationsfluss, zu Räumen, in denen die sozioökonomische Polarisierung immer höhere Ausmaße annimmt. Dabei haben diese Städte gegenüber den Nationalstaaten an Bedeutung, Einfluss und Macht gewonnen (Sassen, 1991). In diesen Städten türmen sich die sozialen und räumlichen Aspekte gesellschaftlichen Zusammenlebens mit besonderer Intensität auf, um dann – mit zunehmender Entfernung vom Zentrum – wieder abzuflachen. Sie sind die Schaltstellen der fortschreitenden Transformation menschlicher Gesellschaften. Die sozialen und räumlichen Folgen dieser jüngsten Transformationen werden gerade erst sichtbar, und das, obwohl sie unsere Arbeit, unseren Wohlstand und unser Leben bereits beeinflussen. Stadt und Land sind ganz maßgeblich von diesen Prozessen betroffen, und zwar in allen Kulturen und auf allen Entwicklungsebenen. Die ganze Welt ist von einem gigantischen Urbanisierungsprozess erfasst, insbesondere Asien und Lateinamerika sind betroffen. Riesenstädte wachsen in Konstellationen unkontrollierter Raumausbreitung. Ökologische Nachhaltigkeit hat sich als Grundpfeiler aller neuen Entwicklungsstrategien etabliert. Die Städte und Gesellschaften werden zunehmend multiethnisch und multikulturell und bereichern so den kulturellen bunten Flickenteppich unseres Alltags. Dabei wächst zugleich der Bedarf an der Übersetzung von Sprachen und Chiffren sowie an dem gemeinsamen Zugang zu Bedeutungszusammenhängen unterschiedlicher Ursprünge (Castells, 1998). Die Metropolen müssen Techniken entwickeln, um die verschiedenen Phänomene zu bewältigen: die zunehmende Komplexität, die Vielzahl der zur Verfügung stehenden Informationen und schließlich auch die gegenwärtige Unvereinbarkeit der verschiedenen Erkenntnisse und Werte. Paradoxerweise scheinen sich Regionalregierungen besser in diesen Informations-, Kapital- und Machtströmen zurechtzufinden als Bundes- oder Nationalregierungen. Es scheint, als ob sich die Parameter sozialpolitischer Einflussnahme langsam verschieben.

Städte und Regionen sind globale Akteure. Als wissenschaftliche Untersuchungsobjekte sind sie ungleich größer und komplexer als z. B. Familien, Institutionen oder Gemeinden. Dadurch ist ihre Struktur nicht weniger dynamisch, in geringerem Maße empirisch zugänglich oder für die Wissenschaft weniger interessant. Für die wissenschaftliche Erfassung dieser Strukturen müssen Daten in enormem Umfang gesammelt, zusammengestellt, verarbeitet und aufbereitet werden – eine Herausforderung, vergleichbar mit der, vor der die Astronomen standen, als sie die galaktischen Strukturen des Universums aufzeichneten (Beauregard, 1995). Und weil die Akteure Städte und Regionen von globaler Bedeutung sind und das Leben und Wirken von vielen Millionen Menschen (und, wenn man so will, der gesamten Weltbevölkerung) umfassen, ist es von großer Wichtigkeit, diese Systeme gründlich zu erforschen. Falls keine Schritte in diese Richtung unternommen werden, unterwerfen wir uns der indifferenten, wertfreien Logik des zeitgenössischen Weltsystems.

Die intellektuellen Kategorien, die die städtebaulichen Maßnahmen ursprünglich geleitet haben, sind im Ansturm der sozialen und räumlichen Transformationen abgetragen worden. Dabei sind die Aufgaben, vor denen Architekten und Stadtplaner heute stehen, dringlicher als jemals zuvor. Es gilt, die Beschränkung des städtebaulichen Einflussbereiches aufzuheben und über politische Schranken hinweg zu erweitern. Die städtebaulichen

# GLOBAL / LOCAL

Certain cities in the post-industrial world have become central nodes in the new service economy, strategic sites for the acceleration of capital and information flows as well as spaces of increasing socio-economic polarization. One effect has been that such cities have gained importance and power relative to nation-states (Sassen, 1991). These cities are high intensity 'social' and 'spatial' peaks within stretching regional fields, and form the loci of progressive human transformations. The spatial and social consequences of recent transformations are only starting to appear, and yet they are changing the way we work, consume, and live. Cities and regions are fundamentally affected by these processes, across cultures and across levels of development. A gargantuan process of urbanization is taking place all over the world, particularly in Asia and Latin America. Megacities emerge as constellations of territorial sprawl. Environmental sustainability becomes the cornerstone of all new development strategies. Cities and societies become increasingly multiethnic and multicultural, thus enriching the cultural patchwork of our lives, yet they require an increasing ability to translate codes and languages and share meaning from diverse origins (Castells, 1998). Furthermore, they need to develop an ability to deal with increasing complexities, the multitude of data available and the present incompatibility and inconsistency of many of the forms of knowledge and values. Paradoxically, regional governances seem more adept than national governments to navigate in these flows of information, capital and power, than national or municipal ones. It seems that the scale of manageability is shifting.

Cities and regions exist on a global scale, making them much larger and more spatially extensive than other objects of scientific inquiry (families, communities, institutions etc.). But these qualities do not make them less real, nor their structure and dynamics less observable. Representing these structures presents a challenge for collecting, compiling, processing and presenting data, analogous in some ways to the problems faced by astronomers in charting the galactic structures of the universe (Beauregard, 1995). The fact that these entities exists at the global level and involve the activities of millions of people, and arguably, everyone on earth, makes knowledge of this spatial system extremely important. If not we will probably remain at the mercy of the impersonal logic of the contemporary world system.

Confronted by this whirlwind of social and spatial transformation, the intellectual categories that originally constituted the foundation of planning, have been made obsolete. Yet, the contemporary issues to be solved by architects and planners are more important than ever. In effect, planning powers need to be extended beyond political boundaries. Planners must not be confined to defined places but must be able to roam across political boundaries as need dictates.

Additionally planners should develop organizations that extend their spatial reach through collaborative endeavors and thereby provide another mechanism for responding to the multitude of particularly external actors who shape their communities. It is therefore within this context, that planners have to reposition

Anforderungen müssen im Mittelpunkt stehen und dürfen nicht von politischen Hürden blockiert werden. Darüber hinaus sollten Städteplaner kooperative Organisationsformen entwickeln, die den Umfang ihres räumlichen Zugriffs erweitern. Dadurch könnten vor allem auch die zahlreichen Akteure berücksichtigt werden, die am Leben ihrer Kommunen teilhaben. In diesem Zusammenhang wäre es sinnvoll, wenn die Stadtplanung ihre Perspektiven, ihren konzeptionellen Rahmen, ihre Methoden und ihre analytischen Werkzeuge neu ausrichten würde (Beauregard, 1995). Mit der Neupositionierung sollte es möglich sein, sich frei über mentale und physische Schranken hinweg zu bewegen, um so den Definitionen der Begriffe Stadt und Region eine neue Richtung und neue übergreifende Impulse zu geben. Daher sollte man den Begriff Region zuerst einmal genauer unter die Lupe nehmen.

## WAS IST EINE REGION?

Der Begriff wird in den unterschiedlichsten Disziplinen eingesetzt, unter anderem in der Biologie, Genetik, Internet-Technologie, Soziologie, Geografie und Wirtschaftswissenschaft. Bevor man sich aber auf die allgemeingültige Definition des Begriffes einlässt, lohnt es sich auch, zuerst dessen grundlegende Bedeutung nachzuschlagen – und die kommt aus der Mathematik. Webster's College Dictionary definiert die zusammenhängenden Begriffe als „systematische Behandlung einer Größe; Beziehungen zwischen Objekten und Formen; die Beziehungen zwischen Mengen, symbolisch beschrieben". – Wenn wir versuchen, etwas zu klassifizieren oder zu verstehen, setzen wir unterbewusst die mathematische Theorie der Zahlenreihe ein oder wir regionalisieren den Untersuchungsgegenstand, so z. B. bei: ein Rudel Wölfe, eine Traubenrebe, ein Satz ganze Zahlen, ein Gebäudeblock, eine Gebirgskette, ein Architektenteam. Die Theorie der Zahlenreihe und die Logik gehören zu dem Bereich, der heute als Grundstein der mathematischen Wissenschaften gilt. Denn auf den so genannten Elementen einer Gruppe fußt das gesamte Gebäude der modernen Mathematik (Aczel, 2000). Wenn man bedenkt, dass auch der menschliche Geist auf diesem Grundstein der Logik aufbaut, ist es nicht weiter verwunderlich, dass Stadtplaner und Geografen das Konzept mithilfe logischer Kategorien entwickelt haben.

Eine geografische Region ist – wie auch eine mathematische Region – ein Konstrukt, mit dessen Hilfe man in der Lage ist, bestimmte Problempakete einzugrenzen, zu generalisieren und zu bearbeiten. Unsere Fähigkeit, Probleme zu „regionalisieren", ist aber auch ihrerseits Gegenstand verschiedenartigster Untersuchungen. Denn auch, wenn wir im Alltag ständig auf diese Fähigkeit zurückgreifen, so sind wir doch – in gewissem Sinne – nicht in der Lage, eine Region mit hundertprozentiger Exaktheit zu bestimmen; zum einen, weil eine reale Region immer aus zahllosen Unterregionen besteht; zum anderen, weil die Wahrnehmung einer Region nicht zuletzt auch von der Perspektive und den Wahrnehmungsvoraussetzungen des Betrachters abhängt.

Wenn man von dem Konzept einer Menge ausgeht, also z. B. einer Gruppe von Gegenständen oder Personen, dann können auch andere Gruppen konstruiert werden. Dazu setzt man mathematische Mengenoperationen ein, die mit Operatoren wie *und*, *oder* und *nicht* arbeiten. Die Union zweier Mengen ist die Menge, deren Anteile der einen oder der anderen Menge (oder beiden) angehören. Die Schnittmenge zweier Mengen ist die Menge aller Elemente, die Anteile der einen und der anderen Menge sind (Aczel, 2000). Und der Zusatz

themselves, to restructure their thinking, framework, methods and analytical tools (Beauregard, 1995). A position which should be an attempt to move freely across mental and physical borders, and one which leads to a new direction and hopefully a new purpose in defining what cities and regions are. Therefore, it become important to analyze, conceptualize, and redefine what a region is.

## WHAT IS A REGION?

The word 'region' is used in many disciplines, including biology, genetics, internet-technology, sociology, geography and economics. However, before probing the more familiar and applicable definitions of region, it is interesting to first investigate the most fundamental use of the word, which can be found in the field of mathematics. According to Webster's College Dictionary, the definition of a mathematical region or set is the 'systematic treatment of magnitude, relationships between objects and forms, and the relationship between quantities expressed symbolically'. Any time we classify or try to understand things, we subconsciously use set theory or attempt to regionalize the topic of inquiry. For instance: 'a pack of wolves, a bunch of grapes, a set of integers, a cluster of buildings, an agglomeration of cities, or a group of architects'. In fact, what is known today as the foundation of mathematics is the area which includes 'set theory' and 'logic'. From things such as highways, wolves, buildings or grapes – elements in a collection – the entire edifice of modern mathematics has been constructed (Aczel, 2000). Seeing that human thinking is strongly founded on this logic, it is not surprising that planners and geographers have logically invented the concept of region.

A geographic region, like a mathematical region, is a mental construct, which enables us to confine, generalise and deal with certain clusters of problems. Our ability to 'regionalize' these problems, has by default led to a paradox whereby this method itself has become subject of its own scrutiny. Although we will always pursue it, we probably never will be able to truly conceive and solve what a region is, firstly because a real region consists of infinite sub-regions, and secondly because it is determined by the point of view or perception of the definer.

Starting from the concept of a set, such as a collection of items or people, other sets can be constructed by using set operations, which correspond to the words *and*, or, *and not*. The union of two sets is the set whose members belong to the one set or the other (or both). The intersection of two sets is the set of all elements that are members of one set and the other (Aczel, 2000). And the compliment of a set consists of all points that do not belong to the original set. Using the *and*, or *and not* operations, we can define an interesting rule for sets that is useful in computer science, known as Boolean operations. From this Augustus De Morgan founded a basic rule of set theory in the 19th century. The rule says:

Not (A or B) = (not A) and (not B)

einer Menge besteht aus allen Anteilen, die nicht Anteile der ursprünglichen Menge sind. Mit den Operatoren *und, oder* und *nicht* steht uns ein Werkzeug zur Verfügung, das auch in der Informatik eingesetzt werden kann: die Booleschen Operatoren. Ausgehend von diesen Operatoren formulierte Augustus De Morgan im 19. Jahrhundert folgende Grundregel der Mengenlehre:

Nicht (A oder B) = (nicht A) und (nicht B)

Diese Grundregel ist auch in der folgenden Abbildung veranschaulicht. Wenn man die Abbildung betrachtet, dann erkennt man, dass der Bereich, der sich außerhalb der Union von A, B befindet, tatsächlich genau der Bereich ist, der sich außerhalb von A und außerhalb von B befindet.
Eine mathematische Menge ist eine bestimmte Ansammlung von abgegrenzten und separaten Objekten wie z. B. S = {2, 5, 7}, eine Teilmenge besteht aus einer

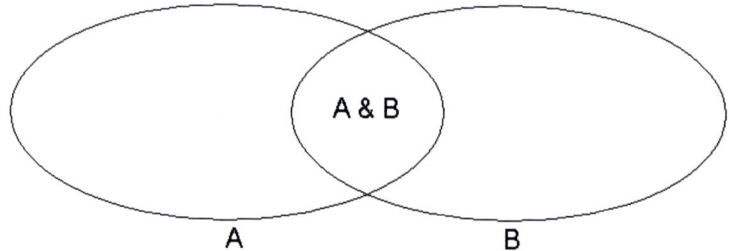

Teilansammlung von Elementen der ursprünglichen Menge. Die Teilmengen der Menge S sind in diesem Fall {2}, {5}, {7}, {2, 5}, {2, 7}, {5, 7}, {2, 5, 7} und { }, wobei die letzte Teilmenge als Leermenge bezeichnet wird. Die Grundmenge besteht aus der Summe aller Elemente der Menge, in diesem Fall also 8.

Ein Schlüsselelement der Mengenlehre ist die Leermenge, auch Nullmenge genannt. Diese Menge beinhaltet keine Elemente. Die Leermenge ist überall dabei – sie ist die Untermenge aller Mengen. Das kann durch Widerspruchslogik bewiesen werden: Wenn diese Aussage nicht wahr wäre, müssten wir einen Punkt vorweisen können, welcher der Leermenge angehört. Da die Leermenge aber über keine Punkte verfügt, können solche Elemente auch nicht vorgewiesen werden, daher kann man davon ausgehen, dass die Aussage stimmt (Aczel, 2000).

Bei der Mengenlehre stößt man unweigerlich auf frappierende Widersprüche. Da die Grundlagen der Mathematik aus der Mengenlehre und mathematischer Logik zusammengesetzt sind, stellen die Widersprüche der Mengenlehre für die Grundlagen der Mathematik insgesamt ein beachtliches Problem dar. Selbst die eleganten und scheinbar einfachen Zahlensysteme mit ihren Funktionsschritten wie Addition und Multiplikation stecken voller logischer Gräben und Hürden. Wenn man dann auch noch den Begriff Unendlichkeit als Größe einführt, kommen noch einige Falltüren mehr ins Spiel.

Eine unendliche Menge kann in einnem 1:1-Verhältnis zu einer Untermenge seiner selbst stehen; so z. B. die Menge an positiven vollen Zahlen {1, 2, 3, 4, 5,...}. Die Grundzahl

This is demonstrated in the picture below. Look at the figure and convince yourself that the area that is outside the union of A, B is indeed the area that is both outside A and outside B.

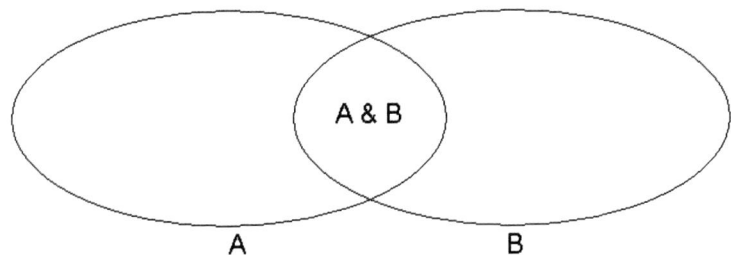

A mathematical set is a collection of definite and separate objects such as S = {2, 5, 7} and a subset is made up of a sub-collection of the elements of the original set. The subsets of finite set S are in this case {2}, {5}, {7}, {2,5}, {2,7}, {5,7}, {2,5,7} and { }, the latter which is known as the empty set. The cardinality of the set is the number of elements in the set, in this case = 8.

One of the key elements of set theory is the famous empty set or null set: the set containing no element at all. The empty set is everywhere – it is subset of every set. Why? By contradiction: for the statement not to be true, we would have to exhibit a point that belongs to the empty set, but does not belong to a given set, A. But since the empty set has no elements, no such element can be exhibited, so therefore the statement must be true (Aczel, 2000).

Set theory leads invariably to great paradoxes. Since the foundation of mathematics consists of the theory of sets along with elements of mathematical logic, the paradoxes of set theory make the entire foundations of mathematics problematic. Even the elegant and seemingly simple system of numbers and operation such as addition and multiplication, are fraught with holes and logical hurdles. When the concept of infinity is added to the mixture, the pitfalls multiply.

An infinite set is a set that can be placed in a correspondence to a proper subset of itself, for instance the set of positive whole numbers is {1, 2, 3, 4, 5,...}. The cardinality of this set is infinite (Cantor, 1918). Similarly, a geographic region has an infinite set of elements. So to comprehend such a region, we have to set limits to the region and importance to the elements it contains. Even defining a mathematical region or set clearly in its purest mathematical form proves to be extremely complex, especially when the set is infinite, because it includes an infinity of objects (subsets) including itself. Therefore to attempt precisely defining a real geographic region is impossible, even if it were abstracted to its purest mathematical form. The closest we can get to understanding real or abstract regions is to attempt to find and generalise the essential components of the region. This can at least give us some insight into how a real region works. The use of computers can increasingly enable us to discover the infinite complexity of what a region is, abstract or real.

dieser Menge ist unendlich (Cantor, 1918). Auch eine geografische Region verfügt über eine unendliche Menge an Elementen. Um eine solche Region zu erfassen, müssen wir die Region begrenzen und den in ihr enthaltenen Elementen eine Priorität zuweisen. Selbst die Definition einer mathematischen Region in ihrer reinsten mathematischen Form ist eine hochkomplexe Aufgabe. Das ist gerade dann der Fall, wenn die Menge unendlich ist, weil sie dann über eine unendliche Anzahl an Objekten (Untermengen) verfügt, einschließlich sich selbst. Daher ist auch die Definition einer realen geografischen Region ein Ding der Unmöglichkeit, und zwar auch dann, wenn man sie zu ihrer reinsten mathematischen Form abstrahieren würde. Das Ziel, reale oder abstrakte Regionen zu erfassen, erreichen wir, indem wir die entscheidenden Komponenten ausmachen und verallgemeinern. So bekommen wir zumindest einen Einblick, wie eine reale Region funktioniert. Mithilfe von Computern können wir die unendliche Komplexität einer Region in zunehmendem Maße entdecken – egal, ob es sich dabei um abstrakte oder reale Regionen handelt.

Nachdem wir uns die mathematische Definition vorgenommen haben, wenden wir uns nun der geografischen Region zu. Die geografische Region ist ein Phänomen, das man in zwei Hauptkategorien unterteilen kann. Die erste Kategorie ist die physische oder auch räumliche Region – die strukturelle Ausbildung einer bestimmten Gegend. Die räumliche Dimension beinhaltet Aspekte wie Markierung der Gegend, Zentrum und Peripherie, geografische, ökologische und klimatische Eigenschaften sowie von Menschenhand geschaffene physische Strukturen. Für die Rhein-Ruhr-Region betrifft dies also die Beschreibung der physikalische Eigenschaften, durch die sich die Gegend von den angrenzenden Gegenden unterscheidet. Dabei könnte man folgende Beispiele hervorheben: die Städte Duisburg, Essen, Bochum und Dortmund; den Emscher Park; die Bergbauzonen; die Autobahn B1; den Metrorapid; Wuppertal oder das Internetportal der Stadt Hilden.

Die zweite Kategorie einer räumlichen Region sind die gesellschaftlichen Aktivitäten und Prozesse. Dabei sind die historischen Transformationen von Kulturen und Gesellschaften innerhalb der physischen Region gemeint; dies betrifft unter anderem Wirtschaft, Handel, Politik, Krieg, Verstädterung und Globalisierung. Für die Rhein-Ruhr-Region wären das also z. B. ihr internationales Handelssystem, ihre Beziehung zur Region Randstad und dem Flämischen Diamanten, ihre Position innerhalb Deutschlands und der Europäischen Union, ihre Entwicklung zu einem urbanen Metropolennetz, ihr Banksystem oder die Zunahme der ethnischen und kulturellen Vielfalt in der Region. Sowohl die physischen als auch die gesellschaftlichen Kategorien einer Region sind auf das Feinste miteinander verknüpft und an die Gesetzmäßigkeiten von Zeit und strukturellem Wandel gebunden.

## DIE REGION ALS RÄUMLICHES MODELL
In der Geografie und Raumplanung genießt die Region einen nahezu sakralen Status. Sie wurde mitunter – wie auch das Atom oder Neutron – als „theoretische Einheit" klassifiziert, was bedeutet, dass sie nicht präzise erfasst werden kann und dass man nur durch die Folgeeffekte des Gegenstandes auf ihre Ursache schließen kann (Hagget, Cliff, Frey, 1977). Die räumliche Differenzierung der Erdoberfläche kann also mithilfe dieses theoretischen Gegenstandes erklärt werden.

Der Begriff Region hat eine lange Geschichte, die im 18. Jahrhundert beginnt, als Geografen bemängelten, dass politische Definitionen nicht ausreichen, um den Begriff Region adäquat zu erfassen. Seither wurde diese These immer wieder aufgegriffen und fallen-

Moving on from the mathematical definition, we can now consider the geographic region, which in itself is a bilateral phenomenon that can most simply be distinguished into two main categories. The first being the physical or spatial region, or structural formation of a specific area. This spatial dimension includes issues such as delineated area, core and periphery of the area, geographic, ecological and climatic properties of the area, and physical structures and networks implemented in the area by human beings. Therefore in the case of the Rhine Ruhr region it concerns the physical characterization of the area, which defines it from its contiguous areas. These can be for instance the cities of Duisburg, Essen, Bochum and Dortmund; the Emscher Park; coal mining zones; the B1 highway; high speed magnetic train; Wuppertal or the internet portal in Hilden.

The second category of region is that of societal activity and process within the spatial region. Here the historical transformation of cultures and societies, within the physical region is intended and concerns for instance processes of economics, trade, politics, war, urbanization and globalisation.
For the Rhine Ruhr area, this could concern its international trading system; its relation to the Randstad and the Flemish Diamond; its relative position to Germany and the European Union; its transformation into an urban network agglomeration; its banking system; or the growth of ethnic and cultural diversity in the area. Both the physical and societal categories of a region are intimately intertwined and bound by the dimension of time and transformation.

## THE REGION AS A SPATIAL MODEL
Regions have an almost theological status in the fields of geography and spatial planning, and have sometimes been accorded the status of a 'theoretical entity' rather like an atom or neutron, which cannot be precisely observed but whose existence could be inferred from its effects (Hagget, Cliff, Frey, 1977). The spatial differentiation of the earth's surface can thus be explained by virtue of this theoretical object.

The idea of the region has a long history, starting in the eighteenth century when geographers found political definitions to be an inadequate means of describing a region. Since then the discussion has flourished and withered many times over the centuries, gaining prominence in the 20th century, and more significance in the last four decades, due to the rise of globalisation.

As with the atom and neutron, regions have been interpreted by academics in many ways, but have never gained a complete or satisfactory description, and probably never will. Therefore, even today there is no agreed generic definition of the term 'region'. There still remains much doubt whether regional models can ever represent objective reality, and that they should rather be considered simply as heuristic concepts (Hagget, Cliff, Frey, 1977).

There are many reasons why regional models remain deficient, the main being: complexity and the abstraction of reality; the predicament of cores and boundaries; classification and hierarchy of objects within the region; scale of

gelassen. Im 20. Jahrhundert erfreute sie sich erneuter Popularität, insbesondere seit den 1960ern, was mit dem Aufkommen der Globalisierung zusammenhängt.

Wie schon Atome und Neutronen, so wurde auch der Begriff Region von der Wissenschaft auf vielfältige Weise ausgelegt. Dabei hat man sich allerdings nie auf eine vollständige oder zufriedenstellende Beschreibung einigen können, und das wird aller Voraussicht nach auch niemals geschehen. Bis heute zweifeln Wissenschaftler daran, ob Regionalmodelle jemals in der Lage sein werden, Realität objektiv widerzuspiegeln. Nicht wenige von ihnen sprechen sich dafür aus, Regionalmodelle lediglich als heuristische Konzepte aufzufassen, sie also als hypothetische Arbeitsmodelle zu nutzen (Hagget, Cliff, Frey, 1977).

Regionalmodelle sind aus unterschiedlichen Gründen defizitär, die Hauptgründe sind aber die Komplexität der Realität, deren Abstraktion, die komplizierte Bestimmung von Zentrum und Abgrenzungen, die Klassifikation und Hierarchie der Objekte einer Region, die Festlegung der Ausmaße der Region und schließlich die exakte Ermittlung von einem einzelnen oder mehreren Merkmalen der jeweiligen Region. Aber auch, wenn die Definition einer Region immer auch unvollständig ist, so sind doch bei den verschiedenen Rationalisierungsschritten bemerkenswerte Weiterentwicklungen zu verzeichnen.

Komplexität und Abstraktion der Realität
Grundsätzlich kann man sagen, dass die Regionalwissenschaften dazu tendiert haben, Regionen so zu behandeln, als wären sie vom Rest der Welt völlig isoliert. Dabei ist unbestreitbar, dass keine Gegend oder Region in der modernen Welt ohne Verbindungen zu ihrer Umwelt existiert. Das bedeutet, dass man – wenn man sich der Erforschung Region Rhein-Ruhr zuwendet – auch deren überregionale Verflechtungen berücksichtigen muss. Man muss also die Region im Zusammenhang mit dem System untersuchen, in dem sie eingebettet ist, mit anderen Worten: die Welt (Grigg, 1967). Ein solcher Schritt hat natürlich enorme Auswirkungen auf die Datenkomplexität, die dann in dem Regionalmodell bearbeitet werden muss.

Auf der untersten Ebene ist ein Modell nichts anderes als eine Abstraktion der Realität. Die Realität ist freilich so komplex, dass es unmöglich ist, alle erdenklichen Merkmale, Funktionsbeziehungen oder das gesamte Netz der gegenseitigen Abhängigkeiten zu reproduzieren. Um die Realität in Worten, Symbolen oder Statistiken darzustellen, müssen wir uns mit Methoden der Simplifizierung, der Vereinfachung begnügen. Bei dem Vereinfachungsprozess misst man den Erfolg an den Bedeutungswerten der Eigenschaftselemente, die man für die Darstellung der Realität ausgewählt hat. In der Geografie stellen Landkarte oder ein Lageplan Beispiele dieser Abstraktion und Vereinfachung dar. Selbst mit dem Einsatz von GPS oder GIS ist es nicht möglich, sämtliche Unterschiede und Feinheiten der Erdoberfläche darzustellen. Daher sollten Regionalmodelle anhand der folgenden beiden Kriterien bewertet werden: 1. die Genauigkeit, mit der das System die Realität beschreibt, 2. die Möglichkeiten, die sich mit dem System für die Entwicklung von neuen und sinnvollen Generalisierungen ergeben.

Die komplizierte Bestimmung von Kernbereichen und Abgrenzungen
Bei der Abgrenzungen von Regionen waren Geografen immer mit zwei Problemen konfrontiert: Wenn man eine Region als eine reale Einheit auffasst, dann muss man davon

regions; and single-feature versus multi-feature regions. However, even though the definition of a region is still incomplete, there has been an evolution in the number of significant stages in the sophistication of rationalization.

### Complexity and abstraction of reality:
In general, regional studies have tended to treat the defined region as a community isolated from the rest of the world, yet clearly no area or region in the modern world is independent of other parts of the globe, which consequently means that to study the Rhine Ruhr region, one also has to consider its inter-regional movements as well, as being part of a system which is ultimately the world (Grigg, 1967). This of course has serious implications for the complexity of data being processed in the regional model.

At the lowest level a model is no more than an abstraction of reality. Reality is so complex that it is impossible to reproduce all its features, all its functional relationships, or the whole web of interdependencies. To represent reality in words, symbols or statistics we must simplify. In the simplifying process the measure of success is the significance of the properties that we choose to represent reality. In geographical terms the map or plan is an obvious form of this process of abstraction and simplification. A map or plan, even using today's GPS and GIS systems, cannot possibly show all the differences which exist over the surface of the earth or even part of the earth. Therefore when making regional models, these approximations should at least be judged by the following two criteria; firstly the accuracy with which the system describes reality, and secondly, as to how far the system is productive of new and useful generalizations.

### The predicament of cores and boundaries:
The boundaries of regions have always presented problems to geographers. If a region is thought to be a real entity then it must be presumed to have clear and determinable limits. Even if we take the alternative view and regard the region simply as a device, then the fixing of limits still presents problems. This is particularly so when the region delimited is based on more than one criterion, where it is rare that the delimitation of these criteria ever spatially coincides on the plan or map. The greater the number of criteria used, the greater the discrepancies. This lack of aerial correlation has led many to be critical of the success of the regional concept, and the problems are even greater when a system of regions is attempted. Nonetheless, some geographers have made virtue of this difficulty, by introducing the idea of core areas within the regional delimitation (Grigg, 1967). These are concentrated areas, such as cities or urban agglomerations, where the cultural traits are most typical, most intensively developed, and most highly correlated with each other, but where these qualities break down towards the edges of the region.

### Classification and hierarchy of objects within the region
Classification may be defined as the grouping of objects into classes on the basis of some similarity in either properties, or in the relationships between the objects. In the field of regionalism, objects classified are called 'individuals',

ausgehen, dass sie eindeutige und bestimmbare Begrenzungen hat. Aber auch, wenn wir eine Region als eine abstrakte Einheit auffassen, stellt die Grenzbestimmung immer noch ein Problem dar. Das ist vor allem dann der Fall, wenn die betreffende Region aus mehr als einem Kriterium zusammengesetzt ist, weil die Demarkationslinien dieser Kriterien auf der Karte so gut wie nie identisch sind. Je mehr Kriterien eingesetzt werden, um so größer werden dabei die Diskrepanzen. Aufgrund der mangelnden räumlichen Korrelation halten viele Wissenschaftler das Konzept Region für wenig Erfolg versprechend, abgesehen davon, dass eine systematische Erfassung mehrerer Region ein noch viel größeres Problem darstellt. Einige Geografen haben aus dieser Not aber eine Tugend gemacht, indem sie das Konzept „Kernbereiche" eingeführt haben, das innerhalb der regionalen Abgrenzung angesiedelt ist (Grigg, 1967). Dabei handelt es sich um konzentrierte Bereiche wie z. B. Städte oder urbane Ballungsräume, in denen kulturelle Merkmale am ausgeprägtesten, am weitesten entwickelt und am stärksten miteinander verflochten sind, dann aber zu den Rändern der Region in dieser Hinsicht stetig abnehmen.

### Klassifikation und Hierarchie der Objekte einer Region

Klassifikation ist die Einteilung von Objekten in verschiedene Klassen auf der Basis ähnlicher Merkmale in Bezug auf Eigenschaften oder Beziehungen zwischen den Objekten. In dem Bereich Regionalwissenschaften sind die Objekte als „Individuen' klassifiziert, von denen alle mit mehreren identischen Eigenschaften ausgestattet sind. Die gesamte Anzahl aller klassifizierten Individuen ist „das Universum' (Hagget, Cliff, Frey, 1977). Auf der Grundlage verschiedener Eigenschaften können Individuen in verschiedene Klassen eingeordnet werden, die man „Kategorien' nennt. Anhand der Prioritäten der Eigenschaften können Klassen und Kategorien in eine „regionale Hierarchie' eingeteilt werden. In der Regionalwissenschaft gibt es über die Prioritäten der Objekte und die regionale Hierarchie natürlich Auseinandersetzungen. Die meisten bisher entwickelten Regionalsysteme bestehen allerdings aus nur einer Objektklasse, und es gibt nur sehr wenige Beispiele für sorgfältig entworfene regionale Hierarchien.

### Die Ausmaße der Region

Für physikalische Geografen und Methodenforscher, die im Bereich Fernabmessung und GIS arbeiten, ist die Frage nach dem Maßstab von entscheidender Wichtigkeit. Sie arbeiten mit Zusammenfassungen verschiedener Maßstabkonnotationen, mit denen geografische Datenwerte zur Verfügung gestellt werden können (Lam, Quattrochi, 1992). Der „Kartografische Maßstab" ist das Verhältnis zwischen der Entfernung auf einer Karte zu den entsprechenden Entfernung in der Realität. In diesem Bereich ist die Genauigkeit der Repräsentation von äußerster Wichtigkeit, auch, wenn man von hundertprozentiger Entsprechung noch weit entfernt ist. Der geografische Maßstab stimmt mit der Ebene überein, auf der die relevanten Prozesse ablaufen und die auch stark mit Fragen zusammenhängen, die die Datenhierarchie (einzelne Objekte, Klassen und Kategorien) durch die nachfolgenden Maßstäbe einer Region (von lokal bis global) betreffen. Der Maßstab betrifft auch die Ebene der Auflösung insofern, als dass großformatig angelegte Studien mit grober Auflösung und kleinformatig angelegte Studien mit feiner Auflösung arbeiten. Je genauer die Detailtreue und je größer die Komplexität des Maßstabs bei einem Regionalmodell sein sollen, um so wichtiger wird die Unterstützung durch präzisere Geräte zur Datenanalyse, wie z. B. Messwertgeber, Kontrollschirme, Computerprozessoren und Speicherbanken. Aber auch bei sorgfältigster Arbeit können die Ergebnisse zur Repräsentation einer Region nie die Realität abbilden; die Ergebnisse sind auch bei erfolgreichen Projekten nur Näherungswerte.

and these all have a number of common characteristics, where the total number of individuals classified is called the 'universe'(Hagget, Cliff, Frey, 1977). On the basis of different characteristics, individuals can be grouped into a number of classes called a 'category'. Judging by the importance of the characteristics, classes and categories can be organized into a 'regional hierarchy'. Of course there is much dispute among regionalists about the objectives and organization of the regional hierarchy. Most regional systems which have been designed in the past consist of regions of one order only, and there are few instances of a carefully designed hierarchy of regions.

### Scale of regions

For physical geographers, remote sensing and GIS methodologists, scale is absolutely central to the questions they seek to address. For instance, a summary of several connotations of scale used to describe geographic data issues can be provided (Lam, Quattrochi, 1992). 'Cartographic scale' is the relationship between the distances on a map to the corresponding distance on the ground. In this field the issue of precision and forms of representation are essential, but far from perfect. 'Geographic scale' corresponds to the level at which relevant processes operate, which is strongly linked to issues concerning the hierarchy of data (individual objects, classes, and categories) throughout the subsequent scales of a region (local to global). Scale also refers to the level of resolution, such that large-scale studies incorporate coarse resolution, while small-scale studies are base upon fine resolution. Today, the higher the detail and complexity of these scale issues, used in a regional model, the greater the need for better data analysis devices, sensors, monitors computer processors and memory banks. A final abstract representation of a real region can only be achieved if the reality of the given region is completely represented in the model, which is highly unlikely. Therefore a final conclusion to what a region is will never be achieved.

### Single-feature versus multi-feature regions

When we express different gradients (tones, colors, hatches) of a region using only one measurable property, like rainfall or traffic congestion, the usual procedure is to determine the core areas where similar data occurs and to delimit these 'regions', then to treat the remaining data similarly. To form such a single-feature region, a group of objects or individuals must be similar and contiguous, and dissimilar from other individuals or regions (Grigg, 1967). Therefore there should also be a means of deciding whether the differences between regions are statistically significant.

Whilst single-feature regions are commonly used in geographical studies, most geographers would consider the essence of a region or regions to be found in areas where there is a similar distribution of a number of properties. These multi-feature regions, however, have the problem that the greater the number of properties or criteria considered, the less likely it is to achieve any spatial exactitude in spatial covariance to occur, and the harder it is for a regional delimitation to be undertaken. From this a useful method was determined (Maull,1939), in which a number of maps of different regional boundaries, but for the same area are superimposed on one map. Where more than one of a given number of boundaries

Ermittlung eines einzelnen oder mehrerer Merkmale einer Region
Wenn wir verschiedene Gradienten (Töne, Farben, Strukturen) einer Region mit nur einer meßbaren Eigenschaft – wie Regen oder Stau – darstellen, dann legt man in der Regel die Kernbereiche fest, in denen ähnliche Daten auftauchen. Im Anschluss werden dann diese Regionen abgesteckt und die übrigen Daten entsprechend verarbeitet. Um eine solche Region mit einem einzelnen Merkmal zu formieren, muss eine bestimmte Anzahl an Objekten oder Individuen sich gleichen und aneinander angrenzen, sich aber auch von anderen Individuen oder Regionen unterscheiden (Grigg, 1967). Daher sollte es auch eine Möglichkeit geben, zu entscheiden, ob die Unterschiede zwischen den Regionen statistisch relevant sind.

Regionen mit einem einzelnen Merkmal werden meistens in geografischen Studien eingesetzt; und die meisten Geografen sehen den Urtyp einer Region in Gegenden, in denen mehrere Eigenschaften gleichmäßig verteilt sind. Solche Regionen mit mehreren Merkmalen sind allerdings insofern schwierig, als mit der steigenden Anzahl an ausgewählten Merkmalen die Wahrscheinlichkeit einer räumlich exakten Abgrenzung der Region sinkt. Von diesem Ausgangspunkt wurde eine Methode entwickelt (Maull, 1939), nach der mehrere Mappen verschiedener regionaler Abgrenzungen, die aber alle denselben Bereich betreffen, übereinander gelegt und auf eine Karte übertragen werden. Die Punkte, an denen sich zwei oder mehr Abgrenzungen überschneiden, stellen danach die Eckpunkte der Abgrenzung für die Region dar.

In den letzten hundert Jahren haben sich die Methoden der Abgrenzung für Regionen zunehmend verfeinert und präzisiert. Dabei werden diese Entwicklungen mitunter auch überschätzt. Dennoch gehen zahlreiche Wissenschaftler davon aus, dass der Einsatz von Computern, die sehr viel größere Datenmengen und Kriterien verarbeiten können, die „reale" oder zumindest „optimale" Erfassung von Regionen eingeleitet hat. Andere gehen sogar noch weiter und behaupten, dass man mithilfe dieser Methoden eine exakte natürliche Klassifikation der Erdoberfläche entwickeln wird können und auch die Simulation zukünftiger Entwicklungen keine Zukunftsmusik mehr ist.

## DIE REGION ALS GESELLSCHAFTLICHES MODELL

Die ursprüngliche Definition einer Region als geografische Einheit besagt, dass diese von mehr oder weniger natürlichen physikalischen Grenzen definiert und durch ökologische Eigenschaften charakterisiert wird. Diese erste Ebene wird als „Protoregion" bzw. als „präregionale Zone" bezeichnet, da man hier noch von keiner organisierten Gesellschaft ausgeht. Um die Region weiter zu entwickeln, müssen Menschen das Territorium kultivieren. Damit wären wir also bei der sozialen Dimension angelangt.

Die Region funktioniert als soziales System über translokale Beziehungen zwischen menschlichen Gruppierungen. Diese Beziehungen formen eine Sicherheitsstruktur, in der die einzelnen Einheiten voneinander abhängig sind – in Bezug auf ihre eigene Sicherheit und auf die des gesamten regionalen Systems (Katz, 2000). Die sozialen Beziehungen können aber auch feindlich ausgerichtet sein; in gewissem Sinne hat die Region, so wie das System internationaler Beziehungen (von dem sie ein Teil ist), einen anarchischen Aspekt.

approximately coincides, then this is deemed to be the true boundary of a multi-feature region.

If one looks back over the history of regionalization in the last hundred years, one gains an impression of increasing precision in the methods of delimitation. This increasing precision, however, is to some extent misleading. Some would argue that the use of computers, which can handle a great amount of data and criteria, has allowed the establishment of 'real' and 'optimum' sets of regions. Others go further and argue that with the aid of such methods of regionalization an adequate natural classification of the earth's surface may be developed, and even future scenarios forecasted and simulated.

## THE REGION AS A SOCIETAL MODEL

The initial interpretation of a region, is that of a geographical unit, delimited by more or less natural physical barriers and marked by ecological characteristics: 'Europe from the Atlantic to the Urals', 'Africa south of the Sahara' or 'the Indian subcontinent'. This first level is referred to as a proto-region, or a pre-regional zone, since there is no organized society. In order to further regionalize, human beings, maintaining some kind of relationship, must necessarily, inhabit this particular territory. This brings us to the social dimension.

The region as a social system implies trans-local relations between human groups. These relations constitute a security structure, in which the constituent units, as far as their own security is concerned, are dependent on each other, as well as the overall stability of the regional system (Katz, 2000). Thus the social relations may very well be hostile. The region, just like the international system of which it forms a part, can therefore be described as anarchic. The classic case of such a regional order is 19th century Europe.

One can also see a region as an organized cooperation in the cultural, economic, political or military fields. In this case, region is defined by the list of countries that are the formal members of the regional organization in question. In the absence of some kind of organized cooperation, the concept of regions and regionalism does not make much sense.

Further on, regions can be seen progressing as civil societies takes shape, where the organizational framework facilitates and promotes social communication and the convergence of values throughout the region. Of course the pre existence of a shared cultural tradition in a particular region is of crucial importance here, but culture is not only a given but continuously created and recreated. This process is similar to state formation and nation building, and the ultimate outcome could be a "region-state".

### Globalization and regions

Globalism can be defined as programmatic globalization, the vision of a borderless world. If globalization implies a tendency towards a global social system, its origins may be traced far back in history, but one can also argue that the process reached a new stage in the post-Second World War era. The

Eine Region kann sich auch in den Bereichen Kultur, Wirtschaft, Politik, Militär als kooperatives Netzwerk organisieren. In diesem Fall setzt sich die Region aus den Ländern oder Regierungseinheiten zusammen, die der Regionalorganisation beigetreten sind. Wenn es hier zu keiner organisierten Kooperation kommt, bleiben die Konzepte Region und Regionalismus inhaltsleer.

Regionen entwickeln sich zusammen mit der Ausbildung der Zivilgesellschaften, in denen der organisatorische Rahmen soziale Kommunikation und die Zusammenführung unterschiedlicher Wertvorstellungen der Region erleichtert und unterstützt. Natürlich ist für die Regionen auch das Vorhandensein gemeinsamer kultureller Traditionen von entscheidender Bedeutung, aber die Kultur kann nicht einfach nur übernommen werden – sie wird kontinuierlich neu entworfen und weiterentwickelt. Dieser Prozess ähnelt der Bildung von Gemeinwesen und Nationalstaaten und kann sogar in die Bildung eines Regionenstaates münden.

## Globalisierung und Regionen

Globalismus ist so etwas wie programmatische Globalisierung – die Vision einer Welt ohne Grenzen. Wenn die Globalisierung die Welt schrittweise in ein einheitliches soziales System umwandelt, dann wird man sich vielleicht fragen, wo diese Entwicklung ihren Anfang genommen hat. Die Ursprünge reichen weit zurück in die Geschichte, wobei die eigentlichen Voraussetzungen erst in der Zeit nach dem Zweiten Weltkrieg geschaffen waren. Mittlerweile hat sich die Wahrnehmung geografischer Entfernungen grundlegend verändert; einige Wissenschaftler sprechen schon vom „Ende der Geografie" (Katz, 2000). Auch in ökologischer Hinsicht ist die Welt zusammengewachsen. Die weltweit gegenseitige ökonomische Abhängigkeit wurde nach 1945 nicht zuletzt durch die weltweite Dominanz des US-amerikanischen Wirtschaftsytems in die Wege geleitet. Die Globalisierung ist durch eine qualitative Vertiefung der Internationalisierungge kennzeichnet, die den funktionalen Aspekt von Entwicklung stärkt und den territorialen Aspekt schwächt.

Mit der Globalisierung entsteht ein internationaler Weltmarkt, der die nationalen Volkswirtschaften in immer höherem Maße durchdringt und dominiert. Mit der Dominanz über Volkswirtschaften dominiert der Weltmarkt selbstverständlich auch die Strukturen lokaler Produktion. Auch der westliche, konsumorientierte Lebensstil verbreitet sich in die verborgensten Winkel der Welt. Diese Entwicklung ruft politischen Widerstand auf die Bühne, dessen Ziel es ist, den Globalisierungsprozess umzukehren, um so territoriale Kontrolle und kulturelle Vielfalt bis zu einem bestimmten Grad zu erhalten (Katz, 2000). Dieser Widerstand könnte sich in einem neuen Regionalismus manifestieren oder auch in der Entwicklung hoher Wettbewerbsfähigkeit und Spezialisierung in den Regionen.

## Regionalisierung

In der politischen Umsetzung regionalen Zusammenhalts und regionaler Identität steckt ein wertvolles Potenzial. Der neue Regionalismus ist mit der Globalisierung verflochten und kann daher nicht ausschließlich aus der Perspektive der einzelnen Regionen erfasst werden. Man sollte ihn vielmehr als ein internationales Konzept definieren, weil alle Regionalisierungsprozesse in jedem Teil der Welt systembedingt auf andere Regionen zurückwirken, und so eine neue Weltordnung geschaffen werden kann. Ganz unterschiedliche Regionen aus allen Teilen der Welt könnten gemeinsam die globalen Machtstrukturen ganz neu definieren.
Der Grad an Regionalität bestimmter Gegenden kann zunehmen oder abnehmen, je nach

subjective sense of geographical distance has changed dramatically ; some even speak of 'the end of geography'(Katz, 2000). Also in ecological terms the world is experienced as one. Economic interdependence was made possible by the political stability of the American world order, which lasted from the end of the Second World War until the late sixties or early seventies. Basically, globalization indicates a qualitative deepening of the internationalization process, strengthening the functional and weakening the territorial dimension of development.

Globalism thus implies the growth of a world market, increasingly penetrating and dominating the 'national' economies, which in the process are bound to lose some of their 'nation-ness'. This means dominance of the world market over structures of local production, as well as the increasing prevalence of Western-type consumerism. From this, there may emerge a political will to halt or to reverse the process of globalization in order to safeguard some degree of territorial control and cultural diversity (Katz, 2000). One way of achieving such a change could be through a new regionalism and the development of super-specializations and competitiveness of regions.

Regionalization
The political ambition of establishing regional coherence and regional identity seems to be of primary importance. The new regionalism is linked to globalization and can therefore not be understood merely from the point of view of the single region. Rather it should be defined as a world order concept, since any particular process of regionalization in any part of the world has systemic repercussions on other regions, thus shaping the way in which the new world order is being organized. Regions of different types will thus define a new global power structure.

The degree of 'regionness' of particular areas can increase or decrease, depending on regional dynamics, in which global as well as national/local forces have an impact. Regionalization affects and is affected by many levels of the world system: the system as a whole, the level of interregional relations, and the internal structure of the single region. It is not possible to state which of these levels comes first or which is the more important, since changes on the various levels interact. There are also different dimensions of the process relating to each other.

Regional integration has traditionally been regardes as a harmonization of trade policies leading to deeper economic integration, with political integration as a possible future result. The concept 'new regionalism' refers to a transformation of a particular region from relative heterogeneity to increased homogeneity with regard to a number of dimensions, the most important being culture, security, economic policies and political regimes. The convergence along these four dimensions may be a natural process or politically steered or, most likely, a mixture of the two. A certain level of 'sameness' is a necessary but not sufficient condition.
Regionalization does not come about unless the states in a particular region want it (Katz, 2000). It may come about through a more or less spontaneous or unint-

vorherrschender regionaler Dynamik, auf die natürlich auch globale sowie nationale und lokale Kräfte einwirken. Regionalisierung wird beeinflusst von und hat einen Einfluss auf viele Ebenen des Weltsystems: das System als Ganzes, der Grad interregionaler Beziehungen und die interne Struktur einer einzelnen Region. Es ist unmöglich zu sagen, welche Ebene die einflussreichste oder wichtigste ist, da die Veränderungen auf den verschiedenen Ebenen sich wiederum gegenseitig beeinflussen. Auch verschiedene Bereiche des Prozesses wirken aufeinander ein.

Regionale Integration wurde bisher als Harmonisierung der Handelspolitik aufgefasst, die dann zur Vertiefung der wirtschaftlichen Integration führen sollte. Die politische Integration war dabei ein mögliches zukünftiges Resultat. Das Konzept „Neuer Regionalismus" bezieht sich auf die Transformation einer bestimmten Region von relativer Heterogenität zu verstärkter Homogenität, und das auf verschiedenen Gebieten, von denen die wichtigsten Kultur, Sicherheit, Wirtschaftspolitik und politische Führung sind. Die Zusammenführung dieser vier Bereiche kann sich als natürlicher Prozess abspielen, er kann politisch gelenkt werden, oder aber – und das ist am wahrscheinlichsten – als eine Mischung der beiden Formen verlaufen. Ein gewisser Grad an Gleichheit ist eine notwendige Voraussetzung, die aber bei weitem nicht ausreicht. Regionalisierung ereignet sich nicht einfach so, wenn sich zwei Staaten einer Region nicht ausdrücklich dafür entscheiden (Katz, 2000). Sie kann sich durch eine mehr oder weniger spontane oder unbeabsichtigte Annäherung in den Bereichen politische Führung, Wirtschaftspolitik oder Sicherheit anbahnen; oft ist es aber so, dass ein politisches Ereignis den Anstoß gibt, wobei das Ereignis in direktem Bezug zu den Hauptakteuren der Region steht, also den politischen Entscheidungsträgern. Um Regionalisierung in den verschiedenen Regionen der Welt zu begreifen, muss man sich auch mit den politischen Entscheidungsträgern befassen.

## Regionale Spezialisierung und Wettbewerbsfähigkeit

Theorien zu internationalen Handelssystemen besagen, dass wirtschaftliche Integration zur Spezialisierung der Regionen in genau den Bereichen führt, in denen sie Vorteile haben, und dabei hauptsächlich in den relativen Preisen der Produktionsfaktoren. Nach einer strategisch klug durchgeführten Spezialisierung und der Neuordnung der Handelsmuster können Wirtschaftssysteme Wettbewerbsvorteile und einen höheren Lebensstandard erzielen. In Bezug auf Wettbewerbsvorteile ist es ganz besonders wichtig, die Zusammenhänge zu erschließen, nach denen einige soziale Gruppen, Wirtschaftsinstitutionen oder Länder florieren und Wohlstand erreichen. Dann gilt es, die entsprechenden Ursachen zu isolieren und andernorts einzusetzen. Das kann auf lokaler, regionaler oder nationaler Ebene durchgeführt werden. Das Entscheidende ist, dass die einzige relevante Definition von Wettbewerbsfähigkeit der Faktor Produktivität ist (Porter, 1990), welcher mittels der Effizienz errechnet wird, mit der die Ressourcen genutzt werden. Der Erfolg wird dann mit den vier Komponenten von Porters „Diamantmodell" ermessen: Bedingungen Faktor, Bedingungen Nachfrage, angeschlossene und unterstützende Industriezweige sowie Strategie und Wettbewerb. Um diese vier Komponenten zu verbessern, sind Innovation, Produktdifferenzierung und Branding (Marketingtätigkeit für einzelne Marken) unumgänglich.

## Die Zukunft

Mit dem Eintritt in das 21. Jahrhundert sind wir nach wie vor mit vielen Hindernissen und Unklarheiten konfrontiert, Herausforderungen, an denen wir uns messen müssen. Einige von ihnen sind weiter unten hervorgehoben. Die erste und wichtigste Unklarheit entspringt

ended convergence in terms of political regime, economic policy or security, but often one can identify a triggering political event that sets the process in motion. Naturally, this political event is related to the main players in the region, the policy makers, in contradistinction to policy takers, the smaller players. In order to understand the regionalization in various areas of the world, it is thus wise to observe the behavior of the policy makers.

## Regional specialization and competitive advantage

Theories on international trade state that the result of an economic integration will be the specialization of regions in those activities in which they have advantages, mainly in the relative prices of factors of production. After a process of smart and strategic specialization, and the change of trade patterns, economies can obtain a competitive advantage over others, and reach higher standards of living. The main objective of competitive advantage is to elucidate the reasons why some social groups, economic institutions and nations advance and prosper, and how it can be reinforced and applied elsewhere. This can be at a regional, national or city scale, where the only meaningful definition of competitiveness is productivity (Porter, 1990), calculated by the 'efficiency with which resources are used'. The success of this is measured by four components of Porter's 'diamond model': factor conditions, demand conditions, related and supporting industries and strategy and competition. To improve these four, innovation, product differentiation and branding are essential.

## The future

As we enter the 21st century, obstacles and uncertainties remain, that pose challenges for us to overcome. A few of them are highlighted below. The first and foremost of the uncertainties lying ahead stems from the very nature of the transition that is moving from one mode of world order to another. The past models and conventional paradigms that used to rule the world order have become obsolete (Katz, 2000). And there exists no alternative to enable us to predict the coming world. Neither is there a clear indication at the moment that there will soon appear an alternative ideology and model of development to solve global problems. In other words, the post-capitalist world is uncertain.

A half-century long confrontation of the two competing systems - capitalism vs. socialism - has ended with capitalism winning for the time being. But the end of the socialist system did not automatically resolve "the crisis of capitalism". With the advent of the Uruguay Round and the WTO system, the world is said to be moving towards a market system, and a borderless world economy (Katz, 2000). However, while the rise of economism tends to find a market solution for every problem, it is uncertain whether the market is capable of transcending national differences. Although global economic cooperation is a dominant future trend, forces of economic nationalism, protectionist policies and fragmentation of markets are also on the rise. Consequently, gaps among the advanced, developing and underdeveloped countries in wealth, technology and communication are not likely to be narrowed soon. Conflicts attendant to this will keep the world from moving smoothly towards an integrated social and economic order. While apparently classical imperialism has largely disappeared, a new empire,

genau dem Tranformationsprozess, den die Welt gerade durchläuft. Die konventionellen Modelle und Paradigmen, mit denen die alte Weltordnung erklärt werden konnte, haben ihre Aussagekraft verloren (Katz, 2000). Und es gibt keine verlässlichen Alternativen, die uns erklären, was in der Welt von Morgen auf uns zukommt. Es gibt auch keine verbindliche alternative Ideologie und kein Entwicklungsmodell, mit dem die globalen Probleme gelöst werden können. Mit anderen Worten: Die postkapitalistische Gesellschaft ist immer noch ein Ort voller Unwägbarkeiten.

Aus der Konfrontation der beiden Systeme Sozialismus und Kapitalismus scheint letzteres als Sieger hervorgegangen zu sein. Aber das historische Aus für den Sozialismus hat die Krise des Kapitalismus nicht automatisch gelöst. Mit der Uruguayer Runde und dem System der WTO bewegt sich die Welt auf ein Marktsystem zu, einer schrankenlosen Weltwirtschaft (Katz, 2000). Der immer noch im Aufwind befindliche Neoliberalismus hat eine Marktlösung für jedes ökonomische Problem; die Frage ist allerdings, ob der Markt tatsächlich in der Lage ist, nationale Differenzen zu überwinden. Auch wenn weltweite wirtschaftliche Zusammenarbeit ein starker Trend ist, so formieren sich auch die Kräfte des Wirtschaftsnationalismus und des Protektionismus. Die Gräben zwischen der ersten, zweiten und dritten Welt in Bezug auf Wohlstand, Technologie- und Kommunikationsstandard wird sich in der nahen Zukunft sicher nicht schließen. Die damit verbundenen Konflikte verhindern die friedvolle Entwicklung einer integrierten Sozial- und Wirtschaftsordnung.

Der klassische Imperialismus ist vielleicht größtenteils von der Bildfläche verschwunden; dafür ist aber ein neues Imperium im Begriff zu entstehen – in einer diffusen Mischung aus Technologie, Wirtschaft und Globalisierung (Hardt, Negri, 2000). Den beiden Autoren zufolge beschreitet der Begriff „Imperium", der bisher als Synonym für militärische oder kapitalistische Macht begriffen wurde, derzeit ein neues Stadium historischer Entwicklung und sollte demzufolge vielmehr als ein komplexes Netz soziopolitischer Machtverhältnisse aufgefasst werden. Die Autoren stellen die neomarxistisch angehauchte Behauptung auf, dass „die Massen das neue Imperium unter den von ihm selbst geschaffenen Bedingungen überwinden und zerschlagen werden."

Vor den Anschlägen vom 11. September und dem anschließenden „Krieg gegen den Terror" gehörten die Proteste der Globalisierungsgegner, vor allem die in Genua, zu den am meisten diskutierten Themen. Die Tageszeitungen veranstalteten regelrechte Schlammschlachten; Stimmungmache gegen die Gewaltbereitschaft der Globalisierungsgegner, auch auf Diskussionslisten wie dem so genannten „Socialist Register"; es wurden Vorwürfe erhoben, nach denen Polizisten den so genannten schwarzen Block infiltriert haben sollten; und schließlich auch die Vorbereitungen für die antikapitalistischen Demonstrationen in Washington DC – all das beschäftige die Geister der Progressiven (Starr, 2000). Aber auch heute stellt sich die Frage, wie man zur Globalisierung Position bezieht. Wie begegnet man der Tatsache, dass sich multinationale Konzerne über Regionen und Nationen erstrecken und schon für sich genommen mit dem Volumen der größten Volkswirtschaften konkurrieren? Ist die Situation vergleichbar mit der von 1960 oder wird die Weltwirtschaft tatsächlich von verborgenen Strukturen diktiert, so wie es Hardt und Negri in „Empire" beschreiben? Wie können wir den Themenkomplex Globalisierung und die damit zusammenhängenden regionalen Konflikte erfassen? Auf welche theoretische Basis können wir zurückgreifen, um unser politisches und wirtschaftliches Handeln zu dirigieren? Naomi Klein konstatiert in ihrem Buch „No Logo", dass wir in einer Zeit leben, in der

according to some, is emerging in a diffuse blend of technology, economics, and globalisation (Hardt and Negri, 2000). According to the authors of Empire, the term 'empire', traditionally understood as military or capitalist might, has now embarked upon a new stage of historical development and should now be better understood as a complex web of socio-political forces. They argue, with a neo-Marxist twist, that 'the multitude, will transcend and defeat the new empire on its own terms'.

Before the events of September 11 and the ensuing 'war against terrorism,' the biggest subject of debate in the USA concerned anti-globalization protests, predominantly those in Genoa. Mudslinging in the newspapers; ranting against the violence of protestors on discussion lists such as the Socialist Register; accusations of police infiltrating the Black Bloc; and preparations for the September 29 anti-capitalist protests in Washington DC – all these things occupied the minds of progressives (Starr, 2000). But today, how and should we, attack globalisation? How do we deal with the fact that multinationals transcend regions and nations, and rise to individually become the biggest economies of the world. What tactics are applicable? Is today's enemy the same enemy as it was in the 1960s, or has that enemy transformed into the kind of virtual structure depicted in Hardt and Negri's Empire? How do we understand globalisation and regional tensions? What kind of a theoretical basis do we use for developing our political and developmental praxis? How do we organize our movements, interactions and trade? What kinds of linkages do we make with other groups struggling against international capitalism, or those against new forms of regionalism?

Another view propagated in the book No Logo, is that we live in an era where 'image' is everything (Klein, 2000). A world where the propagation of brand-name culture has fashioned, 'walking, talking, life-sized Tommy Hilfiger dolls, mummified in fully branded artificial worlds.'

This 'image' culture is borderless and globally interconnected, where brand identities even thrive on the infobahn, 'liberated from the real-world burdens of stores and product manufacturing, these brands are free to soar, less as the disseminators of goods or services than as collective hallucinations.' This, where global companies declare to support diversity, but where their version of 'corporate multiculturalism' is merely intended to create more buying options for consumers.

Even regions seek a new identity and specialisation, and the term 'city branding' is becoming increasingly fashionable in urban planning. Will multinationals, one-day brand complete cities and regions, like the 'Mercedes Gebiet', 'Nike-ville' or even 'Coca Cola Moon'? According to some, resistance to globalisation and 'logolisation' is growing, and the backlash against the 'brands' has set in (Klein, 2000). Street-level education programs are teaching children in cities, not only about, for instance, Nike's abusive labour practices but about the astronomical gain in their prices. Ethical shareholders, street reclaimers, McUnion organizers, human-rights activists, school-logo fighters and Internet corporate

Image größer ist als alle anderen Werte (Klein, 2000). Die Propagierung einer Kultur der Markennamen hat die Menschen auf die Figuren der allgegenwärtigen Werbeindustrie reduziert, auf „Tommy-Hilfiger-Puppen in Lebensgröße, die vollkommen mumifiziert durch vollkommen vermarktete künstliche Welten laufen".

Diese Image-Kultur ist grenzenlos und global vernetzt. Die großen Konzerne fungieren immer weniger als Produzenten von Produkten oder Dienstleistungen, sondern vielmehr als Produzenten von kollektiven Halluzinationen. Die globalen Konzerne behaupten immer gerne, dass sie Vielfalt unterstützen; tatsächlich aber ist es gerade diese Vielfalt, die durch ihre einheitlichen, weltweit umspannenden Konzernstrategien bedroht wird.

Inmitten dieser Umwälzungen suchen die Regionen nach einer neuen Identität, nach neuer Spezialisierung. Der Begriff „City Branding", also in etwa „Städtische PR-Arbeit", gewinnt bei der Stadtplanung an Gewicht. Werden eines Tages auch die multinationalen Konzerne ganze Städte und Regionen unter das Banner ihrer Marken stellen? Wird es ein Mercedes-Gebiet, eine Nike-Stadt, den Coca-Cola-Mond geben? Naomi Klein ist jedenfalls der Ansicht, dass der Widerstand gegen die Globalisierung und die Vermarktungsstrategien der Image-Kultur wächst und eine Gegenbewegung gegen den Markenfetischismus eingesetzt hat (Klein, 2000). In größeren Städten gibt es bereits öffentliche Aufklärungsprogramme, in denen Heranwachsende über die ausbeuterischen Arbeitsbedingungen bestimmter Markenfirmen und über deren darauf aufbauende astronomische Gewinne informiert werden. Anteilseigner ethisch wertvoller Wertpapiere, Aktivisten von McUnion (einer Organisation, die über Arbeitsbedingungen bei McDonald's informiert), Menschenrechtsaktivisten, Gegner des Markenfetischismus und unabhängige Konzernprüfer bauen derzeit bürgerzentrierte Alternativen zu der internationalen Vorherrschaft der Marken auf, die ebenso global und koordiniert agieren sollen wie die multinationalen Konzerne, deren Strategien man zu durchkreuzen beabsichtigt (Klein, 2000).

Im Gegenzug sehen viele im so genannten „Branding", also in den Vermarktungsstrategien der Konzerne, die Zukunft der „New Economy". Ohne Branding oder deren Verwertung zu neuen Produkten für die Erlebniskultur, werden Unternehmen, Städte und Regionen in Bedrängnis gebracht. Diese These wird aus der Analyse der Entwicklung der letzten 30 Jahre abgeleitet, in denen sich der Dienstleistungssektor als Hauptmotor der Wirtschaft herausgebildet hat (Pine, Gilmore, 1999). Zunächst gab es viele Skeptiker, die den Rückzug der güterbasierten Wirtschaft bedauerten, denen bei dem Gedanken an „unfassbare" Dienstleistungen unwohl war. Viele Unternehmen erkannten, dass man ein Produkt am besten durch Serviceleistungen von den anderen Produkten abhebt.

In dem Buch „Die Erlebnisökonomie" beschreiben die Autoren Pine und Gilmore, dass und wie die Dienstleistungswirtschaft von einer neuen, noch „unfassbareren" (und streibareren) Wirtschaftsform ersetzt werden wird: von der Erlebnisgesellschaft (Pine, Gilmore, 1999). Durch die technologischen Möglichkeiten und die steigenden Erwartungen der Konsumenten erscheinen Dienstleistungen immer mehr wie Waren. „Die Unternehmen, die sich auf die im Rückzug befindliche Welt der Güter und Dienstleistungen beschränken, werden bald von Bildfläche verschwunden sein", so die Autoren. Um diesem Schicksal zu entgehen, müssen die Unternehmen spektakuläre Erlebniswelten anbieten. Viele erfolgreiche Unternehmen stellen ihre Produkte bereits darauf um, so z. B. Disney oder AOL.

watchdogs are at the early stages of demanding a citizen-centred alternative to the international rule of the brands, as global, and as capable of coordinated action, as the multinational corporations it seeks to subvert (Klein, 2000).

In opposition to this, some hail the world of 'branding' as vital to the future of our 'new economy'. Without branding or evolving this into novel products of 'experience' companies, towns and regions will become obsolete. This development is said to be evident over the last 30 years, where firstly the service economy emerged as the dominant engine of economic activity (Pine and Gilmore, 1999). At first, critics who were uncomfortable with the intangible nature of services regreted the decline of the goods-based economy, which, thanks to many factors, had increasingly become commoditized. Successful companies, such as Nordstrom, Starbucks, Saturn, and IBM, discovered that the best way to differentiate one product from another - clothes, food, cars, computers - was to add service.

In the book The Experience Economy, the bar of economic offerings is being raised again. The service economy is about to be superseded with something that critics will find even more ephemeral (and controversial) than services ever were: experiences (Pine and Gilmore, 1999). In part because of technology and the increasing expectations of consumers, services today are starting to look like commodities. Those businesses that relegate themselves to the diminishing world of goods and services will be rendered irrelevant. To avoid this fate, firms must learn to stage a rich, compelling experience.Many successful companies are already packaging their offerings as experiences, from Disney to AOL.

Furthermore, it is believed by some that, just as railroads influenced settlement patterns and economics of the 19th century, and automobiles influenced settlement, commerce, and recreation in the 20th century, computer networks will influence how we live, work, and move (and how and even whether we move) in the 21st century (Mitchell, 1999). In the book City of Bits, it is questioned how to re-imagine spatial developments in the new context suggested by these observations; that of the digital telecommunications revolution, the ongoing miniaturization of electronics, the commodification of bits, and the growing domination of software over materialized form. They accentuate the emergent, but still invisible 'digital' cities of the twenty-first century, where it is argued that the most crucial task before us, is not one of putting in place the digital infrastructure of broadband communication links and associated electronic appliances, nor even of producing electronically deliverable 'content,' but rather one of imagining and creating digitally mediated environments for the kinds of lives that we will want to lead, and the sorts of communities that we will want to have (Mitchell, 1999).

In this context it becomes increasingly important to develop our spatial designing methods and processes, because the emerging civic structures and spatial arrangements of the digital era will profoundly affect our access to economic opportunities and public services, the character and content of public discourse, the forms of cultural activity, the inaction of power, and the experiences that give shape and texture to our daily routines. Massive and unstoppable changes are

Zahlreiche Wissenschaftler prophezeien, dass – so, wie die Eisenbahn im 19. Jahrhundert die Siedlungsbildungen und Wirtschaftsstrukturen beeinflusst hat, und das Kraftfahrzeug im 20. Jahrhundert Verstädterung, Handel und Freizeit sicherlich die Computernetzwerke im 21. Jahrhundert unsere Arbeits-, Lebens- und sogar unsere Fortbewegungsweise beeinflussen werden, unter Umständen sogar in dem Sinn, dass wir uns gar nicht mehr fortbewegen (Mitchel, 1999).

In dem Buch „City of Bits" wird die Frage aufgeworfen, wie die räumliche Entwicklung in diesem neuen Kontext neu konzeptioniert werden könnte, in dem Kontext der Revolution der digitalen Telekommunikation, der fortschreitenden Verkleinerung der Elektrotechnik, der Kommodifikation der digitalen Speicherkapazität und der wachsenden Dominanz von Software gegenüber Hardware. Diese Entwicklungen sind Vorboten der noch unsichtbaren digitalen Städte des 21. Jahrhunderts. In diesem Zusammenhang wird angemahnt, dass die wichtigste Aufgabe nicht etwa der Einsatz digitaler Infrastruktur mittels Breitbandkommunikation und den damit verbundenen elektronischen Anwendungen sei, und auch nicht die Produktion elektronischer Inhalte, sondern vielmehr die Arbeit an Konzepten und Entwürfen von digital vermittelten Umwelten, die unserer Lebensführung entsprechen und das gesellschaftliche Zusammenleben so organisieren, wie es unseren Vorstellungen entspricht (Mitchell, 1999).

Es wird also immer wichtiger, zukunftsweisende Methoden und Prozesse für räumliche Entwürfe zu entwickeln, da die sich entwickelnden städtischen und räumlichen Strukturen des digitalen Zeitalters auf unseren Zugang zu wirtschaftlichen Gestaltungsmöglichkeiten und den öffentlichen Versorgungsleistungen auswirken werden, aber auch auf die Formen und Inhalte öffentlicher Diskurse, auf das Kulturleben, auf die Anatomie der Macht und schließlich auch auf die Erfahrungen, die unserem Alltag Form und Struktur geben. Die Gesellschaft befindet sich in einem Zustand grundlegender und unaufhaltsamer Veränderungen; dennoch sind wir keine Opfer, die sich passiv der Macht des Schicksals unterwerfen müssen. Wenn wir die Dynamik unserer Umwelt verstehen und auch in der Lage sind, Alternativen zu entwerfen und auszuarbeiten, dann sind wir auch in der Lage, Einfluss zu nehmen, Entwicklungen zu blockieren, Gegenentwürfe zu organisieren, Gesetze auf den Weg zu bringen, Zukunft zu planen und zu entwerfen (Mitchell, 1999).

In seinen Büchern „Das Ende der Geschichte" und „Der Letzte Mensch" prophezeit Francis Fukuyama, dass die Geschichte ihren Geist aushaucht, da die Welt in naher Zukunft nur noch aus demokratisch-kapitalistischen Gesellschaften bestehen wird (Fukuyama, 1989). In seiner neuen Publikation „Zukunft ohne Mensch" behauptet der US-amerikanische Historiker, dass die Biotechnologie „die Geschichte wieder auferstehen lassen wird". Fukuyama geht davon aus, dass die biotechnologische Manipulation des Menschen möglicherweise ein „nachmenschliches Zeitalter der Geschichte einläuten wird". Eine solche Entwicklung würde die Natur des Menschen derart revolutionieren, dass in der Folge die Grundlagen der bisher bekannten politischen Ordnungssysteme zusammenbrächen (Fukuyama, 2002).

Der Eingriff in die menschliche Natur genoss unter Biologen über einen langen Zeitraum geringe Popularität, nicht zuletzt, weil auch sie der Ansicht waren, dass die externen Einflüsse den Menschen ganz entscheidend mit prägen, natürlich aber auch, da dieser Zweig der Biologie durch die nationalsozialistischen Wahnideen vom „neuen, reinen,

under way, but we are not passive subjects powerless to shape our fates. If we understand what is happening, and if we can conceive and explore alternative futures, we can find opportunities to intervene, sometimes to resist, to organize, to legislate, to plan, and to design (Mitchell, 1999).

In "The End of History" and "the Last Man", (Fukuyama, 1989) argued that history was over because the world was converging toward societies of democratic capitalism. Now, in Our Posthuman Future, it is asserted that biotechnology will bring about 'the recommencement of history.' By that it is meant that the bio-technological manipulation of human beings may 'move us into a 'posthuman' stage of history'. It will change human nature in ways that corrode the found-ations of the acknowledged convergent political order (Fukuyama, 2002).

The rectification of human nature has been out of fashion among biologists for a long time, who recognize the considerable input of the environment into the shaping of human characteristics. Fukuyama responds to such objections partly by positioning current developments in neuroscience and behavioural biology, where the brain is not seen as a Lockean 'blank slate' but 'a modular organ full of highly adapted cognitive structures, most of them unique to the human species.' Accordingly, cross-cultural universals have been 'programmed' into us by evolution, notably our tendency to 'parse language for evidence of deceit, avoid certain dangers, engage in reciprocity, pursue revenge, feel embarrassment, care for our children and parents, feel repulsion for incest and cannibalism, attribute causality to events.' Fukuyama fears that, even without changing human nature as such, human genetic engineering could adversely affect our mutually interactive, and hence our political, lives.

Which future?
So, within these paradigms, will we move towards a hyper-global world? Will branding end experience economies consume our lives, where 'the consumer is the ultimate product' (Pine and Gilmore, 1999). Is an anti-globalisation approach imaginable and necessary? How far can technology still be developed, and will this 'end of science', then truly be the end of history, as Fukuyama states? Will data-towns, cyber-states and digital regions gain a higher importance than physical ones? Can bio-technology and other state of the art technologies, lead to changes in our societal, political, spatial and developmental behaviour and actions? Will the decoding of the human genome, lead to the ultimate 'genetic' branding of people and communities, where this technology may lead to further 'logolization' and other hallucinations of progress? Will we be able to increase resources for all, become sustainable, bridge the poverty gap and deal with environmental issues? Of all these possible scenarios, to mention a few, it is not certain which one, or combinations thereof, will prevail in the future. So, whatever scenario succeeds, could we not create an instrument to analyse our present, and simulate our, so as to pre-produce the possible scenarios of our future worlds, regions, cities and communities, where a virtual 'mirror image' of reality can help us intervene and preconceive our tomorrow?

rassisch gesäuberten Menschen" grundlegend erschüttert und diskreditiert worden war. Fukuyama verfolgt einen auf die modernen Neurowissenschaften und die Verhaltensbiologie gestützten Ansatz, nach denen das Gehirn nicht wie nach Locke als eine Tabula rasa, also als ein unbeschriebenes Blatt angesehen wird, sondern eher als ein „modulares Organ, das aus zahlreichen adaptionsfähigen kognitiven Strukturen zusammengesetzt ist, über diese in der Form so gut wie kein anderes Wesen außer dem Menschen verfügt", so Fukuyama. Unsere kulturunabhängigen Universalien sind also, so Fukuyama weiter, durch die Evolution einprogrammiert worden, allem voran unsere Fähigkeit, „sprachliche Äußerungen nach Anhaltspunkten für Unwahrheiten oder Betrug zu analysieren, bestimmte Gefahrenquellen zu vermeiden, einen wechselseitigen Dialog zu führen, Rachegelüste zu hegen, Schamgefühl zu empfinden, sich um die eigenen Kinder und Eltern zu kümmern, Abscheu vor Inzest und Kannibalismus zu empfinden, Ursachen hinter bestimmten Ereignissen zu erkennen". Fukuyama befürchtet, dass die Humangenetik unser Zusammenleben und also auch den gesamten öffentlichen Raum zu unserem Nachteil verändern wird – selbst wenn die Natur des Menschen nicht revolutioniert werden sollte.

### Welche Zukunft?
Werden wir also vor einem solchen Hintergrund in eine hyperglobale Welt geschleudert? Werden die Vermarktung und das Diktat der Erlebniskultur unser Leben aushöhlen, ein Leben, in dem der „Konsument das ultimative Produkt" ist (Pine, Gilmore, 1999)? Ist ein Gegenentwurf zur Globalisierung überhaupt vorstellbar? Was für Entwicklungsspielräume stehen der Technologie überhaupt noch offen, und wäre ein vermeintliches „Ende der Technik" dann tatsächlich das Ende der Geschichte, wie Fukuyama behauptet? Werden virtuelle Datenwelten, Cybernationen oder digitalisierte Regionen die real-physische Welt vergessen machen? Werden Biotechnologie und andere Zukunftstechnologien unser soziales, politisches und räumliches Denken und Handeln verändern? Wird die Entschlüsselung des menschlichen Genoms zur genetischen Vermarktung des Menschen oder ganzer Gemeinschaften führen? Werden wir in der Lage sein, die Ressourcen für die ganze Weltbevölkerung zu öffnen und zu erweitern, werden wir die Vorgabe der Nachhaltigkeit erreichen, den Graben zwischen Arm und Reich schließen und die drängende Umweltproblematik in den Griff bekommen? Zu diesem Zeitpunkt können wir auf diese Frage nur eine Antwort geben: Wir wissen es nicht. Uns bleibt es, die Komplexität der Gegenwart zu erfassen, die Trends zu analysieren, die die Gesellschaften von Morgen mit gestalten werden, um schließlich verantwortungsbewusste Alternativentwürfe zu entwickeln, mit denen wir an der Gestaltung der Zukunft schon heute beginnen.

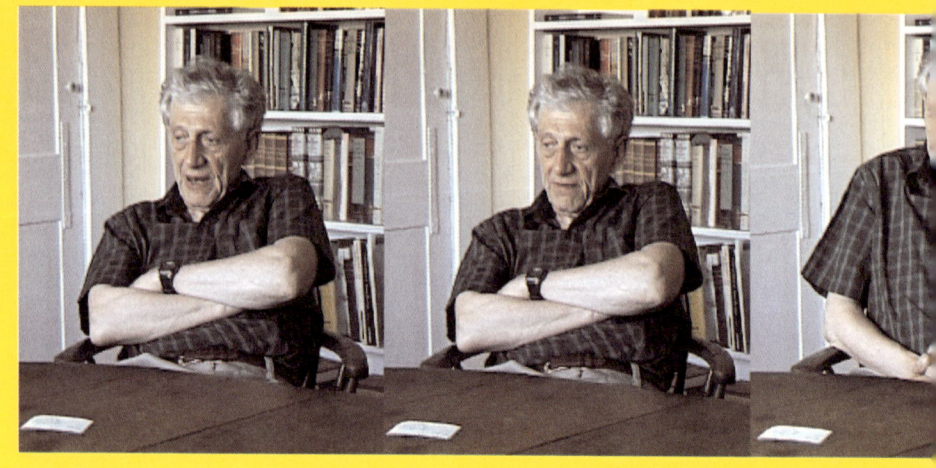

## Interview mit PETER HALL
London, 16. Mai 2002

REGION
**Maas:** Es wird mitunter behauptet, dass Digitalisierung und der enorme Reiseverkehr zum Verschwinden der Region beitragen. Würden Sie diese Ansicht teilen?
**Hall:** Ich glaube nicht, dass die Welt einfach nur zusammenwächst. In gewisser Hinsicht ist das zwar durchaus der Fall: Wir alle kommunizieren ganz selbstverständlich mit unseren Kollegen und Freunden in aller Herren Länder und auf der anderen Seite der Erdkugel, per E-Mail oder auch im persönlichen Gespräch, wenn wir uns mal wieder ein Flugzeugticket geleistet haben. Aber das bedeutet nicht, dass es keinen räumlichen Abstand mehr gibt. Es kostet noch immer Geld und vor allem Zeit, effektiv miteinander zu kommunizieren, besonders, wenn es im persönlichen Gespräch geschehen soll. Deshalb sind in aller Regel auch die Interaktionsformen am effektivsten, die sich auf lokaler Ebene herausgebildet haben: Menschen sprechen miteinander, tauschen ihre Gedanken aus oder suchen zusammen nach Lösungen für ganz konkrete Probleme.

Deshalb sind Wirtschaftswissenschaftler wie z. B. Paul Krugman auch so fasziniert von der Idee, die Energien verschiedener Unternehmen in einem Cluster zu bündeln. Das klassische Beispiel ist das kalifornische Silicon Valley. Politische Kräfte haben weltweit neue Valleys dieser Art geschaffen oder es zumindest versucht. Die Idee ist gut; in ihr kommt zum Ausdruck, dass Menschen eher kreativ miteinander kommunizieren, wenn sie keine großen Entfernungen dafür überwinden müssen. Geographische Aspekte sind heute also noch genauso wichtig wie vor 100 Jahren, als der englische Wirtschaftswissenschaftler Alfred Marshall eine sehr bekannte Passage niederschrieb: Egal, in welchem Industriezweig sich Unternehmen zusammenschließen, um einen „Industriebezirk" zu bilden – sie haben davon immer einzigartige Vorteile, so Marshall. Die Idee ist also nicht neu, wir sagen nur heute nicht mehr Industriebezirk, sondern Cluster.

Insofern hat das Regionale heute durchaus noch eine sehr große Bedeutung, nämlich für die wichtigste Art ökonomischer Aktivität, also die innovative, dynamische ökonomische Aktivität, ob nun im Bereich der Herstellung oder auf dem weiten Feld der Dienstleistungen. Warum ist die Konzentration in London so hoch, warum ist sie so hoch in Downtown Manhattan, an der Wall Street oder bei einem der anderen Finanzzentren der Welt? Oder sehen Sie sich die Medienindustrie an, die ständig danach strebt, sich an Orten wie Hollywood zu konzentrieren, im Zentrum Londons oder New Yorks. Und warum? Weil kreative Menschen miteinander reden müssen, und zwar Auge in Auge. Das Prinzip des Clustering, der Zusammenballung, wird auch deswegen immer wichtiger, weil diejenigen Industrien, die heute die meisten Arbeitskräfte beschäftigen – und zwar zunehmend auch in postindustriellen Ländern – solche hoch entwickelten Dienstleistungsindustrien sind. Das Regionale hat also durchaus eine Bedeutung, aber wie verschiedene Regionen und ihre Grenzen zu definieren sind, das ist eine komplizierte Frage.

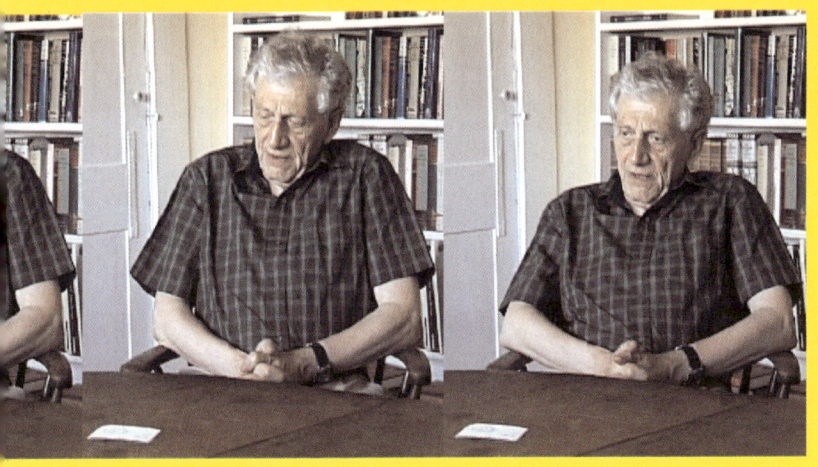

Interview with PETER HALL
London, May 16th 2002

REGION
Maas: Some say that because of digitalisation and travelling the region ceases to exist. What is your opinion about that?
Hall: I don't believe that the world is simply becoming one world. In some respects perhaps it is, we all communicate very easily with our colleagues and friends on the opposite side of the world and in every continent, whether it is electronically by e-mail or whether it is face to face, by flying around the world as we increasingly do. But this doesn't mean that space is abolished. It still costs money and in particular time to communicate effectively, especially face to face. Because of this, local interactions between people, people talking to each other, people sharing each others' thoughts, people working on problems together, is likely to be far more effective.

None the less it is far easier and is far more likely that you get effective results if people are able to communicate easily on a day-to-day basis. Now that's why economists, like Paul Krugman for instance, have become so obsessed with the subject of clustering. The classic case is Silicon Valley in California. All over the world policy makers and politicians especially are discovering new valleys or trying to invent new valleys. I think the idea is a good one, it expresses this fact that people are far more likely to interact creatively over short distances. So geography still matters as it mattered one hundred years ago when the famous English economist, Alfred Marshall, wrote a very famous passage, suggesting that people in any given industry rely on unique advantages from coming together in what he called an industrial district. It's the same idea; we just renamed it a cluster.

Therefore what we can call regions do matter very much, I think, for the most important kind of economic activity which is innovative dynamic economic activity, whether this is in manufacturing or whether it's produced in the huge range of services. Why is the city of London so concentrated, why is downtown Manhattan so concentrated in the Wall Street area and all the other similar financial centres in the world? Or to take another example, the media industries: they intend to be very highly concentrated in places like Hollywood, central London or central New York, because creative people have to talk to each other and they have to talk to each other face to face. So the clustering principle becomes ever more important, in that the industries that employ most people now – and, increasingly, most people in post-industrial countries - are these advanced service industries. Therefore regions do matter, but how we define these regions and the boundaries of these regions is a complicated question.

## CLUSTER

**Maas:** Gibt es solche Cluster-artigen Zusammenschlüsse auch auf anderen Gebieten, etwa im agrar- oder forstwirtschaftlichen Bereich, vielleicht auch in der Freizeit- und Tourismusindustrie?

**Hall:** Cluster können wohl überall entstehen, wo Menschen in Produktionszusammenhängen aufeinander angewiesen sind. Das Wichtigste an einem Cluster ist aber, dass Menschen einen unschätzbaren Vorteil daraus ziehen, wenn sie ihre Gedanken austauschen. Sie machen dann ihren Job besser, sind produktiver und entwickeln vielleicht sogar neue Ideen für neue Produkte oder Dienstleistungen. Natürlich passiert das eher in der Herstellungsindustrie als in der primären Produktion, zu der Agrar- und Forstwirtschaft oder Fischfang zählen, obwohl auch in diesen Bereichen Cluster-Bildung denkbar ist. In dynamischen Industrien, die vergleichsweise jung sind und also auf ein sehr hohes technisches oder organisatorisches Niveau angewiesen sind, ist das aber viel eher der Fall.

**Maas:** Würden Sie unterschreiben, dass eine Region umso erfolgreicher ist, je mehr verschiedenartige Cluster sich dort bilden?

**Hall:** Durchaus. Wenn Sie einen Blick auf die größten Metropolen dieser Welt werfen, werden Sie feststellen, dass Städte wie London, New York, Paris oder Tokyo dieses Prinzip veranschaulichen: In diesen Städten gibt es tatsächlich viele verschiedenartige Cluster. London liegt ja hier ganz in der Nähe, eines der größten Finanzzentren der Welt. Einerseits schließt sich also dort die Finanzwelt zusammen. Ganz in der Nähe gibt es aber auch Touristen-Attraktionen wie die Houses of Parliament, den Tower of London und das British Museum, die Nationalgalerie, die zusammen ein anderes Cluster bilden, nämlich das touristische. Und auch die schöpferische Industrie kommt zusammen, man denke an die große Konzentration von Theatern und Konzerthallen in London. Deshalb ist London noch immer eine sehr erfolgreiche Stadt, obwohl das Leben dort für Einheimische wie für Besucher sehr kostspielig ist. Ein ganz anderes Beispiel für ein erfolgreiches Cluster ist Silicon Valley, wo es im Wesentlichen nur eine einzige Branche ist, die sich zusammengeschlossen hat.

**Dean:** Wie lässt sich regionale Cluster-Bildung von der in den Städten unterscheiden?

**Hall:** Jetzt wird es richtig kompliziert. Vor allem Geographen haben lange Jahre damit verbracht zu diskutieren, was eigentlich der Begriff „Stadt" bedeuten soll, was eine „städtische Region" oder ein „städtischer Großraum" sein soll. Vor etwa 40-50 Jahren waren es amerikanische Geographen, die meinten, die Stadt sei als solche nicht mehr Gegenstand ihrer Untersuchungen, da das reale Wirtschaftswachstum deren Grenzen überschritt und sich in die Vororte hinein ausdehnte. Also entwickelten sie das Konzept des städtischen Großraums, worunter die Stadt mitsamt ihrer angrenzenden Vororte verstanden wird. Im allgemeinen ist das ein nützliches Konzept, aber sehen wir uns doch einmal Silicon Valley an, das ja innerhalb eines solchen Großraums angesiedelt ist. Silicon Valley liegt in einem Gebiet, dessen genaue Bezeichnung „San Francisco Oakland Consolidated Metropolitan Area" lautet. Eine Region, die heute sieben Millionen Einwohner hat, die in einem großen Ring um die Bucht von San Francisco herum wohnen, wo es Städte wie Oakland, San José, Freemont oder Haywood gibt; die Liste ließe sich endlos fortführen. Innerhalb dieses Konglomerats ist Silicon Valley eines der am besten entwickelten Industrie-Cluster weltweit. Es ist auch für sich selbst schon beeindruckend groß. Es gibt aber noch weitere Cluster in der Gegend der Bucht von San Francisco. In der Nähe von Berkeley, der zweiten großen Universitätsstadt der Region, findet sich etwa ein kleines Cluster, das eine Art Mini-Silicon-Valley darstellt. Wie sich nun aber solche Cluster zu dem verhalten, was wir eine Region nennen oder einen städtischen Großraum, das ist eine sehr komplexe Frage.

## SPEZIALISIERUNG

**Maas:** Kann man Regeln dafür aufstellen, wo sich am ehesten welche Cluster bilden?

**Hall:** Nun, die einzelnen Regionen bzw. die Menschen, die dort leben, haben oft gar keine Wahl. Sie haben Talent für eine bestimmte Sache, und je mehr Erfolg sie mit dieser Sache haben, desto mehr Leute versuchen, auf den fahrenden Zug aufzuspringen. So ging das in den 70er und 80er Jahren des 18. Jahrhunderts mit Lancaster: Ein paar gewitzte Jungs haben raffinierte neue Möglichkeiten entwickelt, Baumwolle zu spinnen und zu weben, und sie haben auch noch herausgefunden, wie entsprechende Fabriken aussehen müssen, so dass sie von der Heimarbeit wegkamen und den Grundstein für Morton Industrial legten. Lancaster wurde damit zur weltweit konkurrenzlosen Baumwoll-Kapitale – bis man an anderen Orten auch herausgefunden hatte, was man mit diesen Maschinen anfangen kann. 100 Jahre später bekam Lancaster extreme Konkurrenz, und in den 30er Jahren des 20. Jahrhunderts hatten die Jungs es

## CLUSTERS

**Maas:** Can the term clustering be applied to other domains like agriculture or forestry, leisure and tourism as well?

**Hall:** I suppose a clustering principle applies anywhere where people have to collaborate in production, but what is especially meant by clustering I think is the idea that people get the unique advantage from sharing each others' ideas. Thus they will do their own job better and more productively perhaps even think of new ways to make things or produce services and perhaps even invent new things to produce. That is more likely to apply in manufacturing than it is in primary production like agriculture, forestry, fishing, although it can happen there of course. It is far more likely to occur in a dynamic industry, which is relatively new and which is therefore dependent on a very high technical or organisational innovation.

**Maas:** Would you suggest now that the more types of clustering that come together, the more successful a region can be?

**Hall:** Yes I think to summarise, the more different types of clustering occur, the more successful a region can be. If you look at the very largest metropolitan cities like London, New York, Paris and Tokyo, they seem to illustrate that principle, because there are different types of clusters in those cities. Not far from where I'm talking to you now, we have the City of London, which is one of the greatest financial clusters in the world. Close to that, famous tourist destinations like the Houses of Parliament, the Tower of London and the British Museum, the national Gallery, which is a different cluster: the tourist-cluster, and also the creative industries are clustered through the great concentration of live-theatres and concert-halls that you find in central London. That's one reason why London, despite the fact that it is a very high-cost unit with many disadvantages to live in or even to visit, is still a very successful city. On the other hand you can get a successful region that is more or less a sort of one-industry or one industrial group region, like Silicon Valley.

**Dean:** When you describe clustering, there seems to be a pattern of attraction of certain functions. How could you distinguish regional clustering from the clustering that goes on within a city?

**Hall:** It gets rather complicated at this stage, because geographers in particular, have spent years and years discussing what they mean by the term city and what they mean by the term city-region or metropolitan area. About 40-50 years ago American geographers first decided that the city was really not any longer a good definition of what they wanted to study, because the real growth was out of the city boundaries into the suburbs. So they first invented the idea of the metropolitan area, which is really a city plus its contiguous suburbs. And generally, the useful concept is that one, but within such a metropolitan area, let's take the case of Silicon Valley. Silicon Valley sits in an area, which is technically known as the San Francisco-Oakland Consolidated Metropolitan area: a region that has today around 7 million people in a huge ring around the San Francisco Bay, and including many cities San Francisco, Oakland, San Jose, Fremont, Hayward, the list is almost endless. Now within that vast agglomeration Silicon Valley is one of the most distinctive industrial clusters in the world. It itself is now geographically quite huge. You could distinguish other smaller clusters in the San Francisco Bay area. There is a small cluster, a of sort of mini-Silicon-Valley around the city of Berkeley in the East Bay, which is the other great university campus. So how these clusters relate to what we now call the regions or metropolitan areas is quite complex.

## SPECIALISATION

**Maas:** Is there a role for the specialisation of clusters?

**Hall:** Well, I think regions or the people who live in regions often have no choice, they have a particular kind of genius for one thing and the more they are successful with that one thing the more people flood in to join the party. That was the story of Lancashire in the 1770s and 1780s, when some very smart guys invented clever ways of spinning and weaving cotton, plus making it possible to do it in factories rather than in people's homes, and thus created the modern industrial system. So Lancashire became the cotton-capital of the world until other places found out how to use the

richtig schwer. Inzwischen produziert Lancaster selbst so gut wie überhaupt keine Baumwolle mehr. Aber das Beispiel zeigt eines: Es kann Dir sehr übel ergehen, wenn Du etwas richtig gut kannst, aber niemand sich für Dein Produkt interessiert, weil entweder das Produkt selbst niemanden mehr interessiert, oder weil jemand anders es inzwischen billiger und vielleicht sogar besser herstellt.
**Maas:** Und die Cluster der Weinindustrie?
**Hall:** Die Entwicklung der Weinindustrie in den letzten 30 Jahren ist eine sehr spannende Sache. Vor dieser Zeit wurde der Markt von traditionellen Anbauregionen beherrscht, in denen auf althergebrachte Weise produziert und vor allem an lokale Abnehmer verkauft wurde. Dann kam vor allem in der neuen Welt, in Kalifornien und Australien, ein neuer wissenschaftlicher Ansatz in der Produktion auf, der an den Universitäten jener Orte entwickelt worden war, die eine lange und erfolgreiche Marketing-Tradition haben. Und man war damit ausgesprochen erfolgreich. Natürlich ist man anfällig für Trendwenden im Geschmack der Abnehmer oder für das Entstehen neuer Anbauregionen, die dasselbe Produkt genauso gut und vielleicht sogar billiger herstellen können. Ein Land wie Chile beispielsweise führt einen sehr aggressiven Konkurrenzkampf mit niedrigeren Produktionskosten auf genau den Märkten, wo auch Kalifornien und Australien aktiv sind, und es sind auch ganz ähnliche Weine, weil die klimatischen Eigenschaften weitgehend übereinstimmen. Insofern denken jetzt beide Seiten darüber nach, ob sie es nicht schaffen können, sich im oberen Bereich auf dem Markt zu behaupten.

## EINE REGION KONSTRUIEREN
**Maas:** Kann man aus diesen Fällen schließen, dass man eine Region auch konstruieren kann?
**Hall:** Eine schwierige Frage. Es wäre ja schön, wenn eine Regierung sich nur irgendein Genie oder besser noch ein ganzes Komitee von Genies auszusuchen bräuchte, und dann sagen könnte: „Seht mal, wir sind gerade wirtschaftlich nicht sehr erfolgreich, würden es aber gerne sein, also entwerft doch mal eine glänzende ökonomische Zukunft für uns; sagt uns, was wir tun müssen und wie wir es tun müssen." Aber auf Bestellung geht das leider nicht. Die entscheidenden Faktoren, die den Erfolg bestimmter Regionen ausmachen, sind leider nicht leicht vorherzusagen, und bis zu einem außergewöhnlich hohen Grad hängen sie auch von den Impulsen ab, die von einzelnen Individuen ausgehen.
**Dean:** In Australien gab es die Multi-Function Polis (MFP) in Adelaide, die den Versuch darstellte, eine neue Art von Stadt zu konstruieren. Warum ist Ihrer Meinung nach dieser Versuch fehlgeschlagen?
**Hall:** Das war ursprünglich eine japanische Idee, und eigentlich wollte man an der goldenen Küste von Queensland eine nette kleine Gemeinschaft mit Golfplätzen erschaffen. Aber dann gab es gewisse Spannungen zwischen der japanischen Regierung und Queensland, so dass man das gesamte Projekt in eine trübsinnige Sumpflandschaft bei Adelaide verlegte. Das war nicht gerade der beste Ort für so ein Experiment, und folglich hat es auch nicht funktioniert.
**Dean:** Worin liegt Ihrer Meinung nach der Wert einer solchen Idee?
**Hall:** Es ging darum, eine einzigartige Lebens- und Arbeitsumgebung zu schaffen, die hochtalentiertes Potenzial aus der ganzen Welt anziehen sollte. Der Traum hätte Wirklichkeit werden können, wenn seine Realisierung in der richtigen Umgebung angegangen worden wäre; einer Umgebung, die Menschen auch tatsächlich anzieht. Damit meine ich nicht nur die physische Umgebung, die Eigenschaften und Qualitäten des Ortes. Der Kampf um die größte Anziehungskraft wird an sehr vielen Fronten ausgetragen. Kurzum, man hätte eine Stadt wählen müssen, in der sowieso schon viel passiert, um eine gute Anbindung zu haben. Adelaide, obwohl eine sehr schöne Stadt, macht da doch den Eindruck, ein bisschen zu klein zu sein. Hinter so einem Projekt müssen unglaubliche Investitionen stecken, sowohl an menschlichen Ressourcen als auch an Sachmitteln. In diesem konkreten Fall hätte es auch der aktiven Mitarbeit der südaustralischen Regierung bedurft, die sicherlich gar nicht abgeneigt war, aber die Regierung des Commonwealth wollte nicht offen über ihre Pläne sprechen.
**Maas:** Hätte man vielleicht das Konzept vorher genauer spezifizieren sollen?
**Hall:** Konzepte sind eine sinnvolle Sache, aber natürlich nur, wenn sie dann auch umgesetzt werden, und die MFP wurde schließlich nicht realisiert. Die Hauptgründe dafür waren erstens, dass das Konzept tatsächlich nicht zu Genüge spezifiziert war, zum anderen aber auch, dass die Mittel, die man zu seiner Realisierung gebraucht hätte, überhaupt nicht zur Verfügung standen. In negativem Sinne können wir also von der MFP eher etwas lernen als im positiven.

machines, and began to compete with it about 100 years later, really giving it a bad time in the 1930s. Now Lancashire hardly produces any cotton at all. But that example shows you can have a hard time once the basic thing you're good at disappears, because either people don't want it any more, or someone else could produce it more cheaply and maybe better.
Maas: And winegrowing clusters?
Peter: The wine industry over the last 30 years is a very interesting case, because it was of course dominated 30 years ago world-wide, by traditional regions producing wines in traditional ways and selling largely to local customers. Then - beginning especially in the new world, in California and in Australia - you got a new scientific approach to production coming out of the universities in those places associated with a very strong tradition in marketing which proved outstandingly successful. It does of course render them vulnerable to changes in taste down to the arrival of new regions, which maybe can produce the same kind of product at a rather lower price. A country like Chile is competing aggressively at lower costs on the same markets and the same kinds of wines with California and Australia, because it happens to share very much the same climatic characteristics. This causes both of these areas to think about how they are going to compete presumably by stressing the higher end of the market.

CONSTRUCTING A REGION
Maas: Do these cases actually show that you could construct a region?
Hall: A difficult question. If some genius – or, better, a committee of geniuses - wanted to go into a new region of the world at the invitation of the government who says to them: look - we are not very successful and want to be economically successful, create for us an economic future, what should we do and how should we do it, maybe it would be possible to do that almost by order. But I think it is very difficult, because the important factors that lead regions to be successful are often not very predictable in advance and they may, to extraordinary grade, depend on the impetus given by one or two individuals.
Dean: In Australia there was the example of the Multi-Function Polis (MFP) in Adelaide that was an attempt to construct a new type of city. Why in your opinion did it fail?
Hall: First it was originally a Japanese idea and the original idea was to create a very nice community with all the golf courses behind the Gold Coast of Queensland. There was a glitch in the negotiations between the Japanese government and the Queensland government, and the whole project was switched to what in fact was a mangrove swamp in Adelaide - which was not the most happy location for this great experiment, and it did not work.
Dean: What do you think the is value of such an idea?
Hall: Well, the value of the idea would have been to create a kind of unique living and working environment, which would have attracted extremely talented people from all over the world. I think that the dream might just have worked if it had been created in the right physical environment and an environment which could have attracted people, but it would have demanded success on a whole series of different fronts, not only with the location that had to be physically attractive. It would have had to be in a city that had a great deal going for it, that was quite well connected. Adelaide, although a very pleasant city, might possibly be looking too small for that purpose. But it would have had to have a tremendous amount of investment behind it in physical and human capital. In that particular case it would have required the active collaboration of the South Australian government, which was certainly committed but the Commonwealth government was not forthcoming.
Maas: Is such a speculation or image helpful in regional planning to specify successes?
Hall: I think it's useful to develop such a concept, but a concept is finally useful, almost literally useful, only if it gets done and in the end the MFP did not get done. The basic reason I think for that would be that the concept was not fully specified and secondly, as far as anyone did understand what it was, the means to realise it were not there, the delivery mechanisms weren't there. So we can learn more in a negative sense from the MFP than in a positive sense.

## HIERARCHIE

**Maas:** Die Öffnung der Grenzen Europas hat unter anderem dazu geführt, dass Städte nun in größerem Ausmaß als bisher in Konkurrenz zueinander treten, wenn es darum geht, Investoren anzuziehen. Was denken Sie über diese Situation? Verändert sich Europa? Könnte der Regionalismus dabei eine wichtige Rolle spielen?

**Hall:** Ganz gewiss verändert sich derzeit die Geographie Europas, und im Rahmen der Erweiterung der EU wird dieser Prozess sich fortsetzen. Vor allem im östlichen Teil unseres Kontinents gibt es ein paar Städte, die zwar in den letzten 60 oder 70 Jahren einiges an Anziehungskraft verloren haben, nun aber wieder an dem Punkt sind, erneut oder zum ersten Mal eine Hauptrolle zu übernehmen. Städte wie Berlin und die ganze Region, dito Wien, aber auch viele der osteuropäischen Metropolen wie Warschau oder Budapest. Gewisse konkurrierende Städte und städtische Regionen in Westeuropa geraten nun allmählich ins Hintertreffen gegenüber diesen dynamischeren Orten. Obwohl es andererseits natürlich viele Orte gibt, denen es in der Vergangenheit gut ging und denen es auch weiterhin gut gehen wird. Der gewünschte Effekt stellt sich nur selten auf Bestellung ein.

Lassen Sie mich eine dreifache Differenzierung vornehmen. Zunächst einmal gibt es Hauptstädte, und darunter möchte ich an dieser Stelle auch die erfolgreichen regionalen Hauptstädte fassen, die als Hauptstädte großer Regionen fungieren, also z. B. Städte in föderalen Bundesländern wie etwa München. München ist da ein ausgezeichnetes Beispiel, aber auch Manchester oder Bristol haben inzwischen ein recht blühendes Wirtschaftsleben vorzuweisen. Zweitens gibt es ältere Industrieregionen, die oft eine sehr wechselhafte Geschichte hinter sich haben und meist im Kernbereich jener Regionen liegen, über deren Stadtstaaten ich gerade gesprochen habe. Drittens gibt es weitläufige ländliche Regionen, die auf den ersten Blick vielleicht wenig vielversprechend aussehen. Aber man muss – um auf eine Kategorisierung zurückzugreifen, die der englische Geograph David Ceapel vorgenommen hat – zwischen zugänglichen und unzugänglichen bzw. entlegenen ländlichen Regionen unterscheiden. Zugängliche ländliche Regionen liegen nah an großen Städten, welche selbst im Wachstum begriffen sind, so dass sie in hohem Maße von der Stadtflucht profitieren. Die Gegend um Cambridge ist ein klassisches Beispiel für eine zugängliche ländliche Region. Die eher entlegenen ländlichen Regionen haben beträchtliche Probleme, weil es dort keine ausgebildete Infrastruktur gibt.

## RUHRGEBIET

**Maas:** Ist das Ruhrgebiet Ihrer Meinung nach rettungslos verloren, oder kann es sich noch am eigenen Schopf aus dem Sumpf ziehen?

**Hall:** Wohl beides zugleich. Es ist gewiss eine sehr problematische Region, eine der größten traditionellen Industrieregionen Europas. Eine Region, die sehr abhängig war von Kohle, Eisen, Stahl, von Schwerindustrie, und dieser Bereich ist bekanntlich in den letzten Jahren lebensbedrohlich zusammengeschrumpft. Andererseits haben viele Ruhrstädte eine ansehnlich stabile Dienstleistungsbranche herausgebildet. Ich denke an Essen oder Dortmund und Bochum, wo man in den sechziger Jahren im Rahmen eines ziemlich intelligenten Prozesses auf die Idee kam, bedeutende neue Universitäten zu gründen. Ähnlich wie bei dem Konflikt, den Manchester mit den Städten in seiner Umgebung austrägt, sind auch im Ruhrgebiet kleinere Städte schwierig, besonders diejenigen, die in dem so genannten Emscher Gürtel liegen, Orte wie Gelsenkirchen oder Castrop Rauxel und Bottrop. Das waren ursprünglich Industriestädte, folglich gibt es auch hier Schrumpfungsprozesse. Der Emscher Park war eine außergewöhnlich brillante architektonische Lösung, die die Region ganz neu belebte. In der Handelswelt spricht man überall davon, wahrscheinlich, weil es ein solch multifunktionales Objekt urbaner Regeneration nie und nirgends zuvor gegeben hat. Das hat das Image der Region grundlegend verbessert. Doch obwohl sehr viel Geld ausgegeben wurde, bleibt weiterhin fraglich, ob es genug war, um eine Wende für die Region herbeizuführen.

Die Menschen im Ruhrgebiet empfinden ihre Heimat als Region. Regionale Identität ist sehr wichtig, man kann das nicht einfach vom Tisch fegen. Manche Geograpfhen beziehen sich lieber auf Rhein-Ruhr als Region als auf das Ruhrgebiet. Die Rhein-Ruhr-Region wäre doppelt so groß, Düsseldorf, Wuppertal, Köln und Bonn sind darin vertreten. Wenn man es in dieser Weise verdoppelt, entsteht auch eine sehr viel größere Dynamik in der anderen Hälfte der Region. Düsseldorf bleibt Hauptstadt von NRW, Wuppertal hat eine gute Universität, Köln auch; in Bonn befinden sich dem Regierungsumzug zum Trotz immer noch einige Ministerien – insgesamt ist die Region bzw. Subregion noch immer sehr stark und dynamisch. In der nächsten Zeit wird zu beobachten sein, wie Menschen aus dem Norden in den Süden gehen.

## HIERARCHY

**Maas:** If we move towards Europe, the opening of the borders causes certain crises from the European middle land, where provincial cities have to compete on a wider level to attract industries. What do you think about the situation? Does Europe change? Would regionalism have an important role in that change?

**Hall:** I think the geography of Europe obviously is changing, and will continue to change under the impact of the enlargement of the EU. I mean: crudely, certain cities on the eastern side or east central side of the continent are going to gain or regain a role that they maybe have lost a little artificially for the last 60 or 70 years: cities like Berlin and its entire region or Vienna and its region, or several of the east European capitals, like Warsaw or Budapest. You can say that by the same token certain competing cities and city regions in Western Europe are going to lose out to these more dynamic places. On the other hand there is a good deal in the process of urban regional dynamism, places that have done well in the past often continue to do well. It's hard to produce desired effects by order.

I think you could very crudely say that maybe there's a three-fold distinction. First, there will be national capitals, and these include the more successful region capital cities that act as the capital cities of large regions. States in federal countries, like Munich are probably an outstanding example, or now increasingly Manchester or Bristol in England, which have quite successful economies. Secondly, you're going to get older industrial regions, which often tell a rather mixed story: in the central cores of those regions maybe one of those provincial cities, I just mentioned like Manchester or Newcastle, may be successful. Thirdly, you get quite widely spread rural regions, where perhaps not much is going on. But you have to distinguish there, I think, between what one English geographer, David Keeble, has called accessible rural regions, and inaccessible or remote rural regions. Accessible rural regions are those close to major cities, which are themselves showing growth, so they benefit hugely from dispersal out of the core cities; the area around Cambridge is a classic example of an accessible rural region. The more remote rural regions often have a considerable problem because they do not have critical infrastructures.

## RUHRGEBIET

**Maas:** Do you consider the Ruhrgebiet as a helpless zone or as courageous attempt to escape from its past?

**Hall:** It is a bit of both. It is certainly a very problematic region, one of the largest traditional industrial regions in Europe; it depended very much on the basic industries of coal, iron, steel and heavy engineering, many of which have contracted very seriously. On the other hand the main Ruhr cities do have a reasonably strong service base. I'm talking about places like Essen and Dortmund, and they through a quite intelligent process, of injecting major new universities, in Bochum and in Dortmund in the 1960s. As with Manchester versus the towns around it, I think the problematic part of the Ruhrgebiet are the smaller towns, especially in the so called Emscher Belt, places like Gelsenkirchen or Castrop-Rauxel or Bottrop, which were basically one-industry towns - and there may be a certain contraction there. The Emscher Park was an extraordinarily imaginative brilliant sort of architectural solution, or partly architectural solution, trying to inject new life into the region, and everyone in the trade world-wide speaks of it, because it was probably the most outstanding multipurpose piece of urban regeneration that ever happened anywhere. And it certainly gave a new image to the area, but even although a lot of money was spent, the question remains whether it is enough to turn the region around.

It feels itself a region. Regional identity is very important; you can't wipe it out. Some geographers say that the true region is the Rhine-Ruhr-Region, which is twice as big, including Düsseldorf, Wuppertal, Cologne and Bonn. If you do double it in that way, then you get far more dynamism in that other half of the region. Düsseldorf remains the capital of NRW, Wuppertal has a strong university, so has Cologne; Bonn, despite the loss of the Capital functions, has continuing government ministries and that is still a quite strong and dynamic region or sub region. What you will see over time is

**Dean:** Hat das einen Wert?
**Hall:** Unter Umständen schon. Jeder, der die Region besucht oder sie auch nur aus der Ferne betrachtet, kommt zu dem Schluss, dass es grundsätzlich eine polyzentrische, multistädtische Region ist. Es hat ähnliche Eigenschaften wie die „Randstad Holland", die urbane Peripherie in den Niederlanden. In der Welt der polyzentrischen Stadtregionen sind das die beiden prominentesten Beispiele. Ob man nun Ruhrgebiet oder RheinRuhrCity dazu sagt, ist im Grunde gleichgültig. Eine polyzentrische City-Region kann große Vorteile haben, wie ich inzwischen schon mehrfach betont habe – vorausgesetzt, die einzelnen Einheiten werden nicht selbst zu groß. Sonst entstehen dieselben Probleme, die man z. B. auch in London beobachten kann: Die Stadt platzt aus allen Nähten, Wohnraum wird unbezahlbar. Polyzentrismus ist in der Regel die bessere Antwort auf eine hohe Bevölkerungsdichte.
**Dean:** Was muss geschehen, damit die Dinge sich ändern?
**Hall:** Meines Erachtens müsste die bereits begonnene Entwicklung fortgeführt werden. Man müsste so viele neue Aktivitäten initiieren wie möglich, besonders solche, für die öffentliche Gelder zur Verfügung stehen. Man müsst Universitäten und Forschungsinstitute errichten, vielleicht auch neue Formen der Unterhaltungsindustrie und des Tourismus, so wie man sie gerade mit dem Emscher-Park-Experiment ausprobiert. Bestimmte Teile der Region werden indes sicher auch weiterhin schrumpfen, und vielleicht bleiben am Ende nur die Städte entlang der historischen Ost-West-Linie übrig: Mülheim, Essen, Bochum, Dortmund.
**Dean:** Das Ruhrgebiet und München sind nach ganz unterschiedlichen Modellen gewachsen, haben Sie gesagt. München stützte sich auf den freien Markt, das Ruhrgebiet verließ sich auf öffentliche Gelder.
**Hall:** Wenn Sie sich München ansehen, werden Ihnen eine Menge Vorteile auffallen, die die Stadt gewissermaßen schon von vornherein hat. München war schon immer eine elegante Stadt, es war die Hauptstadt eines freien Königreichs, bis dieses 1871 in Deutschland aufging, und schon immer war die Umgebung der Stadt reizvoll: die Alpen nicht fern, ein vielfältiges kulturelles Leben. Und dann hatte die Stadt das große Glück, dass gegen Ende des Krieges die großartige Elektroindustrie eilig von Berlin nach München umzog. Das war die Basis des späteren phantastischen Aufstiegs der Stadt als High-Tech-Zentrum.

Aber in gewisser Hinsicht kann München durchaus als Modell herangezogen werden für jede Stadt im Ruhrgebiet, die sich verändern will. Man muss nur das heutige Äquivalent dessen finden, was 1945 die Elektroindustrie war. Nun hat es im Ruhrgebiet und darüber hinaus natürlich jede Menge Anlässe gegeben, auf neue industrielle Entwicklungen zu setzen. Köln war z. B. eine der ersten Städte, die versucht hat, einen Mediapark zu errichten. Doch mehr als einmal habe ich in verschiedenen Schriften betont: Es gibt keinen automatischen Weg zum Erfolg. Denn man braucht heute kein Rohmaterial mehr, man braucht kluge Köpfe, kreatives Potenzial in der Bevölkerung.

POLYZENTRISCH
**Maas:** Wenn man sich polyzentrale Städte wie die Randstad oder das Ruhrgebiet ansieht, könnte man Zweifel daran bekommen, dass alle Kernbereiche dieser polyzentrischen Gebilde tatsächlich miteinander in Konkurrenz stehen. Die Städte scheinen sich innerhalb ihres Netzwerks nicht zu individualisieren, sondern überall gibt es das gleiche Opernhaus, den gleichen Mediapark und das gleiche Shopping-Center. Was meinen Sie, ist das am Ende nicht kontraproduktiv?
**Hall:** Nun, es ist poly-kontraproduktiv für diese Städte selbst und kontraproduktiv für die ganze Region. Denn in einer solchen Region – es geht hier immerhin um fünf Millionen Einwohner im Ruhrgebiet und um zehn Millionen in Rhein-Ruhr – braucht man neue Spezialisierungen. Ich habe schon oft gesagt: Jede Stadt muss die Zauberkugel finden, in der ihre Zukunft heute schon aufleuchtet. Die Menschen müssen über das richtige Rezept für ihre Stadt nachdenken. Städte wie Essen, Bochum oder Dortmund haben alle genug individuelle Identität, nun muss der Bürgerstolz sich regen, um diese Identität zur Geltung zu bringen. Der Erfolg einer dieser Städte wird zugleich allen anderen nützen.
**Maas:** Also keine neuen Shops mehr in Oberhausen, und Bochum wird zum Cambridge des Ruhrgebiets?
**Hall:** Vielleicht. Ich habe ja schon gesagt, dass ich niemandem die richtige Lösung vorschreiben möchte.
**Maas:** In kleinem Maßstab sind Spezialisierung und Polyzentralismus jedoch immer vernünftig, oder?
**Hall:** Ja, das ist ein interessanter Kontrast zwischen dem Ruhrgebiet und der

a gradual transfer activity in people from the northern half into the southern half.
Dean: Does it have a value?
Hall: It might have. Everyone I think that visits the region, or even people who have studied from outside, conclude that its essence is its polycentric, multicity character. That's its feature like the Randstad Holland; they are probably the two outstanding cases in the world of polycentric city regions. So that's how everyone sees it, whether you call it Ruhrgebiet or Ruhr city, it's that kind of a place. There are very big advantages, I've argued for a long time at this point, in such a polycentric city region, providing each of the units doesn't get too big. Therefore it doesn't suffer the same kinds of problems of growth and congestion that London does for instance, and the housing costs, and generally it is a better functioning recipe for running a large population concentration.
Dean: What strategies would you suggest to actually turn it around?
Hall: I suggest really a continuation of what has been done - and that is injecting, as far as possible, new activities particularly those that can depend on public money, like universities and research institutes and maybe new forms of entertainment and tourism, such as you have now with the Emscherpark experiment. I think there will still be to certain degree a need of contraction in parts of the region, maybe shrinking in a way back to old core cities along the historic east-west in the line of cities that runs from Mülheim through Essen, Bochum to Dortmund.
Dean: You have described the Ruhrgebiet and Munich as having completely different models of growth, Munich based on the free market and the Ruhrgebiet on public money.
Hall: If you look at Munich, it has a lot built-in advantages in the past industrial era, it is an elegant city, a capital city of a free Kingdom until it incorporated into Germany in 1871, and with superb natural environment: the Alps nearby, a huge cultural environment, and then with a fantastic good fortune, that in the case of the end of the war the great Berlin electronic industry which transferred there in a hurry, which really was the basis of its fabulous post-war growth as a high-tech centre.

But it provides a model in some ways for any Ruhr city that wants to try to turn itself around. You would have to find what was the equivalent today of the electronics industry in 1945 and go for that. Now there have of course been a whole series of attempts in and around the Ruhrgebiet to graft on new industrial traditions. Cologne was one of the first cities to try to develop a media park for instance. I've argued more than once in various writings, that there is no automatic route to success anymore, because you don't need raw materials, what you need is a smart group of people, smart population and some good ideas.

POLY-NUCLEAR
Maas: When you look to poly-cities like the Randstad or the Ruhrgebiet, one could have some doubts that all the nuclei of these poly-nuclear compositions are competing within themselves. So rather than specialising within that network everyone has the same opera house, the same Media Park and the same shopping centers. What do you think about this? Is it in the end not counterproductive?
Hall: Well it is poly-counterproductive for these cities and counterproductive for the wider region, because in such a region, we're talking about 5 million people in the Ruhrgebiet and about 10 million in Rhine-Ruhr, you need some new specialisms. I've often said, that it is for each city to try to find out the magic bullet that will put it right again. Certainly people need to think about the right recipe for their city because there is sufficient identity about Essen, about Bochum, about Dortmund, and the sufficient civic pride to allow that job to be done in each city. If any of them would be successful, it will be for the benefit of the whole.
Maas: So no shops in Oberhausen and turn Bochum into the Cambridge of the Ruhrgebiet?
Hall: Maybe. I said I would not like to prescribe what the solution would be.
Maas: On a small scale you described that specialisation and poly-nucleus can generally be considered as wise.

niederländischen Randstad. Die Randstadt ist ein ganz spezieller Fall einer polyzentrischen City-Region: Rotterdam ist Hafen und Handelsstadt, Den Haag ist der Sitz der Regierung, und Amsterdam verfügt über Tourismus und ein spezialisiertes Dienstleistungsgewerbe. Das ist noch immer ein sehr gutes Rezept, denke ich, und in der Hinsicht unterscheiden sich die Städte im Ruhrgebiet noch immer nicht in ausreichendem Maße. Das lässt sich natürlich leicht dahersagen. Das Problem ist schließlich, dass die Geschichte des Ruhrgebiets einfach eine ganz andere ist. Die Randstadt-Städte entwickelten sich von Anfang an individuell, seit der Unabhängigkeit der Niederlande bis heute. Das Ruhrgebiet entstand mit dem Ziel, zum europäischen Zentrum für Kohle und Schwerindustrie zu werden.
**Maas:** Vielleicht sollte man jetzt wieder den Zusammenhang zu einem größeren Cluster oder zu einer Region herstellen. Ist eine Spezialisierung der einzelnen Zentren sinnvoll?
**Hall:** Ja, ich glaube, man sollte sich durchaus Gedanken darüber machen, was für eine Stadt eigentlich am Ende dabei herauskommen soll. Jetzt muss ich ein bisschen vorsichtig sein, denn wenn Sie an den bekannten Fall von Silicon Valley denken, über den wir ja schon gesprochen haben, werden Sie sehen, dass es dort natürlich auch nicht sehr viel interne Differenzierung gibt. Das ist ein Zusammenschluss verschiedener Unternehmen, die in gewisser Weise auch alle in unterschiedlichen Bereichen tätig sind, aber sie gehören letztlich durchaus einer einzigen Branche an. Ich glaube aber auch nicht, dass man damit das richtige Modell für das Ruhrgebiet gefunden hätte. Das richtige Modell ist wahrscheinlich eher eines, das auf avancierten Dienstleistungsangeboten basiert. Und die werden sehr vielfältig sein, auch wenn sich in jeder einzelnen Stadt wieder lokale Cluster bilden.

Hall: Yes, that is an interesting contrast between the Ruhrgebiet and the Randstad. The Randstad as you know better than I, is a phenomon of a specialised kind of polycentric city region: Rotterdam is the port and commercial city, Den Hague the city of government, and Amsterdam is tourism and specialised services. That, I think, is still a very good recipe and I think in this sense the German cities, the Ruhr cities are insufficiently distinguished from each other, they need to be more so I think. It is easy to say that, of course; the real problem is that the history of the Ruhrgebiet is just different. The Randstad-cities grew up in a rather unique way from the time that the Netherlands became independent; the Ruhrgebiet grew up to produce coal and heavy engineering for the rest of Europe.

Maas: Having said that, it might be wise to bring it back to a larger scale cluster or region. Is specialisation between these centres helpful?

Hall: Yes, I think it should be in terms of the kinds of cities that these have got to become. Now I have to be a little careful, because if you considered the outstanding case of Silicon Valley, which we've discussed, there isn't really that much differentiation within Silicon Valley. Different companies are concentrated in different areas, but they are all in the same line of business. I'm not sure that that's the right model for the Ruhrgebiet, because I think the right model is far more likely to be one that depends on advanced services, which will be more specially differentiated with local clusters in each city.

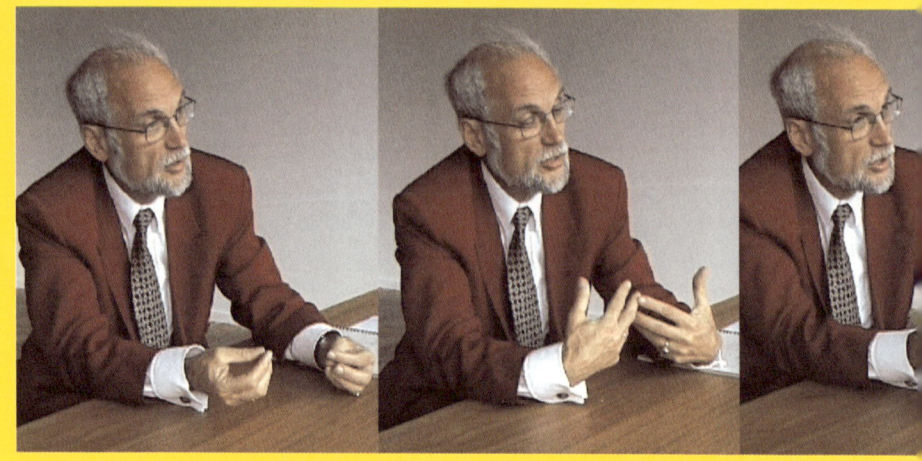

## Interview mit BERT VAN DE KNAAP
Rotterdam, 25. April 2002

REGION
**Maas:** Gibt es im Zeitalter der Globalisierung noch Regionen? Mitunter heißt es, Regionalismus sei noch immer mit Vorteilen verbunden, etwa dem der Spezialisierung, wodurch dem Handel besondere Anreize geboten würden. Andererseits wird behauptet, das Regionale sei längst den Errungenschaften der Informationstechnologie zum Opfer gefallen. Wie lässt sich also eine Region definieren?
**Van de Knaap:** „Region" ist kein ganz einfacher Begriff. Im Rückblick erkennt man, dass das, was man sich unter einer Region vorstellt, sich historisch kontinuierlich verändert hat. Zu Beginn des 20. Jahrhunderts gab es die Region als organische Schale, so wie in Frankreich, „Les Pays de La France", wie man sagt. In jeder dieser Teil-Regionen lebten unterschiedliche Menschen und ereigneten sich unterschiedliche Dinge, aber als Regionen waren sie doch eine in sich geschlossene Einheit. In sich gekehrt, könnte man sagen, und doch angefüllt mit verschiedenen Aktivitäten, Strukturen und Verhältnissen.
    Nun ist es natürlich auch einfach zu definieren, was eine Region ist, wenn man sich auf ihr Zentrum konzentriert. Schwieriger wird es an den Peripherien. Wo liegt die Grenze einer Region, wo fängt diese Grenze an zu zerfließen? Denn wenn man über eine Region spricht, spricht man immer über eine im Fließen begriffene räumliche Struktur. Und es sind nicht nur deren Grenzen, die nicht feststehen, auch die Aktivitäten sind ungebunden. Wenn man also sagt, dass eine Region mit Strukturen angefüllt ist, dann ist das eine sehr statische Betrachtungsweise. Man kann eine Region auch als bewegliches System sehen, etwa auf 24-Stunden-Basis oder in einem jährlichen Turnus. Ihre Grenzen sind dynamisch, ihre Größe unterliegt ständigen Schwankungen.
**Maas:** Ist „Region" dann überhaupt noch ein nützlicher Begriff?
**Van de Knaap:** Ja und Nein. Ja, insofern der Begriff dazu angetan ist, ein gewisses Maß an Identität und Identifikation zu produzieren. Aber ob der Begriff „Region" vom politischen Standpunkt her noch nützlich ist, hängt davon ab, welches Ziel man verfolgt. Früher bildete eine Region ein großes Ganzes, eine räumliche Entität, die aus einem einzigen Stück Land bestand. In den sechziger Jahren gab es dann Regionen, die räumlich gar nicht mehr zusammenhingen, etwa eine Arbeitsmarktregion, die sich auf der Landkarte in Form verstreuter Flecke darstellte. Man spricht in solchen Fällen von funktionalen Regionen, wählt also eher einen analytischen als einen ganzheitlichen Ansatz. Genauso gibt es dann etwa Verwaltungsregionen – auch ein Beispiel dafür, wie aus praktisch-politischen Gründen ein konkreter Ausschnitt aus dem Raumganzen bestimmt wird.
    Kurz, was wir uns unter einer Region vorstellen, hat sich mit der Zeit verändert. Die jüngsten Entwicklungen im Kontext der Globalisierung haben nun dazu geführt, dass Konzepte regionaler Identität wieder wichtiger werden. Um die Mitte des 20. Jahrhunderts herum war der Nationalstaat das alles überragende Konzept: Man fühlte sich als Bürger seines Staates. Inzwischen hat ein sozialer Wandel stattgefunden; der

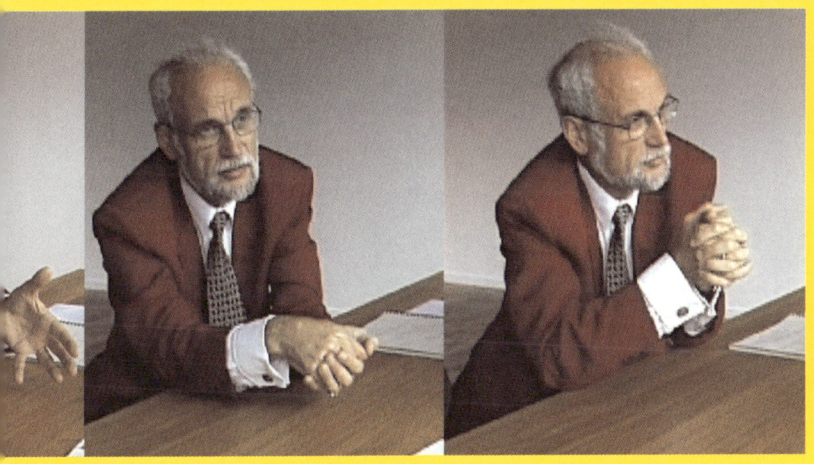

# Interview with BERT VAN DE KNAAP
Rotterdam, April 25th 2002

REGION
Maas: Do regions still exist in times of globalism? Some people say there might be some advantages in regions, namely that they can specialise and therefore encourage trade and balance. Others say that due to information technology, regionalism disappears. How can we define a region?
Van de Knaap: The region is not such a simple concept. Back in history you see over the past 100 years a constant change in the concept of a region. From the beginning of the 20th century, we had the region as an organic hull like we had in France, Les Pays de La France. Every Pays was full with people, with various activities. So it was inward-looking, but it consisted of a large number of activities, structures and relations.

Now what you also see when you consider a region is that a region is easy to define when you look at the core. But the problem emerges when you move to the boundaries. Where is the region still a region and where does it move away? So, in a way, if you talk about a region you talk about a fluid spatial structure and not only fluid in the sense that the boundary is not fixed but also because the activities are not fixed. You can say a region is filled with structures. That is a very static view but you can also see a region as a moving system, moving to and fro which can be considered on a 24-hr basis or on annual basis. So the boundary is fluxing and the size is fluctuating all the time.
Maas: Is 'region' still a useful term then?
Van de Knaap: Yes and no. Yes because the region refers to a particular position under your service that creates a point of identity and identification. But if you say useful from a political point of view, it depends very much on the purpose you have in mind. In the old days, a region was just one whole, one spatial unit that consisted of one piece of the earth. In the 1960s we looked at regions, which were not spatially contiguous, so you had a labour market region where you had different patches that all belonged to the same regions. So we talk about functional regions. Instead of this holistic view you have an analytical view of the region. You have regions for administrative uses, or for all kinds of political purposes, where you need to define a particular part of space.

Now regions, from this perspective have changed in terms of concept structures through time and recently in the period of globalism we see a kind of revival of the concept of regional identity. In the middle part of the 20th century we have the nation state as the dominant concept and everyone was a member of the national state. You see also change on a social level when you see that people are no longer referring to the state as the place where

Staat ist nicht mehr der Ort, von wo aus dem Einzelnen seine Identität zuwächst. Das war eine kollektive Identitätszuschreibung, inzwischen hat sich dieser Prozess individualisiert. Früher galten den meisten Menschen auch der Marktplatz, die Kirche oder die Innenstadt noch als zentrale Bezugspunkte. Heute ist ihr persönliches Zuhause der Mittelpunkt ihres Universums; das zeigen entsprechende Umfragen. Der persönliche, individuelle Ort ist im Kurs gestiegen. Das ist ein interessanter Kontrast zu den Tendenzen der Globalisierung: Die Welt wird immer größer, aber gleichzeitig schrumpft sie auch auf den privaten Radius zusammen.

## SOZIALE KONSTRUKTE

**Maas:** Gibt es denn dann überhaupt noch Raum für Kollektives? Kann man sich selbst noch in Zusammenhänge, in Netzwerke einbinden?

**Van de Knaap:** Ja, denn es findet nicht nur diese Verschiebung vom Kollektiven zum Individuellen statt, sondern zugleich auch eine Art Reorganisation in kleinerem Maßstab. Ein Beispiel dafür ist das Wiederaufleben regionaler Idiome, wie wir es in den Niederlanden beispielsweise mit dem Friesischen erlebt haben. Überall in Europa ist die lokale Kultur heute wichtiger als noch vor 20 Jahren. Das Regionale verbindet die Menschen, auch wenn das konkrete Leben des Einzelnen individuell bleibt.

Allerdings wurden in den letzten 20 Jahren auch Konzepte entwickelt, die Regionen überhaupt nicht mehr physisch fassen, sondern als gedankliche Konstrukte. So wird sozialer Raum konstruiert, das ist sozialer Konstruktivismus auf regionaler Ebene. Eine sehr spannende Sache für Politiker; Politologen zeigen sich sehr interessiert an solchen Fragen. Aber das Problem mit solchen Konstruktionen ist ihre Rückbindung an den Realraum. Es ist eine soziale Konstruktion, also muss man erst einmal wissen, welcher gedankliche Ansatz dahintersteckt, worauf diejenigen sich beziehen, die diese Konstruktion entwerfen. Die Konstruktion geht immer Hand in Hand mit ihrer Dekonstruktion. Denn wenn man die Region erst einmal konstruiert hat, will man auch ihre Komponenten kennen, so dass man ggf. eingreifen kann. Die sozialen Konstruktionen stellen das Bindeglied zur politischen Analyse dar; wenn man den so konstruierten Raum manipulieren will, muss man also die Regeln kennen, nach denen er konstruiert ist.

**Maas:** Mit sozialen Konstruktionen kann man also Einfluss ausüben. Man kann ein Gebäude errichten, dass Differenzen Rechnung trägt und Alternativen aufzeigt.

**Van de Knaap:** Nehmen wir den klassischen Fall der Unterschiede von Stadt und Land. Das ländliche Ruhrgebiet kann z. B. als soziales Konstrukt betrachtet werden. Dieses Konstrukt repräsentiert eine Reihe von Idealen: Ländlichkeit, Harmonie, typische Züge traditionellen Erwerbslebens, eine Atmosphäre, in der die Dinge im Lot zu sein scheinen. Das ist das Bild einer Ländlichkeit, die es gar nicht mehr gibt, aber Leute, denen ländliches Leben ein Anliegen ist und die sich für den Erhalt ländlicher Lebensformen abseits der urbanen Zentren stark machen, finden sich in einem solchen Bild wieder. Und weil sie das tun, ist es unwichtig, ob es der Realität entspricht oder nur ein Konstrukt ist.

**Dean:** Sie haben nun verschiedene Systeme beschrieben, soziale Bilderwelten und politische Grenzen. Wenn diesen Systemen Motive zugrunde liegen, müssten diese näher definiert werden. In der Region Asien-Pazifik konkurrieren Städte um die Ansiedlung von Wirtschaftsunternehmen: Das Motiv ist Anhäufung von Kapital, und das Ergebnis steht durch das Konstrukt des Systems schon von vornherein fest.

**Van de Knaap:** Es kommt darauf an, wer was konstruiert. Angenommen, das Konstrukt stammt von einer Gruppe, die sich für den Naturschutz stark macht, dann wird das Bild, das dabei gezeichnet wird, das einer Landidylle sein. Die Mitglieder einer solchen Gruppe werden eine bestimmte Lebensart in den Vordergrund stellen und das dazu passende Bildarsenal auffahren. Im Gegensatz dazu gibt es in Asien aber auch Bilder urbanen Lebens. Singapur hat z. B. eine Marketingkampagne mit dem Titel „Tropical City of Excellence" lanciert. Und die so genannte Excellence soll dann von den modernen Finanzunternehmen kommen oder aus der Branche der Mikroelektronik, die von dieser Werbekampagne angelockt werden soll. Man muss also genau hinsehen, welche Interessengruppe welche Bilder entwirft. Das Bild, das die Mehrheit der Menschen sich von einer Stadt oder Region macht, unterscheidet sich in aller Regel von der Darstellung, die mit dem Ziel der Vermarktung eben dieser Stadt oder Region entworfen wird. Und zwar beträchtlich.

Es gibt drei verschiedene Akteure. Zunächst die Menschen, die selbst in der Region leben und sich ihr eigenes Bild machen. Dann die Geschäftsleute und schließlich Regierungen, die ein bestimmtes kalkuliertes Bild vermitteln wollen. Und schließlich die Planungsriege, die Beratergremien und Komitees, die bestimmte Dinge erhalten

they are from in a collective identity. They moved to an individual identity. If you look at surveys done where people were asked where they think the centre of the place they live in is, they used to refer to the market place, the church or the village centre. Now they refer to home as the centre of their universe. It is the individual place. This is an interesting contrast within globalisation: the world is enlarging and at the same time the world is shrinking in terms of individual space.

SOCIAL CONSTRUCTION
Maas: Is there then still space for a collective? Can you make yourself a cohesion or network?
Van de Knaap: Yes, because what you see is a shift from collective to individual perception, but also a kind of reorganisation in a smaller place. Take for example the revival of regional languages, like we had in the Netherlands, in Frysia. But you see all over Europe that local cultures are becoming more important than they were 20 years ago. According to that concept the region is a particular part in space where people share the same concepts but not necessarily do the same things.

The other view, which has developed in the last 20 years is that regions are not physical at all. These concepts of regions are regions as mindsets. They are constructing social space. So it is social constructivism on a regional space. That is very useful for politicians. In policy analysis you see people who are interested in this kind of approach. But the problem in this concept is that you have to link it to real space. It is a social construct, so you have to identify what is the mindset, the frame of reference of those who are constructing it. With constructing you also deconstruct. At the time you have constructed the region, you also want to find its components so you can interfere. Because the social constructions are the link to policy analysis and because you want to manipulate the kind of space, you have to look into the basic mechanism of how the region is composed.
Maas: But with this social construction, you can interpolate and make it a kind of communal piece of architecture that can address difference and demonstrate other dimensions.
Van de Knaap: Let's take the classical case of urban and rural differences. So you see that the Ruhr countryside can be considered a social or mental construct. What you see then is that within that construct a number of ideals are represented like pastoral life, harmony, typical types of traditional economy, which create an atmosphere of balance. By that you create an image of the rural landscape that doesn't exist anymore, but it is recognised by the people who talk about rural life and are advocates of keeping it rural asides from the urban area. Because it is recognised it is not important if it exists for reality or it exists in the mind.
Dean: You have described different systems, social imagery and political borders. If these systems are motive based, it seems that the only thing requiring definition is the motive. In the Asia Pacific region cities compete for company headquarters: the motive is capital and the outcome is already predicated by the system construct.
Van de Knaap: It depends on who is constructing what. If it's a construct which comes from the inside so for example if you have a group who is in favour of the natural environment, they create this kind of image, description of the rural type of lifestyle. They will talk of a particular kind of lifestyle which they give physical and spatial images. On the other hand if you look at Asia, you have images of urban life. For example Singapore has in its marketing campaign "Tropical City of Excellence". And by this reference they want this excellence to be expressed by finance, microelectronics, etc. That's the point of a marketing campaign. So we have to distinguish between a commonly shared view by the people, vis-a vis a view that is developed from top down, which is how you would present this piece of space. There may be a considerable conflict between these.

There are 3 different actors. The people who live in the region have concepts, then you have the businessmen or governments who want to create an image and then you have planners and policy makers who want to preserve or change. So they all manipulate space.
What you see presently is that increasingly it is accepted that this

oder im Gegenteil verändern wollen. Sie alle manipulieren Raum nach ihren jeweiligen Vorstellungen.

Im Moment kann man beobachten, dass der Ansatz, eine Region als soziales Konstrukt zu betrachten, nicht mehr sonderlich populär ist. Der soziale Konstruktivismus ist eben sehr stark mit linksliberalen neomarxistischen Standpunkten assoziiert. Allmählich sieht man wieder deutlicher, dass die Wahrheit irgendwo in der Mitte liegt: Regionen sind soziale Konstrukte, zugleich sind sie aber natürlich auch real. Man muss diese beiden Sichtweisen miteinander verbinden. Inwieweit ist die Region Konstrukt und als solches manipulierbar, und inwieweit entzieht sie sich als Teil der realen Welt einem solchen Zugriff?

## MASSSTAB

**Dean:** Wenn Regionen in verschiedener Weise und auf verschiedenen Ebenen definiert und konstruiert werden können, kann dann eine Region auch nur ein Teil in einem größeren Gesamtgebilde von Regionen sein?

**Van de Knaap:** Gewiss. Es kann das selbe Objekt sein wie z. B. der große Mega-Store in Oberhausen, ein Shopping-Center, das eine Reihe von Angeboten für unterschiedliche Interessengruppen bereit hält, die außer der Nachfrage nach diesen Angeboten nichts gemeinsam haben.

**Dean:** Gibt es Regionen überhaupt noch als Teil der heutigen Nationalstaaten? Macht der Begriff noch Sinn?

**Van de Knaap:** Diese Frage würde ich gerne umkehren: Kann es innerhalb des regionalen Systems noch Nationalstaaten geben und warum? Der Nationalstaat ist eine sehr junge Erfindung vom Anfang des 19. Jahrhunderts. Regionen gibt es schon viel länger. Regionen werden von den Menschen getragen, die in ihnen leben. Der Nationalstaat wird von einer bestimmten politischen Organisationsform zu einem bestimmten Zeitpunkt getragen. Im Sinne einer politisch relevanten Einheit ist der Nationalstaat also ein viel vergänglicheres Konzept als die Region. Die Region hat sich verändert, aber es gibt sie noch. Von der agrarwirtschaftlichen Ära bis zur Gegenwart hatten die Menschen immer eine Vorstellung davon, was eine Region ist. Die Vorstellung hat sich verändert, darüber sprachen wir ja schon, aber sie ist nicht verschwunden. Die Region gehört den Menschen, der Nationalstaat wird ihnen oktroyiert.

## EINE REGION KONSTRUIEREN

**Maas:** Können Regionen gedanklich entworfen und konstruiert werden?

**Van de Knaap:** Für mich ist eine Region eine Mischung aus konstruierten und realen Elementen. Aus den eigenen individuellen Vorstellungen lässt sich etwas konstruieren, aber man muss immer auch die physischen Eigenschaften berücksichtigen, die die jeweiligen Regionen tatsächlich haben. Denn auf eben diesen Eigenschaften basieren letztlich die konkreten Erfahrungen, die man mit einer Region machen kann. Und machen muss, wenn man ihr Gestalt verleihen will. Es ist also ein dreifacher Prozess, zwischen physischem und gedanklichem Raum, zwischen der eigenen Sicht auf die Welt und der Art, wie man diese in entsprechendem Verhältnis rückübersetzt.

Wenn Sie mich also fragen: „Kann man eine Region konstruieren?", dann antworte ich Ihnen: Man kann, vorausgesetzt man sieht genau hin, wie die physischrealen Gegebenheiten aussehen: Was für Menschen leben dort, womit können sie sich identifizieren? Was Sie Ihnen anbieten, muss Teil ihrer Identität werden können, es darf ihnen nicht oktroyiert werden. Das soziale Konstrukt einer Region, das in der realen Region selbst auf keine Resonanz trifft, existiert quasi nicht. Deshalb war der Nationalstaat ein so kurzlebiges Konzept. Wenn die politischen Definitionen sich ändern, verschwindet der Nationalstaat, weil er als Konzept keinen Rückhalt mehr bei den Menschen findet und als etwas Aufgezwungenes empfunden wird.

**Dean:** Es scheint, dass der strukturalistische Ansatz auf dem Kopf steht, wenn ein real existierendes Attribut zur Konstruktion eines Symbols führt, das im Folgenden zum Ursprung einer Definition dessen wird, was die fragliche Region sein soll. Die Methode ist schlichte Übertreibung. Sie haben Singapur und die Art, wie diese Stadt vermarktet wird, als Beispiel genannt. Ob realistisch oder nicht, das Bild, das dabei vermittelt wird, zeigt den Lebensstil einer sehr kleinen Gruppe von Menschen. Es handelt sich insofern um einen grob vergrößerten Ausschnitt.

**Van de Knaap:** Das sehe ich auch so. Und damit wird ja auch ein ganz konkretes Ziel verfolgt. Aber die Frage ist, inwiefern diese Vergrößerung in der realen Welt eine Entsprechung findet. Wenn man eine Region konstruieren will, muss man darauf achten, dass es einen solchen Feedback-Mechanismus auch tatsächlich gibt. Und in Singapur, das ist hochinteressant, stoßen wir auf den Unterschied zwischen dem

social construction is no longer supported that much because the social constructivism is very much related to left wing liberal new Marxist views in terms of particular interpretation of life. So now it is coming back to its normal position, that is of course you have regions are social constructions but on the other hand regions are real. So we have to marry two views. So to what extent can you manipulate and to what extend is it something real which you cannot change accordingly.

## SCALE
**Dean:** If regions can be defined and constructed at many levels, can one region exist as a part of several regions?
**Van de Knaap:** Yes. You can have the same object for example like a big shopping centre mega-store at central in Oberhausen that can generate a number of actions for different interest groups who share the fact that you have this common unit of activities, but they have completely different set of experiences.
**Dean:** Can we still talk about regions within the nation state? Is this a valid frame?
**Van de Knaap:** I would like to reverse that question: can the nation state still exist within regions and why? The nation state is a very recent concept from the early 19th century. But if you look when regions were existing, that was a long time before. Regions were related to people and the nation state is related to some particular political organisation at a particular point in time. So the nation state is in terms of a political relevant unit much more a passing concept than the region. The region has changed but is still here. If you can go from the rural time to the present, everybody had a concept of a region. It varied as we discussed, but it is still here. The region belongs to the people; the nation state is something that is superimposed.

## CONSTRUCTING A REGION
**Maas:** Can regions be conceived and constructed?
**Van de Knaap:** Regions are in my view a mixture between what you can construct from the view of the individual construction from images you have. But you cannot do that without taking into account the physical properties of the regions because the physical properties define the type of experience you have. And you need that experience to translate it. So it is a triple process, between physical space and mental space, between your own behavioural view of the world and the way you translate that back in this relation.

And then if you ask: "Can you construct a region?" I say: "You can construct it, but with the limitation that you have to look at what is physically there, what are the kind of people, how can they identify? It should be part of the identity and not superimposed. If it is not recognised, it doesn't exist. That is why the nation state is a very short-lived concept. When political definitions change, the nation state disappears, because it is not part of the people, it is superimposed.
**Dean:** It seems then that the structural method is bottom-up where an existing attribute can lead to the construction of a symbol that could in turn provide the seed for the definition of a region. The method is one of exaggeration. You gave the example of Singapore and the way it is promoted. Whether or not this is true, it gives the idea of a lifestyle that is lived by a very small group of people. It is therefore a magnified view.
**Van de Knaap:** Yes and for a particular purpose. But the question is to what extent is the enlargement reflected in the real world. If you want to create a region, then you should take notice, that this kind of feedback mechanism is taking place. And in Singapore, there we have an interesting thing, when we say we have the difference between micro-cosmos of the people, and the state as a macro-cosmos. Singapore State wants very much to control the people. So there is a very low degree of freedom. There is more room for manipulation and trying to bring these two elements together.

But the interesting thing about the region concept is that it is an intermediate concept. On one hand it is generated by individual people, but once created it starts to develop it's own life and laws. And it is not a concept that is very simple "from individual to state and back." This intermediate thing is complex: different people with different perceptions. It is fluid.

Mikrokosmos der Menschen und dem Staat als Makrokosmos. Der Staat Singapur strebt nach einer größtmöglichen Kontrolle über seine Bürger, also gibt es dort wenig Freiheit. Was wiederum bedeutet, dass die Möglichkeiten der Manipulation größer sind, dass die beiden Elemente leichter zusammengebracht werden können.

Aber das Interessante an dem Konzept der Region ist, dass es immer nur vorläufig sein kann. Einerseits sind es Individuen, die es hervorbringen, andererseits entwickelt es ein Eigenleben und stellt seine eigenen Regeln auf. Und es ist nicht einfach ein Konzept „vom Individuum zum Staat und wieder zurück", sondern als vorläufiges Konzept ist es sehr komplex: unterschiedliche Individuen mit unterschiedlichen Wahrnehmungen. Es befindet sich in einem permanenten Fluss.

**Maas:** Profitiert man denn noch von diesem Modell?

**Van de Knaap:** Unter Umständen schon. Nehmen wir ein klassisches Beispiel wie Silicon Valley, eine moderne Industrieregion. Damit ist einerseits eine Gemeinschaft beschrieben, andererseits wird damit Wirtschaftsaktivitäten beschrieben, ganz genauso wie früher die Bergbauregionen. Dieses Konzept ist an vielen Orten übernommen worden. In Schottland gibt es Silicon Glenn, in Japan Silicon Island. Es ist ganz deutlich, dass das Konzept von Silicon Valley dort einfach übernommen wurde.

**Dean:** Kann man eine Region mittels eines sich selbst weitergenerierenden Inputs konstruieren, so wie die Ableger von Silicon Valley, die an neuen Orten aus dem Boden geschossen sind?

**Van de Knaap:** Was sich fortpflanzt, ist das Potenzial wirtschaftlicher Aktivität, und was man bei Silicon Glenn oder Silicon Island beobachten kann, ist, dass Regierungen den Versuch unternehmen, diese Region auf ihrem eigenen nationalen Territorium zu rekonstruieren. Und die Frage ist, inwieweit solche Versuche Erfolg haben, inwieweit die Menschen in der jeweiligen Region die Idee annehmen. Und nicht einfach nur annehmen, indem sie sich gedanklich damit abfinden, sondern indem sie ihr eigenes Handeln auf die neue Situation ausrichten. Beispielsweise kann man durchaus feststellen, dass es auf Silicon Island elektronische Industrie gibt. Aber wenn man genauer hinsieht, stellt man fest, dass es eher traditionelle Massenproduktionsbetriebe als innovative Unternehmen sind. Dennoch berufen sie sich auf das Konzept, für das der Name Silicon Valley steht. Aber das Konzept ist eben nur die eine Seite, die andere ist die Rückbindung an die Realität. Wenn es nicht gelingt, der Idee Leben einzuhauchen, bekommt man genau das Problem, das auch Singapur hat. „Tropical Island of Excellence", das klingt gut, aber einen großen Realitätsgehalt hat das Konzept bislang noch nicht erhalten.

IMAGE

**Dean:** Dieses Schlagwort der Singapur-Kampagne evoziert ein Feuerwerk möglicher Bedeutungen und stellt sich als Ferienparadies für Banken dar. Wie wichtig ist dieses Image, um Kapital anzuziehen?

**Van de Knaap:** Nun, ich glaube, das Allerwichtigste ist es nicht gerade. Kapital wird in Produktionsstrukturen investiert, und die grundsätzlichen Voraussetzungen dabei sind Risikovermeidung, Stabilität und dass die klassischen Anforderungen erfüllt sind, die an einen Standort gestellt werden. Man braucht also eine gewisse Stabilität in der regionalen Wirtschaft und eine grundsätzliche funktionierende Struktur von Institutionen. Wenn diese Bedingungen erfüllt sind, kann man ins Detail gehen. Wenn sich also eine Firma z. B. in den Niederlanden ansiedeln will, schaut sie sich nicht gerade als erstes Groningen an, nur weil die Stadt ein schönes Bild von sich vermittelt. Sie gehen auch nicht ins Ruhrgebiet, weil es ein schönes Image hat. Sondern höchstens, weil Deutschland die institutionellen und ökonomischen Bedingungen geschaffen hat, die langfristige Sicherheit und ein geringes Risiko für Kapital versprechen. Und erst wenn diese Fragen geklärt sind, wirft man auch einen Blick auf spezifischere Vorteile. Zum Beispiel bevorzugen japanische Unternehmen das westliche Ruhrgebiet, weil es dort eine lokale Gemeinschaft gibt und eine gute Versorgung mit Schulen. Es gibt, anders gesagt, eine kulturelle Umgebung.

Andererseits hat das Ruhrgebiet ja bereits ein bestimmtes Image, man denkt dabei an rauchverhangene Sonnenuntergänge. Man muss also zeigen, dass das wirkliche Ruhrgebiet nicht dreckig ist, sondern ein wahrer Garten Eden. Wenn man also ein neues Image entwirft, muss man zweierlei beachten. Erstens, dass es von sekundärer Bedeutung ist, und zweitens, ob es vielleicht schon ein älteres Image gibt, dass positiv oder negativ besetzt ist.

**Dean:** Risikovermeidung und Standorterfordernisse stellen eine Checkliste dar. Möglicherweise bestehen sechs Regionen den Test. Es darf aber am Ende nur eine einzige übrig bleiben, welches ist also der entscheidende Faktor? Gibt es noch andere

Maas: Does it still have benefits to use this model?
Van de Knaap: It can have some benefits. Let's take a classical example like Silicon Valley, a newly developed industrial region. A community is being described and economic activities are being described like the coal mines earlier. You see that this concept is taken over in large numbers of places. You can go to Scotland to see Silicon Glenn. You can go to Japan to see the Silicon Island. You see a transplanted concept.
Dean: Is it possible to construct a region by providing self-generating an input? You've described Silicon Valley spin-offs that have seeded themselves in other places.
Van de Knaap: What spins off is the activity and what you see at Silicon Glenn or Silicon Island is that governments try to reconstruct this region in their own national space. And the question is to what extent are you successful if people in that particular region accept the idea. And not only accept in their mind, that they refer to it, but also related to their activities. So you can say there is electronic industry on Silicon Island. But if you look one step further, it is much more medium tech, assembly type and not innovative. Still they use this concept themselves. So the concept is one thing, but the feed-back-loop is another. So you should develop something which gives it some real meaning. Otherwise you may get the problem that Singapore has. This "Tropical Island of Excellence" is still not filled in with very much reality.

IMAGE
Dean: The Singapore one-liner constructs a collage of possible meanings: a holiday lifestyle club for banks. How important is the projected image in order to attract capital?
Van de Knaap: Well, I don't think it is the most important, because if you look at capital as in investing in production structures, then the basic requirements are risk avoidance, stability and classical location requirements. So you need stability in economy and institutions. When you have met these conditions, then you can look at the final question: "Where do I locate?" So if firms for example come to the Netherlands, they don't come to first look at Groningen, just because it has a nice image. They don't go to the Ruhr area, because it has a nice image. They would come to the Ruhr area if Germany creates these institutional and economic conditions where you have long-term security and low risks for capital. And then on the second instance you start to look at what are the specific advantages. For instance, Japanese companies go to the Western part of the Ruhr area, because there is local community and there are schools. So there is a cultural environment.
    On the other hand, if you think of images like smoke-stacked sunbelts, the Ruhr area has this image. So what you have to do is show that it is not a smoke image, but the Garden of Eden. If you create an image, you have to do two things: you have to realise it is secondary and you have to realise whether there was an earlier image that was loaded with values.
Dean: Risk avoidance and locational requirements constitute a checklist. It could be that 6 regions pass the test. But if only one has to be chosen, where lies the competitive edge? Is there another kind of qualitative or cultural edge that could give one region advantage over another? How do you compete when every city and every region is trying to attract investment money and people? This is a generic global ambition.
Van de Knaap: The point is what comes first. Is the image coming before the industry and capital investment or is it following? I think people who start to invest think where are my competitors and where are my collaborators? And then they usually share location with either competitors or collaborators. There is a straightforward economic reason for this. It's information access, economic advantages. There you have an activity cluster you can tag in terms of city marketing. But I believe that you have to have content before you can make a product. You cannot market a name without a product.

IDENTITY
Maas: In the competitive European landscape, you have many regions, mining regions that compete. Would you advise these cities to specialise in order to survive in this competitive environment? Is there a role for the spe-

qualitative oder kulturelle Merkmale, die einer bestimmten Region zu einem Vorteil über andere verhelfen können? Wie setzt man sich gegenüber der Konkurrenz durch, wenn doch jede Stadt und jede Region versucht, Investoren anzuziehen? Dieser Akquisitionsprozess vollzieht sich inzwischen ja weltweit.
**Van de Knaap:** Die Frage ist, was zuerst kommt. Gibt es das Image schon, bevor die Industrie und die Kapitalinvestoren kommen, oder erst zu einem späteren Zeitpunkt? Ich gehe davon aus, dass sich potenzielle Investoren genau überlegen, wo ihre Konkurrenten und wo ihre Partner zu finden sind. Und in aller Regel teilen sie sich dann den Standort mit eben diesen Konkurrenten oder Partnern. Dafür gibt es einen einfachen Grund: Zugang zu Informationen, wirtschaftliche Vorteile. Ein solches Bündel von Aktivitäten kann man dann mit städtischen Marketingmaßnahmen angehen. Aber ich bin der Ansicht, dass man zuerst einmal Inhalt haben muss, bevor man ein Produkt herstellen kann. Man kann keinen Namen ohne ein Produkt verkaufen.

## IDENTITÄT
**Maas:** In der wettbewerbsorientierten europäischen Landschaft gibt es viele verschiedene Regionen, die miteinander konkurrieren. Würden Sie diesen Städten empfehlen, sich zu spezialisieren, um in dieser konkurrenzträchtigen Umgebung zu überleben? Gibt es im Rahmen des Wettbewerbs Raum für das Spezifische? Rotterdam z. B. hat den größten Hafen der Welt, und die Stadt absorbiert das Image des Hafens, um damit Unternehmen anzuziehen. Diese Art der Verwendung eines einzigen Images sei hilfreich, haben Sie gesagt. Wie viele verschiedene Identitäten können wir in Europa konstruieren?
**Van de Knaap:** Man kann jede Identität konstruieren, die einem in den Sinn kommt. Nur müssen diese Identitäten einen Bezug haben zur lebenspraktischen Realität, zum Lebensstil in der Region. Für viele wettbewerbsbegabte Städte in Deutschland ist z. B. der Nationalstaat kein besonders passendes Konzept mehr. Den realen, faktischen Besonderheiten einer Region Rechnung zu tragen, darin besteht die Kunst.

## RUHRGEBIET
**Maas:** Welche Vision haben Sie vom Ruhrgebiet?
**Van de Knaap:** Eine verbreitete Ansicht lautet, dass die Industrie des Ruhrgebiets sich im Niedergang befindet. Das kann man als sehr negativ ansehen, man kann darin aber auch Wachstumspotenzial entdecken. Denn wenn alle aussteigen, kann ein Einzelner ganz groß werden, kann ein Monopol entwickeln, seine Marktposition ausbauen. Das ist eine offensive Strategie.
**Maas:** Sie empfehlen also, in dem traditionellen Bereich der im Ruhrgebiet ansässigen Industrie zu bleiben?
**Van de Knaap:** Ich sehe drei Möglichkeiten. Die erste besteht darin, in die Medienindustrie hineinzugehen, denn die Medienindustrie ist von innovativen Entwicklungen gekennezeichnet. Die zweite Möglichkeit besteht in der Sicherung und Stabilisierung des Besitzes, den man bereits erworben hat. Und wenn man dann so weit ist, wird es Zeit für etwas Neues. Die dritte Möglichkeit macht sich den Niedergang der Stahlindustrie zu Nutze.
**Maas:** Es gibt auch noch eine vierte Strategie: ganz aus der Region fortzugehen.
**Van de Knaap:** Das ist zwar eine Möglichkeit, man wird sie aber kaum nutzen. Ich weiß nicht, wie viele Menschen genau im Ruhrgebiet wohnen, aber ganz Nordrhein-Westfalen hat 15 Millionen Einwohner. Das ist eine hohe Zahl, und schon allein deshalb wird man zögern. Außerdem sind Menschen in ihrer Heimat verwurzelt. Sie sind nicht so mobil, wie wir vielleicht denken. Und last not least, es gibt auch noch ein wirtschaftliches Argument: Wir haben hier investiert.
**Maas:** Das Ruhrgebiet hat jetzt die höchste Museumsdichte der Welt, und die Regierung bezahlt dafür komplett. Es hat den größten Zentralpark im ganzen Konglomerat; auch das kostet eine Menge. Jetzt haben sie im Rahmen dieser Strategie auch noch Kultur und Freizeit im Programm. Mehr können sie sich im Moment nicht leisten, was bleibt ihnen also übrig?
**Van de Knaap:** Die Frage ist: Sollte man immer nach mehr verlangen, oder sollte man sich eher auf das Potenzial konzentrieren, das bereits vorhanden ist? Wenn die Befürchtung besteht, das Rauchschwaden-Image sei das dominierende, dann muss man sich darauf konzentrieren, das kulturelle Erbe und die positiven landschaftlichen Aspekte der Region ins Bewusstsein zu rücken. Dann wird es auch gelingen, ein Image zu kreieren, weil man auch ein Produkt vorzuweisen hat, und es fehlt eigentlich nur noch eine gute Marktstrategie.
**Dean:** Das Ruhrgebiet ist wegen seiner industriellen Prägung schon immer als Region

cific within competitiveness? You see it in Rotterdam, you have the biggest port in the world and they absorb the image of the port to attract companies. This kind of single image usage, you said, it would help to do that. How many identities can we create in Europe?
Van de Knaap: You can create as many as you can. But the identities have to refer to the particular type of activities and life-styles. Competitive and similar cities in Germany, the nation state is a shell, which is not a good concept to look at this question. You have different regions.

RUHRGEBIET
Maas: What do you see as a vision for the Ruhr area?
Van de Knaap: One vision is that the Ruhr area still has a declining industry. You can see this as very negative, but you can also see it as a growth market. If everybody wants to get rid of it, you can develop a monopoly. In a declining market, you can extend your market share, an offensive strategy.
Maas: So you advise to specialise on having industries?
Van de Knaap: I would go for three opportunities. One is to explore the possibilities of the media complex and with the media-complex you have innovative development. The second is that you look at stabilisation of existing properties. So by that time you should have something new. The third strategy is taking advantage of the declining steel industry.
Maas: There is also a fourth strategy. We could leave the Ruhr area.
Van de Knaap: That is a strategy, but it is not very likely. I don't know the exact number of people there, but it's about 15 million in Northrhine Westphalia. That's about the size of a small country. That's not very likely, because of the sheer size of the numbers. And the other thing is that people have roots. People are not as mobile as we like to think, reading textbook assumptions. The third is an economic argument: we made investment here.
Maas: The Ruhr area has now the densest composition of museums in the world, paid for totally by the government. It has the biggest Central Park than anywhere on the conglomerate. This costs a lot. They now milked out the strategy to add culture and leisure to the program. They can't afford more for a period so what more can they do?
Van de Knaap: The question is: should you ask more or should you now exploit what you have and make it known? If you are afraid the smokestack image is the prevailing image, you should exploit the cultural heritage and environmental positive values. Then you can indeed create an imag, because you have a product. It is then about creating a good market strategy.
Dean: The Ruhrgebiet, due to its industrial background, was a region by definition, but now the definition needs to be re-conceptualised. Whilst the government has invested money to vitalise the area with limited success, Munich, which is almost free-market based, is a huge success story. So you have one model based on political intervention and another highly successful model based on the free market. Why should the Ruhr area still be a region?
Van de Knaap: As long as the people living there see the Ruhr as a means of identification and as a commonly shared identity then it is not so much the smokestack industrial background, but it's the spatial identification. "We belong to the Ruhr." It's territorial; it's not economic. Now the problem is that it is loaded with negative connotations. Should we just forget about the Ruhr as a region, but you cannot do that if that doesn't happen from bottom up.
Dean: But why not call it a city, a huge metropolis? Where lies the difference between a city and a region?
Van de Knaap: In this case I would say it is a city. The Ruhr in my terminology would be a network city where you have a complex web with a lot of nodes that form a whole. Within that region you have specialised cities.
Dean: Could we call it RheinRhurCity and never use the word region again?
Van de Knaap: You can do that. As an example, in the Netherlands we have the concept of the Randstad that doesn't exist. But people refer to it. Now we have in Holland the idea of Deltametropolis. It will take a long time, if it happens at all before people use the Deltametroplis. These concepts are multigenerational concepts. So it is not just changing the wrapping of the product that you buy. The region is part of your life in the physical sense, therefore it gets metaphysical connotations.

betrachtet worden. Jetzt muss diese Definition aber rekonzeptionalisiert werden. Während die Regierung ins Ruhrgebiet investiert hat, um die Region zu beleben – mit begrenztem Erfolg übrigens –, hat man sich in München fast ausschließlich auf den freien Markt verlassen, und es war ein großer Erfolg. Es gibt also ein Modell, bei dem man sich auf politische Intervention verlässt, und ein anderes, das auf dem freien Markt basiert. Warum sollte das Ruhrgebiet eine Region bleiben?

**Van de Knaap:** Die Menschen, die im Ruhrgebiet leben, identifizieren sich mit dieser Region. Das ist eine kollektive Identität, und sie macht sich nicht so sehr an den Industrieschloten fest, an der industriellen Prägung, sondern es handelt sich um eine regionale Identifikation. „Wir gehören an die Ruhr", heißt es dort. Das ist territorial gemeint, nicht ökonomisch. Das Problem ist allerdings, dass damit jede Menge negative Konnotationen verbunden sind. Vielleicht sollten wir uns von der Idee des Ruhrgebiets als Region tatsächlich einfach verabschieden, aber wenn die Menschen selbst das nicht tun, wird das schwierig sein.

**Dean:** Warum spricht man nicht einfach von einer einzigen großen Stadt, einer riesigen Metropole? Wo hört die Stadt auf, wo fängt die Region an?

**Van de Knaap:** So gesehen ist das Ruhrgebiet tatsächlich eher eine Stadt. In meiner Terminologie wäre das Ruhrgebiet ein städtisches Netz, dessen Knotenpunkte zusammen ein Ganzes bilden. Innerhalb dieser Region gibt es dann einzelne spezialisierte Städte.

**Dean:** Können wir dann den Ausdruck „RheinRuhrCity" benutzen und den Begriff Region fallen lassen?

**Van de Knaap:** In der Tat. In den Niederlanden haben wir z. B. das Konzept der „Randstadt", die es in der Wirklichkeit auch nicht gibt. Aber der Ausdruck ist geläufig zur Bezeichnung urbaner Randgebiete. In letzter Zeit ist in Holland die Vorstellung einer „Deltametropolis" aufgekommen. Es wird lange dauern, bis dieser Ausdruck Gemeingut geworden sein wird – falls er es je wird. Solche Konzepte sind multigenerational. Es geht also nicht nur darum, die Verpackung des Produkts zu ändern. Die Region ist im physischen Sinne ein Teil der Lebenswelt des Einzelnen. Deshalb zieht sie metaphysische Konnotationen an.

**Dean:** Man könnte also die Geschichte des Ruhrgebiets neu schreiben als die Geschichtsschreibung einer Stadt. Und das wesentliche Argument dabei wäre die Erkenntnis, dass die Diskussion über Bilder und Realität sich in Wirklichkeit um Legitimationsfragen dreht.

**Van de Knaap:** Die Entwicklung der Region hin zu einem städtischen Netz ist ja tatsächlich nachvollziehbar. Und man könnte diesem Netz einen Namen geben, „Nordrhein-Westfalen-Stadt". Dieses Konzept müfsste von den Menschen aber auch angenommen werden, sie müssten sich mit diesem Netz positiv identifizieren. Und man bräuchte wahrscheinlich fast schon eine Art Umerziehungsprogramm, um das zu erreichen, und wer will das schon?!

Dean: You could rewrite the history of the Ruhrgebiet as the historiography of a city. You construct a proof: the discussion about image and reality might be about legitimisation.
Van de Knaap: You can look at the genesis of the region, how it developed into a network city. But then you give it a name, Northrhine Westphalia City, but then this concept has to be accepted and people have to identify with this network city and that's the part of an almost educational project.

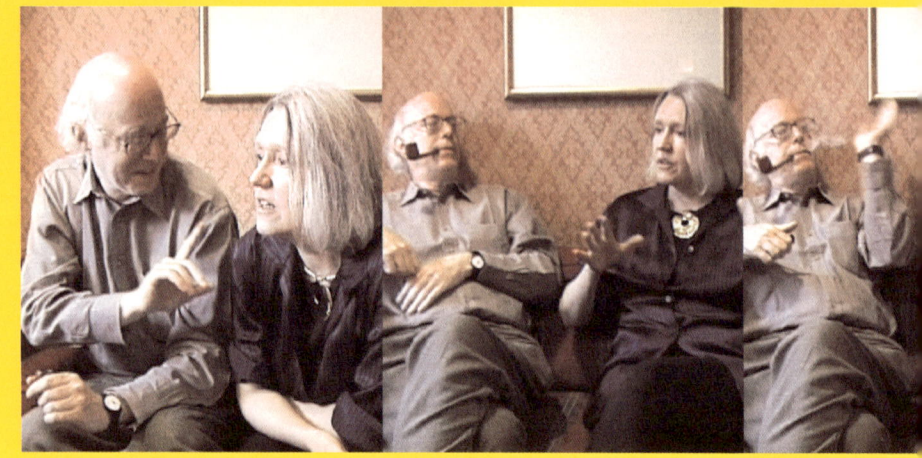

Interview mit Saskia Sassen und Richard Sennett
Amsterdam, 26. August 2002

DYNAMIK
**Maas:** Regionen sind daran interessiert, Leistung zu erbringen, daher wenden sie sich oft an Architekten, Schriftsteller und PR-Firmen, die ihnen bei neuen Planungskonzepten und strukturellen Neuausrichtungen behilflich sein sollen. Sie, Frau Sassen, haben sich intensiv mit Konzentrationsprozessen beschäftigt, die dazu dienen sollen, Wirtschaft und Kultur zu aktivieren. Sind durch solche Prozesse entstehende Ballungszentren ein Merkmal eines neuen Regionalismus?
**Sassen:** Da kommen meines Erachtens zwei Dinge zusammen. Auf der einen Seite die Dynamik, die weltweit Tendenzen der Standardisierung und Homogenisierung freigesetzt hat. Auf der anderen Seite bedarf es natürlich der Abstimmung auf die spezifischen Bedingungen der jeweiligen Regionen und Städte, um diese Tendenzen durchzusetzen. Dabei kommt dann schließlich eine Mischung heraus, eine Hybrid aus standardisierten Umwelten und Eigenheiten der jeweiligen Region. Dabei erwähnen wir Soziologen oft, dass hochmoderne Strukturen und Infrastrukturen die Voraussetzung für diese Entwicklung sind. Gemeint ist aber nur die äußere Form. Die spezifische Region, die spezifische Stadt stellt dann die Inhalte zur Verfügung. Die Inhalte in Bezug auf die Wirtschaft entsprechen dann der regionalen Wirtschaftsgeschichte in Bezug auf die Kultur oder der regionalen Kulturgeschichtsschreibungen. Ich kritisiere diese Haltung, nach der die Globalisierung ausschließlich vereinheitlicht. Dieser Prozess fällt nicht einfach so vom Himmel. Die Globalisierung ist ein sehr viel komplexerer Prozess.

Aus der Perspektive der Identität haben wir es beim Regionalismus mit zwei Aspekten zu tun. Zum einen muss geklärt werden, wie die Region überhaupt abgegrenzt ist. Ich habe versucht, diese Frage umzuformulieren, dann heißt es: Wie ist der Kernbereich abgegrenzt? Das bezieht sich freilich mehr auf Städte als auf Regionen, auch, wenn es mittlerweile Formen von Kernbereichen gibt, die sich in besonderer Weise auch in Regionen konstituieren. Darauf werden wir nachher noch mal zu sprechen kommen. Zum anderen muss festgestellt werden, wie sehr sich die Geschichte einer Region, ihre Wirtschaftsgeschichte, die Kulturgeschichte, von anderen Regionen unterscheidet. Wie hält man es mit der Zugehörigkeit zur internationalen Arbeitsteilung oder zur nationalen Arbeitsteilung oder einer regionalen transnationalen Arbeitsteilung? Einige Regionen, wie z. B. das Ruhrgebiet, haben eine sehr starke historische Identität, die nun in vielerlei Hinsicht zerstört wird. Da müssen sich die Regionen die Frage stellen: Wer sind wir eigentlich jetzt?

SPEZIFITÄT
**Maas:** Spezifität ist ein Schlüsselbegriff für die Beschreibung eines Terrains von Regionen oder Städten. Der Begriff kann in Bezug auf Ökonomie, Geografie oder Funktionalität erklärt werden. In einer globalisierten Welt verfügt der Begriff über enorme Aussagekraft; er bündelt und konzentriert Wissen.
**Sassen:** Das sehe ich auch so. Diese Formulierung trifft es sogar ausgesprochen gut.

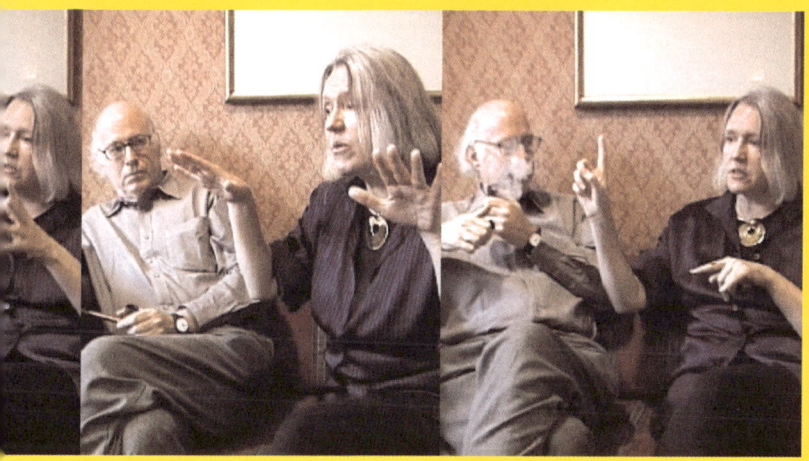

# Interview with SASKIA SASSEN and RICHARD SENNETT
Amsterdam, August 26th 2002

## DYNAMICS
**Maas:** Regions want to perform so they ask architects, writers and advertising companies to remake them and to formulate them. You have been discussing a lot the act and need of concentration in order to activate finance or knowledge and clusters. Am I right if I translate such clusters into a new kind of contemporary regionalism?

**Sassen:** I think that two things are coming together. One of them is the dynamics that standardise and homogenise across the world. But the other one is that in order to execute this standardising and this homogenising, these dynamics actually have to interact with the specifics of a region, with the specifics of a city. So what comes out of there is a mix, it is a mix that is a hybrid of both standardised built environments but at the same time the specificity of the region is also in there. Very often the way we describe this is that you need state of the art infrastructure and you need state of the art structures. But that is just the form. The specific region, the specific city provides the content. The content in terms of the economy is what are the regional economic histories in terms of culture or regional cultural histories. I am a critic of those who argue that globalisation simply standardises. It doesn't descend like a plane and then takes off untouched. It actually is a very different kind of processt5.

From the perspective of say identity, regionalism there are two issues. One is the issue of what is the terrain of the region? I have tried to translate that into asking what is the terrain of centrality? But that connects more to city than to region though there are forms of centrality which now get constituted at a regional level in very specific ways. We'll return to this in a bit. The other one is how distinct is a region's history, economic history, cultural history, a sense of fitting into an international division of labour or a national division of labour or a regional trans-national division of labour? Some regions - the Ruhr - have very strong historical identity that is now being destroyed in many ways. The question is who are they now?

## SPECIFICITY
**Maas:** Specificity is a key word in that domain to describe the terrain of a region or of a city. Specificity can be described in economical terms, can be described in geographical terms, and can be described in functional terms. In a world that is globalising, specificity has meaning, it acquires knowledge and it concentrates.

**Sassen:** That's right. That's a very nice way of putting it actually. Specificity is not just a description, it is actually an active element in the picture and it is what you just said now, it can concentrate knowledge, it can concentrate

Spezifität ist nicht nur eine Beschreibung, in dem Gesamtrahmen ist der Begriff ein aktives Element, und – wie sie eben bemerkten – er ist in der Lage, Wissen zu konzentrieren, Potenzial zu konzentrieren; er arbeitet gewissermaßen wie ein Schwamm. Ein Schwamm, mit dem eine Region oder eine Stadt oder ein bestimmtes Gebiet Dinge auflesen und absorbieren kann. Eine Stadt wie New York kann z. B. bestimmte Dinge absorbieren, andere wiederum nicht. Aber so eine Stadt verfügt über eine Matrix, über die sie bestimmte Dinge aufnehmen und verarbeiten kann, die dann auch die Stadt repräsentieren können. Bestimmte Regionen können das sehr gut mit bestimmten Dingen, mit anderen wiederum nicht.

**Sennett:** Ich denke, dass es dabei noch einen weiteren Aspekt gibt, der mit der Verbundenheit mit einem Ort zu tun hat. Meines Erachtens hat der moderne Kapitalismus Veränderungen mit sich gebracht – insbesondere in der Arbeitswelt, die die Verbundenheit mit einem Ort aufgehoben haben. Dabei geht es nicht in erster Linie um die Globalisierung, da gibt es noch einen weiteren, davon unabhängigen Aspekt: ein Großteil der Arbeit, den Leute heutzutage verrichten, muss hochgradig flexibel sein. Das heißt, anstatt, dass man sich an ein bestimmtes Unternehmen bindet oder sein Leben für eine einzige Institution arbeitet, sieht man diese Flexibilisierung als eine Aufgabe für sich an. Ein Arbeiter, der in der Lage ist, unter diesen neuen Bedingungen des Kapitalismus zu überleben, muss lernen, wie man sich loslöst, wie man von Job zu Job zieht, von einem Ort zum nächsten. Und den meisten modernen Unternehmen sind Personen nicht geheuer, die tief an einem bestimmten Ort verwurzelt sind. Diese Unternehmen wollen nicht die Rolle des alten Bürgertums übernehmen, das an einem Ort das Sagen hatte. Sie wollen ihre Zelte wieder abreißen, wenn die wirtschaftliche Lage es erfordert.

**Maas:** Damit wären wir beim Thema ‚modernes Nomadentum'.

**Sassen:** Modernes Nomadentum muss für die Personen in den obersten Chefetagen in gewisser Weise standardisiert werden, da diese neue, transnationale Klasse in einer standardisierten Umwelt leben möchte. Das ist der allerneuste Trend, ob in Thailand, Argentinien oder den USA. Das sind die „spaces of flows", wie Manual Castells sagen würde, also Orte des ständigen Übergangs. Das ist zwar nur ein Teil der ganzen Geschichte, aber ein ganz entscheidender, wie ich finde. Da wird die Bedeutung von Spezifität neu positioniert, weil dabei die Möglichkeit einer ähnlichen Kombination an verschiedenen Orten untergebracht werden muss, damit die Arbeit erledigt und das Projekt erfolgreich abgeschlossen werden kann.

## DIFFERENZIERUNG

**Maas:** Wir haben nun Spezifität und die Fähigkeit zur Loslösung als zwei notwendige Elemente erwähnt. Besteht die Gefahr, dass diese beiden Elemente bedroht werden? Es scheint, als ob die Regionen alles haben wollen.

**Sassen:** Das können sie aber nicht. Wenn sie dabei an hochmoderne Branchen, Wirtschaftsbranchen denken, dann kann man auf einem entweder sehr hohen oder einem sehr niedrigen Level standardisieren. Aber es ist auch klar, dass selbst die mächtigsten Regionen wie z. B. Südkalifornien oder einige der industrialisierten Regionen in Japan in der Nähe von Osaka und dem weiteren Umland von Tokio nicht alles haben können. Auch die mächtigsten Finanzmetropolen, New York und London, decken nicht alles ab. Wenn man die Weltwirtschaft in spezialisierte Zirkel und Sektoren unterteilt, dann sind in dem Zirkel von beispielsweise der Ware ‚Gold' die Städte Johannesburg und Sidney verzeichnet. Wenn es aber um Gold als ‚Zahlungsmittel' geht, dann sind die beiden aus dem Spiel. Zürich ist dabei und natürlich vor allem London.

Selbst in dem Sektor wie dem Finanzsektor muss man feststellen, dass New York ein ganz anderer Sektor ist als beispielsweise London, auch, wenn es natürlich Überschneidungen gibt. In meinem Stipendium gibt es eine Person, die die Unterteilung von Funktionen und spezialisierten Wettbewerbsvorteilen dieser führenden Wirtschaftszentren betont. Andere Wissenschaftler betonen lieber die Art und Weise, in der diese Zentren miteinander konkurrieren. Ich denke, man muss da differenzieren.

**Sennett:** Sie meinen, dass hier eine Arbeitsteilung vorliegt?

## WETTBEWERB

**Sassen:** Es liegt in der Tat eine Arbeitsteilung vor sowie ein besonderer Wettbewerbsvorteil der Spezialisierung. Es geht nicht nur darum, den besseren Wein herzustellen, es geht auch darum, dass New York das Silicon Valley des Finanzsektors ist, wo man forscht, entwickelt, innovativ arbeitet. London ist die Stadt mit dem größten Banksektor. Tokio ist eine Plantagenwirtschaft der Finanzwelt: Von dort wird Geld nur exportiert. Wenn man anfängt, auch mit Regionen so zu verfahren, dann werden sich

capability, it is also a sponge. A sponge that allows a region or a city or a territory to pick up and to absorb. A city like New York can absorb certain things and not others, but it has the matrix to pull in certain things and it can accommodate them, it can make them then represent in a way. Certain regions do that well with certain things and not with others. Specificity is not just a passive descriptor of a region. It is active, it can concentrate, it can accumulate, it can wrap, it can absorb, it processes and it represents that it has taken in and then represents. In that sense, specificity is a processing machinery as well.

Sennett: I think that there is another side of this question, which has to do with attachment to place. I think there are changes in modern capitalism, particularly in the way people work, that suspend the notion of attachment to place. It isn't just really about globalisation, there is another aspect of this, which is that a lot of the work people now do is work which has to be highly flexiblised. That is rather than attach themselves to particular corporations, live a life in one institution, they see it as a project in themselves. A worker who is able to survive under these new conditions of capitalism must learn to how to detach, how to move from job to job and place to place. And most modern corporations are afraid of people who are in grown, that is, who are deeply attached to a particular place. They don't want to be like the old bourgeoisie who were the dominators of the place; they want to be able to leave if economic conditions promote it.

Maas: You combine now very clearly the possible need for contemporary nomadism in combination with specific places.

Sassen: Contemporary nomadism requires a standardising across this particular type of nomadism of the top-level professionals and executives, this new transnational class wants a standardised built environment. That is the state of the art whether they are in Thailand, Argentina or the USA. Those are the spaces of flows, as Manual Castells would say. But that is just part of the story and I think it is crucial. It does reposition the meaning of specificity because it also has to accommodate that possibility of finding a similar combination in many different places so that the work can get done and the project can get executed.

## DIFFERENTIATION

Maas: We have explored specificity and the ability of de-attachment as two necessary elements. Is there a danger which does not allow for these two elements? It seems that every region wants to have everything.

Sassen: They can't. If you're thinking of state of the art sectors, economic sectors you can standardise at a very high level or you can standardise at a low level. But it is clear that not even the most powerful regions, say Southern California or some of the industrialised regions in Japan around Osaka and the Tokyo broader area, can have it all. The most powerful financial sectors, New York and London, don't cover it all. When you begin to unpack the global economy into specialised circuits and sectors, you can see that on the circuit say of gold the 'commodity', Johannesburg is on it and Sydney is on it. But for gold the 'instrument', Zurich, Johannesburg and Sydney are out. Zurich appears and London is crucial.

Even in one given sector like finance, you go in there and you realise that New York is one kind of sector and London is another. There is some overlap. Now, I in my scholarship have been one of those who has emphasised the division of functions and the division of specialised competitive advantages among these leading centres. Other people like to emphasise the way that they compete with each other. I prefer to emphasise differentiation.

Sennett: You mean there is a division of labour.

## COMPETITION

Sassen: There is a division of labour and a distinct competitive specialised advantage. It's not just that you're better at making a certain kind of wine, it's that New York is a Silicon Valley of finance where you invent, you process, you innovate. London is the biggest banking sector. Tokyo is a plantation economy of finance: it just exports money. When you begin to do that with regions you get a similar set of distinctions going. There is competition among each of these, but I think what having a global system

ähnliche Unterscheidungskategorien entwickeln. Zwischen den Regionen herrscht Konkurrenz; was es aber letzten Endes bedeutet, in einem globalen System zu leben – und ich finde übrigens, dass wir lieber den Begriff multiple globale Systeme verwenden sollten –, ist, dass sich eine bestimmte Dynamik auf den globalen Maßstab überträgt. Es sind aber nicht die Nationalstaaten, die den Wettbewerb schüren. Wenn man den Auswirkungen der Globalisierung auf diese verschiedenen Territorien und Geografien wirklich nachspüren möchte, dann muss man sich dabei vor Augen halten, dass es sich dabei de facto bereits um globale Systeme handelt, wenn auch nicht in der vollen Bedeutung des Begriffs.

    Wenn man sich also mit einer Region beschäftigt, dann muss man darüber informiert sein, wie die multiplen Zirkel der Region und die globalen Geografien aussehen, die sie umfassen. Dann erschließen sich einem erst die Konzepte Wettbewerb und Wettbewerbsvorteil. Man hat Zugriff auf zahlreiche Funktionen, auf die man angewiesen ist; auch im Wettbewerb kann man sich gegenseitig unterstützen. New York wird durch London gestützt oder auch durch den starken Finanzsektor in Amsterdam. Konkurrenz ist also auf globaler Ebene nicht nur ein Verlustgeschäft. Und das gleiche gilt sicher auch für Regionen.

**Maas:** Die Weinindustrie, die Sie bereits kurz erwähnt haben, hat sich in Chile und Australien zu einem hart umkämpften Geschäft entwickelt.

**Sassen:** Aber auch hier gilt: Wenn es um Wettbewerb geht, dann stärkt man sich in gewisser Weise auch gegenseitig; man errichtet einen Maßstab, über den man dann die globalen Märkte erreicht. Dazu fällt mir ein, dass ich einmal in Brasilien war, im Norden des Landes. Dort liegen drei wundervolle Bereiche ganz nah beieinander, die wunderschön und ausgesprochen reizvoll sind. Eigentlich klassische Tourismusziele. Ich habe vor Ort mit einem der Bürgermeister aus einer der drei Regionen gesprochen. Er sagte, dass man sich dort Sorgen mache, weil diese beiden anderen wunderschönen Regionen direkt nebenan liegen. Ich sagte ihm, dass er ganz bestimmt einen Fehler macht, so zu denken. Wenn wohlhabende Touristen den ganzen Weg nach Recife unternehmen, dann ist es doch um so wahrscheinlicher, dass sie hier vorbeischauen, weil es auch hier wunderbare Landschaften gibt, durch die man stundenlang herumfahren kann und dabei von einem wunderbaren Ort zum nächsten kommt. Eure drei Regionen, sagte ich ihm, sollten zusammenarbeiten, dann würden Touristen diese Ecke auf jeden Fall aufsuchen. Es geht also doch darum, was also Regionen sind, inwiefern sie zusammenarbeiten können, und ab welchem Punkt das Ganze in Konkurrenz umschlägt. Wenn man an die Weinindustrie in Australien und Chile denkt, da gibt es natürlich auch Konkurrenz, Wettbewerb. Diese Konkurrenz entsteht aber durch die Situation mit den Händlern. Man könnte auch einen einzelnen Händler für beide Regionen haben, mit dem man dann gemeinsam gegen große Weinproduzenten antritt; dabei handelt es sich natürlich auch um empirische Fragen. Was ich aber eigentlich damit sagen möchte, ist, dass es sich dabei nicht nur um Konkurrenz handelt, auch, wenn das auf den ersten Blick so aussieht; im globalen Kontext kommt es nämlich auch in erster Linie auf den Maßstab an.

## IDENTITÄT

**Maas:** Ich würde gerne noch ein bisschen mehr darüber hören, was für eine Bedeutung Identität für Regionen hat und welche Rolle Vermarktungsstrategien dabei spielen. Die Werbekampagne des österreichischen Tourismusbüros war ein voller Erfolg. Sie hat mit einem ganz modernen Anstrich auch viele junge Menschen in die Alpenrepublik gelockt.

**Sennett:** Dabei kommen wir in Bezug auf Identität zu einem ganz wichtigen Punkt. Wenn man sich Identität als eine Art Vermarktungsstrategie vorstellt, dann ist sie so etwas wie ein Gruppenbild: Jemand schaut sich das Gruppenbild an und sagt, Oh, ja klar, zu dieser Gruppe gehöre ich auch, mit diesem ‚Image' kann ich mich identifizieren. Man kann Identität auch unter dem Blickwinkel von gemeinsamem Diskurs untersuchen. Der gemeinsame Diskurs wird oft von Menschen geteilt, die sich äußerlich nicht besonders ähneln. In Großbritannien hatte der Diskurs folgende Bedeutung: Diejenigen, die nach Großbritannien kommen sind größtenteils Schwarze oder Asiaten. Und wenn sie niedere Arbeit erledigen, den ‚Knechtdienst', wenn man so will – also Straßen kehren oder U-Bahn fahren –, dann sind sie auch Briten. Sie sind aber keine Briten in einem herkömmlichen Sinne, also so, dass man es erkennen würde. Wenn wir Identität unter visuellen Gesichtspunkten betrachten, dann schließen wir andere aus und vergessen dabei oft, dass auch Menschen, die sich nicht im geringsten ähnlich sehen, eine gemeinsame Geschichte haben.

    Identitätspolitik ist in Europa zurzeit ein ganz großes Thema. Hier ergibt sich die Möglichkeit, von einer bildlichen zu einer narrativen Identität überzugehen. Wenn wir

means and really what we should say is having multiple global systems, is that certain dynamics scale to a global level and that these are all locations on one system. These are not nations competing. Competition goes on, the national goes on, most economies are national and most consumption is national, except in some very strange countries like maybe the Netherlands. If you really want to trace the impact of globalisation on these different territories and different geographies I think it is very important to recognise that these are de facto global systems although they are not fully global systems.

Hence you need to know when dealing with a region, what are the multiple circuits with this region right now and what are the global geographies that it entails? Then you begin to understand what competition is and what is competitive advantage, where are you in a division of functions that you actually need. They can also be partners. They strengthen you. New York is strengthened by the fact of London, by the fact of a strong financial sector in Amsterdam. It doesn't loose; it just becomes a strong financial centre. The same thing I would say with regions.

**Maas:** The wine industry, I think you were already referring to it but already in Chile or in Australia it has become a very competitive zone.

**Sassen:** But again, when its competition and when it is that you strengthen each other, that you build scale at which you can enter the global markets and that is one way of putting it, that will depend on the specifics. You need the knowledge about it. I remember being in Brazil in the north and there are three areas very close to each other, which are beautiful, they could be tourist destinations. I was speaking to the mayor of one of these places and he was saying we are so close to these other beautiful places that we're really worried. I said you are making a mistake. If your moneyed tourist is going to come all the way to Recife that tourist is going to be far more likely to come if there are other attractions and you drive for four hours and you're in another stunning place. The three of you should be working together: you are a destination, for a certain kind of tourist stream.

So what the geography is, where it can work together, and at what point does it become competition, that's an important question. Now if I think of the wines in Australia and the wines in Chile, there is a bit of competition. But the competition is partly produced because there probably is a dealer or two different dealers. You could have a dealer who manages both and together you can compete with very large producers of wine because Chile is not that large a producer and Australia is a large producer. These are partly empirical questions, but the key point that I am trying to make is that its not just competition, even though it looks like you're both making the same thing, because the question of scaling is crucial.

## IDENTITY

**Maas:** I'd like to understand more about the role of identity for regions, for branding it helps. The posters for Austria recently are great how they attract young people to come and climb the mountains by not using old Julie Andrews figures but with very hip advertising.

**Sennett:** Actually, you raise an important issue about what identity is. If we look at identity as branding, you can think of an identity as being like a group portrait, people look at the group portrait and say, oh yes, I belong there, or I recognise what that is about, or I can identify with the image. Or you can look at identity as a shared narrative. Shared narrative often times involves people who don't look very much like each other. In Britain the narrative with the Empire has meant that people who now come to Britain who are black or Asian and who do the minor, menial work of sweeping the street running the trams are British. But they aren't British in any kind of branded or recognised way. Often when we think about identity in visual terms we're excluding others but we're also denying the facts that there are shared histories between people who don't seem to resemble each other.

The politics of identity is an enormous debate in Europe now which is how we can move from the pictorial to the narrative. If we don't do that the reality of this shared history is doomed because we just see the brand of what this place is like and it tends to be very homogeneous.

**Maas:** Do you then advise for a European conglomerate of regions that each

diese Möglichkeit nicht wahrnehmen, dann verlieren wir den reellen Gehalt der gemeinsamen Geschichte, weil wir dann nur die Äußerlichkeit von Identität beachten, und das wäre, fürchte ich, eine ausgesprochen homogene und eindimensionale Sichtweise.
Maas: Würden Sie den einzelnen europäischen Regionen empfehlen, eine eigene Geschichtsschreibung auch in Museen zu pflegen und Zentren zu errichten, durch die der eigene Identitätsdiskurs gefördert wird?
Sennett: Das wäre eine fantastische Idee. Bisher habe ich mich damit eher in Bezug auf Nationen beschäftigt, aber das Gleiche gilt wohl auch für die Regionen. Wenn man eine regionale Identität formt, die geografisch und visuell vollkommen eindeutig ist, dann handelt man politisch. Man schließt Menschen aus, die nicht zu dieser regionalen Identität dazuzugehören scheinen. Man muss sich einmal die Diskursführer und die Geschichtsschreiber einer Region vergegenwärtigen, das ist genau dasselbe wie bei einer Nation: Man hat einen unglaublichen Einfluss auf die Vorstellungen von Identität, das heißt also sehr viel Macht.
Sassen: Dem möchte ich noch hinzufügen, dass die Identität der Schwarzen, der Weißen und der Lateinamerikaner eine hybride Angelegenheit ist; sie ist ein Ergebnis, das mitunter durch gemeinsame kulturelle Berührungspunkte vorbestimmt ist.
Sennett: Genau so verläuft der gemeinsame Diskurs.
Sassen: Mir scheint, dass es sich bei der Geschichtsschreibung der internen Migration in Europa um ein Konstrukt handelt. Und in dem Halbschatten dieser konstruierten Geschichte liegt wiederum Geschichtsschreibung verborgen, dunkel und obskur. Wenn ich mir überlege, wie ich dabei vorgehen würde, wenn es darum ginge, die Identität einer Region zu beschreiben, dann denke ich an das, was da im Schatten liegt, verborgen, und an all die Dinge, die nicht im Diskurs auftauchen, von denen es keine Fotos gibt. Ich möchte hiermit ein drittes Element ins Spiel bringen, die nichthistorische Geschichtsschreibung. Die Geschichte ist nun mal ein Konstrukt, sie ist kein hundertprozentiges Abbild der Realität. Da gibt es aber noch die andere Geschichte, der schon viele Namen gegeben wurden: die Privatgeschichte, die unausgesprochene Geschichte, das Leben der Menschen, die keine Geschichte haben. Identität besteht, wenn man so will, aus drei Elementen. Erstens, das multikulturelle Portrait, das die gemeinsamen Berührungspunkte nicht berücksichtigt; zweitens, die Geschichte, die sich mit dem Zentrum des Empire auseinandersetzt und anerkennt, dass Asiaten auch Briten sind, nicht nur Inder, sondern eben auch Briten; und drittens, die unerkannte Geschichte der Halbschatten, all das, was im Halbschatten der Regionen liegt.

SPEZIALISIERUNG
Maas: Wenn wir in einer freigeistigen Welt leben und Interdependenz und Spezialisierung als notwendige Konzepte behandelt werden, dann könnte man die Schweiz doch beispielsweise in einen europäischen Großpark umwandeln. Man müsste nur die Skigebiete in ursprüngliche, wilde Naturlandschaften zurückverwandeln.
Sennett: Wir müssen uns über die spezifischen Orte Gedanken machen, indem wir versuchen, uns darüber klar zu werden, was sie im Innersten zusammenhält und wie sie in ihrer Eigenheit funktionieren. Eine Kulturlandschaft ist ja schließlich kein Stück Seife. Und wir müssen die dynamischen Prozesse berücksichtigen. Meines Erachtens handelt es sich dabei um die Auseinandersetzung des visuellen und des sozialen Aspekts, die eine ganz beachtliche Menge an Konfliktstoff in sich trägt.
Sassen: Dabei reden wir von einer bestimmten Art wirtschaftlicher Geografie, die ein Stück weit auch auf Privilegien fußt. Es ist ein Teil der politischen Ökonomie, denn in den vergangenen 20 Jahren hat sich eine 20-prozentige Unterstützung für globale Geografien herauskristallisiert. Um noch mal darauf zurück zu kommen, was Sie eben zur Schweiz erwähnten: Genau das spielt sich gerade in Bariloche, in Argentinien ab, wo reiche Nordamerikaner und Europäer ganz einfach alles aufkaufen.

Aber was ist denn nun eigentlich ein europäisches Projekt? Wenn es ein europäisches Projekt ist, dann bedeutet es, dass es eine öffentliche Angelegenheit bleiben soll. Was man in Europa unter Demokratie versteht, unterscheidet sich erheblich von dem, was man in den USA darunter versteht. Die Systeme sind unterschiedlich konstituiert. Mich interessiert hierbei, dass es globale Geografien geben wird, in denen es dann solche Schlüsselorte gibt wie z. B. dieses unglaubliche, wunderschöne, privatisierte Bariloche. In Europa würde man mit der Schweiz beispielsweise anders verfahren, da müssten die Gebiete schon öffentlich zugänglich bleiben. Nach einem europäischen Modell dürfte nicht so ohne Weiteres ein privatisiertes Reservat daraus werden. Das Gebiet wäre auf der Weltkarte als wunderschönes Naturreservat eingezeichnet. Es hätte einen europäischen Schliff und dadurch würde es sich abheben. Bariloche ist da ganz anders, aus verschiedenen Gründen. Aber auch da interessiert mich die Spezifität,

has their own museum of history or their own centre of narratives as such?
Sennett: Yes, I think that would be a great idea. I'm thinking about this mostly in terms of nations, but I think the same thing is true of regions. When you have a regional identity that is graphically and visually clear, you are doing something politically. You are excluding kinds of people who do not seem to count as part of that regional identity. If you think about the narratives or the producers or the history of a region over time, it's just as with a nation, you produce a totally different account of what identity is.
Sassen: What Richard is saying, is that the identity of the black, the identity of the white, the identity of the Latino is in fact a hybrid process, it is an outcome that is partly predicated on the interactivity of these different groups.
Sennett: Exactly that's their narrative.
Sassen: The image that I have of history of internal migration in Europe, is a constructed history. There is also a history in the penumbra of that constructed history. It is in the shadows, it is obscure. When I think of how would I go about portraying the identity of a region I think about that stuff in the shadows, that is in the penumbra, that is not fully articulated in discourse and that is not on the photos. I'm adding a third element, which is the non-historical history. History, after all is a constructed account, it's not the reality. But then there is that other history that has been given many names: the history of the private, the untold histories.

There are three elements if you want, to identity. The multicultural portrait, which fails to recognise the interactivities involved, secondly the history which already brings in the centre of the Empire and would bring in the fact that Asians are also British, they're not just Indians, they're also British. And then there is that third, the non-recognised history, the penumbra, that which exists in the penumbra of the region.

SPECIALISATION
Maas: When there is an open-minded world and interdependency and specialisation are needed, it means for Switzerland for example, you could say turn it into one European park. Get rid of the ski zones and turn it into the best wilderness ever conceived. What would you think about such proposals appearing in Europe?
Sennett: We have to think a little about specific places by thinking a little more about what actually makes them work rather than as pieces of soap.
Sassen: Or as two distinct self-contained objects.
Sennett: And we have to think about dynamic processes. I mean this is a discussion between the visual and the social and there is a great great conflict there.
Sassen: I think that that is a kind of economic geography that is a bit predicated on privilege. It is part of the political economy because the one thing that these last twenty years have produced and it is legible, is a 20% with enormous capabilities, 20% of individuals who want global geographies. Coming back to what you were saying for Switzerland, it is what's happening in Bariloche, Argentina where rich North Americans and Europeans are simply buying it up.

Now what is a European project? A European project is to keep it public. What we think of as democracy in Europe is so different from what the US thinks of as democracy. They are constituted differently. The issue for me is that we are going to have global geographies which contains key locations such as these incredible privatised beautiful spots like Bariloche. The European project here would be a zone like that - why not Switzerland, it's beautiful - but make it public access. Make that one not just a privatised preserve. That would be the European model. It would be on the global geography of beautiful, natural preserves- but it would have that European twist and that would make it different. Bariloche is different for different reasons. But I am always interested also in recovering the specificity of this. The Swiss Park is part of the public domain and not big private landowners as it is now in Bariloche.
Sennett: That is a different kind of concept of a region.
Sassen: Yes, it's a different kind of region. That's a plantation. It's the equivalent of a plantation economy. It has a purpose. In that sense a region

die jeweiligen Eigenheiten. Der Schweizer Park ist Teil des öffentlichen Raumes, Bariloche dagegen gehört ausschließlich schwerreichen Landbesitzern.
**Sennett:** Das ist dann ja ein ganz anderes Konzept einer Region.
**Sassen:** Es ist in der Tat eine andere Art von Region. Es ist eine Plantage. Es entspricht in etwa einer Plantagenwirtschaft. In diesem Sinn ist eine Region etwas anderes. Eine Region ist ein komplexes System mit multiplen Differenzierungen, Komplexität und enormer Vielfalt. Das ist Ihre Region, das ist eine urbane Wirtschaft. Eine Plantage ist aber eine monokulturelle Wirtschaftseinheit, und genau das ist das Dilemma von Bariloche, die eindimensionale Wirtschaftsstruktur.
**Maas:** Hat es aber denn keinen positiven Effekt auf die Weltwirtschaft, wenn es eine große Vielzahl unterschiedlicher Plantagen gibt?
**Sassen:** Das ist eine spannende Frage. Plantagen sind eine Art Wirtschaftssystem, metaphorisch gesprochen. Das klingt zwar provokant, aber genau das habe ich damit beabsichtigt. Ich brauchte etwas „Anstößiges", um die Finanzwelt zu beschreiben, das hinterlässt einen stärkeren Eindruck. So, wie ich den Begriff gebrauche, ist er auch politisch.

## DAS RUHRGEBIET
**Maas:** Was reizt Sie an der Thematik „Ruhrgebiet" am meisten?
**Sennett:** Ganz eindeutig die Flexibilität. Das Ruhrgebiet können wir verlassen, wenn wir wollen, und nach München oder sonstwo hingehen. Was mich dabei interessiert, sind die Bewusstseinsverschiebungen, die durch diese Flexibilität in Gang gesetzt wurden. Innerhalb Europas kann man einfach seine Stadt, seine Region verlassen, wenn es gute Gründe dafür gibt.
**Dean:** Die regionale Abgrenzung des Ruhrgebiets beruhte ursprünglich auf geologischen Gegebenheiten: Es gab dort reichhaltige Grundressourcen. Aufgrund des Niedergangs der Industrie sind dies aber keine ausschlaggebenden Definitionsmerkmale mehr. Das Komische ist dabei, dass verschiedene Gruppierungen nach wie vor darauf bestehen, dass es sich bei dem Gebiet auf jeden Fall um eine Region handelt: es gibt da schließlich noch die Geschichtsschreibung der Menschen. Aber das wichtigste Gen für die regionale Definition gibt es nicht mehr, die Zeit hat es weggespült. Bei dieser Kommission geht es darum, dass man für die Region ein neuartiges Image entwirft und sie neu definiert.
**Sassen:** Zwei Gedankeneinwürfe dazu: Erstens, Politiker und öffentliches Image sind temporäre Bedingungen, von denen wir hier von Generationsbedingungen. Es gibt also noch mehrere Millionen Arbeitnehmer in der Region, die zu einem anderen Zeitpunkt in den alten, ausgedienten Wirtschaftszweigen gearbeitet haben. Und das, an was sie sich erinnern, gehört immer noch zur öffentlichen Bildersprache. Diese Menschen werden sterben, und deren Kinder werden dann in demselben Umfeld in einer anderen öffentlichen Bildersprache leben. Die Politiker wissen, dass diese Leute nichts anderes haben als genau das, es ist praktisch ihr Leben. Ich würde daher vorschlagen, dass man zwischen politischem Diskurs, politischen Entscheidungsträgern und dem Staat unterscheidet. Lassen wir doch die Politiker ihre Reden schwingen, lassen wir den Menschen doch ihre Bildersprache; denn wir wissen, dass beides eines Tages nicht mehr da sein wird. Das öffentliche Bewusstsein ist wie eine lange, tiefe Geschichte, und natürlich gibt es auch Orte, die an die Geschichte erinnern, wie z. B. im Ruhrpark. Das sollte Teil einer stolzen Geschichte sein, die erhalten werden muss. Das sollten wir mit unseren Dekonstruktionsprogrammen unversehrt lassen.
**Sennett:** Wenn ich mir vorstelle, wie sich das Silicon Valley entwickelt hat: die lokale Kultur hatte nicht den geringsten Einfluss darauf. Das gilt übrigens auch für die regionale Entwicklung in Irland. Da gab es nichts typisch Irisches, das irgend jemanden da hingelockt hätte. Wenn es überhaupt etwas gab, das gelockt hat, dann die Tatsache, dass da absolut nichts war. Man konnte also machen, was man wollte; es war also aus rein wirtschaftlicher Hinsicht sehr attraktiv.

In einem Punkt sind Politiker wirklich ausgesprochen unpraktisch. Sie denken, wenn etwas eine besonders reichhaltige Geschichte hat, dann wird es um so mehr Leute geben, die kaufen wollen. Das Gegenteil ist der Fall! Man will neutrales Gelände kaufen, und das ist doch vollkommen einleuchtend. Wenn man ein Unternehmen gründen möchte, dann will man nicht, dass das die historischen Geister plötzlich auftauchen und sich beschweren: „So könnt ihr das aber nicht machen" oder „Das ist aber nicht typisch Irisch".
**Maas:** Interessieren sich Unternehmen nicht für historisch gewachsene Schönheit?
**Sennett:** Da kommt ja der Künstler in Ihnen raus. Nun, rein theoretisch kann man sich natürlich vorstellen, dass jemand, der ein neues Unternehmen gründet, auch an

is different. A region is a complex system, where you have multiple differentiations, and complexity, and enormous diversity. That's your region, that's an urban economy. And a plantation is "One Use". And that's the tragedy of what is happening in Bariloche, One Use.
Maas: But aren't a lot of kinds of plantations useful in the world?
Sassen: Now that is an interesting question. Plantation is just a kind of economic system, if you want. I'm using it metaphorically. It has a very bad name, and that was my purpose, I wanted to use something with a bad name to describe finance, that seems so impressive. So there are politics in my use of that term. But this would defacto be a one-use, but it would be an enormously important one-use.

RUHRGEBIET
Maas: What do you want to explore about the "Ruhrgebiet"?
Sennett: In the case of the Ruhrgebiet we could leave it - see it as Detroit where you can go away - and you can connect with a national level, go to Munich for instance. What I'm interested in is the mechanism of awareness, that you could do it, that within this European territory it's the right time to see different demands.
Dean: The regional definition of the Ruhrgebiet was initially based on geology: it had very rich base resources. These are not the main definers anymore due to the decline of industrialisation. The odd thing is that various parties still want the area to be defined as a region: there is a historiography of people, employment still exists. Yet the dominant gene of the regional definition is gone, obsolete. What this commission is about is how you might invent new types of images and definitions for such an area.
Sassen: Here are a couple of thoughts. One of them is that politicians and public images are temporary conditions, we are talking about a generational condition. So you still have millions of workers in that region who were once employed in this older economy. And what they remember is still the collective imagery. Those people are going to die. And their sons and daughters are going to be in another public imagery and the politicians right now, that's all they will know, that's the life they have. I would make distinction between political discourse, the politicians and the state. Let the politicians talk and let these public imageries, but both of these are passing phenomena. The public memory is a long deep history, so there have to be sites. And they have them at the Ruhrpark. Let that be part of a proud history that has got to be there. That should not be chipped out by deconstruction.
Sennett: When I think about how the Silicon Valley got developed, it was nothing about the local culture that did anything there. The same thing is true about regional development in Ireland. There was nothing 'Irish' that lured anyone there. If anything it was the fact, that it was empty. You could do what you want, there were not a lot of constraints, which made it purely in the crudest economic terms attractive.
One thing that politicians are very impractical about is that they assume the more identity it has the more want to buy that. But what they do want to buy is just the opposite. They want to buy neutrality and it's perfectly understandable. If you want to start your business, you don't want the accumulated weight of history suddenly to say, 'OK you can't do it like that', or 'that's not very Irish'.
Maas: Does beauty help?
Sennett: That's the artist in you speaking. You could imagine that beauty would be of deep deep interest to somebody starting a new company. Unfortunately, there are limited numbers of companies for which beauty is so important.
Sassen: You can become a destination like Manchester. It is reinventing itself by architecture and that has happened before. In Silicon Valley, it was a surplus of talent, surplus of creativity coming out of the universities, you had the right climate the right conditions, lots of land, people could start their little companies in garages. So you had certain resources. Now the question with the Ruhr for instance today is what are the resources they have and I think you probably need to look at what is happening not with the politicians, but the state. By the state I mean the province, national or European State. What do they know? What is it they have identified? When one of them seem

ästhetischen Aspekten interessiert ist. Leider ist das so gut wie nie der Fall. Es gibt nur sehr wenige Unternehmen, für die Schönheit eine beachtenswerte Größe darstellt.
**Sassen:** Nehmen Sie einen Ort wie Manchester. Diese Stadt erfindet sich neu: über die Architektur; und sie ist nicht die erste Stadt, die das macht. In Silicon Valley war es der Überschuss an Qualifizierung, Talent und Kreativität, die aus den Universitäten strömte. Das Klima war genau richtig, viel freies Land, insgesamt sehr gute Bedingungen. Die Leute haben ihre eigenen Unternehmen in der Garage gegründet. Es gab also bestimmte Ressourcen. Jetzt stellt sich heute die Frage mit dem Ruhrgebiet: Was sind dort eigentlich für Ressourcen vorhanden? Und da muss man den Blick sicher nicht auf die Politiker, sondern auf den Staat richten. Was weiß man da? Was haben sie da bereits analysieren können? Wenn sich einem von ihnen gute Möglichkeiten bieten, dann stopfen sie sich voll mit anderen Sektoren um sich herum. Wohin wird diese Entwicklung führen?

ZWISCHENRÄUME
**Maas:** Wir reden über diese Zwischenräume, die über keine eindeutige Identität verfügen. Wird das Ruhrgebiet das gleiche Schicksal erleiden? Wie funktioniert der Regionalismus beispielsweise in dem mittleren Westen und Süden der USA?
**Sassen:** Die Statistiken von 2000, aber auch von 1999 zeigen einen neuen Trend auf. In der Vergangenheit tendierten alle Regionen zu Zusammenschlüssen. Dadurch haben die schwachen Regionen Vorteile ergattert – auf Kosten der stärkeren Regionen. 1999 aber begannen die Regionen erstmals wieder auseinander zu streben, insgesamt sechs große Regionen, und zwar bei ganz unterschiedlichen sozioökonomischen Indikatoren wie z. B. Armut, Produktivität usw. In einigen Regionen wie Kalifornien und der großen Region Mittlerer Westen wird eine neue Wirtschaftsgeschichte geschrieben. Diese Regionen haben die anderen überholt und hinter sich gelassen.

Aber auch die Bedeutung von Regionen hat sich geändert. Für meine Begriffe besteht dieser Wandel aus mehreren Faktoren – einer von ihnen ist die New Economy. So hat der Mittlere Westen der USA eine neue exportorientierte Wirtschaft mit kleinen Werkzeugen und Maschinen aufgebaut, und ein Großteil von Chicagos Dienstleistungssektor ist auf die Logistik dieses gigantischen Exportvolumens spezialisiert. Chicagos Möglichkeiten als eine Weltstadt sind auf diese neue Regionalwirtschaft ausgerichtet. Dabei dreht es sich nicht mehr um die alten großen, schweren Gerätschaften. Der andere Bereich der Wirtschaft des Mittleren Westens ist der große Knotenpunkt des Glasfasernetzwerks. Er ist der führende Knotenpunkt des Vereinigten Staaten: Verkehrswesen, Lkw und Glasfasertechnologie; und er saugt diese Vorteile ganz auf. Der ganze Verkehr läuft über den Mittleren Westen. Er ist also eine Übergangszone.
**Maas:** Ist sich die Region auch über ihren Status bewusst?
**Sassen:** Wir haben vor kurzem ein neues Projekt durchgeführt – Global Chicago –, um die Stadt über ihre multiplen globalen Zusammenhänge aufzuklären. Sie ist zwar eine Durchgangszone, aber sie sieht sich in erster Linie als Verkehrs- und Kommunikationsknotenpunkt. Die Stadt hat sich immer wieder neu bestimmt, in der Vergangenheit auch über den Hafen, heute mehr über die Dienstleistungen.

Für das Ruhrgebiet muss man nun auch herausfinden, was für die Zukunft entscheidend ist, eine neue Wirtschaftsgeschichte, eine Bestandsaufnahme der vorhandenen Ressourcen, um so auch öffentliche Mittel aus unterschiedlichen Ebenen für die Region zu aktivieren. Dann bekommt man einen Eindruck davon, welche Maßnahmen jetzt gerade durchgeführt werden müssen, damit man die Zukunft erarbeiten kann, die man sich wünscht.

to have a good opportunity, they are glutenating other sectors around them. What is the directionality of this?

IN BETWEEN
Maas: We talk about these in between zones that don't have the clear identity like Richard referred to. Is the Ruhr becoming that? Like the whole Mid-West and south of the US? How is regionalism in the US operating?
Sassen: The census data from 2000 or even 1999 show a new trend in the US, which had in the past all the regions tended towards convergence. In this way the weakest regions would accumulate advantage and the richer regions lost advantage. For the first time regions began to diverge in 1999, we are talking about six big regions, over a whole variety of socio-economic indicators, poverty, productivity etc. In some regions like California and the big Mid-western region there is a new economic history becoming enacted. They left the others behind.

There is also a re-mapping in the meaning of regions. For me it is made up out of several things and one of them is new economy. Like the Mid-West has a new export-oriented economy of small manufactured tools and machines and a lot of Chicago's service economy is a specialised capability of facilitating this massive export. A lot of Chicago's capability as a global city is geared toward this new regional economy, because it moves into other states around it. It's no longer the old big heavy equipment. The other part if the Midwest economy is the big nodal point in the fibre optics network. It's the leading inter-nodal point in the country: transport, trucks and fibre optics. It glutanates these advantages. All the traffic goes through there. So it is an in between zone.
Maas: But does this awareness manifest itself?
Sassen: We had a new project, Global Chicago, to make Chicago aware of its multiple global geographies. It is an in between but has constructed itself as a transportation and communication node. It articulates which then is a crucial geography in the past, it did so through the port functions, now it is more the service.

I would really find out for the Ruhr what there is to be known, a new economic history and what the resources are that different levels of state are willing to put into it. Then you get a sense of what is the future that is now being made and which one of these futures is the one that looks like it will succeed and glutanate around it. There are certain kinds of economic trajectories that glutanate around. And there are others who just think for themselves. The issue is which one of these trajectories can glue like a sticky web.

89

# THE REGI

ONMAKER

# EINSATZGEBIETE FÜR DEN REGIONMAKER

## TECHNOLOGISCHE ENTWICKLUNG SEIT 1960

Im Bereich der wissenschaftlichen Erforschung und administrativen Kontrolle urbaner und regionaler Entwicklungsprozesse trat der Bedarf an PC- und Software-Technologie in den vergangenen Jahrzehnten und dabei insbesondere in den Sechzigern deutlich zu Tage.

„Die Essenz der neuen Situation ist die, dass wir mittlerweile sehr viel größere Mengen an Informationen verarbeiten können, als man bisher für möglich gehalten hat; also Informationen zu den Folgewirkungen bestimmter, definierter Aktionen bei der Steuerung eines Systems. Die praktischen Implikationen sind in allen Bereichen ausgesprochen groß, in keinem Bereich aber sind sie größer als in dem so vage bezeichneten Bereich der ‚Planung', also der Stadt- oder Umweltplanung. Das Planen physisch-realer Umgebungen sollte eigentlich nichts anderes sein als die Aufstellung allgemeiner Rahmenbedingungen, die dann mit der größtmöglichen Menge objektivierter Informationen angefüllt werden. Falls die Revolution der kybernetischen Wissenschaften die traditionellen Planungssysteme technologisch und intellektuell überflüssig machen sollten, dann wird der soziale Wandel diese Schlussfolgerung bestärken." (aus „Non-Plan: An Experiment in Freedom", Reyner Banham, Paul Barker, Peter Hall und Cedric Price, New Society Magazine, Nr. 338, S. 442, 1969)

Es ist bemerkenswert, dass wir jetzt für unsere Planungssysteme, mehr als drei Jahrzehnte später, genau dieselbe Bilanz ziehen müssen, ganz so, als ob sich in Bezug auf die Revolution der Informationstechnologie nichts ereignet hätte. Es hat sich gezeigt, dass es nicht gelungen ist, architektonische Wissensressourcen mittels zukunftsweisender Computertechnologien in einen effizienteren Designprozess zu optimieren. Dennoch steht außer Zweifel, dass seit Ende der turbulenten sechziger Jahre verschiedene Versuche unternommen wurden, Architektur und Urbanität in den Bereich computergesteuerter Optimierung zu überführen und ihnen ihre Rolle als „Rahmenwerk für Entscheidungsprozesse" zuzuweisen.

Anfang der sechziger Jahre haben Buckminster Fuller und John McHale statistisches Material zusammengetragen, Karten und Diagramme, um ein Inventar globaler Ressourcen zu erstellen. Bereits kurze Zeit später, 1965, hatte man mit den gesammelten Daten ein computerisiertes Weltmodell entwickelt, das den Namen „World Games", also Weltspiele, trug. Es war Fullers Anliegen, ein Arbeitssystem zu entwickeln, auf das allgemein zugegriffen werden konnte. Der dahinter stehenden Idee zufolge, sollten die politischen Prozesse dahingehend beeinflusst werden, dass sie die Werte, Konzepte und Problemlösungskompetenz aller Personen integrieren, die sich an diesem demokratischen „Weltspiel" beteiligen. Um diesen Einfluss zu erobern, musste man aber zunächst einmal die Informationen und Arbeitssysteme akquirieren, mit denen die Manipulation dieser komplexen Informationsstrukturen überhaupt möglich wäre. Man brauchte also eine umfassende Datenbank, mit der die Teilnehmer des Spiels bessere, wichtigere Daten zur Verfügung stehen würden als ihren gewählten oder ernannten oder selbsternannten politischen Gegenspielern. Der „Mastermind", also der Hauptcomputer, musste mit allen relevanten, global verfügbaren Daten und Statistiken gefüttert werden: welche Ressourcen liegen an welchen Orten vor, in welcher Qualität, in welcher Quantität, von Mineralstoffen über Produktionsgüter bis hin zu Dienstleistungen und den einzelnen Menschen und ihren jeweiligen Bedürfnissen und Fähigkeiten. Man musste auch eine Informationsschaltstelle errichten, von wo aus alle aktuellen Weltdaten überwacht werden konnten, um dann ‚live' in die Weltspielzentrale übermittelt zu werden. Bei dem Spiel ging es also darum, die besten Strategien für die Verbesserung der globalen Lebensbedingungen zu ermitteln. Das kybernetische Zeitalter sollte die

# WHY THE REGIONMAKER

MACHINERY SINCE THE 1960s
Already in the past decades, and especially in the 60s it has been stressed that there is a need for computer aided technology, to understand and control the urban and regional processes.

"The essence of the new situation is that we can master vastly greater amounts of information than was hitherto thought possible –information essentially about the effect of certain defined actions upon the operation of a system. The practical implications are everywhere very large, but nowhere are they greater than in the area we loosely call planning [...] physical planning, like anything else, should consist at most of setting up frameworks for decisions, within which as much objective information as possible can be fitted. If the cybernetic revolution makes our traditional planning technologically and intellectually obsolete, social change reinforces this conclusion." (in 'Non-Plan: An Experiment in Freedom', Reyner Banham, Paul Barker, Peter Hall and Cedric Price, New Society magazine no. 338, p.442. 1969)

It is striking to realize that more than three decades later, we could say the same of our current planning tools, as if nothing had happened in terms of the information revolution. The profession has proven, during this period, to be incapable of mobilizing architectural knowledge into a more efficient design process through progressive computer technologies. But undoubtedly since those hectic days at the end of the 60s, several attempts have been made to bring architecture and urbanism into the realm of computer optimization and into its role of a "framework for decisions".

At the early 60s, Buckminster Fuller, together with John McHale, had compiled statistical material, maps and diagrams so as to construct an inventory of the planet's resources, which by 1965 had been coordinated into a computerized model of the world, the project which was named "World Games". Fuller wanted a tool that would be accessible to everyone, which would ultimately force the political process to move in the direction that would facilitate and enforce the values, imagination and problem-solving-skills of those people, playing this democratic world game. In order to have this kind of power, the game required to have the kind of information and tools, which manipulating this complexity of information empowers. It needed a comprehensive database that would provide the players of the 'world game' with better data than their politically elected or appointed counterparts would have. They needed to introduce into the computer an inventory of the world's vital statistics - where everything was and in what quantities and qualities, from minerals to manufactured goods and services, to humans and their unmet needs as well as capabilities. They also needed an information source that monitored the current state of the world, bringing vital news into the 'game room' live. The play consisted on trying to generate the best strategies for improving living conditions. The cybernetic era was making allowing for the possibility to achieve this goal, and the idea of putting military technology into civil planning could not be delayed any longer.

Also the Greek architect and urban planner Constantinos Doxiadis had been using and writing about computers since the late 50s. Through his journal Ekistics, he supported the usefulness of computerized analysis of data and its graphic representation on monitors. In 1965, a special issue of Ekistics was

Bedingungen für dieses ehrgeizige Projekt liefern, bei dem auch die Idee, Militärtechnologie für die Planung ziviler Projekte einzusetzen, umgesetzt werden sollte.

Auch der griechische Architekt und Stadtplaner Constantinos Doxiadis hat sich bereits seit Ende der 50er Jahre mit den Möglichkeiten computergesteuerter Modelle befasst. Mit seiner wissenschaftlichen Fachzeitschrift Ekistics hat er sich für den Einsatz computerbasierter Datenanalyse und deren grafische Darstellung auf Computermonitoren ausgesprochen. In den Jahren 1965 und 1969 erschienen Sonderausgaben der Zeitschrift zum Thema „Architektur und der Computer". Doxiadis arbeitete in seinem eigenen Büro bereits seit 1962 mit Computern, und entwickelte dabei mathematische Siedlungsmodelle, deren systematische Struktur dann auf elektromagnetischen Karten und kartographischen Instrumentarien dargestellt werden konnten. Auf ihnen waren die „unsichtbaren Strukturen" der urbanen Netzwerke verzeichnet.

Aus dieser Zeit stammt auch Doxiadis folgendes Zitat zu den Problemen zukünftiger urbaner Entwicklung: „Um der Herausforderung gerecht zu werden, müssen wir ein tiefer greifendes Verständnis unserer Probleme entwickeln; und dabei brauchen wir auch bessere Lösungen. Um weitere Schritte in dieser Richtung zu unternehmen, benötigen wir bessere Arbeitsmittel, bessere Methoden für deren Gebrauch und bessere Fachkräfte für deren Bedienung. Bessere Arbeitsmittel bedeutet in diesem Zusammenhang eine ausgereiftere Wissenschaft, die diesen schwierigen Problemen gewachsen ist. Sowohl Ekistics als auch die Regionalwissenschaften sind erste Schritte in Richtung eines systematischen Vorgehens zum Verständnis und zur Lösung dieser Probleme. Wir müssen aber noch weitere Fortschritte bei der Implementierung unserer Ideen und Wissenschaften im Bereich terrestrischer Räume machen. Wir sollten dabei sowohl abstrakt mathematische als auch empirische Methoden einsetzen, um anschließend die Ergebnisse in einem einheitlichen System zusammenfassen; dann bekommen wir den bestmöglichen Überblick und haben dann die entsprechend bestmöglichen Voraussetzungen, um die Herausforderungen zu meistern." (aus „Ekistics And Regional Science", EKISTICS, Volume 18, November 1964)

Die Treffen, die Doxiadis in Delos als eine Art Fortsetzung des legendären Congrès International d'Architecture Moderne (CIAM) organisiert hat, waren darauf ausgerichtet, die Argumentation von CIAM in den Bereich der Elektronik zu überführen. Es war alles andere als ein Zufall, dass Buckminster Fuller und Marshall McLuhan zu den Hauptrednern zählten. Im Verlauf des zweiten Treffen in Delos wurde das Buch „A Communication Theory of Urban Growth" von Richard Meier herangezogen, um Fullers und McLuhans Thesen zu untermauern, indem es sie mit dem System architektonischer Formen verknüpfte, aber auch um entscheidende Impulse zur Entwicklung von Doxiadis „Stadt der Zukunft"-Projekt beisteuerte, bei dem Kybernetik eine tragende Rolle spielte.

„Der Computer erscheint deshalb so attraktiv, weil er uns eine neue Perspektive für die wissenschaftliche Untersuchung und Verarbeitung der immer größer werdenden und immer weniger sichtbaren Netzwerke ermöglicht. Wenn das unkontrollierte Wachstum der Städte zunächst zur Erfassung über das Flugzeug und dann über Weltraumsatelliten führte, so erfordert das Wachstum all der unsichtbaren Netzwerke entsprechend neue Erfassungsinstrumente. Der Computer arbeitet mit hierfür ganz hervorragend geeigneten Mechanismen, die zwischen dem ‚Sichtbaren' und dem ‚Unsichtbaren' vermitteln. Der Computer ist sowohl ein Diagnoseinstrument als auch ein Symptom; er ist ein Mechanismus, der verborgene Muster mit überwältigenden synthetischen Arbeitsprozessen aufdeckt, er ist aber schließlich auch ein dynamisches Instrument, mit dem man den physischen Aufbau der Materie transformieren und entmaterialisieren kann." (aus Mark Wrigley „Network Fever", Grey Room 4, MIT Press, 2002)

on 'Architecture and the Computer' and in 1969 another one called 'Computers in the service of Ekistics'. He started using computers in his own practice by 1962 in order to develop mathematical models of settlements, the outcome consisted on 'electromagnetic maps' and 'cartographatrons' that revealed the 'invisible forces' of the urban networks.

Doxiadis stated at that time, about urban problems of the future "In order to respond to this challenge, we need a better understanding of our problems; we also need better solutions. In order to proceed in this direction, we need better tools, better methods for their use, and better people to use them. Better tools means better sciences to deal with such difficult problems. Both Ekistics and regional science are the first attempts to proceed in a systematic way toward the understanding and the solution of such problems. But we need better tools, we need better techniques, we need better methodology for the implementation of the ideas of our sciences of terrestrial space. We should proceed both in an abstract mathematical as well as in an empirical way in order to manage to unite the conclusions of both into a whole system which will help us to picture the situations as well as we can, and to meet the challenges in the best possible way." (In 'Ekistics And Regional Science' EKISTICS, Volume 18, November 1964)

The Delos meetings that Doxiadis organized as a sequel of CIAM, headed precisely to take the CIAM argument in the direction of electronics, not for nothing were Buckminster Fuller and Marshall McLuhan among the main speakers. At the second Delos meeting, the book 'A Communication Theory of Urban Growth' by Richard Meier added on to their arguments by connecting them to architectural form and triggered the development of the City of the Future project led by Doxiadis where cybernetics played a key role.

"The appeal of the computer is that it offered a new viewing point to survey the explosive rise of ever larger and less visible networks. If the uncontrolled growth of the city had first demanded the surveillance view from the plane and then the view from outer space, the growth of invisible networks demanded new scanning instruments. The computer was the ideal mechanism to negotiate between the visible and the invisible. The computer is both a means of diagnosis and a symptom, both a mechanism that reveals hidden patterns in an overwhelming conglomeration and one of the forces that dematerializes or transforms the occupation of that physical organization." (see Mark Wrigley essay 'Network Fever' Grey Room 4,MIT Press, 2002)

But perhaps the seminal text towards the introduction of computers to planning disciplines is Serge Chermayeff's and Christopher Alexander's 'Community and Privacy: Towards a New Architecture of Humanism' (1963). In it they criticized the role of architecture for being based on preconceived truths and intuitions producing obsolete design products 'obscured by semantic misapprehension'. Instead they pleaded for an analytical and systematical approach towards planning: 'We must look at the links', the 'interactions' and the 'patterns'. And in order to manage all the possible combinations, they introduced the electronic computer, that, although unable to invent can certainly identify patterns.

Christopher Alexander together with Marvin Manheim at MIT would develop a computer program in 1962 called HIDECS with wich these ideas were to be

Der bedeutendste Text zur Einführung von Computersystemen in den Planungssektor ist vermutlich der 1963 erschienene „Community and Privacy: Towards a New Architecture of Humanism" von Serge Chermayeff und Christopher Alexander. Die Autoren kritisieren hier, dass die Rolle der Architektur auf vorgefassten „Wahrheiten" und Eingebungen basiert, welche größtenteils fehlgeleitete Designprodukte hervorbringen, deren Sinnhaftigkeit und Nützlichkeit durch „semantische Missverständnisse" auf der Strecke bleiben. Chermayeff und Alexander plädieren dagegen für einen analytischen, systematischen Planungsansatz, „der auch die Verknüpfungen, Interaktionen und Muster berücksichtigt". Und um also alle möglichen Kombinationen zu verarbeiten, haben sie einen Computer entwickelt, der zwar keine eigenen Entwürfe produziert, der aber sehr wohl in der Lage ist, Muster zu erkennen.

Bereits 1962 hatten Christopher Alexander und Marvin Manheim am MIT ein Computerprogramm namens HIDGES entwickelt, mit dem die Ideen von Chermayeff und Alexander umgesetzt werden sollten. Computer waren also endlich auch für die Architektur einsetzbar. Das Programm wählte unter den Anforderungen bestimmte Interaktionen aus und bündelte diese in einem logischen Graphen, der Vergleichswerte zwischen diesen Anforderungen aufzeigte. Der Übertragungsprozess in Raumdiagramme wurde aber nach wie vor per Hand durchgeführt.

Alexander versuchte in seinen anhaltenden Forschungsprojekten, mehrere Parameter methodisch zu identifizieren; er suchte nach einer „systematischen, computerbasierten Prozedur, mit der man initiale Strukturierungsschritte der Problemstellung durchführen" konnte. (vgl. „Notes on the Synthesis of Forms", S. 382, 1964 und „A City is not a Tree", Architectural Forum, Vol. 122, Nr. 1, April 1965, S. 58-62).

Auch Yona Friedman führte zu dieser Zeit bemerkenswerte Forschungsarbeiten durch. So gelang es ihm beispielsweise ab 1963 mit den von ihm entwickelten „Urbanen Mechanismen", urbane Phänomene zu erfassen und zu überwachen, sodass die Wirkungen der durchgeführten Interventionen über so genannte „Effort Maps" visualisiert werden konnten. Diese Versuchskarten änderten sich ohne Unterlass – ebenso wie Wetterkarten –, und veranschaulichten die Auswirkungen von Aktionen, die auf bestimmte Entscheidungen oder Zielsetzungen zurückgingen. Vier Jahre später ging Friedman noch einen Schritt weiter und stellte den „Flatwriter" vor, eine Maschine, die es dem User ermöglichte, aus einem systematisierten Repertoire ein Haus zu entwerfen und zu positionieren. Friedman erklärte, dass der Designer zur Unterstützung kollektiven Designs im vorhinein ein Repertoire vorbereiten muss, damit der User weiß, welche Alternativen und Möglichkeiten ihm oder ihr zur Verfügung stehen. Darüber hinaus muss das Repertoire auch über Meldungen und Warnmeldungen verfügen, die sich auf jede Wahlmöglichkeit beziehen, so z. B. entstehende Vorteile, Unannehmlichkeiten, Kosten etc. Friedman unternahm den kühnen Versuch, die Architektur in eine sich selbst verbessernde und entwickelnde Wissenschaft zu verwandeln. (vgl. Yona Friedman, „Toward a Scientific Architecture", 1975)

Getragen von einem ähnlichen Geist, stellte Charles Jencks im Jahre 1969 sein Konzept „Verbraucherdemokratie" vor, ein System, innerhalb dessen eine zentrale Institution alle relevanten Informationen für allgemeine Lebensgestaltung zur Verfügung stellt. Bemerkenswert hierbei: Exakt Ende der Sechziger arbeitete das US-amerikanische Pentagon an der Entwicklung des ARPNET-Programms, der Keimzelle des Internets.

Vermutlich war aber letztlich Nicholas Negroponte diejenige Person, die bei der Zusammenführung von Computertechnologie und Planung am weitesten ging. Er unternahm am renommierten MIT den Versuch, Kontrollmanagement der Umwelt durch von Menschenhand programmierte Computer zu erforschen. Der Architekt, so Negroponte, müsse diesen Weg einschlagen, denn „Niemand kann rund um die Uhr jedes Vögelchen

implemented. Computers had finally entered into architecture. The program sorted out interactions between requirements and clustered them into a logical graph representing compatibilities between these requirements. The translation process into a space diagram though, was still done by hand.

Alexander went on in his research to methodically identify many parameters, aiming for a 'systematic computer-based procedure for performing initial problem structuring tasks' (see Notes on the Synthesis of Forms (1964) p. 382 and 'A city is not a Tree' Architectural Forum, Vol. 122, No 1, April 1965, pp 58-62).

Another notable case in those days is the research carried out by Yona Friedman, starting in 1963 with his 'Urban Mechanisms', where urban phenomena could be monitored so that the effects of interventions are visualized via 'effort maps', which like weather charts are changing all the time, revealing the impact of particular decisions or 'goals'.

In 1967, Friedman went further and proposed 'flatwriter', a machine that allows the user to design and position his house from a systematized repertoire. He stated that in order to assist collective design, the designer must, in advance, prepare a repertoire that shows the user all the possible alternatives he has. Moreover, the repertory must contain warnings pertinent to each choice, e.g. its benefits, inconveniences and costs. Friedman aimed to change architecture into a self-correcting and developing science. (see Yona Friedman, Toward a Scientific Architecture. 1975)

In a similar fashion Charles Jencks proposed his 'Consumer Democracy' collage from 1969 where he imagined a system in which a central institution (FBI, CIA?) would provide the relevant information for everybody to use and make their own decisions. It is interesting to note that precisely in the late 60's the Pentagon was developing the ARPANET Program, the embryonic phase of Internet. Perhaps the person who went the furthest associating computer technology with planning was Nicholas Negroponte. He did research at MIT into the management of the environment by humanly programmed computers. The architect, he said, is forced to proceed this way 'because watching each sparrow is too troublesome for any but God'. (see 'The Architecture Machine: toward a more human environment'. MIT Press, 1970, p. 3). He started seeing the physical environment as an evolving organism, rather than a designed artifact. Negroponte developed at MIT the URBAN5, a CAD program that was even able to produce 3d model renderings, and he continued his career as an information guru until today.

All these early attempts ceased to evolve on one hand, due to the irritation that these approaches produced to the left oriented avant-garde of the 60s and 70s (specially the Situationists) who condemned any technocratic departure of architecture towards centralized ways of power. On the other hand, the profession had no patience to wait for the outcomes that cybernetics promised, and which it couldn't deliver by the early 70s. Technology could not match up to the visions and requirements of humans.

'By the middle of the 1970's the still young field of design computer applications was faced with a paradox: analytical computer techniques confronted with a single task and a well-defined set of data could optimize highly sophisticated problems such as the plan of a warehouse, but it was no help in creatively arranging an ordinary living room, a task which even

beobachten – außer Gott." (aus Nicholas Negroponte „The Architecture Machine: Toward a More Human Environment", MIT Press, 1970, S. 3) Negroponte begann, die physische Umwelt mehr und mehr als einen sich entwickelnden Organismus aufzufassen und weniger als ein konzipiertes Artefakt.

Negroponte entwickelte am MIT auch die URBAN5-Software, ein computerunterstütztes Designprogramm (CAD-Programm), das in der Lage ist, dreidimensionale Modelle zu simulieren. Bis heute gilt er als einer der wichtigsten Gurus der Informatikwelt.

Diese frühen Versuche blieben dann aus vornehmlich zwei Gründen in ihrer Entwicklung stehen. Zum einen auf Grund des Widerstandes von Seiten der linksorientierten Avantgarde der 60er und 70er Jahre (allen voran der Situationisten), die den technokratischen Aufbruch der Architektur in Richtung zentralisierter Machtstrukturen verabscheuten und blockierten. Zum anderen hatte die Zunft aber auch keine Geduld, auf die Ergebnisse zu warten, die man mit den kybernetischen Wissenschaften zu erzielen hoffte. Diese Wissenschaft war während der frühen Siebziger einfach noch nicht so weit, und die Technologie konnte die Visionen und Anforderungen der Menschen nicht erfüllen.

„Mitte der siebziger Jahre sah sich der noch junge Zweig von Computeranwendungen für Design mit einem Widerspruch konfrontiert: Analytische Computertechniken waren zwar in der Lage, bei einem einzelnen Aufgabenschritt und einem genau definierten Datensatz hochgradig komplexe Aufgaben wie z. B. die Optimierung eines Warenhausgrundschnitts zu bewältigen – bei der Gestaltung und Raumaufteilung eines einfachen Wohnzimmers, also einer Aufgabe, die selbst Analphabet ohne Weiteres durchzuführen in der Lage sind –, konnte man die Technik allerdings vergessen. Unglücklicherweise schlossen sich die meisten Designer der Auffassung an, dass die computerbasierten Techniken der Raumaufteilung für dieses Unvermögen verantwortlich seien, und sie beschuldigten ‚die Maschine', anstatt sich mit Ursachenforschung zu beschäftigen. So waren also die 70er Jahre von der Vernachlässigung computerbasierten Designs gekennzeichnet – mit einer Ausnahme: dem bereits erwähnten CAD-Design. Diese Software mauserte sich im Laufe der Zeit zum wichtigsten Repräsentanten einer ganzen Familie verwandter Softwaretypen, mit denen das Erstellen von Entwürfen automatisiert werden konnte." (aus Alexander, Tzonis, „Hütten, Schiffe, und Flaschengestelle", Archithese 20 (3), S. 16-27, 1990)

In den 80er und 90er Jahren erfreute sich CAD als Beschleuniger des Entwurfsprozesses einer Popularitätswelle. In besonderen Fällen konnte man die Programme sogar für Gestaltungstechniken einsetzen; aber auch in dieser Phase wurde kein architektonisches Wissen in die Maschinen eingespeist. Mit der Entwicklung der GIS-Programme wurde schnell Abhilfe geschaffen; das dunkle Kapitel der Verbannung konnte schnell abgeschlossen werden. Aber auch heute haben wir noch keine klare Perspektive für die Überwindung des ‚Mapping' oder ‚Scanning' der Wirklichkeit. Die Optimierung der Ressourcen, die auf den Absichten der User basieren, ist das letzte ungelöste Rätsel in der Tradition des computerunterstützen Designs.

Was bei dem oben angeführten „historischen" Material zum Computereinsatz im Bereich Planung auffällt, ist, dass in allen Titeln der Bücher und Essays entweder das Wort „Mensch" oder „Gemeinschaft" auftaucht; ganz so, als ob es unbedingt notwendig wäre, die Öffentlichkeit davon zu überzeugen, dass Computer harmlos sind und uns nichts Böses wollen. Noch viel auffälliger ist allerdings der geradezu panische Widerstand zahlreicher „progressiver" Kollegen gegenüber dem Einsatz von Informationstechnologie bei Planungssystemen – und das, obwohl der Computer im Verlauf der vergangenen 30 Jahre einen festen Platz in all unseren Lebensbereichen eingenommen hat. Angesichts dieser Tatsache sollten wir vielleicht die verlorene Zeit einer ganzen

illiterate people could easily carry out. Unfortunately, most designers paid attention to the apparent incompetence of Space Allocation techniques blaming for that "the machine" disregarding the investigation of the causes. Thus the 1970's were characterized by benign neglect of computer based design, with one exception, the so called Computer Aided Design (C.A.D.), which came to stand for a family of techniques to carry out drafting automatically.' Alexander, Tzonis, Hütten, Schiffe, und Flaschengestelle" Archithese 20 (3), pp 16- 27. 1990

The 80s and 90s saw the popularization of CAD as an acceleration of the drafting process, and in the best cases in shaping techniques, but no architectural knowledge was inserted into the machines. The appearance of the GIS programs have rapidly remedied these precedent doom years, but still no clear ways of transcending the 'mapping' or 'scanning' of reality are available to us. The optimization of resources based on the users own intention is the ultimate unresolved issue in the tradition of computer assisted design.

What is interesting to notice in the historical references reviewed above is that all the titles of the books and essays regarding computer usage for planning, carry the word human or community, as if it is strictly necessary to convince the audience that computers are harmless to us. What is still more striking is that even today after three decades, and the computer being integrated to every aspect of our life, still the idea of using information technologies in planning is resisted with panic by many 'progressive' colleagues. Why not make an attempt to catch up in all that time wasted by a whole generation, aiming for a transparent an efficient way of optimizing our resources?

UPBEAT TO THE THIRD MACHINE AGE
Today the awareness between planning, architecture and new technologies, or maybe even necessities have been enlarged. The complexity of the regional processes has become more engrossing. Due to the increased globalization since the 1960's, the scale of the subject has been enlarged, especially where it has become apparent that regions are not isolated from the rest of the world. Trade has increased enormously. Migration has become a world-wide issue. Tourism has turned into a major industry. Information exchange has become apparent and research collaborations have been become increasingly international.

The number of elements that incorporate the regional subject have been enlarged due to the rising welfare and economical possibilities, due to increased differentiation in labor, class distinctions and societal relationships. The magnitude of information concerning a region is overwhelming, complex and constantly changing. The speed of spatial, economical and political developments and processes have accelerated, calling for dynamic planning knowledge.

Generally speaking, planning has become a suspicious activity, caused by questionable solutions made to spatial problems, and an enormous skepticism concerning developers and politicians, due to the exorbitant profits made, and fraud-cases that surround the big building processes. This calls for a more transparent planning system. One that is highly accessible individually and mutually highly interactive.

Generation wieder wettmachen: indem wir Transparenz und Effizienz zu den obersten
Geboten für die Optimierung unserer Ressourcen erklären.

## AUFBRUCH IN DAS DRITTE MASCHINENZEITALTER
Das Bewusstsein für die Zusammenhänge von Planungssystemen, Architektur und den
Neuen Technologien ist mittlerweile hoch entwickelt. Vielleicht kann man sogar sagen,
dass man die Notwendigkeit dieser Zusammenhänge erkannt hat. Die Komplexität der
regionalen Prozesse schlägt uns geradezu in den Bann. Mit dem anbrechenden Zeitalter
der Globalisierung seit Anfang der sechziger Jahre hat sich der Maßstab dieser Prozesse
immer weiter ausgedehnt, insbesondere da man nun erkannt hat, dass Regionen sich
nicht vom Rest der Welt abschotten können. Der weltweite Handel ist geradezu explo-
diert. Migration ist mittlerweile ein Thema, das alle Länder betrifft. Der Tourismus hat
sich zu einem gigantischen Industriezweig entwickelt. Der Informationsverkehr rauscht
auf dem Datenhighway, und die Zusammenarbeit bei wissenschaftlichen Forschungs-
programmen internationalisiert sich zusehends.

Die Regionen setzt sich aus immer mehr Bestandteilen zusammen; die Gründe hierfür
sind in erster Linie das über einen langen Zeitraum gestiegene sozialstaatliche und
wirtschaftliche Potenzial, das hohe Maß an Arbeitsteilung, die Klassenunterschiede und
die sozialen Beziehungen. Die Masse an Informationen, mit denen sich die Regionen
auseinandersetzen müssen, ist gigantisch, hochkomplex und in ständigem Wandel
begriffen. Das Tempo räumlicher, wirtschaftlicher und politischer Entwicklungen und
Prozesse hat sich beschleunigt, folglich wächst der Bedarf an dynamischer Planungskompetenz.

Einem hohen Anteil der Bevölkerung sind Stadt- und Regionalplanung suspekt. Zahlreiche fragwürdige Lösungen räumlicher Probleme haben enormes Misstrauen gegenüber Raumplanern und Politikern geschürt. Dem Bauwesen haftet der Ruch exorbitan-
ter und dubioser Profite an, Bestechungsaffären belasten das Geschäft. Um das Ver-
trauen wieder herzustellen, müssen die Planungssysteme transparent gemacht werden; sie müssen den einzelnen Bürgern zugänglich sein und sich dabei durch ein hohes
Maß an Beteiligung auszeichnen.

Demgegenüber steht der Individualisierungsprozess der Gesellschaften, im Rahmen
dessen sich Personen innerhalb kürzester Zeit zu den unterschiedlichsten Gruppen,
Gruppierungen, Gemeinschaften und Netzwerken zusammenschließen, oder auch zu
„Multiplizitäten", um mit Foucault und Deleuze zu sprechen. Dabei kommt es oft zu
transnationalen Zusammenschlüssen, und die Gruppierungen greifen für die Organisation vermehrt auf moderne Kommunikationsmittel zurück. Mit der stark zunehmenden Mobilität (ob im Bereich des Tourismus oder der Migration) sind Regionen in zunehmendem Maß von Reisenden, Besuchern und Neuankömmlingen beeinflusst. An dieser
neu gewachsenen Schnittstelle müssen neue Kommunikationsmittel eingesetzt werden.

Die Möglichkeiten der Computerelektronik haben sich dramatisch vergrößert. Die
Zugangsmöglichkeiten für Individuen und Gruppen sind explosionsartig gestiegen.
Über das Internet kann man ohne Weiteres auf statistische und territoriale Daten
zugreifen. Im Bereich der Analyse- und Überwachungssysteme werden große Fortschritte gemacht. Die Detailtreue von Luftaufnahmen konnte mittels GIS und Satel-
litensystemen weiter verbessert werden; damit gibt es direkten Zugriff auf eine enorme
Bandbreite an Informationsquellen und vergleichende Analysedaten. Diese jüngsten
Entwicklungen kommen computerunterstützten Planungssystemen zugute. Mit ihnen
gewinnt die Vision von der Entwicklung einer interaktiven „Planungsmaschinerie" mehr
und mehr an Attraktivität. Man spekuliert bereits auf die Entwicklung eines Software-
pakets, das – in Kombination mit einem Forschungsnetzwerk –, den Zugriff auf räumliche und soziale Daten ohne Weiteres ermöglicht und dabei verschiedene globale

On the other hand, it is evident that individuals are rapidly organizing themselves into all kinds of groups, groupings, communities, organizations and networks, or as Foucault and Deleuze call them – multiplicities - that very often transcend national borders and which are increasingly based on new communication tools.

Due to the enlarged possibilities of mobility, caused both by tourism as well as migration, regions become influenced not only by the original inhabitants, but by newcomers too. This interface demands for new communication tools.

The possibilities of the computer have been enlarged dramatically. The possibilities of individual and group access have escalated. Statistical and territorial data are positioned on the web. Analysis and monitoring systems are progressing, and the level of detail has been amplified due to GIS and satellite systems which allows the individual direct access to a wide range of knowledge and comparative analyses. These developments increasingly facilitate computer-aided planning. They make the idea of developing a user interactive 'planning machinery' more and more likely. It becomes imaginable to develop a software package(s), in combination with a research network(s), which give easy access to spatial and societal data, and linking and using different global databases. This would facilitate all kinds of users: planners, development agencies, community centers, political parties. It would enable them to find data as well as communicate, control, discuss, debate, evaluate, and protest. It therefore would enable a combination of bottom-up and top-down methods.

A machinery is needed, which accumulates and stores knowledge, data as well as processes, and includes histories as well on hypotheses, integrating knowledge from all over the world. It would turn into a global planning device, which can select, sort and combine data and illustrate processes. It could compare and evaluate data, even simulate and generate proposals. It may even speculate, or at least form a tool for our own speculation, or even warn or alarm us.

This machinery should enable users to create and advise, not only in a static environment, but in a dynamic process as well, which can incorporate over time, changing and differentiating quantities and qualities of components, criteria, users or user-groups. Therefore, incorporating and evaluating time, changes and flexibility.

It will never be a solitary system, but would be highly dependent on its engagement with all the users, not replacing human beings, action groups, or governments, but becoming a planning prosthesis, a new technological and societal extension of ourselves. It would be nothing more than a new tool, which assists us to communicate and navigate in this world of increasing complexity.

THE THIRD MACHINE AGE
The current situation is mature for this type of device. The technology is out there. There are sufficient databases and geographic information systems. There are exceeding technologies and infrastructure available, software developments, optimizers, and a fully fledged international information transfer system. Five billion people are getting more and more connected each day, all with similar and specific problems and solutions to share with each other.

Datenbanken vernetzt. Dadurch könnten sich die unterschiedlichsten User daran beteiligen: Raumplaner, Entwicklungsagenturen, Kommunikationszentren, politischen Parteien. Mithilfe des Pakets könnten die User Daten auffinden, miteinander kommunizieren, Kontrollaufgaben erledigen, diskutieren, debattieren, evaluieren oder auch protestieren. Es wäre eine einmalige Kombination von so genannten „Bottom up"- und „Top down"-Methoden.

Wir brauchen ein technisches System, in dem Wissensressourcen, Daten und Prozesse zusammengetragen werden, aber auch Geschichtsschreibungen und Hypothesen; ein System, in dem Wissen aus der ganzen Welt zusammengetragen wird. Dieses System könnte dann zu einem globalen Planungssystem entwickelt werden, das Daten selektiert, sortiert und kombiniert, aber auch Prozesse veranschaulicht. Es müsste in der Lage sein, Daten zu vergleichen, zu bewerten sogar Vorschläge zu simulieren und zu entwickeln. Ein solches System wäre vielleicht auch in der Lage, zukünftige Konstellationen durchzuspielen oder zumindest ein Werkzeug für von Menschenhand durchgeführten Spekulationen zur Verfügung zu stellen. Auch Alarmfunktionen könnte man gegebenenfalls integrieren.

Dieses technische System sollte es den Usern ermöglichen zu kreieren und anzuweisen, und zwar nicht nur in einem statischen Umfeld, sondern auch in einem dynamischen Prozess, in dem das System sich verändernde und sich unterscheidende Mengen und Eigenschaften von Komponenten, Kriterien, Usern und User-Gruppen aufnimmt. Dadurch würde es im Laufe der Zeit Veränderungen und Flexibilität in sich aufnehmen.

Ein solches System wäre keine isolierte Entität; es wäre von den Austausch mit den Usern in hohem Maß abhängig. Es würde nicht versuchen, den Menschen, Aktionsgruppen oder Regierungen zu ersetzen; es würde sich vielmehr in eine „Planungsprothese" umwandeln – es wäre eine neue technologische und gesellschaftliche „Verlängerung" unserer selbst. Es wäre nichts anderes als ein neues Arbeitssystem, das uns bei der Kommunikation in dieser und der Navigation durch diese komplexe und dynamische Welt unterstützt.

## DAS DRITTE MASCHINENZEITALTER

Die Zeit ist reif für dieses System. Die Technologie ist bereits vorhanden. Datenbanken und geografische Informationssysteme stehen in ausreichendem Umfang zur Verfügung. Wir verfügen über die technologische Infrastruktur ebenso wie über die Software, die Optimierungsmittel und ein internationales, voll einsatzfähiges System für den Informationstransfer. Die mehr als fünf Milliarden Erdbewohner werden täglich zunehmend vernetzt; allesamt mit teilweise identischen und teilweise spezifischen Problemen und Lösungen.

All diese Dinge müssen aber noch in ein zusammenhängendes System integriert werden, und das ist natürlich leichter gesagt als getan. Das Vorhaben an sich wird neue Probleme, Fragen, Möglichkeiten, Anforderungen und Zielsetzungen hervorbringen, was zum Teil schon der Fall ist. Je mehr man sich in die Materie vertieft, umso komplizierter und reichhaltiger wird sie – und umso größer wird die Provokation.

Der REGIONMAKER kann als eine Baumstruktur verschiedener Minimaschinen aufgefasst werden, die alle mit einer Kette sehr spezialisierter, miteinander verbundener Softwarepakete verknüpft sind. Sie sind alle Bestandteil einer Großen Maschine – dem ULTIMATIVEN NETZWERK.

Kann der INFRAMAKER in diesem alles umfassenden System Informationen über Bewegungsströme absorbieren und optimierte Verkehrslösungen entwerfen oder

But all these things still need to be integrated, into a coherent system, which is of course easier said than done. That in itself will lead and is already leading to new problems, new questions, new possibilities, new demands and new targets. The more one deepens into this matter, the more complicated and richer it becomes, and the wider its provocation.

The REGIONMAKER can be seen to become a tree structure of mini-machines, all leading to a chain of very specialized inter-related software packages. All part of a Grand Machine: the ULTIMATE NETWORK.
So within this all encompassing system, can for instance, the INFRAMAKER absorb knowledge on movement, proposing optimized traffic solutions or suggesting alternatives to position programs? Or, can the HOUSING GENERATOR develop optimized houses or neighborhoods? The LIGHT-CALCULATOR would optimize and control the needs for natural light. The FUNCTIONMIXER would propose the best mix of functions.

It can be appropriated to the users by pre-settings, leading to specialized software: The NL MAKER or the RRC MAKER. What will happen at a given location? How to visualize scenarios in a given situation? What will a digitized simulation of The Netherlands or The Rhine Ruhr area look like after applying scenarios from this machine? What Holland's or Rhine Ruhr's can come out of this?

But it could also lead to more widely usable elements as well. For instance: how to incorporate (self)critism? THE EVALUATOR and THE EVOLVER can lead to a Darwinistic enterprise that can suggest criticism on the input, based on parameters of "innovation".

And why not incorporate 'ideologies'? In THE IDEALIZER, ideologies are parameterized. By changing the parameter settings, regions can be generated which mirror the ideology of the user. These ideologies are parameter settings. Pre-settings can indicate the effect of a chosen input under different cultural, political or economical ideologies. New ideologies can be compared with known ones.

Ultimately, infinite 'knowledge' can be absorbed, and evolve the system, while being connected to universal knowledge institutes and systems: THE ABSORBER. Anything can be incorporated: food, eco-footprints, migration, famine, theories, climatic changes etc.

Alternativen zu Positionsprogrammen vorschlagen? Kann der HOUSING GENERATOR optimierte Gebäude oder Nachbarschaftsblöcke entwickeln? Der LIGHTCALCULATOR würde die Bedürfnisse nach natürlichem Licht steuern und optimieren. Der FUNCTION-MIXER würde den bestmöglichen Funktionseinsatz ausrechnen.

Durch den Einsatz von Voreinstellungen kann das alles an die User angepasst werden, woraus sich eine spezialisierte Software ergeben würde: der NETHERLANDSMAKER oder der RHEINRUHRMAKER. Was würde in einer bestimmten Gegend ablaufen? Wie kann man Szenarien in einer bestimmten Situation visualisieren? Wie würde eine digitalisierte Simulation der Niederlande oder der Region Rhein-Ruhr nach der Anwendung der Szenarien aus der Maschine aussehen? Welche Art von Holland oder Rhein-Ruhr-Region würde wohl dabei rauskommen?

Die Entwicklung könnte aber auch zu mehr und weiter einsetzbaren Elementen führen. Man könnte z. B. die Funktion (Selbst-)Kritik einbauen. THE EVALUATOR und THE EVOLVER könnten in ein Darwinsches Gefüge der „künstlichen" Auslese überführt werden, wobei die Inputdaten kritisiert werden können, basierend auf den so genannten „Innovationsparametern".

Und warum sollte man denn eigentlich keine „Ideologien" einarbeiten? In THE IDEA-LIZER werden Ideologien beispielsweise parametrisiert. Durch Verschiebung der Parametereinstellungen können Regionen entworfen werden, die der Ideologie des Users entsprechen. Diese Ideologien sind Parametereinstellungen. Mit den Voreinstellungen können die Wirkungseffekte eines bestimmten Inputwertes unter verschiedenen kulturellen, politischen oder wirtschaftlichen Ideologien angezeigt werden. Es ist möglich, neue und alter Ideologien miteinander zu vergleichen.

Und schließlich kann dann auch unendliches Wissen aufgenommen werden, was durch die Verknüpfung mit universellen Wissenszentren und -systemen zur Entwicklung des Systems beiträgt. Das ist THE ABSORBER. Er kann Alles aufnehmen: Nahrung, ökologische Fußspuren (also öko-historische Daten), Migration, Hungersnot, Theorien, den Klimawandel etc.

# ARCHITEKTONISCHE GERÄTE

Im Zuge des Vormarsches der Maschinen und des Aufkommens des Informationszeitalters werden Forschungs- und Produktionsprozesse in der Architektur neu positioniert: Von der Ohnmacht bezüglich regionaler Fragen, die den Weg für die postmoderne und dekonstruktivistische Architektur der achtziger Jahre frei machte, über die Konzentration auf computer-generierte „formative" und „quasialgo-rhythmische" Architektur in den Neunzigern, bis hin zu den scheinbar richtungslosen ‚Urbanen Analysen', die – basierend auf Ableitungen und Konstruktionen – Anfang des neuen Millenniums als „Forschung" ausgegeben wurden. Mittlerweile bewegt sich die Architektur auf die Entwicklung von „Arbeitsmitteln" zu. Es sind dies sogenannte Tools, die groß angelegte Themenkomplexe mit individualisiertem Input verbinden; sie sind in der Lage, Analyse und Vorschlagsentwürfe zu kombinieren. Sie sind verbraucherorientiert. Sie verbinden Bottom-up- mit Top-down-Techniken. Organisiert oder selbstorganisiert! Daher kann man die architektonischen Produkte auch als Instrumente allgemeiner Beobachtung auf-fassen, als „Botschaftsträger" urbaner Transaktionen, als „Kommunikatoren" weit reichender Prozesse.

# ARCHITECTONICAL DEVICES

The upbeat of machineries and the escalating information age repositions architectural research and production. From the impotence concerning regional and global issues that led to postmodern and deconstructive architecture in the 80s; the concentration on computer generated 'formative' and 'quasi-algorithmic' architecture in the 90s; the seemingly directionless urban analyses presented as 'research' in the 00s via experiments based on extrapolations and constructions for large-scale awareness.

Architecture now moves towards the development of 'devices'. Tools that can combine large scale issues with individualized input, that can combine analyses with proposals. Consumer oriented! Connecting bottom up with top down. Organized or self-organized! Consequently, the architectural products can be seen as 'instruments' of general observations, as 'messengers' of urban transactions, as 'communicators' of wider processes.

Bart Lootsma bemerkte zu diesen jüngsten Entwicklungen der Architekturgeschichte in seinem Aufsatz „Biomorphic Intelligence and Landscape Urbanism" (Topos-40) Folgendes: „Städte haben eine immer höheres Maß an gegenseitiger Abhängigkeit entwickelt – und nicht nur in nächster Nachbarschaft, sondern auch auf globaler Ebene. Dabei lassen sich unerwartete oder negative Nebenwirkungen nicht so leicht korrigieren wie in der Vergangenheit [...]. Wie können wir die Abhängigkeiten der parlamentarischen Demokratien, die sich mit den Bevölkerungsmassen auseinandersetzen, die ihre Entscheidungen für diese breiten Massen treffen, wie also können wir deren Abhängigkeiten überwinden? Neben der Globalisierung ist die Individualisierung das Hauptmerkmal unserer gegenwärtigen Gesellschaften [...]. Das ‚rein' Individuum', so wie es in verschiedenen Ideologien beschrieben wird, existiert so nicht. Es verbindet sich mit den unterschiedlichsten Gruppen, Gruppierungen, Organisationen und Netzwerken – bei Foucault und Deleuze ‚Multiplizitäten' genannt –, und sind so oft transnational organisiert [...]. Um Ulrich Beck zu zitieren: ‚In der heutigen Welt muss jeder Versuch, ein neues Konzept für sozialen Zusammenhalt zu entwerfen, die Tatsache anerkennen, dass Individualismus, Vielfalt und Skeptizismus tief in der westlichen Kultur verwurzelt sind."

## ANWENDUNGSBEREICHE FÜR DEN REGIONMAKER
Wozu sollte der REGIONMAKER letzten Endes in der Lage sein?

Der REGIONMAKER kann (wenn er ausgereift ist) z. B. folgende Fragen beantworten: Wie müsste die perfekte Bevölkerungsstruktur für eine bestimmte Spezialisierung aussehen? Inwieweit beeinflussen die Grundstückpreise die regionale Wettbewerbsfähigkeit? In welchem Verhältnis stehen Politik und Regionalismus zueinander? Welche Faktoren einer Region sind für die Ansiedlung von spezifischen Unternehmen ausschlaggebend? Inwieweit ist es für eine Region sinnvoll, die Kriterien des Kyoto-Protokolls zu erfüllen? Wie würde sich eine Region verändern, wenn sie die Forderungen des Kyoto-Protokolls einhält, alle Nachbarregionen aber nicht? Was für eine Umgebung braucht es für ein bestimmtes wirtschaftliches Profil? Welche räumlichen Auswirkungen hat eine Reduktion der Steuern auf eine Region? Ist es besser, ein bestimmtes Programm regional auszudehnen oder zu konzentrieren? Wie könnten die Nachbarregionen anvisierte Spezialisierungsprozesse unterstützen?

Der REGIONMAKER absorbiert und vernetzt Informationen aus unterschiedlichen Fachbereichen und Wissenschaften. Im Rahmen der ausgewählten Parameter optimiert das Programm die Beziehungen zwischen diesen Parametern. Der REGIONMAKER ist daher sowohl ein Optimierungssystem als auch ein Designer, ein Konstrukteur, ein Großrechner und schließlich auch ein Wissenschaftler.

This might answer clearly Bart Lootsma's observations in 'Biomorphic intelligence and landscape urbanism' in Topos-40: " [...] Cities are more and more dependent on each other, not only close by, but also on a global scale. Moreover, unexpected or negative side effects cannot be externalized as easily as in the past [...] How can we go beyond the dependency of the existence of a representational democracy that deals with masses and makes decisions for the masses [...] Apart from globalization, individualization is one the most prominent of characteristics of contemporary society [...] The 'pure' individual, as it appears in all different ideologies, does not exist, but operates in all kinds of groups and groupings, organizations and networks 'multiplicities, (Foucault, Deleuze) that very often transcend national borders [...] To quote Ulrich Beck again: 'today any attempt to come up with a new concept that would provide social cohesion must be based on acknowledging that individualism, diversity and skepticism are rooted in Western culture'. [...] "

## APPLICATIONS OF THE REGIONMAKER
What should the REGIONMAKER in the end be able to do?

The REGIONMAKER can (ultimately) answer questions like the following: What would be the perfect population for a chosen specialization? What is the influence of the groundprice towards regional competetiveness? What is the relation between politics and regionalism? What is the relation between accessability and attractivity for specific companies? In how far can or should a region afford to realize the Kyoto treaty? How would a region look like when it fullfils all the requirements of this treaty? What surrounding is needed for a chosen economical profile? What is the spatial effect of a reduction of the running costs of a region? What is better: spreading or concentration of chosen program? What should the neighboring regions do in order to help on the chosen specialization?

The REGIONMAKER absorbs and combines knowledge from different professions. It optimizes under the chosen and available parameters the relationships between the parameters. The REGIONMAKER is therefore an optimizer under given situatons, it is a comparator, a designer, a positioner, a calculator.

# DER REGIONMAKER UND REGIONEN

Aus den vorangegangenen Ergebnissen, Theorien und Informationen wurde eine Idee abgeleitet, die die zukünftige Entwicklung von Regionen betrifft und die ihrerseits zur Entwicklung des REGIONMAKER führte. Diese Software ist aber auch vor dem Hintergrund der Einsicht entstanden, dass eine der Realität entsprechende Analyse oder ein Zukunftsentwurf von Regionen – und in diesem Fall der Region Rhein-Ruhr – in keinem Fall exakt und überzeugend durchgeführt werden kann, wenn diese Region nicht in ihrem Gesamtkontext erfasst wird, dem Kontext, der letzten Endes das gesamte Weltsystem darstellt. Aus diesem Grund braucht man ein effektives Arbeitsmittel, das in der Lage ist, diese Komplexität zu erfassen. Könnte ein solches Arbeitsmittel den Menschen eines Tages dazu befähigen, regionale Szenarien zu analysieren und zu simulieren oder sogar ein paar Tage vorauszusagen? Oder werden Städte und Regionen chaotische und unberechenbare Gebilde bleiben, und damit also „unplanbar" (Portugali, 1999)? In einem solchen Fall müssten wir uns der indifferenten Logik des Weltsystems fügen.

Über die Globalisierung, die modernen Technologie und modernen Kulturen ist bereits viel geschrieben worden. Viele renommierte Autoren haben sich dem Thema zugewandt, darunter: Saskia Sassen, William Mitchell, John Friedmann, Hermann Haken, Manuel Castells, Michael Hardt und Antonio Negri, Manuel de Landa, Michael Porter, Juval Portugali und Peter Hall, um nur einige zu nennen. Diese Publikationen stellen in gewisser Weise eine analytische Bestandsaufnahme des gegenwärtigen „Weltzustandes" dar. Mit ihrer Hilfe sowie der Forschungsarbeit einzelner Wissenschaftler, Institute und Universitäten wurde der REGIONMAKER konzeptioniert und entwickelt. Diese Software ist eine online geschaltete „Büchse der Pandora", die auf globalen Datenbanken, Parametern, Bewertungskriterien, Variationsmechanismen und Optimierungsalgorhythmen basiert.

Um es auf den Punkt zu bringen: Im Kontext einer globalisierten Welt können unterschiedlichste Technologien in eine neue Software integriert werden, darunter beispielsweise internationale Datenbanken, hochentwickelte Computer, Internet- und Intranetsysteme, digitale Spieltechnologie sowie globale Informations- und Monitorsysteme wie GIS und GPS. Diese Software ist dann in der Lage, Regionen auf überzeugende Art und Weise darzustellen. Mit einem solchen Arbeitssystem ist es möglich, die Komplexität der Welt, in der wir leben, zu erfassen. Seine Lösungsentwürfe sind um Einiges umfassender, zusammenhängender und geordneter als bisher (Grigg, 1967). Das System ist nie vervollständigt, es soll ständig weiterentwickelt werden, und zwar von den vielen Millionen Usern, die über das Internet täglich mit dem System kommunizieren. Die Datenbestände sollen fortlaufend von globalen Monitorsystemen aktualisiert werden.

Das System ist nicht als eine Art „Big Brother"-Software konzipiert; es ist eher ein komplexes Netzwerk verschiedener Softwaretypen, das sich selbst steuert und auf verschiedenen räumlichen Dimensionen arbeitet – von Region zu Region, von lokalen bis zu globalen Maßstäben. Der REGIONMAKER könnte so etwas wie ein „Spiegelbild" der Welt darstellen, so, wie auch Karten, Pläne, Schemata, Zeichnungen, Diagramme und Statistiken diesem Zweck dienen, indem sie die Welt in verschiedenen Abstraktionsmodellen darstellen. Mittels der Bearbeitung von großen Datenmengen beweist der REGIONMAKER, dass bestimmte Zukunftsszenarien für die Entwicklung einer Region simuliert werden können.

# THE REGIONMAKER AND REGIONS

Leading from the previously discussed findings, theories and knowledge, an idea has been put forward concerning the future development of regions, which has led to the Regionmaker as a computer programme. It also stems from the idea that a true analysis or future proposal to any given region, in this case the Rhine Ruhr region, cannot be made truly accurately or convincingly without seeing it in its entire context, which is ultimately the world. Therefore an effective tool is needed to enable us to grasp this complexity. Could this tool eventually enable us to analyze and simulate regional scenarios, even forecast them only a few days ahead? Or will cites and regions remain chaotic and unpredictable entities, and therefore unplannable (Portugali, 1999), leaving us exposed to the impersonal logic of our contemporary world system.

There already exists a vast amount of literature on the topics of globalization, technology and modern cultures by renowned authors such as Saskia Sassen, William Mitchell, John Friedmann, Hermann Haken, Manuel Castells, Michael Hardt and Antinio Negri, Manuel de Landa, Michael Porter, Juval Portugali and Peter Hall, to mention but a few. This literature indicates certain analyses and opinions of the world in which we live. This body of knowledge, and research done by individuals, universities and institutes endeavored to imagine and construct the workings of Regionmaker. Within this context, it an objective model is validated, an online Pandora's Box, based on global databanks, parameters, evaluation criteria, variation mechanisms and optimization algorithms.

In a nutshell, the idea is that within the context of a globalizing world, international databanks, advanced computers, internet and intranet systems, digital game technology, global monitoring and information systems such as GIS and GPS as well as other related technologies, can be integrated into a new software which can convincingly represent regions. It is imagined that such a tool will be useful in grasping the complexity of the world in which we live, and will enable us to get a more encompassing and coherent solution than before possible (Grigg, 1967). It is imagined to never be completed, therefore constantly developed by the millions of users who interface with it each day via the internet, and where its data will also be constantly updated by global monitoring systems.

It is not thought of as a 'Big Brother' software, but rather as an intricate network of different softwares, self-organising and operating at different spatial dimensions, from region to region, and local to global scales. The REGIONMAKER could form a virtual or 'mirror image' of the world, just as maps, plans, schemes, drawings and models have served the same purpose of abstractly representing reality in the past. By manipulating the data, the REGIONMAKER demonstrates that certain future scenarios for the development of a region can be simulated and debated.

## STRUCTURE
The previous chapter concerned placing the region in a general context, by focusing on certain past and contemporary theory, while the following chapter

STRUKTUR
In dem vorangegangenen Kapitel wurde der Begriff ‚Region' mit verschiedenen Theoriemodellen unterschiedlicher Zeiträume in einen allgemeinen Kontext eingebettet. Das folgende Kapitel beschreibt nun, was eine Region an sich ist sowie die konzeptionelle Entwicklung des REGIONMAKER.

In der ursprünglichsten Definition ist eine Region ein wissenschaftliches Objekt, mit dem wir räumliche Generalisierungen vornehmen können, die auf artifiziellen Kriterien basieren, welche ihrerseits für die Konstruktion von Regionen angefertigt wurden. Nach unserer Definition besteht eine Region immer aus zwei zusammenhängenden Bestandteilen. Der erste ist die ‚physisch/reale' Region, zu der Einheiten wie Klima, physische Geographie, physische Infrastruktur, Personen, bebautes und kultiviertes Gelände und alle fassbar-dinglichen Ressourcen, die zwischen Regionen oder über den gesamten Globus gehandelt werden. In diesem Sinne kann man die Region als „Hardware" bezeichnen. Der zweite Bestandteil ist die Region als gesellschaftliches System der Bewegungen und Prozesse. Dazu zählt auch die nicht-physische Dimensionen wie: Verhalten und Psychologie der Gesellschaften, die Handelsaktivität und die Wirtschaftsleistung, der Informationsaustausch und der Wissenstransfer, die Globalisierung, Machtkämpfe, strategische Bündnisse und Zusammenarbeit. Diese Bestandteile kann man als die „Software" der Region bezeichnen. Sowohl Software als auch Hardware einer Region sind interdependent, voneinander abhängig. Zu ihnen gehören des weiteren Entitäten wie Maßstab, Konnektivität, Hierarchie und Zeit.

Die Region als Hardware
Wir gehen davon aus, dass die Region als Hardware aus den folgenden physikalischen Komponenten besteht: der Schwerpunkt oder auch der Kern (als so genannter „Zentroid"), ein physikalisches Netzwerk, die Bevölkerung, ein Versorgungsbereich oder Produktionsbereich, handelsfähige Waren, ein Zeitrahmen, eine Abgrenzung bzw. eine Peripherie sowie die Überlagerung mit anderen Regionen.

Der Zentroid einer Region ist eine Stadt oder ein urbaner Ballungsraum. Die dort lebende Bevölkerung hat materielle und immaterielle Bedürfnisse, die aus verschiedenen Bereichen der Region teilweise abgedeckt werden. Diesen Versorgungsbereich nennt man Produktionsbereich, seine Abgrenzung ist die Peripherie. Der Produktionsbereich selbst ist von Eigenschaften wie Klima, Bodenbedingungen, Mineralien usw. abhängig .

Ein Zentroid ist wie ein Magnet: Er zieht Leute, Güter, Dienstleistungen und Informationen an oder ab. Diese Dinge können also nah oder fern des Zentroiden liegen. Der Zentroid, also eine große oder größere Stadt, ist ein Bestandteil der Region; er ist gewissermaßen ein intensivierter Verdichtungspunkt der gesamten Region. Daher nimmt die Intensität der Interaktionen und Aktivitäten zu, je näher man sich dem Zentroiden nähert.

Jede Region ist von einem infrastrukturellen Netzwerk abhängig, das den Kernbereich mit der Peripherie verbindet, und zu dem ein Straßen- und Schienennetz, Glasfasernetze, Kupferkabel, Ölpipelines und auch Luft gehört – für die Übertragung von Radiowellen, Fernseh-, Satelliten-, Telefon-, SMS- und MP3-Signalen. Über dieses infrastrukturelle Netzwerk werden Güter, Dienstleistungen und Informationen ausgetauscht.

will illustrate what a region is; ist will also explain the conceptual development of the REGIONMAKER.

In its simplest definition, a region is a scientific device that allows us to make spatial generalizations based on artificial criteria that we establish for the purpose of constructing regions. In our definition, a region consists of two primary interconnected parts. The first is the physical/spatial region, which includes entities such as climate, physical geography, physical infrastructure, human beings, built environments and all tangible commodities, which are traded between regions and across the world. In this sense the region can be seen as hardware. The second part depicts the region as a societal system of flows and processes. This includes non-physical dimensions such as behaviour and psychology of societies, the activities of trade and economic performance, the exchange of information and knowledge, globalisation; power struggles, strategic alliances and collaborations. This follows that these properties can be seen as the software of a region. Both software and hardware of a region are interdependent, and are joined by properties such as scale, connectivity, hierarchy and time.

## The region as hardware

It is our assumption that a region, as 'hardware', consists of the following physical components: A 'centre of gravity' or core, known as the centroid, a physical network, a population, an area of supply or production area, exchangeable commodities, a time frame, an outer boundary or periphery and overlap with other regions.

The centroid of a region is a city or urban agglomeration, where a specific population can be found. These people have material and immaterial needs, which are supplied to them from different parts of the region. This area of supply is called the production area, and its boundary is the periphery. The production area itself depends on qualities such as climate, soil conditions, minerals, air, water and sunshine

A centroid is like a magnet, attracting or repelling people, goods, services and information to it. These items can be obtained near and far. The centroid (city) is not a separate entity to the region, but instead an 'intensity peak' of the region itself. Therefore the intensity of interactions and activities increases significantly towards the centroid.

Each region depends on an infrastructural network, connecting the core to the periphery, and includes for instance roads, railways, fibre-optic networks, copper cables, oil pipelines and even the air for radio, television, satellite, telephone, sms and mp3 broadcasts. Throughout this infrastructural network, goods, services and information are traded.

Although it is true that no region in the modern world is independent of other regions, it does not mean that a region should have an endless periphery encompassing the world. Even though a region does have certain activities,

Auch wenn es stimmt, dass in der modernen Welt keine Region von anderen unabhängig existieren kann, bedeutete das freilich nicht, dass die Peripherie einer Region die gesamte restliche Welt umspannt. Die Aktivitäten einer Region können sich zwar über den ganzen Erdball erstrecken; diese Aktivitäten sind aber gegenüber denjenigen, die sich nah am Zentrum einer Region abspielen, nahezu bedeutungslos. Die Peripherie ist also kein real-physisches Gebilde; es ist vielmehr ein mentales Konstrukt, mit dem die Abgrenzung einer Region bestimmt wird. Sie ist ein imaginäres Arbeitsmodell, das die Operabilität von Region und Peripherie gewährleistet.

Die Peripherie einer Region ist also eine Übergangszone zu einer anderen Peripherie. Dabei handelt es sich um einen ungenauen, instabilen Bereich. Die Peripherie und das Gelände einer Region kann man bis zu einem gewissen Grad auch bestimmen, indem man heraus-findet, in welchem Verhältnis die Bestandteile einer Region zueinander stehen, also die Bevölkerungsdichte des Zentroiden, der Lebensstil, die Bedürfnisse, das infrastrukturelle Netzwerk, die Wirtschaft, die strukturelle Effizienz und der Entfernung zu den Bereichen bestimmten, welche den Zentroid versorgen. Wie genau man dann die Grenze bestimmen kann, ist immer Gegenstand von Diskussionen; die Grenze ist aber in jedem Fall eine Schwellenlinie, welche die menschlichen Aktivitäten, die für die Region von Bedeutung sind, von denjenigen abgrenzt, die keine Bedeutung für sie haben. Die Peripherie ist ein dehnbares Gebilde, und diese Mutationsfähigkeit lässt sich von der allzeitigen Gesamt-aktivität und den Gesamtbedürfnissen der jeweiligen Bevölkerung herleiten. Weil sich Regionen kontinuierlich verändern, ist es nicht möglich, sie zeitunabhängig zu definieren.

Die Größe und Form einer Region ist von der Größe des Zentroiden und der Bevölke-rungsdichte abhängig. Der urbane Ballungsraum Rhein-Ruhr bildet einen ausgesprochen großen Regionalbereich, die beiden Städte Essen und Bochum dagegen freilich einen sehr viel kleineren. Die Größe einer Region ist also immer von dem Untersuchungsgegenstand abhängig; dabei sind große Regionen aus verschiedenen kleineren Regionen zusammen-gesetzt. Regionen fügen sich nicht nahtlos aneinander wie Puzzlestücke; sie überschneiden sich vielmehr und beeinflussen sich gegenseitig.

Eine Region kann entweder als eine aus einem Merkmal bestehende Einheit analysiert werden, wie beispielsweise ein Wald oder eine hochtechnisierter Industriepark, oder als eine aus mehreren Merkmalen bestehende Einheit, wie beispielsweise der Flämische Diamant. Regionen, die sich aus nur einem Merkmal zusammensetzen, sind entweder physische Einheiten (Hardware), wie z. B. Bananenplantagen, oder es sind soziale Einheiten (Software), wie z. B. Verläufe von Migrationsströmen. Eine Region mit einem Merkmal kann kartographiert werden, dann zeigt sie genau das räumliche Verhältnis auf, das durch das eine Merkmal bestimmt wird; und genau da liegt auch die Begrenzung. Die Objekte einer Region mit einem Merkmal sind z. B. Schwefeldioxid, Bäume, Häuser, zäh fließender Verkehr, Wissensindustrien oder Glasfasernetze. Wenn man mehrere Karten mit jeweils einem Merkmal übereinander legt, bekommt ein genaueres Bild von der Region, weil man so ein kohärentes System veranschaulichen kann; das wäre dann eine Region mit mehreren Merkmalen. Wenn es möglich wäre, alle Merkmale in ein System zu integrieren und zu repräsentieren, dann erhielte man ein noch genaueres Verständnis dieser Region.

which stretch across the globe, these peripheral activities are insignificant when compared to the activities closer to the centroid of a region. Obviously the periphery does not physically exist, but can be seen more as a mental construct or delimitation of a region. The periphery can be defined as an imaginary spatial boundary, depicting a hard limit of the region's vital activities, and forming a manageable model for us to operate in.

The periphery of a region is also a transitional zone to another periphery. It is a fuzzy, unstable area. The periphery and the area of a region are defined to a certain degree by the relationship between population size of the centroid, their life-style (needs), the infrastructural network to supply them, economics and efficiency, and the distance to the areas, which supply the centroid. How to precisely define this limit is open to discussion, but it will nevertheless be a threshold point, separating significant human activities of the region from the insignificant. The periphery is elastic, and its changeability is related to the total activity and needs of a given population at a given moment in time. Because it is gradually changing, a region cannot be defined separatele from time.

The size and shape of a region depends on the chosen size of the centroid and its population. Choosing the whole urban agglomeration of the Rhine Ruhr will generate a very large regional area. Choosing only Essen and Bochum will obviously generate a much smaller region. A region therefore depends on the chosen object of inquiry, and it therefore goes to say that large regions are made up of a hierarchy of smaller ones. Regions don't fit together like puzzle pieces either, but instead always overlap and influence each other.

A region can be either analysed as a single-feature entity, like rain forest, or high-tech industrial zone, or as a multi-feature entity such as the Flemish Diamond. Single-feature regions are either physical entities (hardware), such as banana plantations, or social entities (software), such as human migration patterns. A single-feature region can be mapped, and shows clearly the spatial relationship of only that feature. This is also its limitation. The objects of a single-feature region can be SO2, trees, houses, traffic congestion, knowledge industries or optical fibre networks. By overlapping several related single-feature maps, a better picture of the region as a coherent system can be illustrated. This is called a multi-feature region. If it were possible to integrate and represent all features into one system, then this would represent a higher understanding of that region.

## The region as software

According to us, the metaphor of the region as software depends on how the society within a certain physical region (hardware) operates and organises itself. It must reflect an understanding of the relationships and processes within a region. This action concerns for instance trade, business, defence, education, innovation, collaboration and alliances. These processes stem from the corporeal needs of the society, how they are supplied with these needs, whether they can afford these, and whether there are enough resources to supply them. The binding factor of these societal processes is abstractly represented through economy.

## Die Region als Software

Den Entwicklern der Regionmaker-Software zufolge ist der metaphorische Begriff der Region als Software von den gesellschaftlichen Organisationsstrukturen innerhalb einer physisch-dinglichen Region (der Hardware) abhängig. Der Begriff muss ein Verständnis für die Beziehungen und Prozesse innerhalb einer Region widerspiegeln. Das betrifft z. B. Handel, Wirtschaft, Verteidigung, Bildung, Innovation, Zusammenarbeit und Bündnisse.

Dieses Prozesse lassen sich von den physischen Bedürfnissen der Gesellschaft herleiten. Es geht darum, wie diese Bedürfnisse befriedigt werden, ob sich die Gesellschaft die Bedürfnisbefriedigung leisten kann und ob ausreichend Ressourcen vorhanden sind, die Bedürfnisse zu befriedigen.

Weil sich Regionen überschneiden und gegenseitig beeinflussen, werden Bündnisse geschmiedet und Konflikte ausgetragen, bei denen es um die Verteilung von Ressourcen, Gütern und Informationen geht. Regionen kämpfen sozusagen ums Überleben, wodurch Kräfte freigesetzt werden, die Wirtschaft und Innovation antreiben. Wenn Regionen von Ressourcenknappheit betroffen sind, kommt es oft zu harten Auseinandersetzungen, bei denen die Überschneidungen der Regionen nachhaltig beeinträchtigt werden.

Handel und Wirtschaft sind die beiden großen Kräfte, die für die Stabilität interdependenter Regionen sorgen, zumindest insofern die Regionen miteinander kooperieren. Die regionale Zusammenarbeit wird wiederum durch gesunde Wirtschaftsdaten begünstigt (Katz, 2000). Wenn sich die Märkte verschieben und Ressourcen andernorts günstiger zu erwerben sind, verändert sich Struktur und Stabilität der Zusammenarbeit. Das regionale System durchläuft dann eine Phase der Transformation, die so lange anhält, bis es erneut einen gewissen Grad an Stabilität erreicht. Interne und externe Kräfte aus den Bereichen Wirtschaft, Politik, Technologie, Umwelt und Gesellschaft wirken auf diesen Transformationsprozess ein. Natürlich kommt es auch darauf an, wie die Region verwaltungstechnisch geführt wird, ob sie also beispielsweise als ein kontrolliertes oder als deregulietes System funktioniert.

Bei der als „Software" aufgefassten Region kommen immaterielle Prozesse ins Spiel, die das Daten- und Informationswesen betreffen. Diese immateriellen Güter werden für zum Teil exorbitante Summen gehandelt. Sie transportieren Inhalte betreffs Ressourcen, Produktion, Wirtschaft, Technologie, Innovation, Politik und menschliches Kapital. Wohlstand wird heute nicht zuletzt mit Quantität und Qualität der Informationen, Informationsnetzwerke und Bündnisse und dem Zugang und der Geschwindigkeit des Informationsaustausches ermessen.

Wenn eine Region nicht imstande ist, die Bedürfnisse ihrer Bevölkerung zu befriedigen, dann ist sie durch Abwanderung zu anderen, attraktiveren Zentroiden bedroht. Größere Abwanderungswellen werden allerdings durch politische, wirtschaftliche oder auch geographische Einschränkungen begrenzt. Wenn eine Region ihren hohen Attraktivitätsstatus bewahren möchte, muss sie mit kreativer Spezialisierung und Innovation „die Spannung halten" (Porter, 1990). Um den Status einer Region zu erhalten oder zu heben, muss man die Region natürlich genau kennen; und man muss in der Lage sein, kluge Zukunftsprognosen abzugeben. Daher erscheint es sinnvoll, eine Methode für die Konstruktion regionaler Szenarien zu entwickeln.

Because regions overlap and influence each other, struggles and collaborations are formed concerning the production, distribution and sharing of resources, goods and information. Regions therefore compete to survive, and this drives economy and innovation. Because regions overlap each other, certain areas within the overlap can be in high demand, for instance oil fields. These areas usually generate intense negotiations, collaborations and conflicts between the different regions, which can lead either to the strengthening or weakening of the regional overlap.

Mainly trade and economics form the stability of interdependent regions where a profitable agreement between the regions is apparent. This regional collaboration depends on a sound economy between these regions (Katz, 2000). The structure and stability of this collaboration will adjust, for instance, if new markets and resources can be supplied cheaper elsewhere. The regional system will shift and reshape itself until a new stability is achieved. The transformation of a region depends on internal and external forces. These can come from business, political, technological, environmental and social sides. The transformation also depends on how the region is managed, i.e. as a controlled system and/or as self-organising system.

A region as 'software' also includes immaterial exchanges. These exchanges concern merchandise such as knowledge and data. These immaterial goods are traded for huge amounts of money and concern information on resources, production, economics, technology, innovation, specialisations, politics and human capital. Quantity and quality of information, information network and alliances; and the access and speed of information exchange today measure wealth.

If a region doesn't supply its population with its needs, it can lose part of this population to more attractive agglomerations (centroids). Often this flow is curbed by political, economic or geographic restrictions. If a region wants to remain attractive, it must keep itself charged through creative specialisation and innovation (Porter, 1990). To maintain or improves a region, a clear understanding of the area is required, plus the ability to make smart projections into the future. A method of regional scenario building is therefore needed.

A scenario is a hypothetical proposal of what the region can become, for instance 'global-nexus', 'eco-region', 'info-topia', 'rural-network' or 'free-migration-region'. Each scenario must have its own predefined set of parameters and evaluation criteria, which will qualify it. In the case of 'eco-region', the region must score high on sustainability and ecology; or in the case of 'info-topia' the score is high for information access, IT infrastructure and technological innovation.

A region is strongly related to the average lifestyle of its people. The population in a certain urban agglomeration has a certain way of living. This can be seen in their diet, work and recreation. These lifestyle demands define the size and functions of that region. The lifestyle of Americans, for example, leads to an intensive and extensive area of supply.

Bei einem regionalen Szenario handelt es sich um eine hypothetische Prognose über die Zukunft der Region, ob sie sich z. B. zu einem „Globalen Nexus", einer „Öko-Region", einem „Infotopia", einem „Ländlichen Netzwerk" oder einer „freien Migrationszone" wandelt. Für jedes Szenario benötigt man eine vordefinierte Auswahl an Parametern und Bewertungskriterien. Im Falle einer so genannten „Öko-Region" müsste die Region hohe Punktzahlen für Nachhaltigkeit und Ökologie bekommen; im Fall einer „Infotopia"-Region wären die Werte für Informationszugang, IT-Infrastruktur und technologische Innovation besonders hoch.

Eine Region und die Lebensart der Bewohner sind eng miteinander verwoben. Zum Lebensstil gehören unter anderem die Speise-, Arbeits- und die Freizeitkultur. Die Lebensart kann Einfluss auf Größe und Funktionsstruktur der Region haben. Die Lebensart in den USA ist z. B. auf eine intensive Nutzung ausgedehnter Versorgungsnetzwerke angewiesen.

Neben dem Aspekt der funktionalen und operationalen Einheit lässt sich eine Region auch unter den Aspekten Autarkie und Nachhaltigkeit untersuchen. Wenn man eine Region als autark beschreibt, dann bedeutet das nichts anderes, als dass sie sich komplett selbst versorgt; eine autarke Region ist ein operational abgeschottetes System. Der Aspekt der Nachhaltigkeit schließt auch die umwelttechnischen und gesellschaftlichen Einflüsse mit ein, die eine Region auf ihre Nachbarregionen hat. Im Grunde verfehlen alle westliche Gesellschaften das Gebot der Nachhaltigkeit, auch diejenigen, die sich um nachhaltige Entwicklung bemühen; der Verbrauch an globalen Ressourcen ist überproportional hoch – im Westen wird der Richtwert für Nachhaltigkeit pro Kopf rund um das Dreifache überschritten.

Für Regionen gibt es zwei Nachhaltigkeitsmodelle. Für das erste Modell gilt, dass Ressourcen und Nachfrage der Zentroiden sich die Waage halten, und so ein Urmodell eines ausgeglichenen Netzwerkes darstellen. Das zweite Modell besteht aus einem Verbund unabhängiger Regionen, die allesamt nachhaltig sind. Dieses Modell ist rein hypothetisch, da jede der sich selbst regulierenden Regionen über alle Ressourcen verfügen müsste, die weltweit vorhanden sind.

Besides a region being a functional and operational entity, it can also be studied as an autarkical or sustainable system. An autarkical region is totally self-supplying, expressing only that it is an operationally closed system, without further ethical implications. Sustainability on the other hand goes further to include the environmental and societal effects that the region has on other regions. This is the level of self-awareness or the ability to self-evaluate the region. The lifestyle of most western countries is considered to be unsustainable, as they consume a disproportionate share of the world's resources. Western people consume an average of three times their share of global resources.

Two models of sustainability of regions can be imagined. One is a world, which has a balance of resources for all agglomerations (centroids), forming the ultimate balanced network. The other is a collection of independent regions which are sustainable. This model is highly theoretical, as each self-regulating region would have to supply everything the world does.

# DIE STRUKTUR DES REGIONMAKER

Im vorangegangenen Kapitel wurden reelle Regionen behandelt, die sich aus untereinander verbundenen Hardware- und Software-Komponenten zusammensetzten. Für jede der einzelnen Komponenten haben wir verschiedene matierelle und immaterielle Eigenschaften beschrieben, die für das Verständnis einer Region unabdingbar sind. Aufbauend auf einigen dieser Eigenschaften haben wir ein Softwareprogramm für die Analyse, das Verständnis und die Visualisierung von Regionen entwickelt – den REGIONMAKER. Es handelt sich um ein Arbeitsprogramm, das von Usern eingesetzt werden kann, um bestehende Regionen zu veranschaulichen und um zukünftige Regionen zu generieren. Es ist in erster Linie ein Optimierungsprogramm, das für bestimmte Aufgaben die bestmögliche Lösung zusammenstellt. Das Programm selbst besteht aus verschiedenen Komponenten, die für den User von entscheidender Bedeutung sind, als da wären: Lösungsumfang, Einheitstypen, Parameter und Slider, Bewertungskriterien, Szenarien, Visualisierung und Punktstand. Daneben sind noch zwei Komponenten für die internen Arbeitsschritte des Programms selbst von Bedeutung, es sind dies der Variationsmechanismus und der Optimierungsalgorhythmus. Diese beiden technischen Komponenten werden im folgenden Kapitel erklärt.

Bestimmte im vorangegangenen Kapitel erwähnte Eigenschaften bezüglich Regionen sind in den Regionmaker übertragen worden. Es handelt sich dabei um physikalische Entitäten wie Zentroide und Güter oder um immaterielle Entitäten wie Attraktivität und Lebensstil. Wenn man im Hinterkopf behält, dass der REGIONMAKER als eine Art „Spiegelbild" fungiert bzw. als eine „Datenlandschaft" einer realen Region, dann ist es wichtig, die eingesetzte Terminologie zu erläutern.

## Lösungsumfang

In der Informatik wird eine Region als der Lösungsumfang bezeichnet. Dabei handelt es sich um einen dreidimensionalen Raum, bei dem Größe, Maßstab und Limit vorgegebenen sind. Diesen Raum kann man mit der Peripherie einer Region vergleichen. Der Bereich innerhalb des Umfangs entspricht dem Produktionsbereich einer realen Region. Daher muss der Lösungsumfang auch Daten über die physikalische Geographie enthalten sowie über das Klima und die Wirtschaft. So wie auch bei einer realen Region ist der Lösungsumfang das Ergebnis der Information, die sie umschließt. Das bedeutet nichts anderes, als dass es davon abhängt, ob man es mit Komponenten, die mit einem Merkmal ausgestattet sind, zu tun hat (wie ökologische, wirtschaftliche, industrielle oder gesetzliche Bereiche) oder mit Komponenten, die mit mehreren Merkmalen ausgestattet sind. Daher kann man keine Definition aufstellen, ohne mit dem Inhalt vertraut zu sein – ob er nun spezifisch oder zusammengesetzt ist. Aus diesem Grund muss ein Lösungsumfang mit einer Quelle ausgestattet sein bzw. einem Intensitätspunkt, der in etwa einem Zentroiden einer Region entspricht. Der Zentroid hat in jedem Fall eine quantitative und eine qualitative Eigenschaft, aber auch spezifische Koordinaten oder Positionen. Der Zentroid ist ein Punkt, den der User im Vorhinein auswählen muss, andernfalls kann die Region nicht generiert werden. Dieser betreffende Punkt könnte eine einzelne Stadt wie Hanoi oder eine Ansammlung von Städten sein, so wie man sie im Ruhrgebiet vorfindet. Die Fähigkeit der Quelle, Elemente anzuziehen oder abzustoßen, ist von den bestehenden Eigenschaften und Bedürfnisse der Bevölkerung abgeleitet. Der Lösungsumfang (die Region) wird durch den Schwellenbereich definiert, der für die Versorgung dieser Bedürfnisse benötigt wird. Die Eigenschaften und Bedürfnisse innerhalb des Zentroiden sind dynamisch, was gleichzeitig den daraus entstehenden Lösungsumfang beeinträchtigt. Die Zeit oder der Zeitrahmen ist daher ein wichtiger Faktor

# THE STRUCTURE OF THE REGIONMAKER

The previous chapter depicts our observation of real regions, being composed of interconnected 'hardware' and 'software' components. In each of these components, we have described various material and immaterial properties, which are essential to understanding what a region is. Based on some of these properties, we have developed an initial software-tool for analysing, understanding and visualizing regions, called the REGIONMAKER. It is a real, working programme, which can be operated by users to depict existing regions and generate future ones. It is primarily an optimisation programme, where the best possible solution to a certain assignment is pursued. The programme itself is constructed out of several components which are important to the user, namely: solution envelope, unit types, parameters and sliders, evaluation criteria, scenario, visualisation and score. Besides these, two other components are important to the internal workings of the programme itself, namely variation mechanism and optimisation algorithm. These two technical components are explained in the following chapter.

Certain properties from the previous chapter on regions have been translated into the Regionmaker. These are either physical properties like centroid and commodities, or non-physical properties such as attractiveness and lifestyle. Bearing in mind that the REGIONMAKER serves as a 'mirror image' or 'datascape' of a real region, it is important to annotate the terminology used.

## Solution-envelope

In computer terms a region is defined as the solution-envelope. It is a three dimensional space with a defined size, scale and limit, which can be compared to the periphery of a region. The area within the envelope corresponds to the production area of a real region. Therefore the solution-envelope must include data about the physical geography, climate and economy contained. As with a real region, the solution-envelope is the result of the information which it contains. This means that it, as is the case with a region, depends on whether you are dealing with 'single-feature' components like ecological, economic, industrial or jurisdictional areas, or combinations thereof, i.e. 'multi-features'. It therefore cannot be defined, before knowing its contents, either specific or composite. A solution-envelope therefore needs a source, or point of intensity, which is comparable to the centroid of a region. The centroid always has a quantitative and qualitative property, and also specific coordinates or positions. The centroid is a point which the user has to choose and select beforehand, otherwise a region would be impossible to generate. This point of inquiry could be a single city like Hanoi, or an agglomeration of cities, like those found in the Ruhr area. The source's ability to attract or repel stems from the existing properties and demands of its population. The solution-envelope (region) is defined by the threshold area needed to supply this demand. The properties and demands within the centroid are dynamic, which simultaneously affects the resulting solution-envelope. Time in relation to region, or timeframe, will therefore be an important factor in developing the REGIONMAKER. Another important fact, as with real regions, is that each solution-envelope, or pieces of it, can be part of, or overlap other solution-envelopes. This means that every region has, or is part of

für die Entwicklung des REGIONMAKER. Eine weitere wichtige Tatsache ist, dass jeder Lösungsumfang – oder Teile dessen – auch zu anderen Lösungsumfängen gehören oder sich mit diesen überlagern. Das bedeutet, dass jede Region entweder auch zu anderen Umfängen gehört oder sich mit ihnen überschneidet. Ein Subumfang ist z. B. der Emscher Park, der Teil einer weitläufigen Definition des Ruhrgebiets ist, so wie vom Kommunalverband Ruhrgebiet (KVR) beschrieben. Dieser Umfang bildet wiederum einen Teil der politischen Region Deutschlands, der EU oder der gesamten Welt.

Einheitstypen
Die Anziehungs- und Abstoßungskraft, die man bei ausgewählten Quellen findet, sind in Wirklichkeit nichts anderes als die Bedürfnisse der im Zentroiden ansässigen Bevölkerung. Dazu gehören auch alle materiellen und immateriellen Güter, die gehandelt werden können. Der REGIONMAKER arbeitet auf dieser Entwicklungsebene ausschließlich mit den materiellen Gütern. Dazu zählen alle Güter, die man in den Regionen vorfinden kann oder die zwischen ihnen gehandelt werden, also Bäume, Häuser, Fabriken, Bauholz, Ölvorkommen, Kraftfahrzeuge, Schiffe, Nahrungsmittel usw. Jedes dieser Güter hat eine bestimmte Größe und übt eine bestimmte Funktion aus. Für den REGIONMAKER wurden bestimmte Güter ausgewählt und als Einheiten eingesetzt. Eine Einheit ist eine vordefinierte gattungsspezifische Maßeinheit wie 5m x 5m x 3m; sie bildet die kleinste Einheit bzw. den kleinsten Baustein des Lösungsumfangs. Alle Güter können aus Einheiten zusammengesetzt werden. So kann ein Haus beispielsweise aus drei geschichteten Einheiten zusammengesetzt werden und die Farbe Rot zugewiesen bekommen. Diese neue Konstruktion hieße dann Einheitstyp. Der Typ hat seine eignen Eigenschaften, und in diesem Fall entsprechen diese dem Einheitstyp „Haus". Auf ähnliche Art und Weise können die Einheitstypen für Industriegebäude, Straßen, Parkanlagen, Wälder, Büroräume usw. zusammengesetzt werden. Für diese Aufgabe haben wir die Einheitstypen einfach und leicht bedienbar gestaltet; es ist aber auch möglich, dass man zu einem späteren Zeitpunkt Gruppen und Hierarchien von Einheitstypen benötigen und einsetzen wird.

Das würde bedeuten, dass man mehrere Haus-, Straßen-, Parkplatz- und Parkanlagen-Einheitstypen miteinander kombiniert, und so Einheitstypen-Gruppen auf einem höheren Level entworfen werden, so genannte „Nachbarschafts-Einheitstypen". Bevor eine Analyse einer Region oder die Simulation neuer Szenarien möglich ist, müssen die Güter, die man bereits in einer Region vorgefunden hat, in Einheitstypen übertragen werden und in dem Lösungsumfang positioniert werden. Dadurch wird ein abstraktes Spiegelbild entworfen. Darüber hinaus müssen die Bedürfnisse der in der Region lebenden Personen in ein zukünftiges Programm für die Anforderungen der Gegend überführt werden, dabei könnte es sich um die Anforderung von 3.000 Häusern, 2.000 Fabrikgebäuden, 7.000 Tonnen Kohle, 9.000 Tonnen Bauholz und 1.000 Waldgelände handeln. All diese Güter müssten also von nah oder fern herangeschafft werden. Lösungsumfänge sammeln Einheitstypen nicht nur an, sie können sie im Lauf der Zeit auch verlieren. Die nächste Frage ist dann: Wo und wann werden diese Einheitstypen in die Lösungsumfänge platziert?

Parameter
Ohne Parameter wäre der REGIONMAKER nicht in der Lage, die Einheitstypen in großem Umfang einzusetzen; außer dass er sie vielleicht in eine Ecke des Lösungsumfanges platziert. Das Ganze würde sicher nicht wie eine Stadt oder eine Region aussehen. Um dieses

certain other envelopes. A sub-envelope is for instance the Emscher Park, which forms a part of the common definition of the Ruhrgebiet, as described by the Association of Local Authorities in the Ruhrbegiet (KVR). This envelope, in itself forms part of the political region of Germany, or at higher levels, the European Union, or the world.

## Unit-types

The attraction and repulsion found at the selected source is in reality the demands of the population occupying the centroid. This includes all material and immaterial commodities that can be exchanged. The REGIONMAKER uses only the material ones at this stage. Material commodities are all goods that are found in, or exchanged in and between regions, like trees, houses, factories, timber, oil, cars, ships and food. Each of these commodities has a specific size and function. In the REGIONMAKER, a selection of such commodities has been chosen and interpreted into units. A unit is a predefined generic measurement, like 5m x 5m x 3m, forming the smallest entity or building block of the solution-envelope. All commodities can be built up of units. For instance, a house can be made of three stacked units, and given the colour red. This new composition is called a unit-type, which has its own properties, and in this case represents the unit-type 'house'. Similarly the unit-types of industry, roads, parks, forests, agriculture, offices, services etc. can be built. For this assignment we have kept the unit-types simple and manageable, but it is imaginable that eventually sets and hierarchies of unit-types will be needed.

This, for instance, would mean that by combining a number of housing, parking, road and park unit-types, a higher level entity, or unit-type-set would be made, called the 'neighbourhood unit-type'. Before analysis of a region or simulation of new scenarios is possible, the commodities already found in an existing region, like the Ruhr area, need to be translated into unit-types and positioned in the solution-envelope. An abstract mirror image of reality is hereby formed. Furthermore, the demand of the people living there needs to be translated into a future programme of requirements for the area. This could be an expected demand for 3000 houses, 2000 factories, 7000 tons of coal, 9000 tons of timber, and 1000 hectares of forest. These commodities all have to be supplied from somewhere, near or far away. Solution-envelopes don't only accumulate unit-types, they can also lose them over time. The next question is where and when will these unit-types be placed in the solution-envelope.

## Parameters

Without parameters, the REGIONMAKER would not be able to do much with the unit-types, besides arbitrarily stack them in a corner of the solution-envelope. It certainly would not resemble anything like a city or region. To do this the programme needs a 'story-line' for each unit-type. Parameters can be seen as spatial laws or social rules, which tell the computer how the unit-types should behave in relation to each other and other kinds of unit-types. This means that each unit-type has its own parameters, which are always derived either from spatial properties or societal demands and processes. For instance corn can only grow in an area with x amount of sunlight, y amount of water and a soil type z

Ziel zu erreichen, benötigt das Programm eine so genannte „Story Line" für jeden Einheitstyp. Parameter kann man als Raumgesetze oder soziale Regeln bezeichnen, die den Computer anweisen, wie die Einheitstypen sich in Bezug auf sich selbst und aufeinander verhalten sollen. Das bedeutet, dass jeder Einheitstyp über eigene Parameter verfügt, die immer entweder von räumlichen Eigenschaften oder gesellschaftlichen Bedürfnissen und Prozessen abgeleitet werden. So kann man Mais nur in einer Region anbauen, in der eine bestimmte Menge an Sonnenlicht, Wasser und ein bestimmter Bodentyp (alles Eigenschaften des Lösungsumfangs) vorhanden sind. Der Mais versorgt dann die Menschen mit bestimmten Ernährungswerten. Ein Einheitstyp verfügt auch über Parameter, die sich auf andere Arten von Einheitstypen beziehen. So ist es z. B. denkbar, dass man Mais nicht in der Nähe von Weizen anbauen kann, auf keinen Fall aber in direkter Nachbarschaft zu Plantagen für tropische Pflanzen. Ein weiterer möglicher Parameter wäre, dass Weizen am besten in der Nähe von Plantagen für Apfelbäume gedeiht oder dass er für die Kultivierung in urbanen Zonen zuviel Raum, gute Luft oder logistischen Aufwand beansprucht. Da Mais Lärm absorbiert, ließe sich Maisanbau hingegen hervorragend mit der Nähe zu Industriegebieten vereinbaren. Dadurch könnten Wohnsiedlungen wiederum näher an Industriegebieten aufgestellt werden. Um diese Story Lines in Informatikterminologie zu übersetzen, werden u. a. Boolee'sche Operatoren wie und, oder und nicht eingesetzt. Parameter definieren, ob bestimmte Einheitstypen miteinander vermischt werden können, in welchen Minimal- und Maximalabständen sie zueinander aufgestellt werden können und wie die organisatorische Konfiguration (Geometrie) ihrer Platzierung aussieht. Diese Gesetzmäßigkeiten führen zu einer Vielzahl möglicher Ergebnisse, die von dem „Trial and Error"-Suchlauf des Computers generiert werden. Mit der Auswahl des besten Ergebnisses und der Einstellung einer Suchlaufbegrenzung kommen wir zur nächsten Komponente des Regionmaker.

Bewertungskriterien
Die Parameter definieren also die Gesetzmäßigkeiten zwischen den Einheitstypen. Demgegenüber definieren die Bewertungskriterien die Qualität der einzelnen Versuche. Hiervon ausgehend können die Ergebnisse miteinander verglichen und eingestuft werden. Jeder einzelne Parameter verfügt über seine eigenen Bewertungskriterien, die den Erfolg der jeweiligen Ergebnisse messen. Wenn man 1 als „Top Score" und 0 als „Bottom Score" einsetzt, dann wären vier mögliche Ergebnisse für den „Maisanbau in unmittelbarer Nähe zu Industrieanlagen": 0; 0,01; 2,3; 7,9 und 9,89, wobei das letzte Ergebnis bevorzugt werden würde. Dabei handelt es sich nur um ein einzelnes Bewertungskriterium, das die Nähe von Weizenanbau und Industrieanlagen betrifft. Höherrangige Bewertungskriterien können durch die Integration verschiedener einzelner Bewertungskriterien aufgestellt werden. In diesem Fall könnte man – anstatt einfach nur die angemessene „Nähe von Weizenanbau und Industrieanlagen" zu bestimmen – eine integrale Lösung für „urbane Landwirtschaft" entwerfen, bei der alle urbanen und landwirtschaftlichen Konfigurationen berücksichtigt wären. Die Bewertungskriterien können daher also in einer Hierarchie angeordnet werden, in der reale regionale Konzepte wie Nachhaltigkeit, Innovation oder Spezialisierung den Gipfelpunkt dieser Hierarchie darstellen. Bewertungskriterien können vom User adjustiert, immer wieder neu eingestellt und erweitert werden. Der User definiert letztlich, was Qualität und Relevanz genau sind, der Computer macht nichts weiter, als diese Entscheidungen zu optimieren.

(all solution-envelope properties). In itself it delivers q amount of nutrition per human etc. A unit-type also has parameters that relate to other kinds of unit-types. For instance, corn might not grow in the vicinity of wheat, or at a certain distance from wheat, but never next to tropical plantations. Another parameter could be that wheat ideally should be combined with apple orchards, or that it may require too much space, sunlight or harvesting logistics to be mixed in urban areas, unless stacked. Corn may be ideal beside industries because it absorbs noise. Hereby houses could be placed closer to industry. To define these story-lines in computational terms, basic actions, such as the Boolean operations and, or and not, are applied.

Parameters define whether certain unit-types can be mixed together, at what minimum and maximum distance they can be placed from each other, and the organizational configuration (geometry) of their placement. These laws can lead to a multitude of possible results, generated by the computer's 'trial and error' search. Choosing what the best result is, and setting a search limit, leads us to the next component of the Regionmaker.

### Evaluation-criteria

While parameters define the rules between unit-types, evaluation-criteria define the quality or health of each trial. From this the results can be compared to each other, and ranked. Every individual parameter has its own evaluation-criteria, which measures the success of that specific result. Taking 1 as top score, and 0 as bottom score, four results for placing 'corn adjacent to industry' could be 0; 0.01; 2.3 ; 7.9 and 9.89 of which the last result will get preference. This is only a single evaluation-criteria concerning the proximity of wheat to industry. Higher order evaluation-criteria can be formed when integrating several single evaluation criteria. In this case an integral solution to 'urban agriculture', instead of just 'the proximity of wheat to industry' may be pursued, involving all urban and agri-cultural configurations. Evaluation-criteria can therefore be structured in a hierarchy, where real regional concepts like sustainability, innovation or specia-lisation, may form the peak of the hierarchy . Evaluation-criteria can be adjusted, fine-tuned and elaborated by the user. It is the user who ultimately defines what quality and importance is, while the computer only optimises this choice.

### Sliders

The most basic part of the REGIONMAKERS's 'user interface' is called a slider. Sliders are switches, which enable the user to adjust the importance of a certain parameter. This is done by setting the slider between 0 and 1, or minimum and maximum. They can also be switched on or off. So, if you don't want a city or region with cornfields in it, switch off this parameter, or set the slider to 0. If a user maximises the need for cornfields in a region, then the 'corn slider' should equal 1. The corn probability is certain now. You could also set the slider to any point between 0 and 1, emphasising the degree of importance you give to this certain parameter. You may maximise the need for corn in your city, but discover that through the functioning of all other parameters (or an envelope which is too small or unsuitable) in your test, the existence of corn is impossible. This is where trade-off between sliders and their subsequent parameters and evaluation criteria, become important and fascinating. The complexity rises, as the

Slider

Der wichtigste Bestandteil der User-Schnittstelle des REGIONMAKER ist der so genannte „Slider". Slider sind Schalter, mit denen der User die Relevanz eines bestimmten Parameters einstellt. Dafür wird der Slider auf einen Wert zwischen 0 und 1 gesetzt bzw. zwischen Minimum und Maximum. Die Slider können auch deaktiviert werden. Wenn man also eine Stadt oder eine Region ohne Maisfelder benötigt, dann schaltet man den entsprechenden Parameter einfach aus oder man setzt den Slider auf 0. Wenn der User den Bedarf an Maisfeldern in einer Region maximiert, dann sollte der „Mais-Slider" auf 1 stehen. Den Slider kann man auch auf einen beliebigen Punkt zwischen 0 und 1 setzen und den Grad an Relevanz betonen, den man diesem bestimmten Parameter zuweist. Es ist des Weiteren auch möglich, dass man den Maisbedarf in einer Stadt maximiert, dann aber feststellt, dass das Vorhandensein von Mais durch die Funktionsweise aller anderen Parameter (oder eines Umfangs, der zu klein oder untauglich ist) in dem Test ausgeschlossen wird. An diesem Punkt wird es spannend: Dem Austausch zwischen den Slidern und deren folgenden Parametern und Bewertungskriterien kommt eine besondere Bedeutung zu. Während der Computer nach einer optimalen und integralen Lösung sucht, steigt der Grad an Komplexität. Eine Slider-Einstellung steht für eine regionale Entscheidung oder Politik, für die der User sich entschieden hat. Eine reale Region hängt von vielen individuellen und integralen Entscheidungen ab, daher besteht der Regionmaker auch aus verschiedenen einzelnen und interdependenten Slidern. Slider sind für die Erstellung neuer regionaler Szenarien unabdingbar.

Szenarien

Mit dem REGIONMAKER ist es möglich, ein erwünschtes Ergebnis zu generieren. Dieses vorgefasste Ergebnis nennt man Szenario; es steht für eine allgemeine erforderliche Eigenschaft wie „Grüne Stadt", „Wasserstadt", „Nachhaltige Region" oder „Infrastruktur Stadt". Solche Szenarien sind von einer vorgefertigten Reihe an Bedingungen, Kriterien und erwarteten Eigenschaften abhängig, die der User im Vorhinein definiert. Bei einer „Wasserstadt" stehen Wasser, Eis, Dampf im Vordergrund. Eine „Grüne Stadt" ist mit vielen Grünflächen bedacht, einer reichhaltigen Vegetation und großen Mengen an Bauholz. Eine „Nachhaltige Region" ist aller Voraussicht nach bis zu einem gewissen Punkt autark und weist ein ausbalanciertes Handelssystem auf, das die Umwelt in größtmöglichem Maße schont. Was auch immer man erreichen will – ohne Kenntnis der allgemeinen Eigenschaft, nach der man sucht, läuft nichts.

Es gilt also, die User-Schnittstelle zum eigenen Vorteil einzusetzen und deren Komponenten zu manipulieren, um so das Ergebnis zu generieren, das man anvisiert hat. Das bedeutet, dass man die Einheitstypen, die Parameter oder die Slider ändern muss. Ein reales regionales Szenario würde dem Ergebnis einer erwünschten Entscheidungs- und Aktionsserie gleichkommen. Beim Regionmaker gleicht ein Szenario den finalen Einstellungen (Entscheidungen) aller Slider. Um den Regionmaker zu verbessern, ist es wichtig zu verstehen, wie reale Regionen funktionieren.

Der Regionmaker muss letzten Endes aus einer umfassenden Hierarchie an Slidern zusammengesetzt sein. Das sind Slider für das 1., 2., 3. Level usw. Sie sind in einer geradezu Darwin'schen baumartigen Struktur klassifiziert. Alle Slider sind interdependent, was bedeutet, dass die Neueinstellung eines einzelnen Sliders auch Verschiebungen bei allen anderen Slidern nach sich zieht. Durch die Einstellung der Slider wird ein simuliertes Szenario einer Region generiert und visualisiert. Die Slidereinstellungen beeinflussen die

computer searches for an optimal and integral solution. A slider setting, represents a regional decision or policy that the user has made. A real region depends on many individual and integral decisions, therefore Regionmaker consists of various individual and interdependent sliders. Sliders are essential when a user wishes to create new regional scenarios.

## Scenario

Using the Regionmaker, you can generate a desired result. This preconceived result can be called a scenario, representing an overall required quality. For instance, 'green city', 'water city', 'sustainable region, or 'infrastructure city'. These are called scenarios and depend on a preconceived set of conditions, criteria and expected qualities, which you or other people define beforehand. A water city will emphasise water, ice and steam. A green city would probably be very green, with lush vegetation and an excess of timber. A sustainable region is likely to be an autarkic system, with a balanced trade system, and one, which is not detrimental to the environment. Whatever you pursue, you need to know the overall quality that you are looking for. Once you know this, you have to operate the user interface to your advantage, manipulating its components, to generate the outcome you want. This means changing unit types, parameters or sliders. A real regional scenario would equal the outcome of a desired series of decisions and actions. In Regionmaker, a scenario equals the final settings (decisions) of all the sliders. Understanding how real regions work is crucial to evolving the Regionmaker.

The REGIONMAKER must ultimately consist of a comprehensive hierarchy of sliders. These are 1st level sliders, 2nd level sliders, 3rd level sliders and so forth. They are classified into an almost Darwinian tree-like structure. All the sliders are interdependent, meaning that an adjustment of any slider, will affect the others. By setting sliders, a simulated region-scenario is generated and visualised. The slider adjustments influence the physical size (centroid versus periphery) and properties (quantities and qualities) of a region. It is therefore a result of slider settings. 1st level sliders are sustainability, dependency, density, accessibility and connectivity. 2nd level sliders of dependency are specialisation and infrastructure. 3rd level sliders of specialisation could be technology and knowledge, and 4th level sliders of technology could be high-tech and low-tech, while 5th level sliders of high-tech could be robotics and biotechnology and so on. These interdependencies could go on to infinity, so the main question in regional development and the REGIONMAKER itself, is what the essential sliders are.

## Simulation and score

Manipulating sliders and their subsequent parameters and unit-types would be pointless if the user could not see the result of the interventions.
REGIONMAKER allows for two forms of output, namely the 3D simulation of the generated region, and an indexed score diagram. The simulation allows the observer to see what the region actually would look like under certain conditions (settings), and allows for aesthetic choice. If the generated region is not quite what the user had in mind, then the settings of the sliders can be shifted until a

physische Größe (Zentroid vs. Peripherie) und die Eigenschaften (Quantität und Qualität) einer Region. Sie sind gewissermaßen ein Ergebnis der Slider-Einstellungen. Die Slider für das 1. Level sind Nachhaltigkeit, Abhängigkeit, Dichte, Zugangsmöglichkeiten und Konnektivität. Die Slider für das 2. Level sind für Abhängigkeit: Spezialisierung und Infrastruktur. Mögliche Slider für das 3. Level sind für Spezialisierung: Technologie und Wissen. Die Slider für das 4. Level wären u. U. für Technologie: High-Tech und Low-Tech. Die Slider für das 5. Level wären beispielsweise bei High-Tech: Robotertechnik und Biotechnologie usw. Diese Interdependenzen könnte man ewig so weiterführen. Die entscheidende Frage für Regionalentwicklung und auch den REGIONMAKER ist also: Welche Slider sind am wichtigsten?

Simulation und Punktstand
Die Bedienung der Slider sowie deren Parameter und Einheitstypen wäre vollkommen sinnlos, wenn der User nicht die Ergebnisse seiner Eingriffe ablesen könnte. Dafür arbeitet der REGIONMAKER mit zwei verschiedenen Outputvarianten, nämlich der dreidimensionalen Simulation der generierten Region und einem sortierten Punktstanddiagramm. Mittels der Simulation ist es dem User möglich zu erkennen, wie die Region unter bestimmten Umständen (Einstellungen) tatsächlich ausgesehen hätte; außerdem kann man mit ihr ästhetische Wahlmöglichkeiten vornehmen. Wenn die generierte Region nicht ganz dem entspricht, was der User sich vorgestellt hatte, dann können die Einstellungen der Slider verschoben werden, bis das erwünschte Szenario entsteht. Bereits generierte Szenarien können gespeichert und dann miteinander verglichen werden. Die Software erlaubt es dem User, durch das Szenario zu gleiten, bestimmte Details zu vergrößern und die perspektivischen Einstellungen auszuwählen. Der User kann Schatten, Farbintensität, Häuserfassaden, Personen und sogar Nebel hinzufügen. Diese Attribute dienen dazu, das Erlebnis noch spannender zu gestalten. Die Präsentation ist eine grundlegende Komponente der Software. Neben ästhetischen Wahlmöglichkeiten muss der User Szenarien mit quantitativen Methoden vergleichen. Woran erkennt man, dass eine bereits generierte Region besser oder schlechter ist als eine andere? Überhaupt nicht! Und genau deswegen benötigt man eine Funktion, die die Bewertung unterstützt. Diese Funktion ist ein Punktstanddiagramm, das jedem Szenario eine Punktzahl zuweist, wodurch die Szenarien vergleichbar werden. Der Punktstand hängt von der jeweiligen Zielsetzung ab, also z. B. Wirtschaftsleistung oder Nachhaltigkeit. Dabei könnte es sich aber auch um einen viel einfachereren Vergleich handeln wie Dichte der Regionen. Der Punktstand ist dann ein allgemein ausgewertetes Ergebnis verschiedener Subparameter/Slider. Der Punktstand Nachhaltigkeit (0,39) konnte der ausgewertete Punktstand der folgenden Punktstände sein: Energie (0,45), Lebenserwartung (0,63), Infrastruktur (0,33) und Handel (0,18). Der Outputwert liegt zwischen 0 (Minimum) und 1 (Maximum). Ein Szenario mit dem Punktstand 0,722 ist natürlich erfolgreicher als eines mit dem Punktstand 0,39. Neben dem ausgewerteten Punktstand können die einzelnen Punktstände der Subparameter/Slider abgelesen werden.

desirable scenario is created. Generated scenarios can be saved and compared to each other. Regionmaker allows the user to fly-through the scenario, zoom-in to a certain detail and select perspective settings. The user can add shadows, colour intensity, façade skins, mist or people. These attributes are needed to make the experience more satisfying. Presentation is a vital component of the software.

Besides aesthetic choice, the user needs to quantitatively compare scenarios. How do you know that one region you generated is better or worse than another. You don't, therefore you need a device to give you that insight. This is achieved by the score diagram, where a numeric score is given to each scenario, making these comparable to each other. The score depends on what your objective is, for instance economic performance or sustainability. It could also be a much simpler comparison, like density of the regions. The score is an overall indexed result of several sub-parameters/sliders. Sustainability's score (0.39) could be the indexed score of the following individual scores: energy (0.45), life-expectancy (0.63), infrastructure (0.33) and trade (0.18). The output value is between 0 (minimum) and 1 (maximum). A scenario with a score 0.722 is obviously more successful than one of 0.39. Besides the indexed score, the individual scores representing the sub-parameters/sliders can be seen.

# VERBINDUNGEN UND FLUSSDIAGRAMME

Mitunter wird stark bezweifelt, ob Regionen und Regionalismus überhaupt parametrisiert werden können, da sie sich aus vielen determinierenden Faktoren bzw. Parametern zusammensetzen. Bei der Entwicklung des REGIONMAKER wurden die komplexen Strukturen der Interaktionen dieser Parameter aber in hohem Maße berücksichtigt; daher ist es auch möglich, die Abhängigkeitsstrukturen zu bewerten und mittels ausgereifter Syntheseprozesse nachzuvollziehen. Der jetzt vorliegende REGIONMAKER steht noch am Anfang seiner Entwicklung; der aktuelle Wissensstand der Bereiche Raum- und Wirtschaftsplanung muss auch weiterhin direkt in das System eingespeist werden, damit die Software ihr Entwicklungspotenzial entfaltet und zunehmend praktisch einsetzbar wird.

Verbindungen mit anderen Disziplinen und Forschungszweigen
Ein großer Berg an weiterführender Literatur betont bereits die große Bedeutung, die der Verknüpfung von Technologie und der Entwicklung einer Region zukommt. Wenn man die bereits zur Verfügung stehenden Technologien in noch größerem Umfang einsetzt und noch weiter entwickelt, dann werden die jeweiligen Volkswirtschaften durch enorme Innovationsschübe davon profitieren. Zu diesem Zweck ist man aber auch auf bestimmte räumliche Vorbedingungen angewiesen – Stichwort Infrastruktur, weitere Differenzierung und spezialisierte Universitäten. Wie können diese Veränderungen aber quantifiziert werden? Wie muss die Bevölkerungsstruktur aussehen? Haben wir es auch mit Schwellenwerten zu tun? Welche Veränderungen müssen durchgeführt werden, um die notwendigen Entwicklungen in die Wege zu leiten? Ist die Software in der Lage, die Schwellenwerte direkt anzuzeigen? Ist sie in der Lage, den User zu warnen, dass man es mit einem nicht verzeichneten Territorium zu tun hat?

Die Beziehungen zwischen Wirtschaft und Umweltschutz sind in den vergangenen Jahrzehnten immer wieder Gegenstand heftiger Kontroversen gewesen. Der Weg der Nachhaltigkeit muss mit nachhaltigen Verfahrensweisen gepflastert sein. So muss beispielsweise der Verbrauch fossiler Brennstoffe mit entweder entsprechendem Anbau von Waldgebieten einhergehen, wodurch der Ausstoß der Kohlenstoffe abgebaut werden würde, oder durch den Anbau von Feldern, die für die Erzeugung biologischer Brennstoffe eingesetzt werden (Rees, Wackernagel, 1996).

Einige Wissenschaftler gehen davon aus, dass der Status nachhaltiger Entwicklung sich entscheidend auf die positive Entwicklung der Wirtschaftsdaten einer Region auswirken. Nachhaltigkeit ist aber immer von kurzfristig ausgerichtetem wirtschaftlichen Profitstreben bedroht. Die Frage für ein Programm wie den REGIONMAKER ist nun, wie man diesen gordischen Knoten auflösen kann. Es müssen noch die Früchte zahlreicher Forschungsarbeiten und Forschungsjahre in das Projekt einfließen, bis diese komplexen Interaktionen komplett aufgeschlüsselt werden können.

Es wäre aber anmaßend, wenn man davon ausginge, dass dieses System sämtliche Probleme lösen könnte. Es ist aber durchaus in der Lage, den aktuellen Wissensstand über Regionen und regionale Raumplanung zu integrieren und einzuordnen. Es kann „Leerstellen" oder „blinde Flecken" unserer bisherigen Erkenntnisse aufzeigen und somit mögliche Impulse für weitere Forschungsarbeit geben.

# LINKAGES AND FLOWCHARTS

It has become arguable that regions and regionalism can be parameterized, being composed out of series of determining factors or parameters. But the interaction of these parameters is extremely complex, and highly relevant, in the development of REGIONMAKER, through which the required dependencies and needed syntheses can be traced and validated. The current REGIONMAKER only touches on this aspect, but it is clear that knowledge from current fields of spatial and economical planning have to be applied directly in order to evolve and operationalize the software.

## Links with other research and disciplines

A large body of literature stresses the certain relevancy between technology and the development of a region. More and higher levels of technology can lead towards innovative economies. However, it demands for certain spatial necessities: more infrastructure, more differentiation and specialized universities. How can we quantify these changes and relationships? What type of population is required? Is there a threshold, or how many changes do we need to apply, in order to generate this development? Can the software show these thresholds directly? Can it 'advise' or 'warn' the user that a new 'uncharted' territory is being entered?

The relationship between economy and ecology was a subject of a lot of controversy over the last decades. The road to sustainability must be paved with sustainable practices. For instance that our use of fossil fuel must have as a compensatory sink the acres of woodlot required to sequester the carbon from our combustion of fossil fuel (in our cars, home heating, etc.) or, alternatively, the acres of fields required to grow bio-fuel (Rees, Wackernagel, 1996).

Some say that the more sustainable a region is, the more economically profitable it will be. But sustainability, in the short term, is not realizable due to current economic constraints. How could we enforce this change? What critical mass has to be found to create such a development? What repercussions will this have on the current population, the current position of the population, the current behavior and position of companies, etc? A series of researches have to be added and integrated in order to create the interaction within the machinery, and to quantify these interactions.

It would be pretentious and highly unlikely to imagine that this device can solve everything, or that it has solved everything at all. However, it should be seen more as a 'structure' that can position and integrate current knowledge on regions and regional spatial planning. It may show the 'voids' or 'vacancies' in our existing knowledge, and can therefore indicate possible directions for further research.

Digital data and information are used increasingly by academics, professionals, local authorities, and government departments. Powerful new technologies, such as geographic information systems (GIS), are being developed to analyze such

Akademiker, Professionals, Regionalbehörden und Regierungsressorts setzen zunehmend Techniken digitaler Datenverarbeitung ein. Mit neuen dynamischen Technologien wie z. B. GIS kann man diese Daten bereits analysieren; dabei entwickelt sich die GIS-Technologie in rasendem Tempo zu einem wichtigen Bestandteil der globalen digitalen Infrastruktur. Der REGIONMAKER ist auf diese Techniken ausgerichtet; er setzt auf zukunftsweisende Technologien wie GIS, welche der Raumanalyse eines Tages zu einer neuen Blüte führen könnten – in den Bereichen Problemlösungstechniken und Prognoseverfahren (Batty, Longley, 1996).

So können also computergesteuerte Analyse- und Modellverfahren, die auf GIS aufbauen und verschiedene Wissenschaftsgebiete integrieren (wie Wirtschaftswissenschaften und Raumplanungstechnische Sozialwissenschaften), für das bessere Verständnis und die bessere Planung von Stadt- und Regionalentwicklung eingesetzt werden.

Im Umfeld der Hochtechnolgie und anderen quantitativen Anwendungen muss der REGIONMAKER mithilfe zeitgenössischer Theorien urbaner Prozesse und Formationen entwickelt werden, so z. B. auch an komplexen, selbst organisierten Systemen (Portugali, 1999). Damit sollte die explizit komparative Debatte solcher Themengebiete wie „die Natur der Städte", „der Urbane Prozess", „Urbane und Regionale Planung", „Entscheidungsfindung", und „die Urbane Revolution" fortgeführt werden. Außerdem sollte in diesem Zusammenhang auch dazu beigetragen werden, neue Familien heuristischer Modelle ebenso zu entwickeln wie synergetische Theorien zur Mustererkennung von Städten und von Entscheidungsfindungsprozessen im Kontext der Stadtplanung (Portugali, 1999).

Ökonomischer und ökologischer Input wie die so genannten „ökologischen Fußspuren" und der „Fußspurenkalkulator" könnten in den REGIONMAKER oder in verwandte Systeme aufgenommen werden. So könnten wir den Umgang und den Einsatz unserer Umwelt ermessen, indem wir z. B. kalkulieren, wieviel Land benötigt wird, um all die Ressourcen zu produzieren, die wir konsumieren, die wir in unseren Städten und Regionen verbrauchen. Auch die ganzen Abfallmengen, die wir produzieren, könnten auf diese Weise rechnerisch erfasst werden (Rees, Wackernagel, 1996). Heute ermöglicht uns dieses Arbeitsmittel, die Nachhaltigkeitsdebatte zu veranschaulichen, indem es unter anderem errechnet, wie viele Planeten Erde man bräuchte, um den Lebensstil der westlichen Industrienationen nach den Vorgaben der Nachhaltigkeit aufrechtzuerhalten. Die Analysen ökologischer Fußspuren errechnen die gesamte Landfläche, die einer bestimmten Bevölkerung zur Verfügung stehen müsste, damit sie die Vorgaben der Nachhaltigkeit erfüllt. Mit dieser Analyse können die Folgen unseres Lebensstils bestimmt werden, ebenso wie mögliche Lösungen, und das auf unterschiedlichen räumlichen Maßstäben, also beim Apartment, einem Familienhaushalt, einer Gemeinde, einer Region, einer Nation oder der gesamten Welt. Dieses Arbeitsmittel, das bisher immer noch nur rein umwelttechnische Fragen betrifft, kann für die Ausrichtung auf weitere Fußspurenaspekte weiterentwickelt werden, also z. B. Technologie und Informationszugang.

Noel Braun, Anfang der neunziger Jahre Direktor des Umweltprogrammes der Vereinten Nationen, forderte die wissenschaftliche Gemeinschaft 1992 dazu auf, „einen gemeinsamen Bezugsrahmen aufzubauen, um so die allgemeinen Zukunftsaussichten des Menschen besser bewerten zu können. Es muss ein allgemeines Bewusstsein für den Zustand unserer Umwelt entwickelt werden; es müssen bisher noch nicht erreichte Ebenen der globalen

data, and GIS technologies are rapidly becoming part of the emergent world digital infrastructure. The REGIONMAKER focuses on such existing and developing knowledge, and embraces developments in advanced GIS functions which one day could lead to a zenith in spatial analysis, for problem solving, prediction and forecasting (Batty, Longley, 1996 ). In this way computer methods of analysis and modeling, built around GIS, and integrating various fields of science, such as economics and social-spatial sciences, can be used to identify ways in which cities and regions can be better planned and understood.

Besides high-technology and other quantitative applications, REGIONMAKER must further develop around actual theories of urban processes and formations, such as complex self-organizing systems (Portugali, 1999). This should continue the explicit comparative discussion of issues such as the nature of cities, the urban process, urban and regional planning, decision making, and the urban revolution. Furthermore it should contribute to developing a new family of heuristic models, and by developing a synergetic pattern recognition theory of cities and of decision-making in the context of city planning (Portugali, 1999).

Economic and ecological inputs, such as the 'ecological footprint' and the 'footprint calculator', could be absorbed into the REGIONMAKER or related systems, so as to measure our use of the environment, by calculating how much land is required to produce all of the resources we consume and absorb into our regions and cities; and all of the waste we produce in them (Rees, Wackernagel, 1996). Today the tool enables us to illustrate the sustainability debate, showing for instance the number of planet Earths we would need if everyone maintained a lifestyle similar to the U.S.A. Ecological footprint analysis measures the aggregate land area required for a given population to exist in a sustainable manner. Through this analysis the consequences of our behavior can be determined, and solutions may be proposed, at different spatial scales: individual, household, community, nation, region or world. The tool, which still only concerns pure environmental issues, can be advanced to focus on other footprint issues, such as technology and information access.

Noel Brown, director of the United Nations Environment Program in 1992, addressed the following to the scientific community to 'establish common frames of reference so as to better gauge the human prospectus; develop a common understanding of the state of the environment; find unprecedented levels of global co-operation, common strategies for shaping a future, which is prosperous, equitable and sustainable; mobilize our best and brightest; harness our considerable scientific capabilities, the development of our most advanced technologies, those which enable us to study more systematically and in real time - just how the earth really works; initiate a more solid scientific foundation for the policies and strategies necessary for Earth System Management; and the design and maintenance of a sustainable future'.

It is clear that regions play different roles. They produce goods and services for themselves and they can do it for a wider 'audience'. This accounts for all types of goods and services. The package of different demands and productions of a

Zusammenarbeit erreicht werden sowie gemeinsame Strategien für die gemeinsame Arbeit an der Zukunft, die dem Wohlstand, der Gerechtigkeit und der Nachhaltigkeit verpflichtet sein soll. Wir müssen unsere besten und klügsten Köpfe mobilisieren, dem beträchtlichen wissenschaftlichen Potenzial Zügel anlegen und dann dahin lenken, wo es mithilfe der modernsten Technologien systematischer als bisher – und in Echtzeit – erklärt, wie die Welt wirklich funktioniert. Es gilt, für die Politik und die Strategien eine solidere wissenschaftliche Grundlage in die Wege zu leiten, die dann dem ‚Management' des Systems Erde zugute kommt. Das geht nicht ohne die Entwicklung und Erhaltung einer nachhaltigen Zukunft."

Es steht außer Frage, dass verschiedene Regionen dabei unterschiedliche Rollen spielen. Sie produzieren Güter und Dienstleistungen für den eigenen Gebrauch und für ein größeres Publikum. Das gilt für alle Güter und Dienstleistungen. Das Paket unterschiedlicher Anforderungen und Produkte einer Region bezeichnet das Level und den Differenzierungsgrad der Nachhaltigkeit innerhalb dieser Region. Auf einem globalen Markt muss ein weit verzweigtes Netzwerk mit einer zentral koordinierten Forschungs- und Entwicklungseinrichtung kombiniert werden, die alle Daten auswertet und an entsprechenden Innovationen, Lösungen und Entscheidungen arbeitet. Dafür ist wiederum eine effektive Struktur für Entscheidungsfindungen notwendig. Regionen können als „Abnehmer" oder „Ablehner" eines Produktes auftreten; sie können spezifische Produkte unterstützen oder deren Handelswege koordinieren. Vor allem in Bezug auf diese letzten beiden Punkte müssen Regionen hochgradig spezialisiert sein.

Es stellt sich des Weiteren auch die Frage, welche klar erkennbaren Identitäten sich für Regionen entwickeln lassen? Und welche dieser Identitäten erfahren Zustimmung, welche nicht? Inwiefern unterscheiden sich Regionen? Wofür sind sie nützlich? Sind Unterschiede der Regionen sinnvoll? Und wie bewertet man schließlich, ob und, wenn ja, weshalb eine Region erfolgreich ist?

## Navigation und Flussdiagramme

Um all diese Konzepte in ein Computerprogramm zu übertragen, müssen die ganzen oben erwähnten Theorien und Inputwerte und viele weitere Informationen in ein intelligentes und kohärentes System integriert und in Beziehung zueinander gesetzt werden. Dafür ist es notwendig, die innere Logik urbaner und regionaler Prozesse zu erfassen, um diese dann in Werte von „0" bis „1" zu übertragen. Um durch dieses komplexe Gefüge zu navigieren, wurden beim REGIONMAKER Flussdiagramme eingesetzt, die mögliche Verbindungen zwischen den einzelnen Parametern darstellen. Ein Flussdiagramm ist eine Szenographie verschiedener Entscheidungen und Aktionen, die durchgeführt werden müssen, um von der gegenwärtigen Situation zu einem möglichen, simulierten, zukünftigen Ergebnis zu gelangen. In Diagrammform gleicht dies einem klassifizierten Entwicklungsmodell, also einer Baumstruktur mit einem Anfang und vielen verschiedenen Endpunkten. Die Software kann dabei die einfachen Bolee'schen Operatoren (und, oder, nicht) einsetzen, welche die grundlegenden Komponenten von Entscheidungsfindungen darstellen. Der User ist der Entscheidungsträger, der durch das System navigiert, um ein bestimmtes Zukunftsszenario zu generieren und zu simulieren.

Dieser Prozess betrifft viele Optionen und wird zunehmend komplex. Er verläuft keinesfalls linear; vielmehr funktioniert er über Querverweise in sämtliche Richtungen und zwischen allen Komponenten. Der User ist bei seinen Einflussmöglichkeiten nicht völlig frei und wird oft mit vorprogrammierten Einschränkungen konfrontiert. Die Einstellungen

region, describes the level and differentiation of sustainability of that region. In a global market, a widely dispersed network has to be combined with a centrally coordinated research and development center, that can prepare for innovations and decisions. This demands an effective decision making structure. Regions can acts as a neglector, or as a consumer, a supporter or a coordinator towards a specific product. Especially these two last roles require specialization.

Furthermore, what recognizable identities for regions can be developed? Can identity become attractive, or what identity becomes attractive? How do regions differ? Is there a reason for being a region? Is difference useful? What differences can be imagined, or are they only the expected differences concerning social and cultural differences, economical differences, geographical differences, territorial differences, political differences, historical differences and differences in perception and images. How do we evaluate the success or successes of a region?

## Navigation and flowcharts

To assimilate these concepts into a computer program, the theories and inputs above, plus many others, have to be related and integrated into an intelligent and coherent system. This requires an understanding of real urban and regional processes, plus a method of translating these aspects into 0s and 1s. In order to navigate through this complexity, 'flowcharts' have been used in REGION-MAKER, depicting possible linkages between parameters. A flowchart is a scenography of decisions and actions which have to be made, so as to move from a present condition towards a simulated and possible future outcome. In diagram form it looks like an evolutionary classification model, or a tree structure, with a starting point, and several possible endings. The software can operate using the simple Boolean functions of and, or and not, which are the basic components of decision making. The user is the decision maker, navigating through the system, to simulate and generate a certain future scenario.

This process concerns many options, and will become highly complex. It is not a linear process, but can cross-reference in all directions, and between all components. The user is not totally free in this process, and is often confronted with pre-programmed constraints, or communal decisions. These higher order parameters and evaluation-criteria, can only be adjusted in overall agreement with other users.

To assist the development of the REGIONMAKER, flowcharts have been used as a method to organize the process of region making. A flowchart is a formalized and standardized graphic representation of a logical sequence or development process, organization chart, or similar formalized structure. In computer programming, flowcharts were formerly used to describe each processing path in a program (the main program and various subroutines that could be branched to). Programmers were cautioned to always flowchart their logic rather than carry it in their heads. With the advent of object-oriented programming and visual development tools, the traditional program flowchart is much less frequently seen. However, there are new flowcharts that can be used for the data or class modeling that is used in object-oriented programming.

dieser höherrangigen Parameter und Bewertungskriterien können nur in Übereinstimmung mit anderen Usern neu eingestellt werden.

Um die Entwicklung des Regionmaker zu unterstützen, wurden Flussdiagramme eingesetzt, um so den Prozess der Regionenbestimmung zu organisieren. Ein Flussdiagramm ist eine formalisierte und standardisierte grafische Darstellung einer logischen Abfolge bzw. einem Entwicklungsprozess, einem Organisationsplan oder einer ähnlich formaliserten Struktur. In der Informatik wurden Flussdiagramme früher dafür eingesetzt, sämtliche Prozessabfolgen eines Programms aufzuzeichnen. Programmierern wurde geraten, ihre logischen Konzepte in Flussdiagramme zu übertragen, anstatt sie in ihrem Kopf herumzutragen. Mit dem Aufkommen objektorientierter Programmiermethoden und visuellen Entwicklungstechniken gerieten diese traditionellen Flussdiagramme immer mehr in Vergessenheit. Heute werden Flussdiagramme wieder eingesetzt: beim Zusammenstellen von Daten- oder Klassensystemen, die bei objektorientierten Programmiermethoden verwendet werden.

Ein Flussdiagramm ist darüber hinaus auch ein Diagramm, das aus verschiedenartig geformten Symbolen besteht, welche ihrerseits durch Pfeile miteinander verbunden sind. Beim traditionellen Entwerfen von Flussdiagrammen werden einfache geometrische Symbole eingesetzt, die den Anfang oder das Ende eines Programms darstellen (ein Ovalkreis), eines Prozesses (ein Rechteck), einer Entscheidung (eine Raute) oder eines I/O-Prozesses (ein Parallelogramm). Diese Symbole stellen entweder Aktionen dar, die noch durchgeführt oder Entscheidungen, die noch getroffen werden müssen. Mit ihnen kann jeder komplizierte Prozess beschrieben werden, auch bei der Vermischung von Aktionen und Entscheidungen – ein für den Bereich Planung und Programmierung nicht zu unterschätzender Vorteil.

In dem aufgeführten Flussdiagramm-Beispiel ist ein einfacher Prozessablauf von Aktionen und Entscheidungen dargestellt. Dabei handelt es sich um ein Flussdiagramm, das eine mögliche Auswahl für die Erstellung einer „wettbewerbsfähigen Region" darstellt. Über einen Prozess, der auf den ersten Blick linear erscheint, der aber bereits abgelaufene Arbeitsschritte rückwirkend nachbearbeiten kann, trifft der User verschiedene Entscheidungen, die dann schließlich ein Modell einer wettbewerbsfähigen Region generieren. Die wichtigen Schritte sind hierbei: Analyse oder Szenarioentwurf, Umfangkoordinaten und Zentroide, Zeitrahmen, Szenariothema, verschiedene Unterkategorien der Einheitstypgruppen, verschiedene rückwirkende Arbeitsschritte und Querverweise, Veränderungsmöglichkeiten der Parameter und Kriterien, Generierungsmöglichkeiten für die Szenarien, Flussdiagramme und Visualisierungsoptionen und schließlich Kommunikationsoptionen mit anderen Usern. Der User kann zu jedem Zeitpunkt zurückgehen und die Entscheidungen verändern. Das System ist mit einem ausgereiften Internetsystem verbunden, dem so genannten World Information System, von wo aus Datenbanken und Informationen in das System eingespeist werden. Diese Informationen werden fortlaufend aktualisiert, wodurch die Endergebnisse sich auch ständig ändern. Es waren ganz ähnliche Flussdiagramme, die den Entwicklungsprozess des REGIONMAKER ursprünglich in die Wege geleitet hatten.

A flowchart is a diagram made up of symbols of various shapes connected by arrows. Traditional program flowcharting involves the use of simple geometric symbols to represent the beginning or end of a program (an oval), a process (a rectangle), a decision (a diamond), or an I/O process (a parallelogram). These symbols indicate either actions to be taken or decisions to be made, and may be used to describe any complicated process when a mixture of actions and decisions take place, and is very useful in the fields of planning and programming.

In the REGIONMAKER flowchart example given, a simple process flow of actions and decisions is illustrated. It is an initial flowchart describing a possible choice of creating a 'competitive region'. Through a process which seems linear, but is filled with loop back possibilities, the user makes various decisions to eventually generate a model of a competitive region. Important choices are: analysis or scenario making; envelope coordinates and centroid; timeframe; scenario theme; various sub-divisions of unit-type sets; various loops and cross references; possibilities to alter the parameters and criteria; scenario generation possibilities; score diagrams and visualization options; and eventually communication options with other users. At any point the user can go back to change choices. The system is integrated with an advanced internet system, called the World Information System, which inputs databanks and knowledge from the WIS. This information is continuously updated, effecting the final outcome over time. Similar flowcharts have inspired the actual process making of the REGIONMAKER computer program.

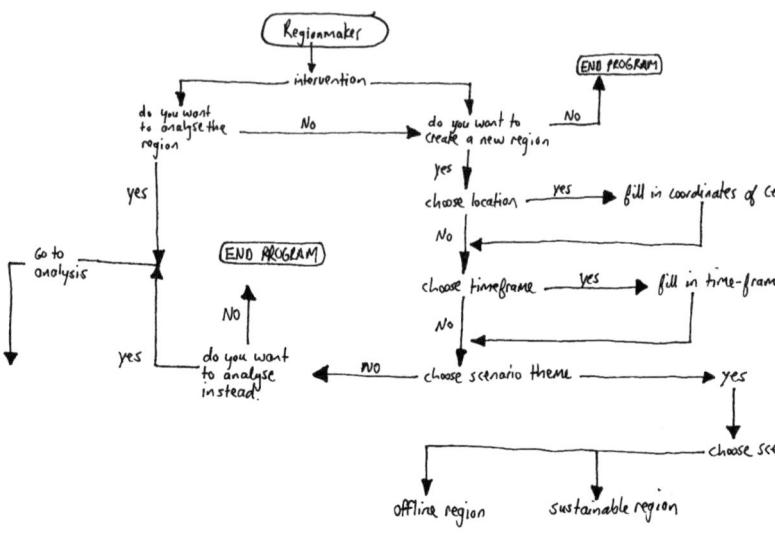

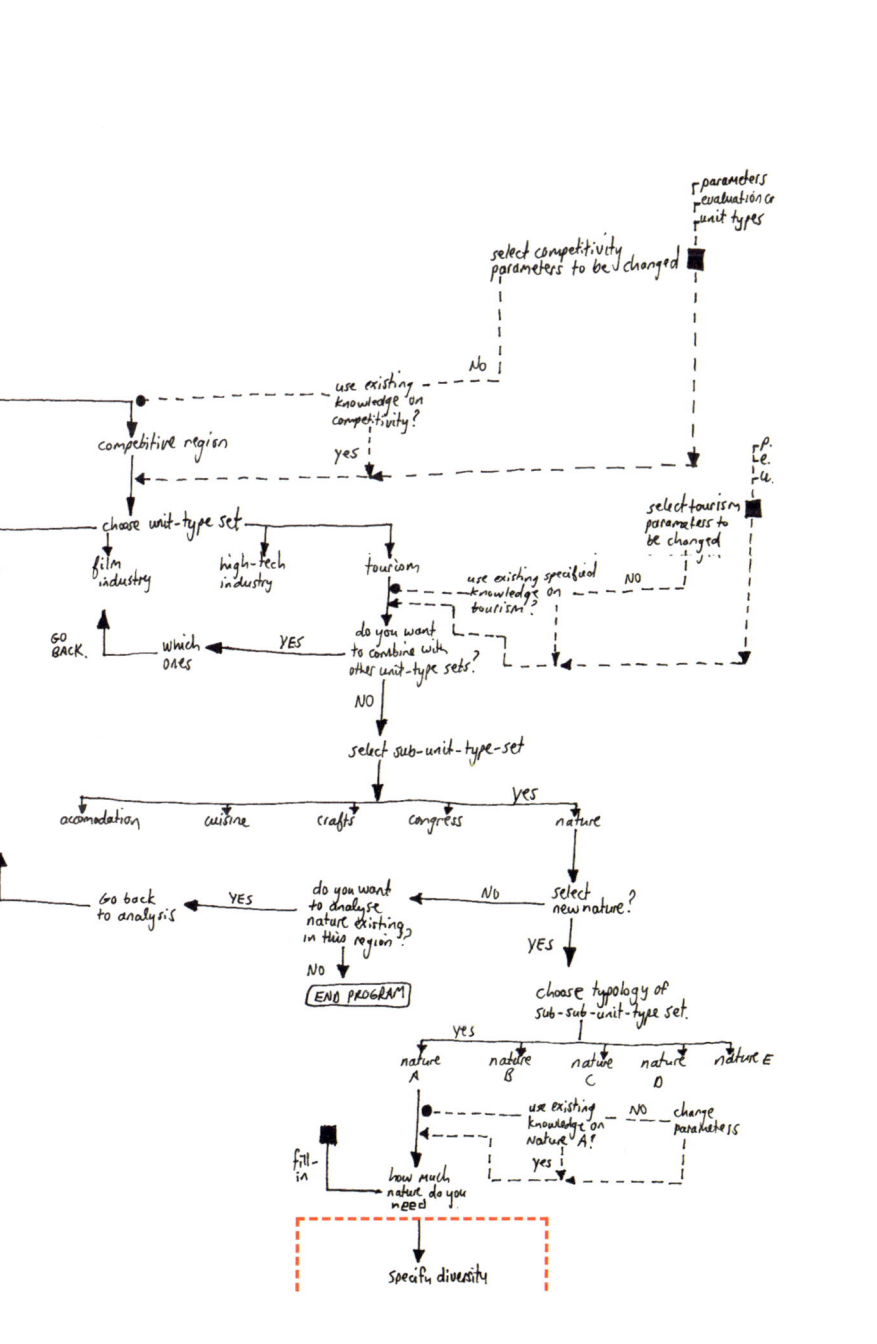

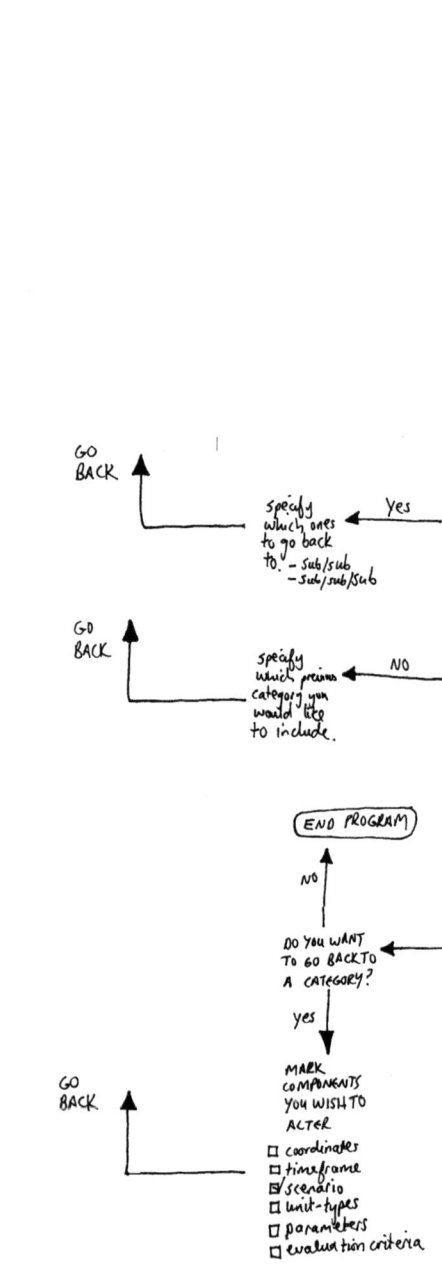

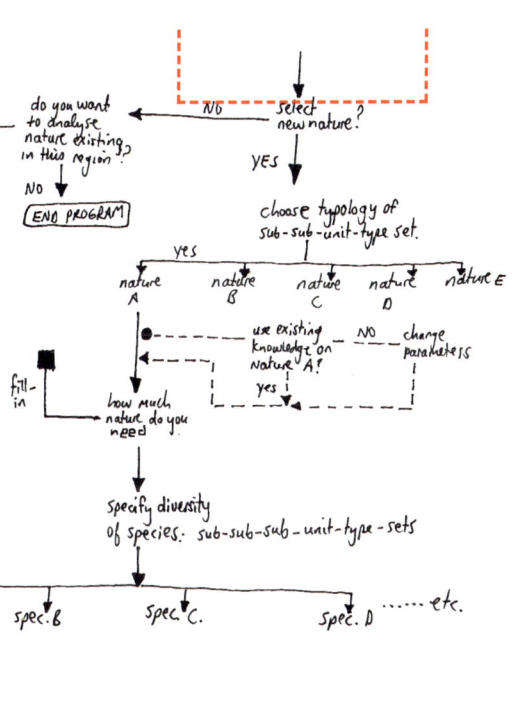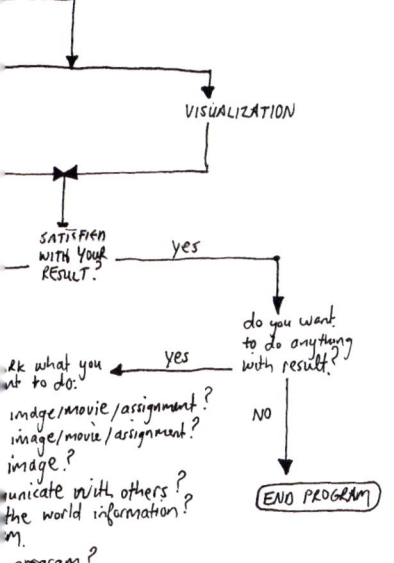

## TECHNISCHE GRUNDLAGEN

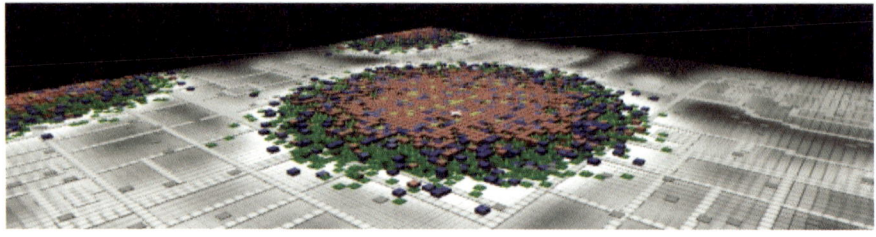

### KURZFASSUNG
Recherchearbeiten zu formalisierten Methoden für Stadtplanung und Design – das ist ein Tätigkeitsfeld des Architekturbüros MVRDV. Um diese Arbeit zu unterstützen, hat die Firma cThrough eine Softwareanwendung namens OptiMixer entwickelt. Dieses Design-Tool arbeitet nach einem formalisierten Prozess, mit dem Räumlichkeiten evaluiert, variiert und optimiert werden können. Die Gestaltung der Räumlichkeiten wird von dem User der Software, also dem Designer, kontrolliert. Dabei kann der User die Anzahl der eingesetzten Parameter, deren präzise Definition und den relativen Einflussgrad festlegen. Mit diesen Parametern ist OptiMixer dann in der Lage, räumliche Konfigurationen zu evaluieren. Darüber hinaus kann die Software auch Varianten entwerfen. Indem sie dann die Bewertung und deren Varianten kombiniert, werden schließlich Optimierungsentwürfe errechnet.

### DER KONTEXT
Um den Kontext dieses Projekts zu definieren, haben wir zahlreiche Projekte im Bereich Stadtdesign und Stadtplanung unter die Lupe genommen, bei denen man mit unterschiedlichen Softwaremodellen gearbeitet hatte. Dabei stießen wir unter anderem auf folgende Modelle:

- Das Internet
  Die Superlative der Materialanhäufung. Eine ungeheure Menge an komplexen, unzusammenhängenden und in Bezug auf die Qualität äußerst unterschiedlichen Informationen sowie zahllose Methoden, mit denen diese Informationen ausgesondert und verarbeitet werden können.

- Software für Modellentwürfe, Simulation, Visualisierung und Animation
  Ein vorgegebenes Design wird ästhetisiert oder veranschaulicht. Diese Art der Softwareanwendungen neigt dazu, mit mathematischen Modellen immer größere Informationen der materiellen Realität zu verarbeiten. Als die Computergrafik noch in den Kinderschuhen steckte, war es schon ein spektakulärer Erfolg, wenn ein Pixel in einer bestimmten Farbe auf der gewünschten, vorgegebenen Position am Monitor abgebildet wurde. Wenig später wurde bereits mit perspektivischen Grafiken gearbeitet. Heute sind wir schon soweit, dass dynamische Computersimulation beginnt, auf unseren Alltag einzuwirken.

- Geografische Informationssysteme (GIS)
  Geografische Informationssysteme arbeiten mit großen Mengen an geografisch indizierten Informationen (Daten, die sich auf einen genauen Standort beziehen). Diese Informationen können auf unterschiedliche Art und Weise manipuliert, evaluiert und dargestellt werden. Dabei zählen die GPS-Systeme, so wie sie heute im Kfz-Bereich eingesetzt werden, noch zu den am wenigsten komplizierten GIS.

- Computerspiele
  Strategie- und Simulationsspiele in Echtzeit werden zwar in erster Linie für die Unterhaltungsindustrie produziert, sie spielen aber auch für unsere Arbeit eine wichtige Rolle, da sie interaktive und dynamische Modelle der Realität zeigen.

# TECHNICAL BACKGROUNDS

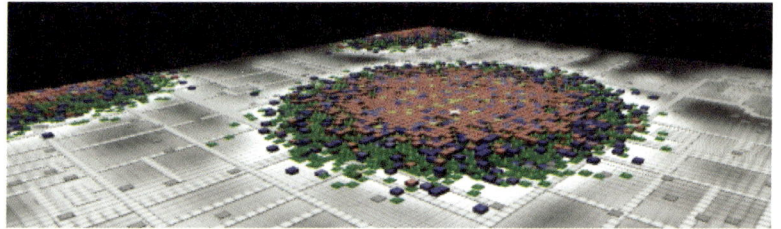

## ABSTRACT
MVRDV performs research on formalised methods for urban planning and design. To contribute to these goals, cThrough developed a software application named OptiMixer. OptiMixer is a design tool, it consists of a formalised process that evaluates, variates and optimises spatial envelopes. The specific implementations of spatial envelopes are controlled by the designer, in the role of the user of the software. This control is not expressed directly, but indirectly, via a set of parameters. The number of used parameters, the precise definitions and the relative degree of influence of each parameter can be set by the user. Using the parameters, OptiMixer can evaluate spatial configurations. Furthermore, it can create variants. Combining the two, it is capable of producing optimisations.

## CONTEXT
To define the context of this project, we looked at various examples of computer use in urban design and planning. A number of examples are:

- Internet
  The quantitative superlative of information providence. A large amount of complex, incoherent, in quality variating information, as well as a an abundance of methods to search and visualise this information.

- Modelling, simulation, visualisation and animation software
  A given design is shown in an aesthetic or clarifying way. This category of applications has the tendency of encapsulating more and more knowledge from (physical) reality via the mathematic models used. In the early days of computer graphics, it was considered an achievement when a pixel with a given colour was visible at the correct position on a television monitor. Shortly after, the rules of perspective were added, followed by reasonably correct lighting models. Nowadays, a multitude of phenomena like dynamics or acoustics are modelled realistically.

- GIS (Geografic Information Systems)
  Large amounts of geographically referenced information (data identified according to their locations) Is stored. This information can be manipulated, evaluated and viewed in various ways. A GPS system as used in car navigation systems is a relatively simple example of a GIS.

- Computer games
  Real-time strategy and simulation games are made with the intention to amuse, but are relevant for our work since they present dynamic, interactive models of reality.

Examining these applications, a number of observations can be made:

Firstly, there is no such thing as a single program *for everything*. Points of interest vary, according to the nature of the design problem. For a sonic wall or a music hall, acoustic simulations can be used. For the placement of

Bei der Bewertung dieser Anwendungen sind mehrere Aspekte zu berücksichtigen. Erstens: Ein einzelnes Programm, das universell für alle Bereiche einsetzbar ist, gibt es nicht. Die Schwerpunkte unterscheiden sich entsprechend den jeweiligen Aufgabenstellungen. Für einen Sonic Wall oder eine Konzerthalle können Akustiksimulationen eingesetzt werden. Für die Stationierung von Ölplattformen können GIS eingesetzt werden. Für den OptiMixer haben wir diese Umstände berücksichtigt und ein Modulsystem entworfen. Da sich die Akzente im Designbereich immer wieder verschieben, haben wir verschiedene Module in feiner Detailarbeit produziert. Des Weiteren werden notwendige Informationen immer wieder neu eingearbeitet. Eine direkte Verbindung zum Internet ist nur dann sinnvoll, wenn die verschiedenen Informationstypen in Bezug auf das Design formalisiert sind.

Zweitens: Die Anwendungen sind nicht in der Lage, das Design bereits in der Anfangsphase mit zu entwerfen. Das Design muss bereits bis zu einem gewissen Grad ausgearbeitet sein, bevor der Computer die Arbeit entscheidend unterstützen kann. OptiMixer arbeitet an dem Projekt, indem es die Prinzipien formalisiert, aus denen sich das Design zusammensetzt. Design und formelle Gesetzmäßigkeiten werden simultan entworfen. Es gibt keine grundsätzliche Unterscheidung für statistische, ästhetische oder funktionale Anforderungen.

Drittens: Wenn Anwendungen mit einem Bewertungsprozess arbeiten, bleibt dieser in der Regel unter der Oberfläche verborgen. Der Definitionsprozess der verschiedenen Bewertungsprinzipien wird über die entscheidende Schnittstelle Designer / Software reguliert. Das ist das Grundprinzip von OptiMixer, das sich durch einen Vergleich von SimCity und OptiMixer veranschaulichen lässt.

Wenn jemand SimCity für eine gewisse Zeit gespielt hat, dann wird bei dieser Person ab einem bestimmten Punkt auch die Neugier für die Bewertungskriterien geweckt, die das Spiel auf die städtebaulichen Konfigurationen anwendet. Diese Kriterien sind mitunter leicht zu entdecken. Wenn z. B. die Kriminalitätsrate steigt, dann muss darauf mit der Verstärkung der Sicherheitskräfte reagiert werden. In anderen Fällen sind die Kriterien wiederum äußerst undurchsichtig, so z. B. bei der Infrastruktur. Das folgende Diagramm zeigt den Ansatz von SimCity.

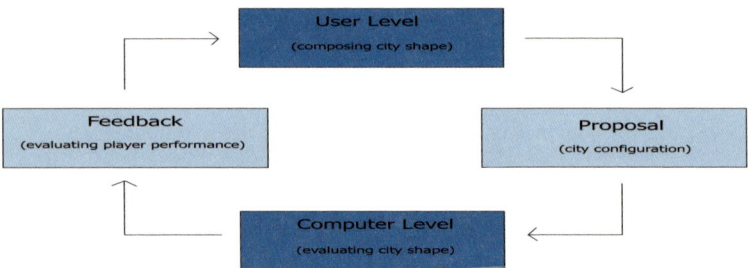

Der Spieler setzt Einheiten verschiedener Einheitstypen ein (Straßen, Wohnhäuser, Gewerbegebäude, Schienennetze, Rohrleitungsnetze etc.). Dabei wird die aktuelle städtebauliche Konfiguration im Computer verarbeitet und das entsprechende Ergebnis dem Spieler bzw. der Spielerin gemeldet. Die Bewertung wird gespeichert und bei der Firma Maxis von dem Entwicklungsteam – das das Spiel auch entwickelt hat – implementiert. Die Rückmeldung kann entweder über Indexdaten (z. B. die allgemeine Kriminalitätsrate), Karten (z. B. für den Grad der Umweltverschmutzung), Warnmeldekästchen (die z. B. Wassermangel anzeigen) oder ähnliche Daten erfolgen. Der Spieler ist dann dazu aufgefordert, die Informationen zu interpretieren, um dann entsprechende Maßnahmen einzuleiten. Dabei werden Einheiten entfernt, hinzugefügt oder neu positioniert. Die neue Konfiguration wird dann dem Programm übermittelt, im Rechner bewertet und schließlich neu ausgegeben. Wenn der Spieler die richtigen Maßnahmen durchgeführt hat, verbessert sich sein Punktstand.

Die OptiMixer-Software funktioniert in gewissem Sinne nach dem entgegengesetzten Prinzip.

oilplatforms, a GIS may be used. For OptiMixer, we accept this issue and create a modular system. As design accents change, different modules are worked out in finer detail. Furthermore, information is added on a need-to-know basis. A direct connection to the Internet is only useful if the consequences of various types of information on the design is formalised.

Secondly, the applications do not help to actually *design* in an early stage. A design must be elaborated to some degree before a computer can contribute anything substantial. In OptiMixer, this issue is dealt with by formalising the rules that make up the design from the beginning. Design and design forming rules are created simultaneously. Observe that there is no principal differentiation between statistical, aesthetic or functional rules.

Thirdly, with applications that include some sort of evaluation mechanism, exactly this evaluation remains hidden under the surface. In OptiMixer, the defining process of the various evaluation principles is the most important interface between the designer and the software. This observation touches the heart of OptiMixer, and can be illustrated by a comparison between SimCity and OptiMixer: After playing SimCity for a while, a player often develops some curiosity concerning the way the game evaluates the proposed city configurations. Sometimes this evaluation is fairly simple, a high crime rate exists, so more police stations should be built. Sometimes the evaluation is quite opaque, like the way infrastructure is evaluated. The following diagram illustrates the approach SimCity takes:

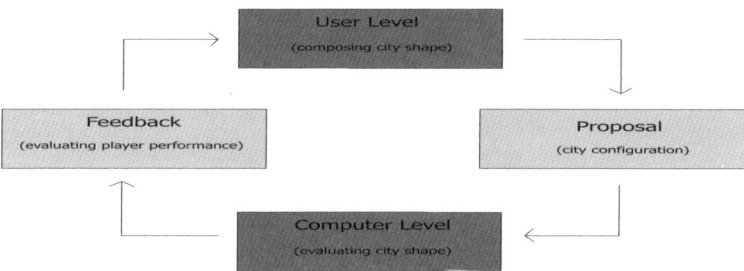

The player of the game places units from various unit-types (roads, residential buildings, commercial buildings, rails, pipes, etc). While he/she is doing that, the current city configuration is sent to the computer program that evaluates the city and sends feedback back to the game player. This evaluation is fixed, and is implemented by the development team at Maxis, the creators of the game. The feedback can consist of indexnumbers ("overall crime rate"), maps ("pollution map"), alertboxes ("water shortage detected"), etc. The player sees and interpreters this feedback and acts accordingly. Units are removed, added or repositioned. The configuration is sent to the program, an evaluation is done, and feedback is again given. Hopefully for the player, the overall city "score" has improved.

With OptiMixer it is, in a way, just the other way around:

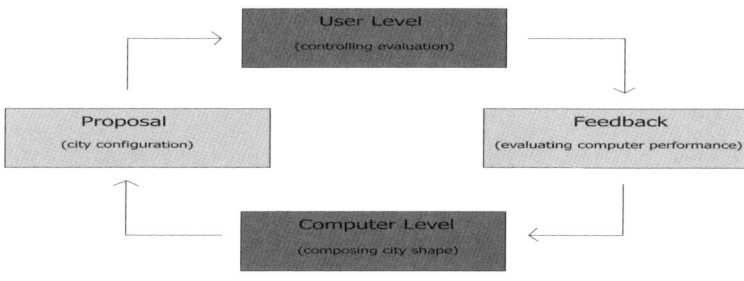

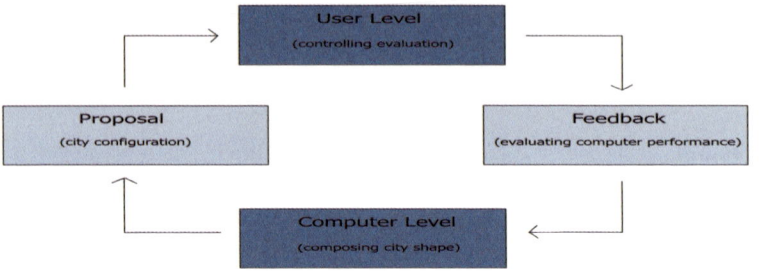

Ein Designer, der mit OptiMixer arbeitet, konzentriert sich auf die Details der Bewertung. Dabei werden die Anforderungen, die von der Konfiguration eingehalten werden müssen, formalisiert und ergänzt. Da den verschiedenen Anforderungen jeweils unterschiedliche Bedeutungsebenen entsprechen und da sie mitunter sogar gegenläufig sind, das heißt, sich gegenseitig widersprechen, wurde jeder einzelnen Bewertung ein so genannter Gewichtsfaktor zugeordnet. Das Programm sucht selbst die Konfigurationen aus, die die höchsten Punktzahlen ergeben; es nimmt also die Rolle an, die der Spieler in SimCity ausübt. Der Computer ist kein besonders intellektueller Spieler (er probiert lediglich sämtlich Variationen aus), aber er arbeitet ausgesprochen schnell.

## OPTIMIXER AUS DER PERSPEKTIVE DES DESIGNERS
In der Regel läuft der Einsatz von OptiMixer in vier Schritten ab.

1) Definieren Sie ihre Kategorie. Es ist sinnvoll, mit einem Wort oder einem Begriff anzufangen, beispielsweise „Risiko", „effiziente Infrastruktur", „Möglichkeiten der Freizeitgestaltung", „Wohnlichkeit", „Ambiente" etc.

2) Die Einheitstypen sind die Bausteine der simulierten Stadt. Sie können mit Hilfe von authentischen Daten definiert werden. Man kann sich aber auch während der Bewertungsanalyse inspirieren lassen (siehe Schritt Nr. 3). Wenn man nach Risikofaktoren sucht, dann fallen einem unter Umständen Atomreaktoren ein. Entsprechend sollten diese dann als Einheitstypen eingefügt werden. Wenn es darum geht, den Verwendungszweck eines großen landwirtschaftlichen Gebäudes zu definieren, könnte man z. B. Schweine einsetzen.

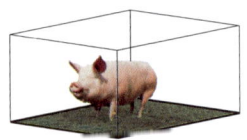

In diesem Stadium muss man bereits eine konkrete Vorstellung von den Ausmaßen und dem allgemeinen Konzept entwickelt haben.

3) Definieren Sie Ihre Bewertung. Dies ist mit Abstand der komplizierteste Arbeitsschritt. Er bedarf einer gründlichen Analyse der von Ihnen ausgesuchten Kategorie. Was bedeutet „Risiko" eigentlich genau? Wodurch werden Risikofaktoren beeinflusst? Ein Atomreaktor in der Nähe einer Stadt stellt ein Risiko dar. Das Risiko steigt jedoch in dem Maß, in dem sich die Entfernung von Reaktor und Wohngebiet verringert. Nachdem Sie Ihre Kategorie analysiert haben, muss diese formalisiert, das heißt quantifiziert werden. Der Computer sollte in der Lage sein, jede einzelne Stadt (beliebig erzeugt) zu definieren und dabei eine Punktzahl für Ihre jeweilige Kategorie zu errechnen. Ein Beispiel: Der Risikofaktor der Stadt X liegt bei 10, der Risikofaktor der Stadt Y liegt bei 3021. Wenn Sie zum Beispiel die Kategorie „Infrastruktur" bewerten müssen, dann wäre es Ihre Aufgabe, eine formalisierte, quantifizierbare Bewertung anzufertigen, um festzulegen, ob eine Stadt über eine effiziente Infrastruktur

A designer using OptiMixer focuses on the details of the evaluation. This amounts to formalising and adding demands that must be met by the configuration. Because different demands have a different level of significance, and can even be contradictory, a weight factor is added to every evaluation. The progam is continuously searching for configurations that result in high scores and consequently takes over the role of the player in SimCity. The computer is not a very smart 'player' (it just tries all kinds of different variations), but it is very fast.

## OPTIMIXER FROM THE DESIGNER'S PERSPECTIVE
Typical usage of OptiMixer amounts to a number of steps.

1)  Define your category. It is helpful to start with a word or a term. For example 'risk', 'efficient infrastructure', 'diversion', 'cosiness' or 'leisure fulfilment'.

2)  Define the unit-types you need. The unit-types are the building blocks of the city. You can choose to define the set of unittypes by gathering data, looking at the real world. But you can also be inspired while analysing your evaluation (step 3 below). While you were thinking about 'risk', you think of a nuclear power plant. So nuclear power plants should be added as a unit-type. If you are working on (say) a huge tower filled with live stock, you might need pigs:

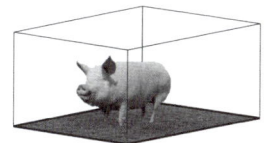

In this stage, you also think of the scale and the resolution of your design.

3)  Define your evaluation. This is by far the hardest part. It involves a thorough analysis of your chosen category. What is "risk"? What elements influence it? A city with a nuclear plant is riskier than a city without one. But a city with a nuclear plant close to dense residential areas is even more riskier. After you analysed your category, try to formalise it, make it countable. The computer should be able to evaluate every single city (randomly generated) and produce a score for your specific category. City X has a risk-score of 10, city Y has a risk score of 3021. Say you are blessed with the category "infrastructure". Then your task would be to make a formalised, countable evaluation to define whether a town shows an efficient infrastructural system. That is an unrealistically complex task. So.. try to find the essentials. From the thousands of different elements that influence infrastructure, try to find those three or four that are the most important, that have the most effect. That choice is difficult, it is based on intuition, creativity, professional knowledge and plain common sense.

4)  Add a slider. The slider principle is the same for every category. The purpose of the slider is to give control to the user of the program. If the slider is dropped to zero, the program will not consider that category at all. So you could have made a parameter "risk", but the controller of the program could choose to completely ignore the risk aspect in his/her city. It also allows you to ignore the parameters of your fellow parameter-definers. The other extreme is to slide the "risk" slider all the way up, and all the other sliders down. The program will only consider the risk factor, and nothing else, and would produce the ultimate no-risk city.

verfügt. Das ist auf Grund der Komplexität nahezu unmöglich. Also muss man sich auf das Wesentliche konzentrieren, auf die drei oder vier Faktoren, die den größten Einfluss haben. Die Auswahl ist ausgesprochen schwierig. Dabei muss man sich auf seine Intuition, seine Kreativität, sein professionelles Know-how und schließlich auch auf seinen gesunden Menschenverstand verlassen.

4) Setzen Sie zusätzlich auch einen Slider ein. Das Slider-Prinzip gilt für alle Kategorien gleichermaßen. Der Slider dient dazu, dem User ein Kontrollinstrument für das Programm zur Verfügung zu stellen. Wenn der Slider auf Null zurückfällt, berücksichtigt das Programm diese Kategorie nicht mehr. Man hätte natürlich den Parameter „Risiko" aufstellen können; der Kontrolleur des Programms könnte sich aber auch dazu entschließen, diesen Risikoaspekt in seiner Stadt komplett zu ignorieren. Dabei kann man auch die Parameter ignorieren, die andere definiert haben. Die andere Extremsituation wäre gegeben, wenn man den so genannten „Risiko-Slider" auf die oberste Position einstellen würde und alle anderen auf die unterste. Das Programm berücksichtigt dabei ausschließlich den Risikofaktor und würde so die absolut risikofreie Stadt entwerfen.

## HINTERGRUNDINFORMATIONEN ZUR OPTIMIERUNG
Die allgemeine Struktur des OptiMixers (ebenso wie allgemeine Techniken zur Optimierung) können klar in vier Komponenten eingeteilt werden:

- Lösungsumfang
- Bewertungskriterien
- Variationsmechanismus
- Optimierungsalgorithmus

Diese vier Komponenten werden im Folgenden an Hand von Beispielen im Rahmen der Software OptiMixer erläutert.

### Lösungsumfang
Der räumliche Umfang, innerhalb dessen man agieren kann, besteht aus einem dreidimensionalen, orthogonalen, homogenen Raster kubischer Formen, die Voxels genannt werden. Jeder Voxel repräsentiert immer genau eine Funktion. Die Größe der Voxel sowie die Anzahl der Voxel über den drei Hauptachsen definieren die Darstellung des Globus. Eine Funktionsanwendung eines einzelnen Voxels ist eine Einheit. Die Einheiten bestehen aus verschiedenen Typen, den Einheitstypen. Beispiele für die unterschiedlichen Einheitstypen wären z. B. Wohnhäuser, Büroräume, Parkanlagen, Industriegebiete oder die Infrastruktur. Eine Einheit ist eine konkretes Beispiel eines Einheitstyps.

Der Lösungsumfang besteht aus dem vollständigen Satz aller möglichen gültigen Konfigurationen. „Gültig" bedeutet in diesem Zusammenhang, dass einer Konfiguration keine qualitativen Anforderungen aufgezwungen werden dürfen – jede Lösung, die sich auf den Spielraum des Modells begrenzt, reicht also völlig aus. Der Lösungsbereich dient dazu, die Aufgabe genauer einzugrenzen. Je niedriger die Punktzahl des Spielraumes oder auch der Darstellung innerhalb eines Spielraumes ist, um so niedriger sind auch die Lösungsbereiche.

Ein einfaches, durch den OptiMixer angeregtes Beispiel veranschaulicht dies. In diesem Beispiel befinden sich nur zwei Einheitstypen in einem Lösungsbereich von 2x2x1

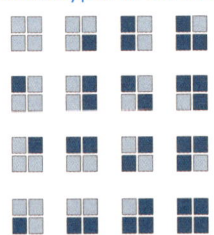

Voxeln. Der Bereich ermöglicht eine begrenzte 16 ($2^{(2x2x1)}$) Lösung.

## BACKGROUND ON OPTIMISATION

The overall structure of OptiMixer (and optimisation techniques in general) can be clearly distinguished into four components:

- Solution envelope
- Evaluation criteria
- Variation mechanism
- Optimisation algorithm

In the remainder of this article these general components will be further elaborated and illustrated by examples from OptiMixer.

### Solution envelope

The spatial envelope in which you can work consists of a three dimensional, orthogonal, homogenous grid of cubical shapes, called *voxels*. Every voxel has exactly one function applied to it. The voxelsize together with the number of voxels over the three main axes define the resolution of the world. A function application to a single voxel is called a *unit*. Units are of a specific type, the *unit-type*. Examples of different unit-types are housing, offices, parks, industry or infrastructure. A unit is a concrete instance of a unit-type (a house, a park, etc).

The solution envelope consists of the complete set of all possible valid configurations. In this context, the word 'valid' implies that no qualitative demands are imposed on a configuration, every solution that falls within the degrees of freedom of the model suffices. The solution envelope serves to confine the assignment into a defined space. A lower number of degrees of freedom, or a lower degree of resolution within a degree of freedom will lead to smaller solution envelopes

A simple example which is inspired by the OptiMixe: In this example only two possible unittypes are found in a 2x2x1 solution envelope. The envelope allows for a limited 16 ($2^{(2 \times 2 \times 1)}$) solutions:

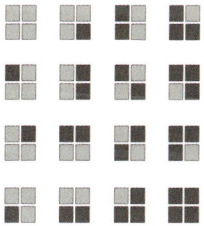

The solution envelope can be reduced to six valid solutions if we state that both unit-types should have exactly two occurrences:

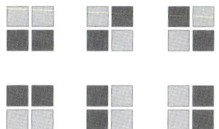

A more expected envelope would consist of 100x100x5 voxels, of which each space can randomly contain 8 unit-types. Therefore there are $8^{50000}$ valid possible solutions. This is such an inconceivable number, that the solution envelope can only be imagined as a gigantic 'cloud of possibilities' where every point is a complete urban solution in itself. In this cloud, similar solutions can be found close to each other, where the difference may be as small as one unit.

In OptiMixer the solution space is defined by the user. It consists of the size of a voxel, the number of voxels in the direction of the three main axes and the set of unittypes.

Der Lösungsbereich kann auf sechs gültige Lösungen reduziert werden, wenn wir uns dazu entschließen, dass die beiden Einheitstypen genau zweimal auftauchen sollen.

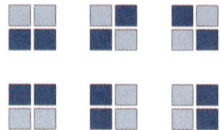

Wahrscheinlicher wäre ein Bereich, der sich aus 100x100x5 Voxeln zusammensetzt, wobei jede Raumeinheit bis zu acht Einheitstypen enthalten kann. Daraus ergeben sich 850.000 mögliche gültige Lösungen. Diese Zahl ist so unvorstellbar groß, dass man sich den Lösungsbereich nur als gigantisches Wolkengebilde aus Lösungen vorstellen kann, in dem jeder einzelne Punkt eine vollständige städteplanerische Lösung für sich darstellt. In diesem Wolkengebilde stehen ähnliche Lösungen, die sich zum Teil nur in einer einzelnen Einheit unterscheiden, ganz dicht beieinander.

Bei OptiMixer bestimmt der User den Lösungsraum. Dieser besteht aus der Größe eines Voxels sowie der Anzahl an Voxeln, die an den drei Hauptachsen ausgerichtet sind, sowie aus den Einheitstypen.

Bewertungskriterien

Die Bewertungskriterien erarbeiten aus dem Lösungsbereich einen qualitativen Lösungsmaßstab. Für jede Lösung ermitteln sie einen Punktstand bzw. eine Bewertungsnote und ermöglichen so einen Vergleich der unterschiedlichen Lösungen. Mit den Bewertungskriterien ist der Designer dann in der Lage, ‚gute' von ‚schlechten' Lösungen zu unterscheiden. Da OptiMixer mit formalisierten Prozessen arbeitet, sollten die Bewertungskriterien ausführlich ausgearbeitet werden.

Bewertungskriterien sind zum Beispiel: Verschiedenheit (Inwiefern wurden Wohn- oder Gewerbegebäude verändert?), Lärmschutz (Inwieweit wurde bei der räumlichen Organisation die Lärmempfindlichkeit der verschiedenen Einrichtungen beachtet?) oder Sonneneinstrahlung (Inwieweit werden unterschiedliche Einrichtungen mit der jeweils notwendigen Sonneneinstrahlung versorgt?).

Um mit dem Begriff ‚qualitativer Lösungsmaßstab' arbeiten zu können, haben wir uns dazu entschieden, die Divide-et-impera-Strategie einzusetzen, also ‚zu teilen und zu herrschen'. Dabei wird die Punktzahl am Ende in untergeordnete Punktzahlen aufgeteilt (die aus untergeordneten Bewertungskriterien ermittelt werden). Jedes untergeordnete Bewertungskriterium ist mit einem Gewichtsfaktor ausgestattet, aus dem sich ein Parameter ergibt. Wenn also S die Lösung für die Raumeinheit ist, und wenn s ein Element von S, und wenn $f_1$ durch $f_n$ die untergeordneten Bewertungskriterien darstellt und schließlich $w_1$ durch $w_n$ die Gewichtsfaktoren, dann ist die absolute Punktzahl f einer Lösung:

$$f(s) = w_1 f_1(s) + \ldots + w_n f_n(s)$$

Ein (untergeordnetes) Bewertungskriterium ist ein spezifischer Typ, ein Bewertungstyp. Dem Designer stehen zu jedem Zeitpunkt eine Auswahl an Bewertungstypen zur Verfügung. Diese Auswahl wird ständig erweitert, da immer wieder Designprinzipien herangezogen werden, die mit Hilfe der aktuellen Bewertungstypen nicht ausgestaltet werden können.

Einige der zur Verfügung stehenden Bewertungstypen sind beispielsweise:

- *EvaluatorCounter*
  Ein EvaluatorCounter zählt für einen bestimmten Einheitstypen die Anzahl der eingesetzten Einheiten desselben spezifischen Typs. Falls die Anzahl der Einheiten von der vorgegebenen Anzahl abweicht, werden Punkte von der Gesamtpunktzahl abgezogen. Indem man einen EvaluatorCounter für jeden Einheitstyp hinzufügt, können die gewünschten quantitativen Forderungen dargestellt werden, ohne dass Forderungen bezüglich der geometrischen Aufteilung der Einheiten eingefügt werden müssten. Darüber hinaus kann auch eine Forderung wie z. B. „Asphaltmenge reduzieren" eingefügt werden (Zurücksetzen der Mengeneinheit im Bereich Infrastruktur auf Null).

Evaluation criteria

The evaluation criteria give a qualitative measure of solutions from the solution envelope. For every solution, the evaluation criteria give a unique score, a grade point, making solutions comparable. Using the evaluation criteria, the designer distinguishes 'good' from 'bad' solutions. Because OptiMixer is a formalised process, evaluation criteria should be elaborated in detail.

Examples of evaluation criteria are: diversity (to what degree are houses and offices alternated), noise-hindrance (to what degree are different functions spatially organised according to their noise sensitivity) or sunlight (to what degree do functions receive adequate sunlight).

To handle the notion of 'qualitative measure of solutions', we chose to use a divide and conquer strategy. The final score is subdivided into subscores (resulting from subevaluation criteria). Every subevaluation criterium is equiped with a weightfactor, resulting in a parameter. If S is the solution space, s an element of S, $f_1$ through $f_n$ are the subevaluation criteria and $w_1$ through $w_n$ the weightfactors, the total score f of a solution is:

$$f(s) = w_1 f_1(s) + \ldots + w_n f_n(s)$$

A (sub)evaluation criterium is of a specific type, an evaluation-type. At any one moment there is always a fixed collection of existing evaluation-types available to the designer. This set is extended constantly, since there are always design principles that can not be expressed using the current set of evaluation-types.

A number of examples of available evaluation-types are:

- *EvaluatorCounter*
  An EvaluatorCounter counts for a given unittype the total number of occurrences of units of that specific type. If the current number of occurrences deviates from a given target amount, the score is lower. By adding an EvaluatorCounter for every unittype, the desired quantitative demands can be expressed without adding demands concerning the geometrical partitioning of the units. Furthermore, a demand like "minimise asphalt" can be expressed (set target amount of infrastructure to zero).

- *EvaluatorDistanceFixedPoints*
  EvaluatorDistanceFixedPoints adds all distances between instances of a given unittype to a list of fixed points. As an example, this evaluationtype makes it possible to minimize distances from houses to infrastructural junctions.

- *EvaluatorIntrinsic*
  EvaluatorIntrinsic is a purely geometric evaluatortype. Occurrences of a chosen unittype receive a score based on their positioncoordinate. A possible application of this type is a cost penaltyfunction for high-rise buildings. Higher units (with a higher z-coordinate) cost more, units will be placed on ground level.

- *EvaluatorInfluenceMap*
  Using an EvaluatorInfluenceMap, one can express influences from one unittype to another unittype. Firstly, a list of generators is created. A generator represents a source of influence. The local influence of a source can be expressed in a three-dimensional matrix with influencevalues, an influencemap. Every occurrence of a unittype that has been defined as a source in a generator, adds this matrix to a global accumulationmap. The accumulationmap thus represents the global summation of all these local influences. For different influencetypes, different accumulationmaps exist, think of noise or shadow.

- *EvaluatorDistanceFixedPoints*
  EvaluatorDistanceFixedPoints addiert sämtliche Entfernungen zwischen den aufgeführten Exemplaren eines bestimmten Einheitstyps und überführt die Werte in eine Liste festgesetzter Punkte. Mit diesem Bewertungstyp ist es z. B. möglich, die Entfernungen zwischen Häusern und infrastrukturell wichtigen Kreuzungen zu verringern.

- *EvaluatorIntrinsic*
  Bei EvaluatorIntrinsic handelt es sich um einen rein geometrischen Bewertungstyp. Die aufgeführten Exemplare der jeweiligen Einheitstypen erhalten eine Punktzahl, die von ihrer Positionskoordinate abhängig ist. Eine mögliche Anwendung dieses Typs ist eine Strafgebühr für Hochhäuser. Höhere Einheiten (mit einer höheren Z-Koordinate) kosten mehr; die Einheiten werden ebenerdig platziert.

- *EvaluatorInfluenceMap*
  Mit EvaluatorInfluenceMap ist man in der Lage, Einflüsse von einem Einheitstyp auf einen anderen auszuüben. Zuerst wird eine Liste mit Generatoren angefertigt. Ein Generator ist in diesem Fall eine Einflussquelle. Der (lokale) Einfluss einer Quelle kann in einer dreidimensionalen Matrix mit Einflusswerten (einer Einflusskarte) dargestellt werden. Alle aufgeführten Exemplare der Einheitstypen, die als Quelle in einem Generator definiert wurden, addiert diese Matrix in eine (globale) so genannte Anhäufungskarte. Diese Anhäufungskarte repräsentiert die globale Summe aller lokalen Einflüsse.

  Zuerst wird eine Liste mit Generatoren angefertigt. Ein Generator ist in diesem Fall eine Quelle. Der lokale Einfluss einer Quelle kann in einer dreidimensionalen Matrix mit Einflusswerten (einer so genannten Einflusskarte) dargestellt werden. Alle aufgeführten Exemplare der Einheiten, die in einer Konfiguration als Generator definiert wurden, addiert diese lokale Einflusskarte in eine globale Anhäufungskarte. Diese Anhäufungskarte beinhaltet also die globale Summe aller lokalen Einflüsse. Für verschiedene Einflusstypen gibt es verschiedene Anhäufungskarten (man denke z. B. an Lärm oder Schatten).

  In der eigentlichen EvaluatorInfluenceMap wird ein anderer (oder derselbe) Einheitstyp ausgesucht, der dann von dem Einfluss in der Anhäufungskarte beeinträchtigt wird. So gibt es z. B. Häuser, die von Lärm oder Schatten beeinflusst werden. Sämtliche Einflüsse dieser Art werden addiert und ergeben schließlich die Endpunktzahl.

  Zwei Beispiele für Einfluss-Bewertungseinheiten sind Lärm und Schatten. Die Abnahme von Lärm über bestimmte Entfernungen kann logarithmisch errechnet werden: der Mittelpunkt der Einflusskarte (der Matrix) weist die höchsten Werte auf (Zentrum der Lärmquelle), die niedrigsten Werte sind an den Rändern der Einflusskarte verzeichnet. Die Einflusskarten für Schatten sind nicht symmetrisch. Schatten werden in erster Linie nach Norden und unter der Lichtquelle geworfen, und zu einem geringeren Grad auch nach Osten und Westen.

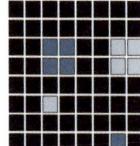 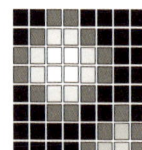 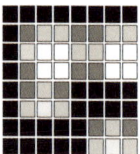

  Die Abbildungen zeigen die Anhäufungskarte für Lärm (Mitte) und Schatten (rechts) sowie die konstruierten Bereiche, von denen die Einflüsse ausgehen. Rote und blaue Einheiten bringen Schatten hervor, und nur die blauen Einheiten produzieren Lärm.

- *EvaluatorTransitions*
  Der Bewertungstyp EvaluatorTransitions bestimmt die Endpunktzahl, indem er die Übergänge zwischen zwei definierbaren Einheitstypen zählt.

In the actual EvaluatorInfluenceMap a different (or the same) unittype is chosen which is affected by the influence in the accumulationmap. Think of houses that are affected by the presence of noise or shadow. All these influences are added and form the final score.

Two examples of influenceevaluators are noise and shadow. Noise shows a logarithmic decline over distance, the centre of the influencmap (the matrix) has the highest value (produced dba level directly in the source), the corners of the influencemap have the lowest values. The influencemaps for shadow are not symmetrical. Shadow is cast mainly to the north and under the source and to a lesser degree to the east and west.

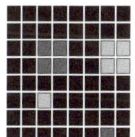 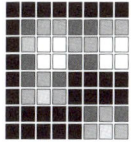 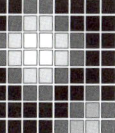

The figures shows the accumulationmap for noise (centre) and shadow (right) and the built areas that produce the influences. Red and blue units generate shadow, only blue units generate noise.

- *EvaluatorTransitions*
  The EvaluatorTransitions evaluatortype determines the endscore by counting transitions between two definable unittypes.

  This evaluatortype can be used to create mixing or clustering. In the first case, transitions between different unittypes are appreciated (housing/offices, or housing/park), in the second case transitions between identical unittypes are appreciated (housing/housing, park/park)

- *EvaluatorAdjacencyCount*
  The EvaluatorAdjacencyCount type gives control over clustering typologies. A unittype is given, and for every possible number of neighbours of an identical type, an appreciation or disapprovement factor is given. An appreciation of exactly zero neighbours will create single units. An appreciation of exactly two neighbours results in snake-shaped clusters and a positive appreciation of six neighbours gives massive constellations.

## Variation mechanism

The variation mechanism offers the possibility of deriving one or more new solutions from an existing one. Small modifications to an existing solution are performed and the new solution is evaluated. Only solutions that produce better scores are accepted. Solutions can thus evolve to solutions with higher scores.

A variation mechanism can produce a large set of possible variations from which a solution is arbitrarily chosen (a fine-grained variationmechanism) or it can follow a predefined deterministic path through the solution space. Both extremes have advantages and disadvantages. A fine-grained variation mechanism can move freely through the solution space and find unexpected solutions (that show a hidden, not expected quality), but it might be relatively slow. A deterministic variation mechanism will find solutions faster, it has built-in intelligence, and the solutions will always show traces of this knowledge.

OptiMixer implements different variation mechanisms. An often used fine-grained variation mechanism is for example the random change of a unit at a random position. A different variation mechanism is the swapping of two arbitrarily chosen units.

Dieser Bewertungstyp kann eingesetzt werden, um Gruppierungen zu mixen. Im ersten Fall werden Übergänge zwischen verschiedenen Einheitstypen positiv bewertet (Wohnungen/Büroräume oder Wohnungen/Parkanlage), im zweiten Fall werden Übergänge zwischen identischen Einheitstypen positiv bewertet (Wohnungen/Wohnungen, Parkanlage/ Parkanlage).

- *EvaluatorAdjacencyCount*
  Mit dem EvaluatorAdjacencyCount-Typ kann man Gruppierungstypologien kontrollieren. Ein Einheitstyp ist vorgegeben, und für jede mögliche Nummer eines identischen Typs wird ein Zustimmungs- oder Ablehnungsfaktor gegeben. Bei einer Zustimmung von null Nachbarn werden einzelne Einheiten produziert. Bei einer Zustimmung von zwei Nachbarn werden schlangenförmige Gruppierungen produziert. Eine Zustimmung von sechs Nachbarn produziert enorme Konstellationen.

## Variationsmechanismus

Der Variationsmechanismus erlaubt die Ableitung von einer oder mehreren neuen Lösungen aus einer bereits bestehenden. Dabei werden an der bestehenden Lösung kleine Veränderungen vorgenommen; im Anschluss wird dann die neue Lösung bewertet. Es werden aber nur die Lösungen akzeptiert, die bessere Ergebnisse hervorbringen. So können Lösungen neue Lösungen mit einer höheren Punktzahl hervorbringen.

Der Variationsmechanismus ermöglicht also die Herleitung einer oder mehrerer neuer Lösungen aus einer alten, bereits bestehenden Lösung. Ein Variationsmechanismus ist in der Lage, zahlreiche Variationen hervorzubringen, von denen dann eine einzelne beliebig ausgewählt wird (so beim feinstufigen Variationsmechanismus). Er kann aber auch einem vordefinierten (deterministischen) Pfad durch den Lösungsraum folgen. Beide Extreme haben ihre Vor- und Nachteile. Ein feinstufiger Variationsmechanismus kann sich frei im Lösungsraum bewegen und unerwartete Lösungen hervorbringen (die einen verborgenen und unerwarteten Wert haben), dabei geht er unter Umständen aber auch relativ langsam zu Werk. Ein deterministischer Variationsmechanismus findet die Lösungen schneller; er arbeitet mir eingebauter Intelligenz.

OptiMixer implementiert verschiedene Variationsmechanismen. Ein oft eingesetzter feinstufiger Variationsmechanismus ist z. B. die willkürliche Veränderung einer Einheit an einer beliebigen Position. Ein anderer Variationsmechanismus ist der Austausch von zwei willkürlich ausgewählten Einheiten. Für dieses letzte Beispiel und das oben erwähnte einfache Beispiel kann das folgende Schema entworfen werden:

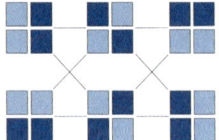

Jede Verbindung gibt einen möglichen Pfad vor, dem der Variationsmechanismus durch den Lösungsraum folgen kann. Jede gemachte Verbindung eröffnet dem Variationsmechanismus einen Pfad, den er einschlagen kann. Eine Lösung in der unteren Mitte könnte von einer vorangegangenen Lösung des unteren linken Randes hervorgebracht worden sein, wobei dann schließlich eine Lösung am oberen rechten Rand auftaucht. Für den enormen Lösungsraum einer realen Konfiguration kann man sich den Variationsmechanismus als eine Art Netzwerk vorstellen. Jede Lösung kann mit Milliarden anderer Lösungen vernetzt werden.

Es sind viele andere Variationsmechanismen vorstellbar, so z. B. das Verschieben von beliebig ausgewählten Einheitsbereichen über eine beliebige Entfernung.

## Optimierungsalgorithmus

Der Optimierungsalgorithmus ist mit dem Variationsmechanismus verbunden. Zusammen legen sie fest, wie der Lösungsraum navigiert wird. Sie unterscheiden sich allerdings darin, dass sich der Variationsmechanismus mit jeder Problemkonstellation ändert, wohingegen sich der Optimierungsalgorithmus auf eine Vielzahl

For this latter case and the above-mentioned simple example the following scheme can be made:

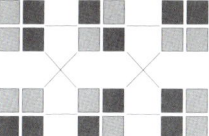

Every connection gives a possible path that the variation mechanism can follow through the solution space. Every connection made offers the variation mechanism a possible path to travel. A solution in the middle bottom could be generated from an initial solution at the bottom left, followed by the generation of the solution at the top right. For the gigantic solution space of a real configuration, the variation mechanism can be imagined as a network. Each solution can be connected to billions of others.

Many other variation mechanisms are thinkable, for example the shifting of randomly chosen areas of units moved over a random distance.

Optimisation algorithm
The optimisation algorithm is related to the variation mechanism. Together they determine the manner in which the solution space is navigated. One difference is that the variation mechanism is different for every problem, while the optimisation algorithm is applicable to a wide class of problems.

A conceptual, simple and powerful optimisation algorithm is Local Search.

> Calculate an initial solution s and evaluate this. Create a variation s' from s and evaluate this. If s' is better than s, continue calculating with s' and reject s. If s' is worse than s, reject s' and go back to s. Continue until all possible variations have been evaluated.

The following example illustrates that a given pair (varationmechanism, optimisation algorithm) does not always reach an optimum solution.

In OptiMixer two unit-types are defined. The solutionspace consists of a 8x8x1 grid, with an equal amount of two different unittypes. The evaluationcriterium aims at maximum diversity. This is achieved by counting the number of surrounding borders (horizontally and vertically) using the Evaluator Transitions type. The variation mechanism consists of the swapping of two (different) units.

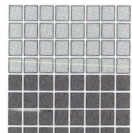 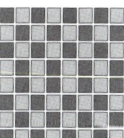 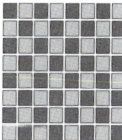

The model on the left is a valid solution with a minimum score (8 points). The optimal solution is quite straightforward in this case: a checkerboard pattern is seen in the right figure (every border is a transition, 112 points). After a few trials, Local Search finds the best solution and stalls, which is illustrated in the middle figure. There is no improvement possibility left-over, by swapping two units, and therefore no more variants are accepted. However, the optimal solution has not been found.

The above indicated situation is typical within the realm of algorithmic optimisation methods, and is known as a local maximum. The solution is 'maximal' in the sense that the given maximisation mechanism cannot reach further improvement. The solution is 'local' because the solution (in this case demonstrable) is not the best solution. Generally speaking, there is no

unterschiedlicher Probleme anwenden lässt. Ein konzeptueller, einfacher und leistungsstarker Optimierungsalgorithmus ist Local Search.

Errechnen Sie die erste Lösung S und bewerten Sie sie. Fertigen Sie die Variation S' an und bewerten Sie diese ebenso. Falls S' besser als S ist, verwerfen Sie S und rechnen Sie mit S' weiter. Wenn S' schlechter als S ist, verwerfen Sie S' und rechnen Sie mit S weiter. Fahren Sie mit der Methode fort, bis sämtliche Variationen bewertet sind.

Das folgende Beispiel beweist, dass ein Paar (Variationsmechanismus, Optimierungsalgorithmus) nicht in jedem Fall die optimale Lösung hervorbringt.

In OptiMixer sind zwei Einheitstypen definiert. Der Lösungsraum besteht aus einem 8x8x1 Raster und der identischen Menge von jeweils zwei Einheitstypen. Das Bewertungskriterium strebt maximale Vielfalt an. Diese wird mit Hilfe des EvaluatorTransitions-Typs durch das Zählen der umstehenden Abgrenzungen (horizontal und senkrecht) hervorgebracht. Der Variationsmechanismus besteht aus dem Austausch von zwei (verschiedenen) Einheiten.

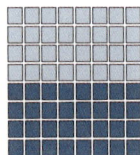 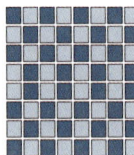 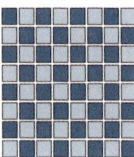

Das Modell zur linken ist eine gültige Lösung mit der Mindestpunktzahl (8 Punkte). Die optimale Lösung ist in diesem Fall relativ unkompliziert: in der rechten Abbildung ist ein Checkerboard-Muster abgebildet (jede Abgrenzung ist ein Übergang, 112 Punkte). Nach einigen Probeläufen findet Local search die beste Lösung und setzt sich dort fest (siehe Abbildung Mitte). Verbesserungsmöglichkeiten durch das Austauschen von zwei Einheiten sind nun nicht mehr möglich, daher werden auch keine Varianten mehr angenommen. Die optimale Lösung konnte allerdings nicht gefunden werden.

Die oben aufgeführte Situation ist für algorithmische Optimierungsmethoden nicht untypisch – sie wird als lokales Maximum bezeichnet. Die Lösung ist insoweit ‚maximal', als dass der vorgegebene Maximierungsmechanismus nicht weiter verbessert werden kann. Die Lösung ist insofern ‚lokal', weil die Lösung (in diesem Fall nachweislich) nicht die beste ist. Allerdings ist es in der Regel nicht möglich, zu beweisen, dass es sich bei einer Lösung tatsächlich um die beste handelt. Diese rein theoretische Größe (der besten Lösung) bezeichnet man als ‚globales Maximum'.

Um sich aus dieser ‚Sackgasse' zu befreien, muss man die Kalkulation mehrmals neu starten und dabei jedes mal von völlig neuen Ausgangspunkten ausgehen. Wenn diese Versuche alle das gleiche maximale Ergebnis hervorbringen, dann können wir davon ausgehen, dass das ausgearbeitete lokale Maximum gleichzeitig auch das globale Maximum ist. Wenn allerdings viele verschiedene lokale Maxima ausgearbeitet werden, dann können wir nur die beste Lösung als unser Maximum verwenden – ohne die Sicherheit, dass es sich dabei auch um ein globales Maximum handelt.

Die Verbindung zwischen Variationsmechanismus und Optimierungsalgorithmus zeigt sich in zwei möglichen Lösungen, deren Ursache im Checkerboard-Problem liegt:

1) Verbessern Sie den Variationsmechanismus. Zum Beispiel, indem sie die Verschiebung von größeren Bereichen (Sections) ermöglichen. Die Variation „Bewegen Sie die untere oder die obere Hälfte der Tafel um 1 Position nach links oder rechts" reicht aus, um das globale Maximum zu finden. Dabei ist zu berücksichtigen, dass, wenn man diese Verschiebungen zu dem Variationsmechanismus hinzufügt, auch zahlreiche erfolglose Verschiebungen durchgeführt werden.

2) Verwenden Sie ein anderes Optimierungsprogramm. Eine Variante von Local Search ist z. B. Simulated Annealing. Bei diesem Algorithmus werden auch so

means of proving whether a found solution is really the best one. If this were the case, then it is known as a 'global maximum'.

The only way to deal with this impasse is to restart the calculation several times, using each time entirely different starting points. If each of these trials gives the same maximum result, then we can assume that the discovered local maximum is also a global maximum. If many dissimilar local maximums are found, then we can only take the best solution as our maximum, without being convinced that a global maximum has been found.

The connection between variation mechanism and optimisation algorithm is evident by two possible solutions which can be found in the checkerboard impasse:

1) Improve the variation mechanism. This for instance by tolerating that big areas (sections) can be shifted. The variation: "Shift bottom or top half of the board 1 step towards the left or right" is enough to find the global maximum. One must realise that by adding these areashifts to the variation mechanism, a large number of unsuccessful shifts will be tried as well.

2) Use another optimisation program. A variation of Local Search is Simulated Annealing. In this algorithm, during several steps, weakened variations will also be accepted. In the example, it would allow the middle figure to leave its expected course.

For very large solution envelopes, the optimisation algorithm could be illustrated with an analogy of a spider crawling through a web of possible solutions. All the solutions are points, the variation mechanism creates the wires in-between points. The spider (the optimisation algorithm) walks over these wires searching for local maxima. By adding multiple spiders, more local maxima are found. If all spiders end in the same point, that point is the global maximum.

For the above-mentioned example, the spider will crawl in the direction of the arrows. From the solutions in the corners (with a score of 2 on diversity), a random path is chosen to reach one of the solutions in the centre (with a score of 4 on diversity).

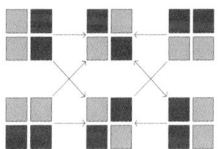

genannte geschwächte Varianten akzeptiert. In dem Beispiel ist es der mittleren Figur möglich, von ihrem antizipierten Kurs abzuweichen.

Für sehr große Lösungsbereiche könnte man den Optimierungsalgorithmus mit einer Spinne vergleichen, die ein Netz möglicher Lösungen abwandert. Die Lösungen werden durch Punkte dargestellt, der Variationsmechanismus verbindet die Lösungen mit Fäden. Die Spinne – also der Optimierungsalgorithmus – läuft diese Fäden ab, auf der Suche nach lokalen Maxima. Indem man mehrere Spinnen einsetzt, können mehrere lokale Maxima gefunden werden. Wenn sich alle Spinnen in einem Punkt treffen, dann handelt es sich dabei um das globale Maximum.

Bei dem oben angegebenen Beispiel läuft die Spinne die Fäden in Pfeilrichtung ab. Von den Lösungen in den Ecken (mit 2 Punkten für Vielfalt) wird ein beliebiger Pfad ausgewählt, der zu einer der Lösungen in der Mitte führt (mit 4 Punkten für Vielfalt).

ZUSAMMENFASSUNG

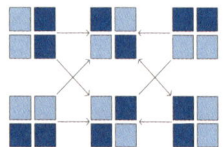

Die OptiMixer-Software bildet ein Grundgerüst, mit dem ein neues Designkonzept umgesetzt wird. Wenn man eine solche Behauptung aufstellt, muss man eigentlich auch alte und neue Konzepte ausführlich und präzise vorstellen und erläutern. Keine leichte Aufgabe, der man sich aber doch stellen sollte, weil man so ein Verständnis für die dahinter stehenden Ideen entwickelt. OptiMixer präsentiert uns völlig unerbittlich die räumlichen Konsequenzen der eingesetzten Designprinzipien. Nicht selten schlägt der erste Versuch fehl. Der letzte Entwurf basiert zwar in jedem Fall auf den Gesetzen der Logik, aber er entspricht nicht dem, was der Designer ursprünglich geplant hatte. Die Prinzipien werden neu definiert oder es werden zusätzliche Prinzipien entworfen. Wenn man diesen Prozess (mehrmals) wiederholt, kommt schließlich ein erwartetes Ergebnis dabei heraus, bei dem man die angewandten Prinzipien wiedererkennt.

Der modulare Ansatz ist äußerst dynamisch und flexibel, da er sich aus einem erweiterbaren Satz an Bausteinen für die Bewertung (die Bewertungstypen) zusammensetzt. Wenn sich ein grundlegendes Prinzip offenbart, dann kann man es oft auch in verschiedenen Ebenen einsetzen. Sogar Designprinzipien, die auf den ersten Blick nichts miteinander zu tun haben, sind in manchen Fällen nur ‚maskiert' und doch identisch.

Der Optimierungsprozess ist in hohem Maß von der Größenordnung abhängig. In der Praxis hat man es mit Lösungsräumen zu tun, die aus mehr Elementen bestehen, als es Atome im Universum gibt. Es zeigt sich jedoch, dass das Programm selbst bei diesen Größenordnungen in der Lage ist, grundlegende Strukturen schnell ausfindig zu machen, die Einfluss auf die letzte Lösung haben. Der Erfolg des Suchvorgangs ist aber auch von menschlicher Einflussnahme abhängig – die Feinabstimmung der Bewertungsregeln und die Auswechslung der Variationsmechanismen hat mitunter entscheidenden Einfluss auf die Geschwindigkeit des Prozesses.

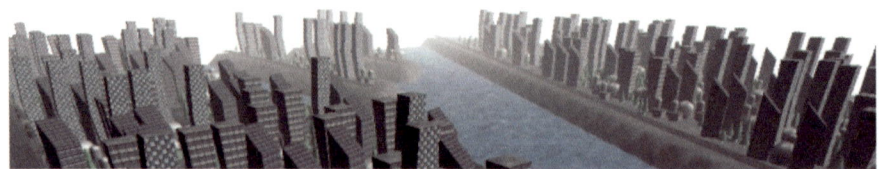

## CONCLUSION

OptiMixer forms a skeleton, a different way of designing. The formal approach gives the obligation to provide precise definitions of existing and new design rules. This is not an easy task, but it is rewarding since it gives insight in the underlying principles. OptiMixer is relentless in showing the spatial consequences of a design rule. Often, the first attempts fail. The final image is a logical one, but not what the designer had in mind. The rule is redefined or extra rules are added. After repeating this process, an expected result emerges, and the rule set becomes clear.

The modular approach is powerful and flexible since it is built from a expandable set of building blocks for evaluations (the evaluation-types). Once an essential principle emerges, it is often applicable at different levels. It is even the case that seemingly different design rules can actually be the same essential principles in disguise.

The optimisation process is very much dependent of scale. In practice, solution spaces are considered that have more elements than there are atoms in the universe. It shows however, that even on these scales, the program quickly finds underlying patterns that shape the final solution. The success of the search process is also dependent on human interference, the fine tuning of the evaluation rules and alternating the used variation mechanisms and optimisation methods can speed up the process considerably.

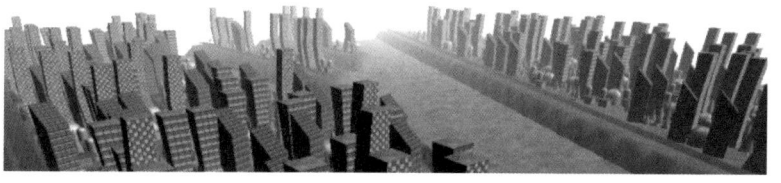

# HANDBUCH

# MANUAL

MVRDV-RegionMaker

File  Edit  View  Envelope  Objects  Parameters  Window  Help

Category:

Script

Command:

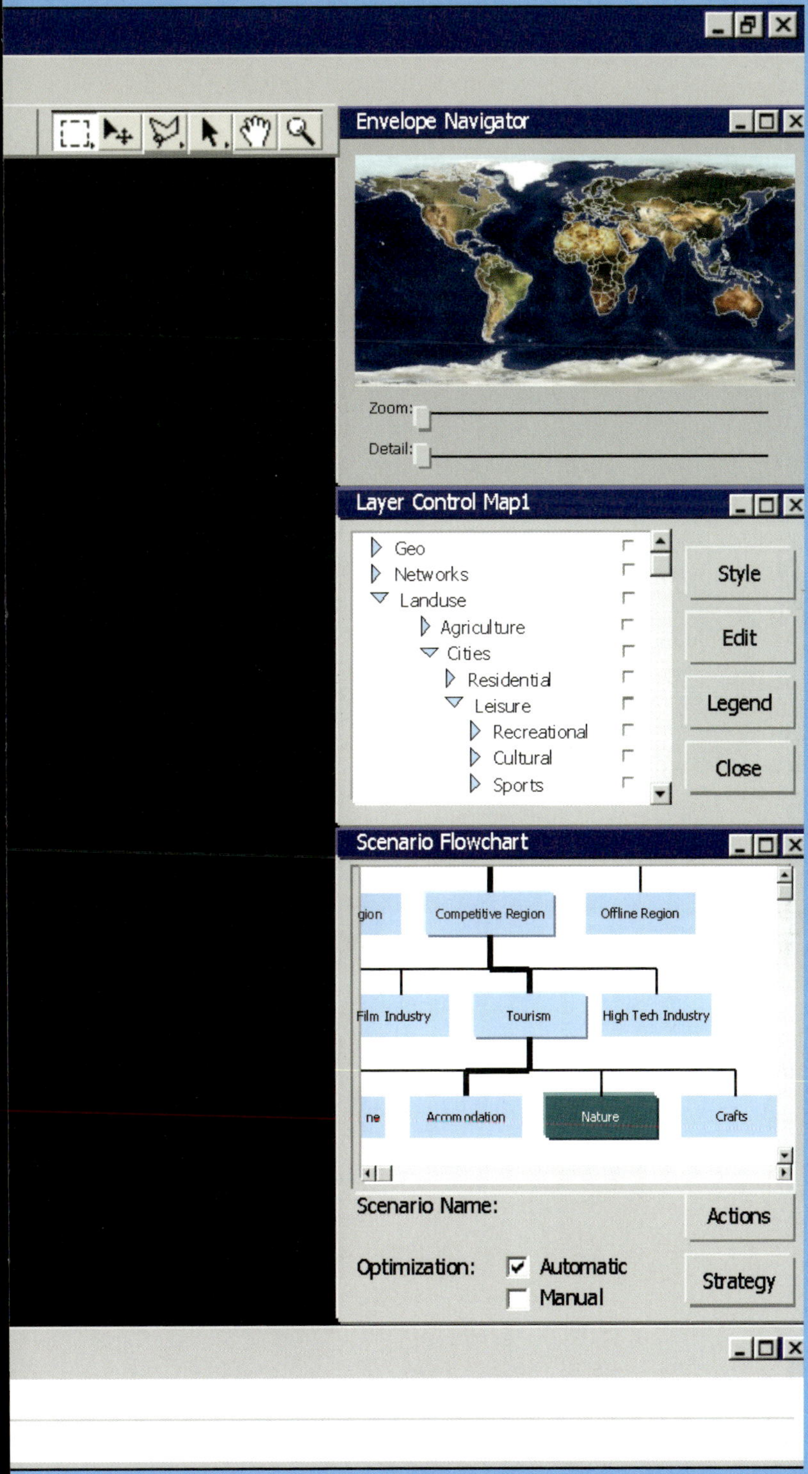

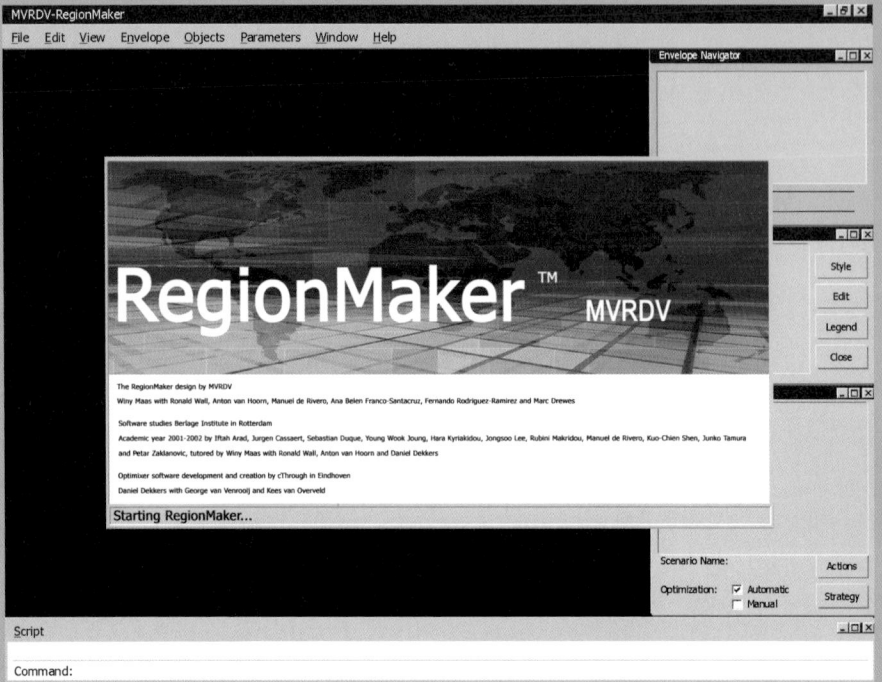

The REGIONMAKER is a tool for analysing and optimising the spatial configuration of a given region. It orchestrates the existing information to help the user visualise his intentions or decisions.

Der REGIONMAKER ist ein Arbeitsmittel für die Analyse und Optimierung räumlicher Konfigurationen von ausgewählten Regionen. Er strukturiert und organisiert die vorliegenden Informationen, um so den User bei der Visualisierung seiner Intentionen und Entscheidungen zu unterstützen.

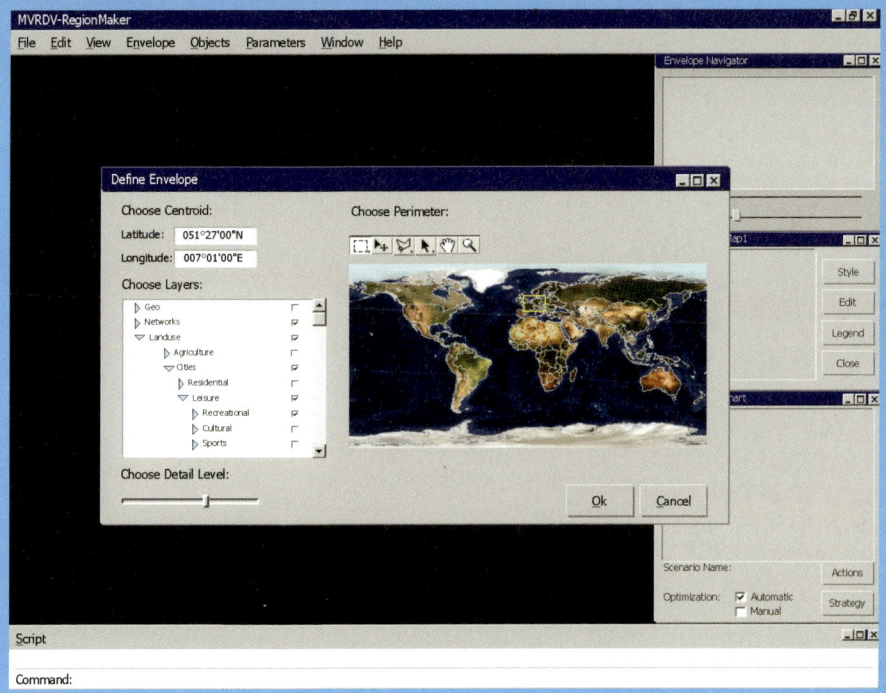

When the REGIONMAKER starts, it prompts the user to define the region of interest. The user specifies the global coordinates of the region centroid. Then he can select the layers to be shown in the map and the detail level. Besides the location it is also important to define the perimeter of the area to be addressed by the REGIONMAKER. This determines the envelope to which the data refers.

Im ersten Arbeitsschritt wird der User aufgefordert, die betreffende Region auszuwählen. Der User spezifiziert dann die globalen Koordinaten des Zentroiden der Region. Dann wählt er die Ebenen aus, die in der Karte und auf der Detailebene angezeigt werden. Neben der genauen geographischen Lage muss auch der Perimeter, also die Grenzziehung des Geländes, in den REGIONMAKER eingegeben werden. Dadurch wird der genaue Umfang festgelegt, auf den sich die Daten beziehen.

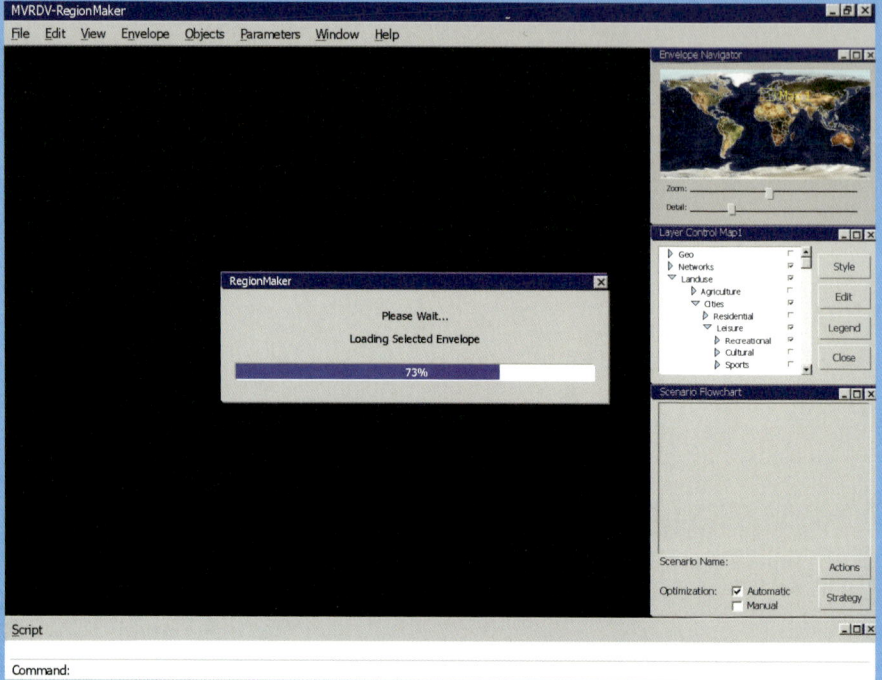

The REGIONMAKER starts downloading census data and maps from the Central World Database. All the information available of the selected region will be downloaded, from global economic indicators to town hall information. The user can now find out how many law students are in the area as well as the number of churches.

Der REGIONMAKER beginnt dann, Zensusdaten und Karten von der Central World Database herunterzuladen. Die gesamte Information der ausgewählten Region wird dabei auf das System gespielt – von globalen Wirtschaftsdaten bis zu Informationen, die die Stadtverwaltung betreffen. Dem User liegt dann die Anzahl der Jurastudenten ebenso vor wie die Anzahl der Gotteshäuser.

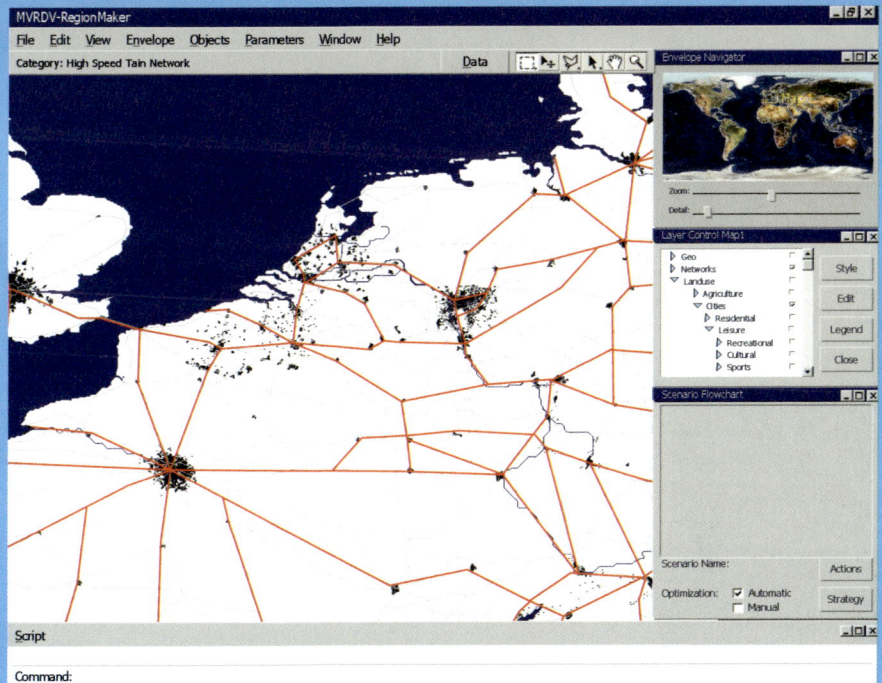

Once the download is complete, the user can start browsing the area. Here there are many options. The map category of the region can be changed to any personal interest.

Sobald der Downloadprozess abgeschlossen ist, kann der User damit beginnen, die Gegend zu „durchwühlen", er kann also anfangen zu „browsen". Hierbei gibt es bereits mehrere Optionen. Die Kartenkategorie der Region kann den persönlichen Interessenschwerpunkten angepasst werden.

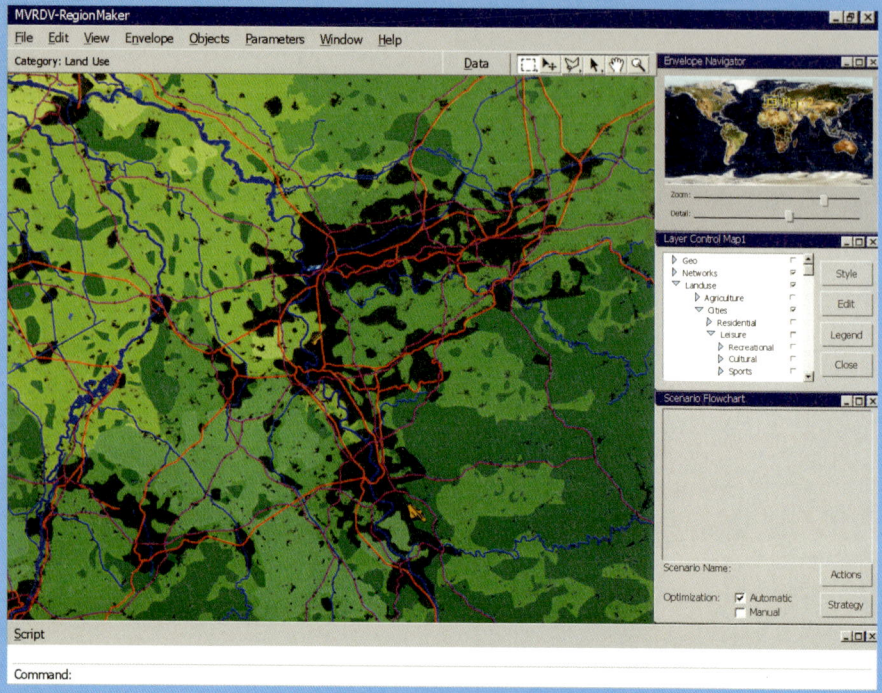

The user can zoom in using the navigator, set the level of detail and choose the layers that he wants to study.

Der User kann mit dem Navigator die Ansicht vergrößern, die Detailebene festlegen und die verschiedenen Schichten auswählen, die er untersuchen möchte.

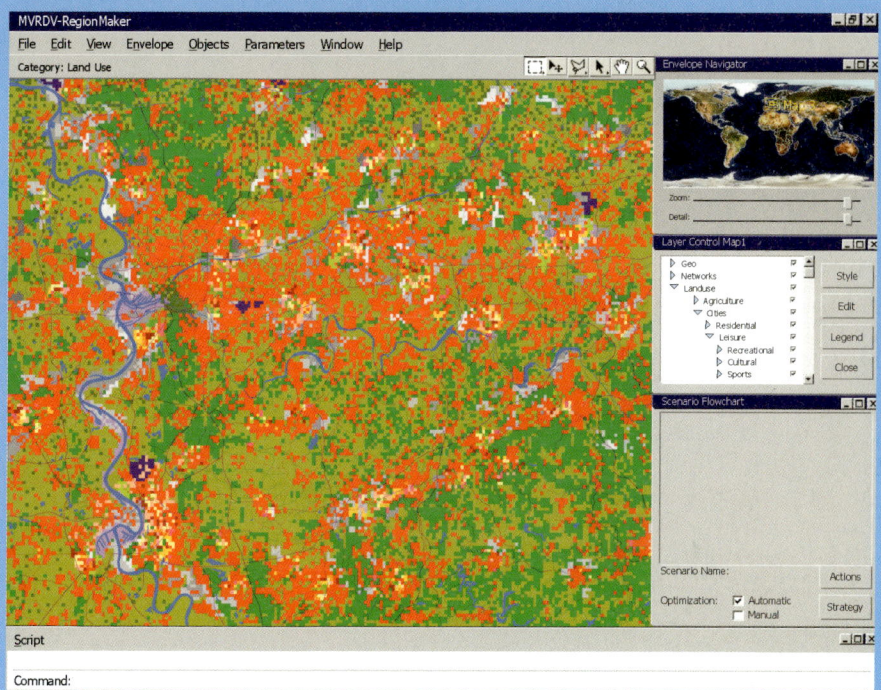

On the highest detail level and the closest zoom, the basic building blocks of the REGIONMAKER can be seen: the unit-types. They all have a different colour, corresponding to the functions they have.

Auf der höchsten Detailebene und Ansichtsvergrößerung sind die Grundbausteine des REGIONMAKER zu erkennen: die Einheitstypen. Sie sind alle entsprechend ihrer Funktionen unterschiedlich gefärbt.

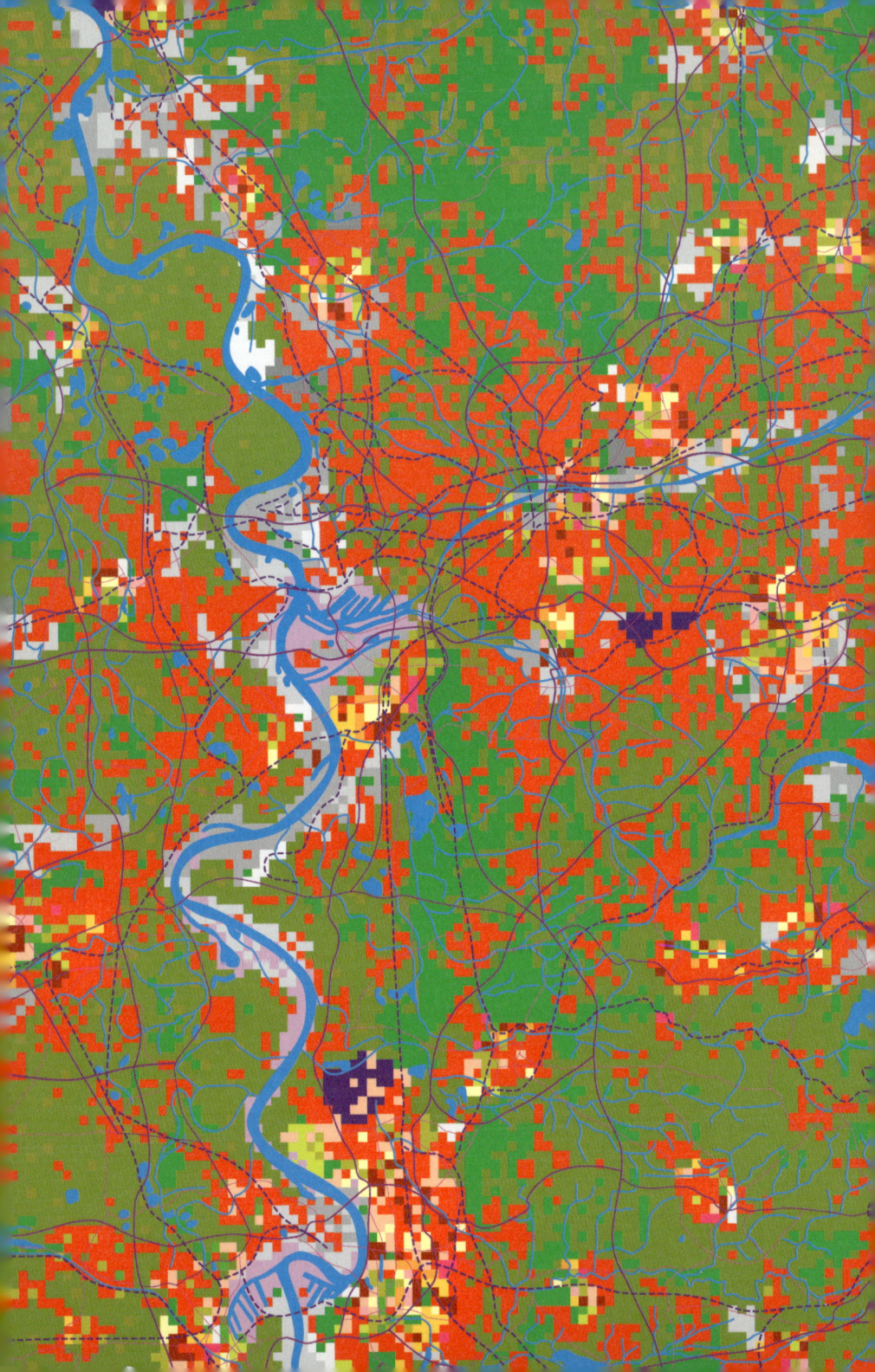

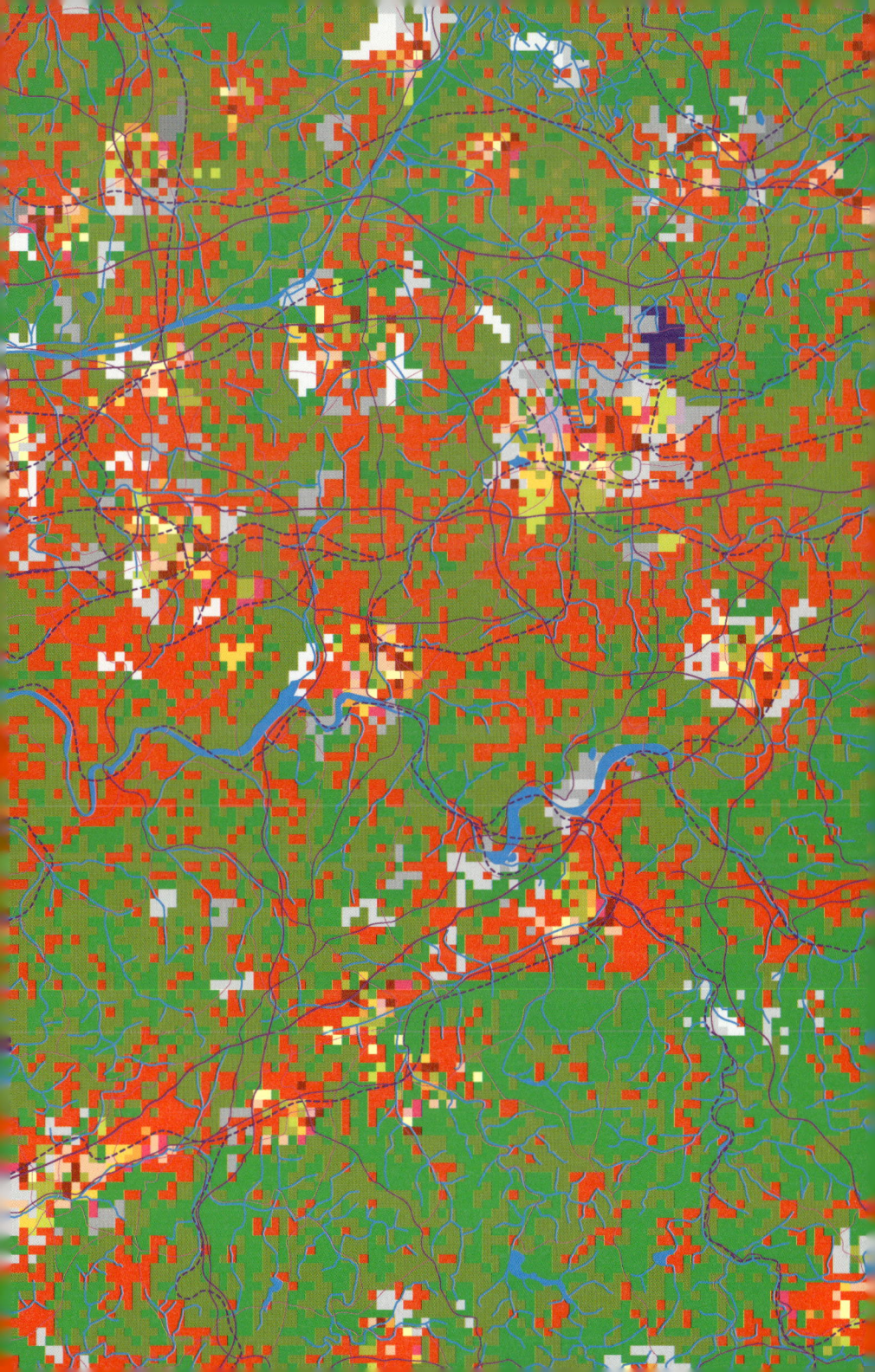

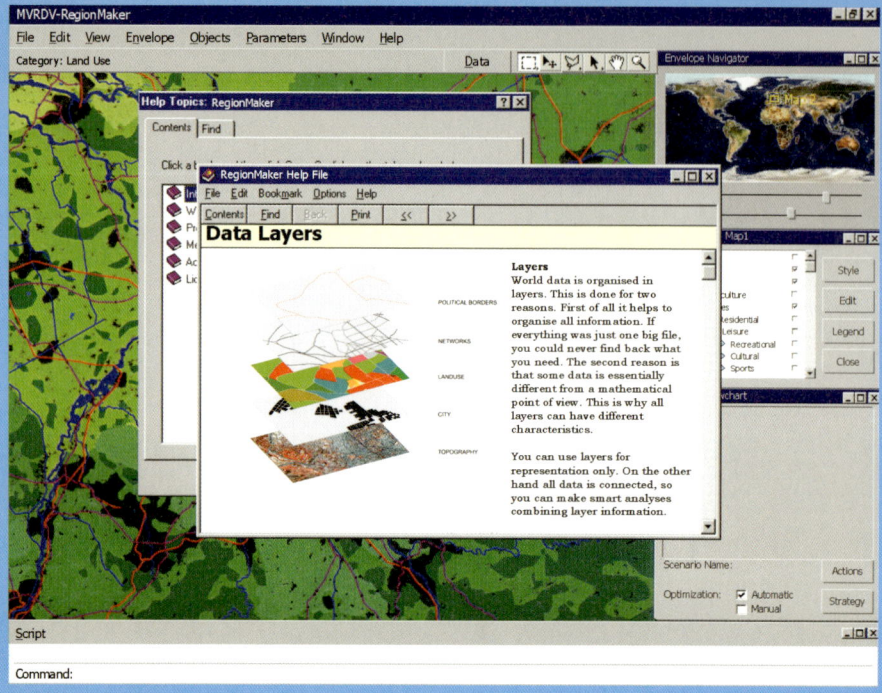

Within the database, data on different layers is connected, so the user can combine different kinds of information. For example, you can calculate accessibility for an envelope, using population data and network data. This enables you to even calculate the shortest way to the supermarket from your own home.

In der Datenbank werden die Daten über die verschiedenen Ebenen hinweg miteinander verknüpft, sodass der User unterschiedliche Informationen miteinander kombinieren kann. So kann man beispielsweise Zugangsmöglichkeiten für einen Umfang errechnen, indem man Daten zu Bevölkerungsstruktur und Netzwerken einsetzt. Dadurch wird es sogar möglich, den kürzesten Weg vom Supermarkt zur eigenen Wohnung zu bestimmen.

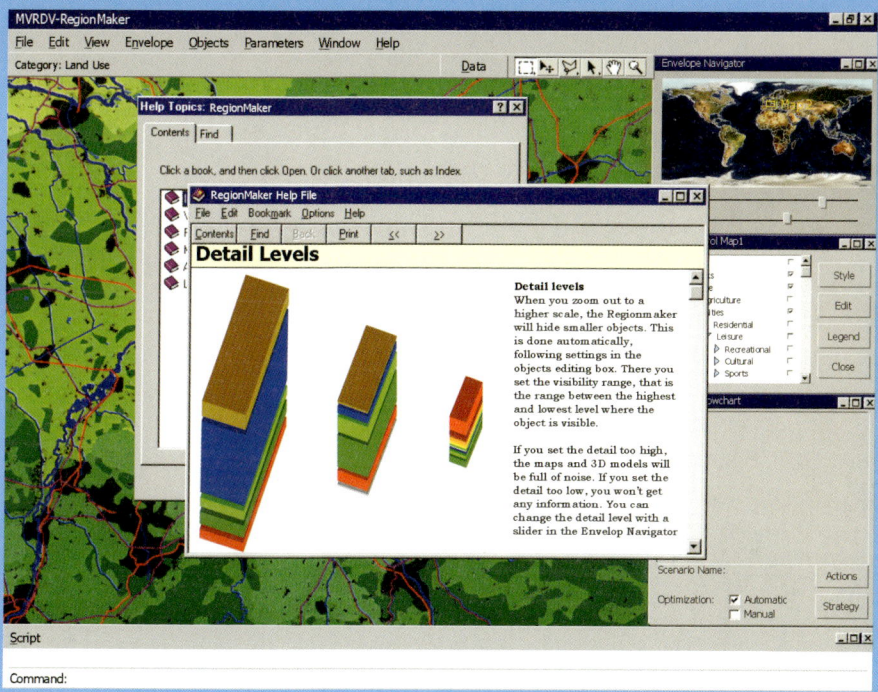

Not only information of different layers is connected, also the scale/zoom levels are connected. From the smallest detail, information is aggregated onto the higher levels. Changes on the lowest scale, for instance life-style, have immediate effects on the entire world. Imagine turning all Germans into vegetarians … now you can finally study the effect.

Es werden aber nicht nur Informationen von verschiedenen Ebenen miteinander verbunden; auch die Ebenen Maßstab/Zoom sind verknüpft. Vom kleinsten Detail werden Informationen mit den höheren Ebenen verbunden. Veränderungen auch auf der niedrigsten Ebene, z. B. beim Lebensstil, wirken sich unmittelbar auf die gesamte Welt aus. Man kann sich also vorstellen, wie alle Deutschen zu Vegetariern werden – und dann die regionalen und globalen Folgen errechnen lassen.

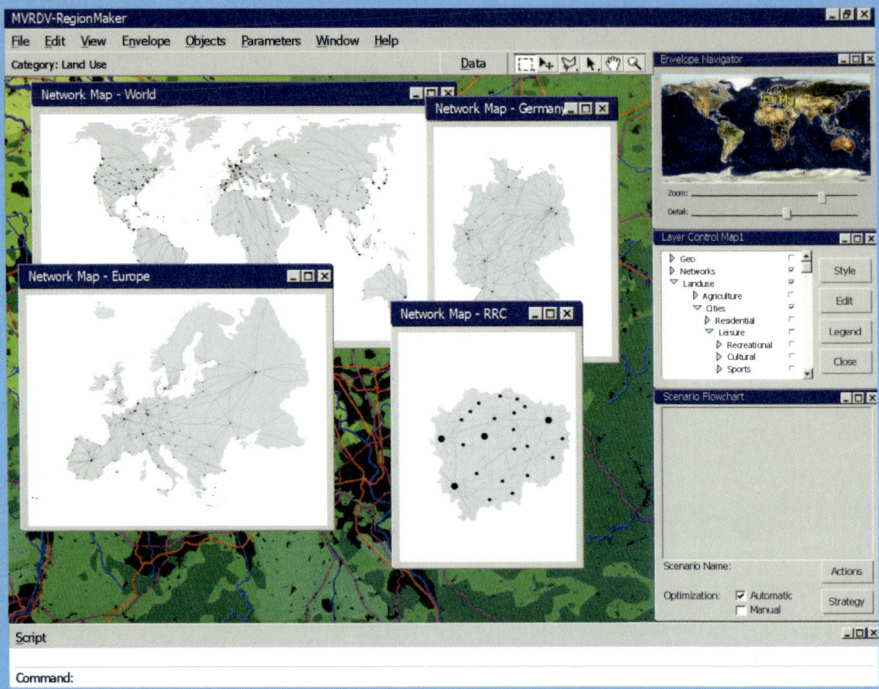

Objects can move following connections through zoom levels. So people or businesses can move from one place to another. This allows economical studies to be attached to urban scenarios. What if people leave a region for economical reasons…where would they go?

Objekte kann man über Verbindungen durch die Vergrößerungsebenen bewegen. Personen oder Unternehmen können also hin- und herbewegt werden. Dadurch lassen sich Wirtschaftsstudien mit urbanen Szenarien verknüpfen. Wenn Menschen ihre Region aus wirtschaftlichen Gründen verlassen, wohin würden sie gehen?

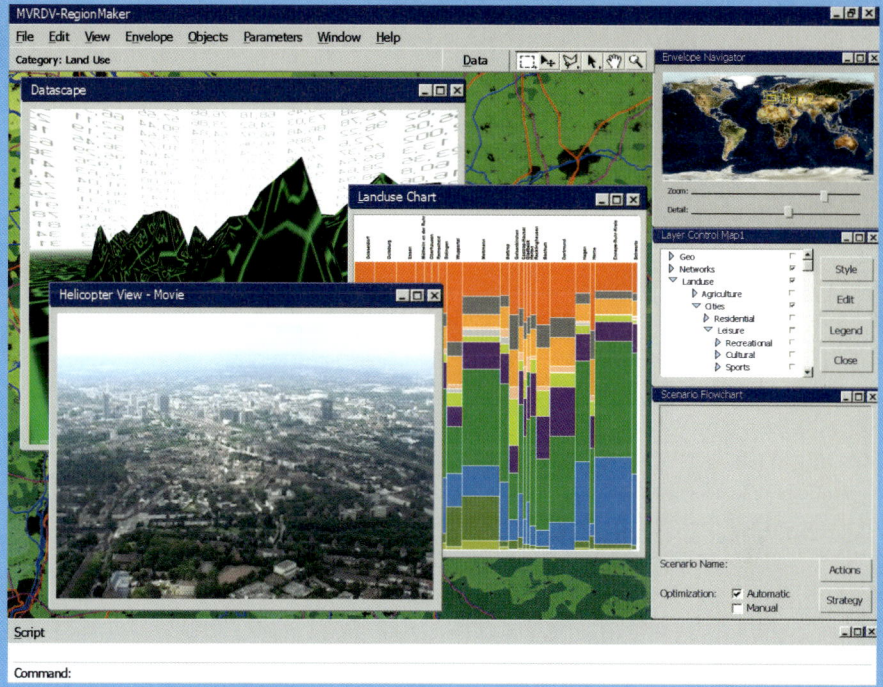

All this data, on all regions of the world and all these connections can be represented in any way the user likes. With the REGIONMAKER, there is no limit to visualisation. You can look at maps, study charts, access databases, export images, connect to internet, use CAD drawings and so on. You can even watch helicopter videos and real-time satellite images.

All diese Daten aller Regionen der Welt und all diese Verbindungen können auf die unterschiedlichste Art und Weise dargestellt werden. Mit dem REGIONMAKER gibt es so gut wie kein Limit bei der Visualisierung. Man kann Karten studieren, Diagramme interpretieren, auf Datenbanken zugreifen, Images exportieren, über das Internet arbeiten, CAD-Zeichnungen anfertigen usw. Selbst Helikopter-Videos können abgespielt werden sowie Satellitenaufnahmen in Echtzeit.

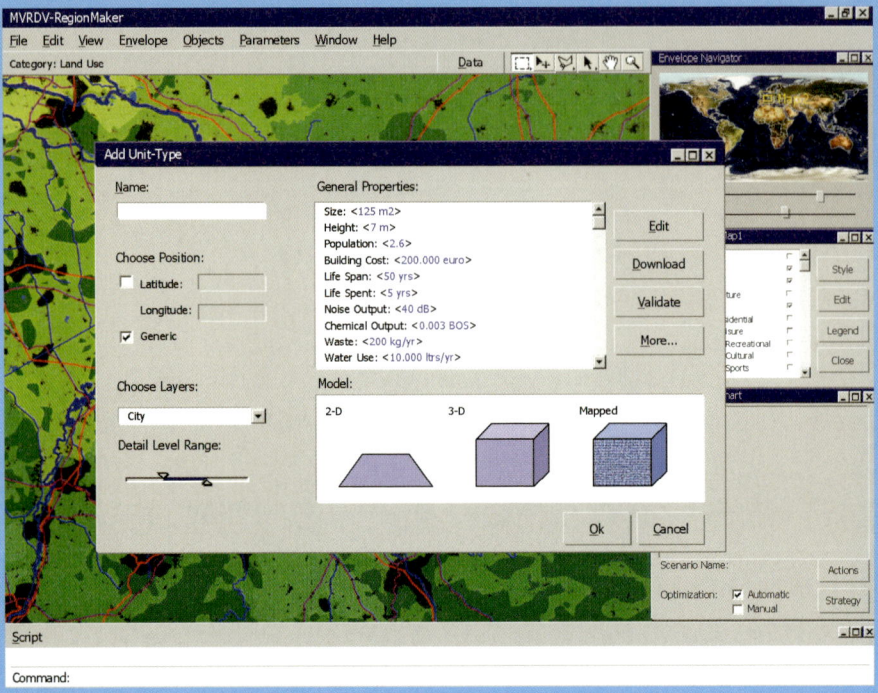

Much data is attached to objects (unit types). So the REGIONMAKER knows how much a building costs, how much water it needs, how many schools and how long it will be used. The user can change any of this data, configuring existing or creating new unit types with this Unit-Type editor.

Die Daten sind in der Regel mit Objekten (Einheitstypen) verknüpft. Der REGIONMAKER ist also darüber informiert, mit welchen Kosten der Bau eines Gebäudes verbunden ist, mit wieviel Kubikliter Wasser es versorgt werden muss und wie lange es genutzt werden kann. Der User kann all diese Daten ändern, mit dem Einheitstyp-Editor kann er bereits bestehende Einheitstypen konfigurieren oder neue entwerfen.

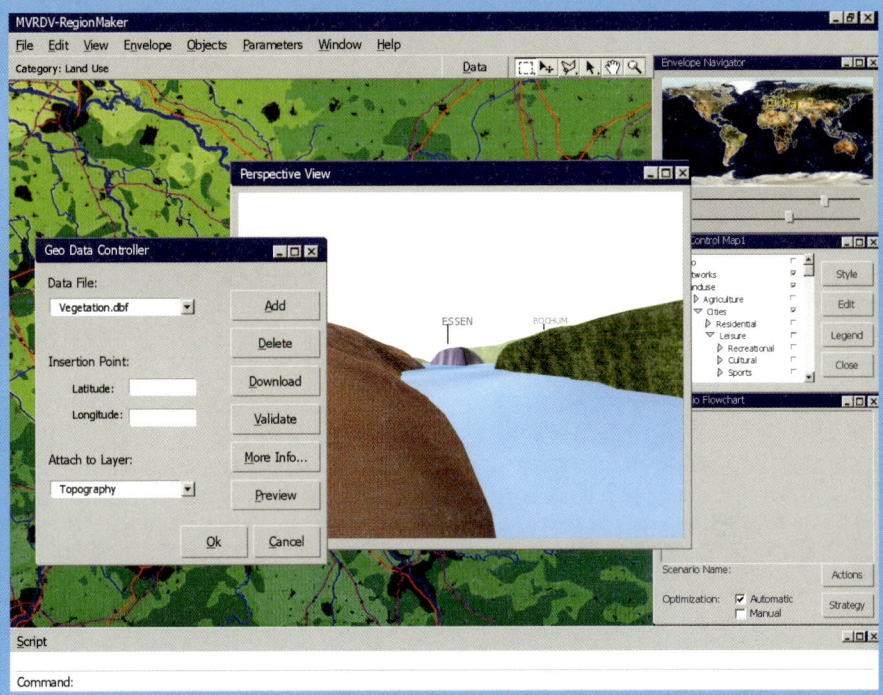

Information can also be attached to the underground layer. The underground can hold information like terrain, height, vegetation or ground price. Anything that is fixed to a point in space.

Informationen können auch mit der Untergrundebene verknüpft werden. Der Untergrund kann Daten über das Gelände, die Vegetation oder die Grundstückspreise enthalten sowie über alles, was mit einen bestimmten Punkt im Raum fest verbunden ist.

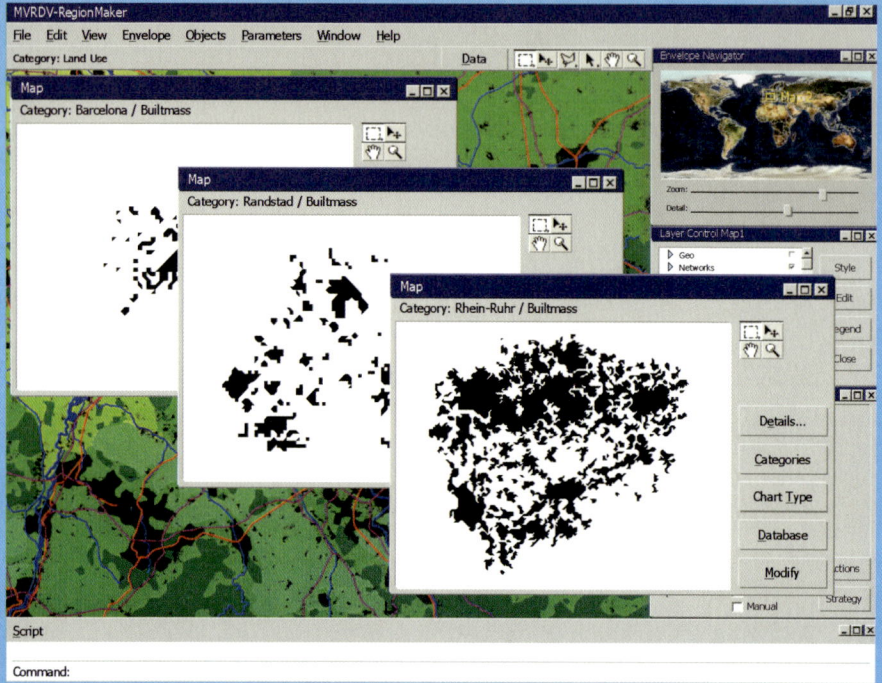

How to evaluate the quality and future perspectives of regions? First they can be compared on-screen. This helps to see local performances in the perspective of competitive advantages. REGIONMAKER allows the user to make his own comparison envelopes. So it can evaluate different scales, detail levels and positions.

Wie kann man die Qualität und die Zukunftsperspektiven von Regionen bewerten? Zunächst einmal lassen sie sich auf dem Bildschirm vergleichen. Damit kann man die Leistungswerte der Region aus der Perspektive der Wettbewerbsvorteile beurteilen. Der REGIONMAKER erlaubt es dem User, seine eigenen Vergleichsumfänge anzufertigen. Dadurch kann er dann verschiedene Maßstäbe, Detailebenen und Positionen bewerten.

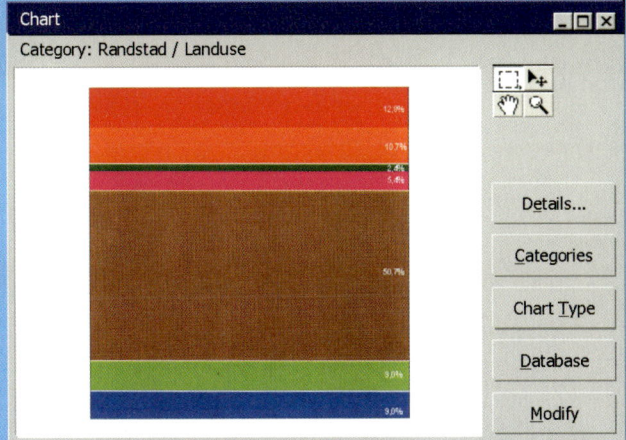

**Details** — Randstad
Area: 400.350 Ha.
Population: 5.373.000 inh.
Density: 343 inh/km2

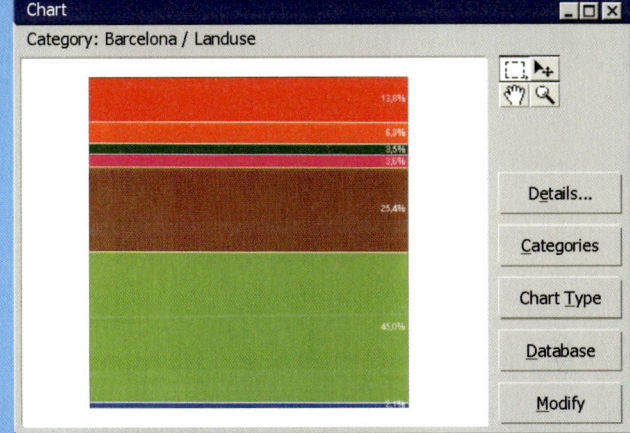

**Details** — Rhein-Ruhr
Area: 306.677 Ha.
Population: 5.739.682 inh.
Density: 1.872 inh/km2

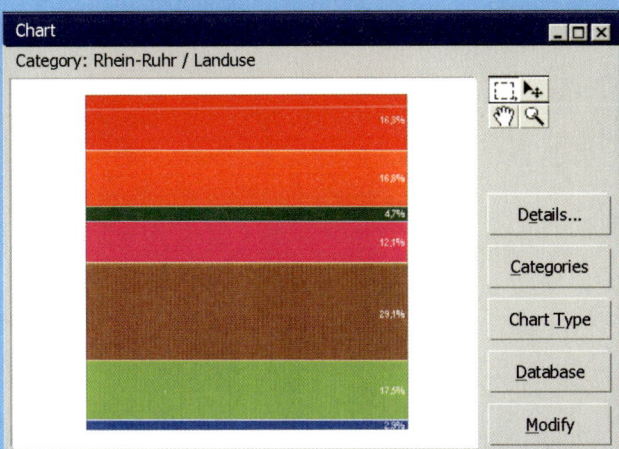

**Details** — Barcelona
Area: 323.553 Ha.
Population: 3.760.002 inh.
Density: 1.318 inh/km2

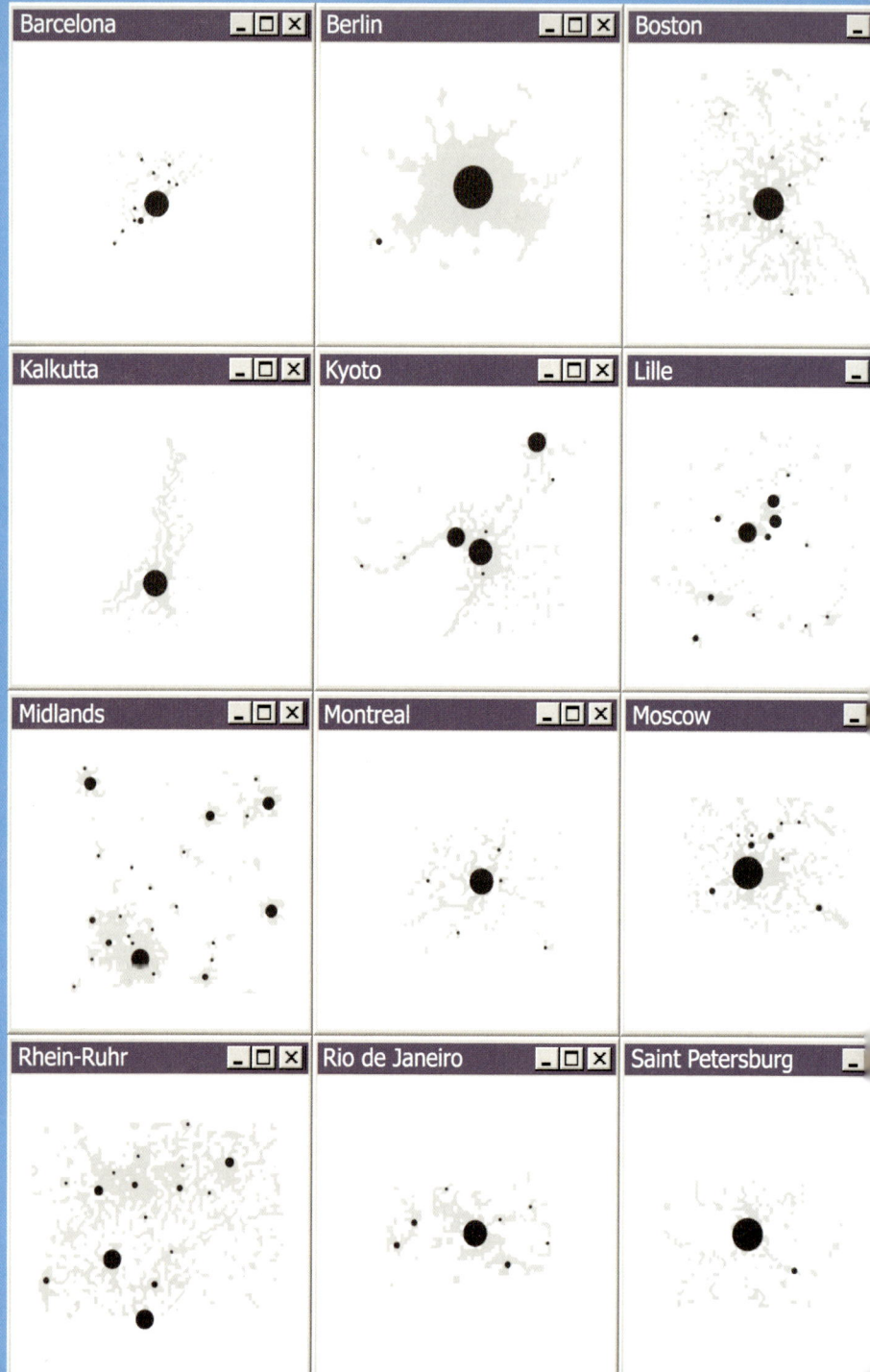

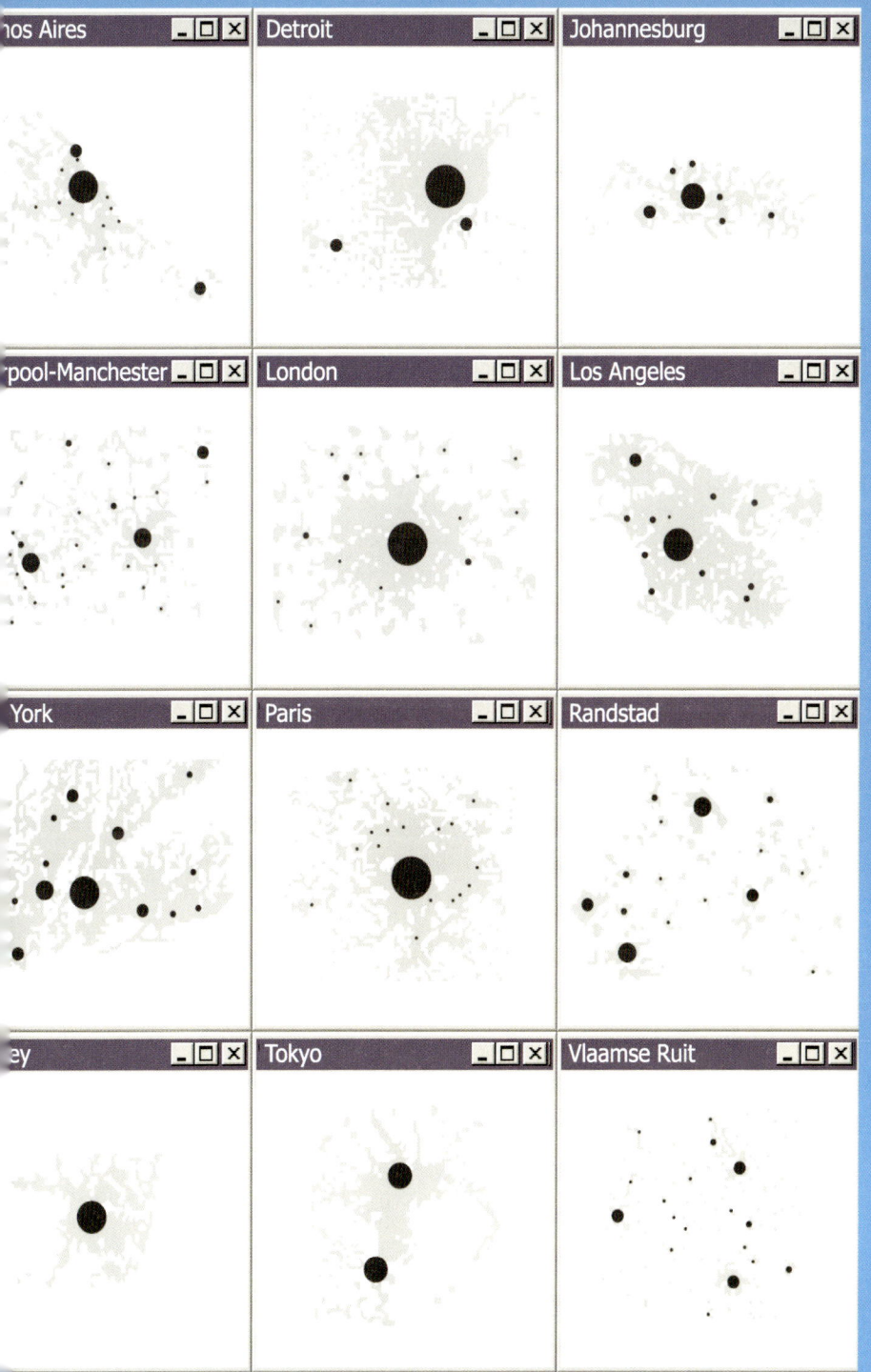

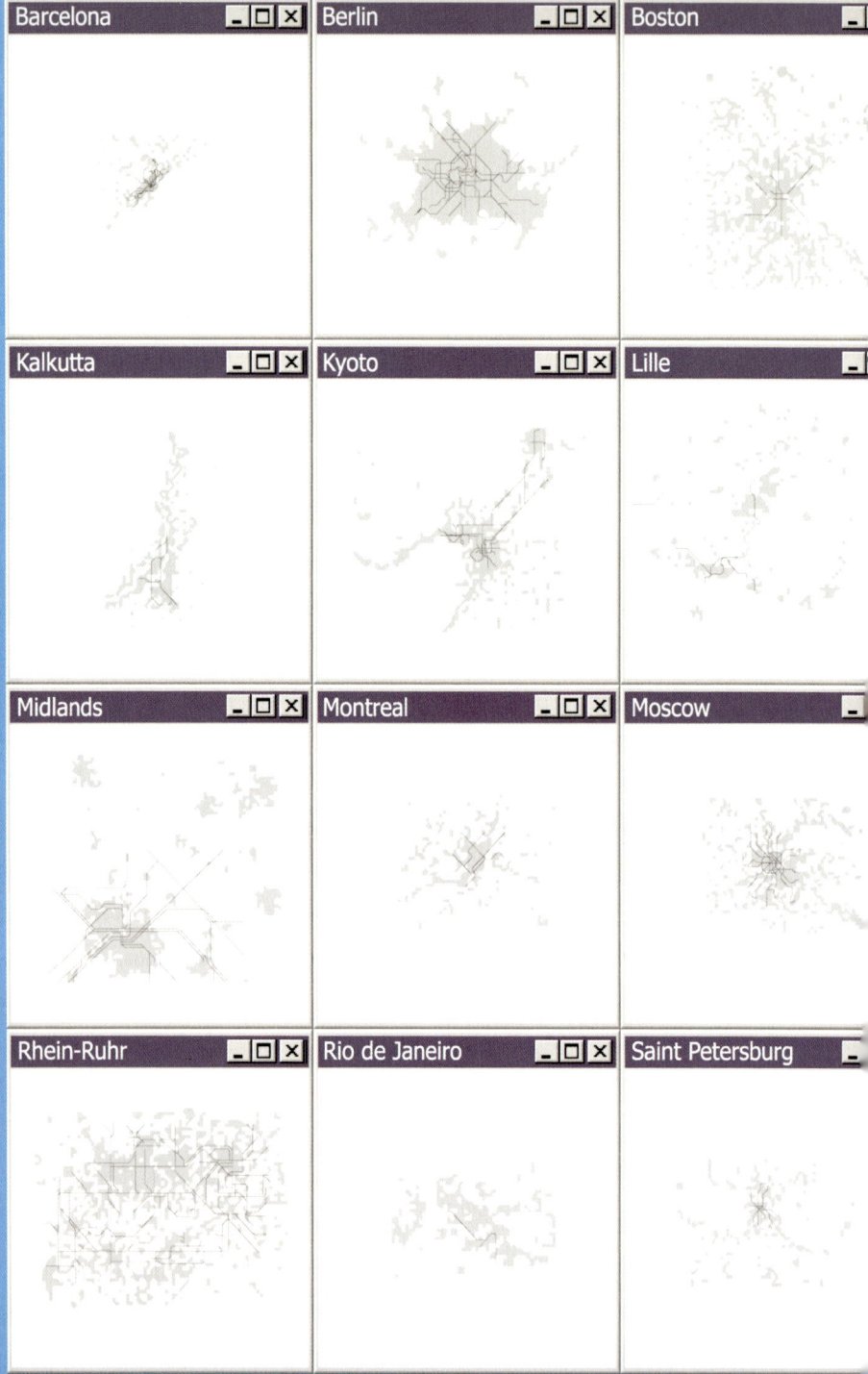

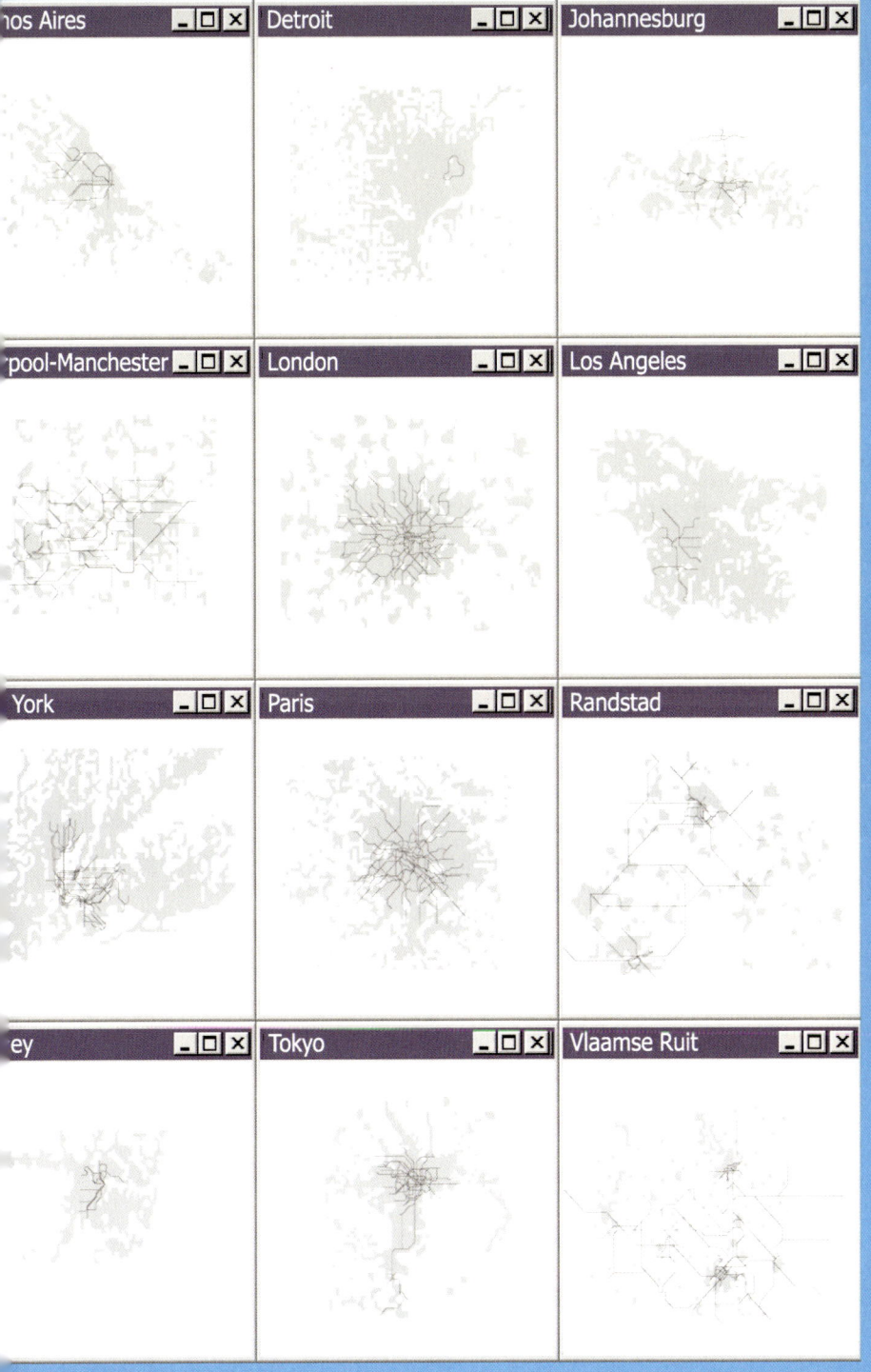

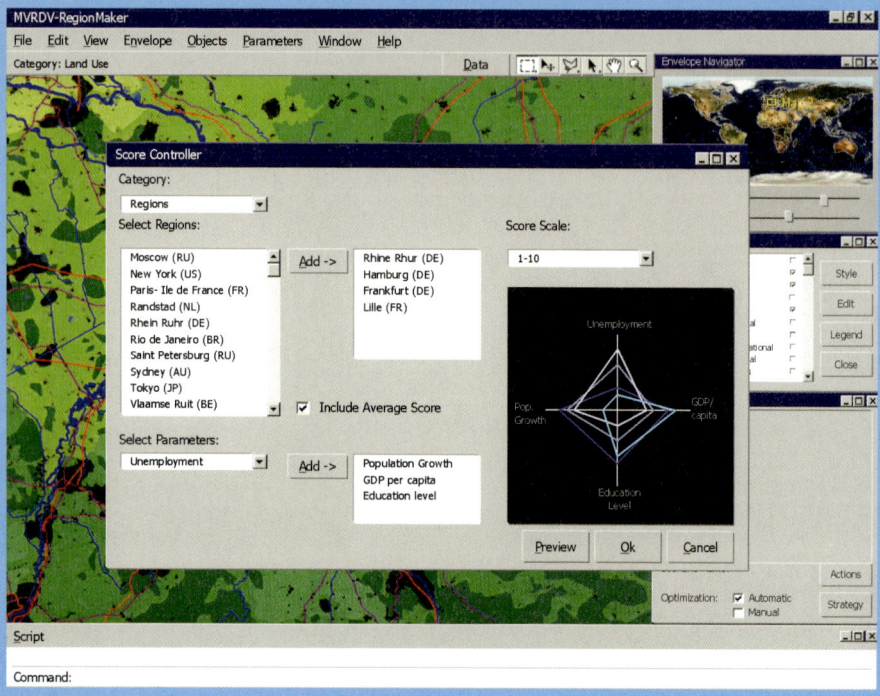

Another way to evaluate is to represent the different attached data and compare those. First he chooses the envelopes to be scored. Then he chooses the parameters and finally the scoring strata (indexed, real values, relative percentages…).

Eine andere Möglichkeit zur Bewertung ist, die verschiedenen angehängten Daten darzustellen und dann zu vergleichen. Zuerst werden die Umfänge ausgewählt, die bewertet werden sollen, dann die Parameter und schließlich die Punktverteilung (sortierte Werte, reale Werte, relative Prozentwerte usw.).

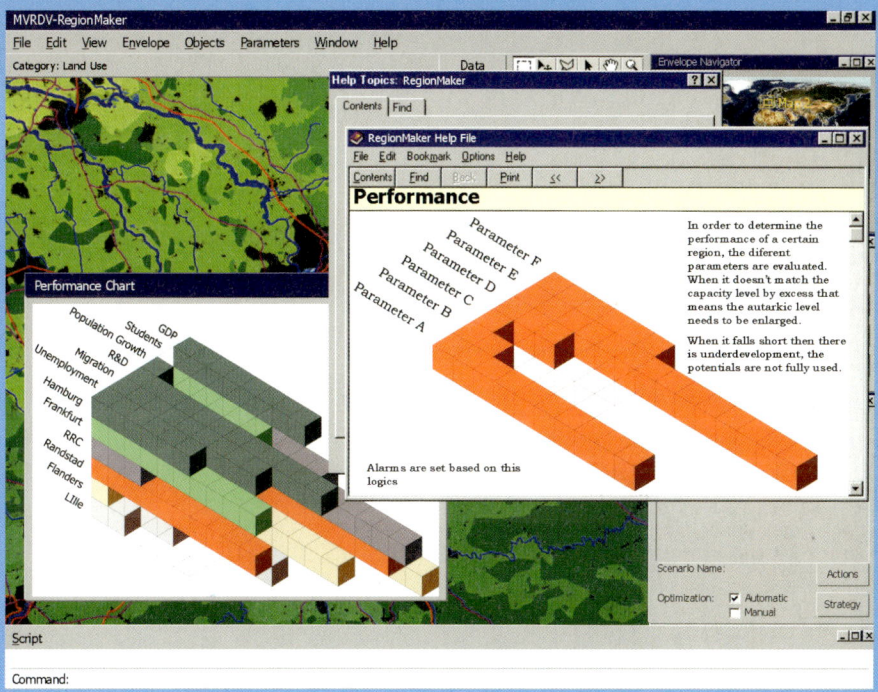

The third evaluation method is automatic. Predefined calculations can be set combining data in the region. These calculations can help to determine the economic efficiency, the social and spatial possibilities and the ecological quality. Once set, the REGIONMAKER can make calculations for all regions entered.

Die dritte Bewertungsmethode erfolgt automatisch. Vordefinierte Rechenschritte verbinden die Datenwerte der Region. Diese Rechenschritte unterstützen die Festlegung der wirtschaftlichen Effizienzwerte, der sozialen und räumlichen Möglichkeiten und der ökologischen Qualität. Wenn die Voreinstellungen vorgenommen wurden, ist der REGIONMAKER in der Lage, Kalkulationen für alle eingegebenen Regionen durchzuführen.

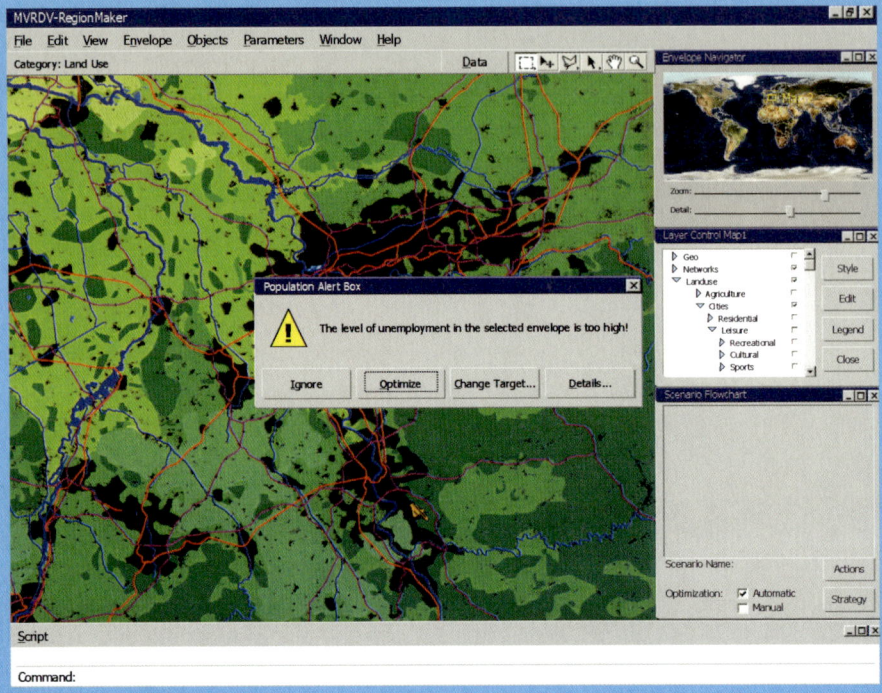

When regional scores exceed a user defined limit, the REGIONMAKER will warn the user with an alert box popup. Alert boxes state the nature of the emergency. The user is requested to study the problems, to ignore them or to simply let the program solve it with the action scoring the highest result.

Wenn die regionalen Punktstände das vom User definierte Limit übersteigen, wird der User vom REGIONMAKER mit einem eingeblendeten Alarmfenster gewarnt. Alarmfenster geben die Ursache des Notfalls an, der User ist also aufgefordert, sich mit dem Problem auseinanderzusetzen: Er kann es erforschen, ignorieren oder das Programm dazu auffordern, es mit der Aktion zu lösen, die die höchste Punktzahl bringt.

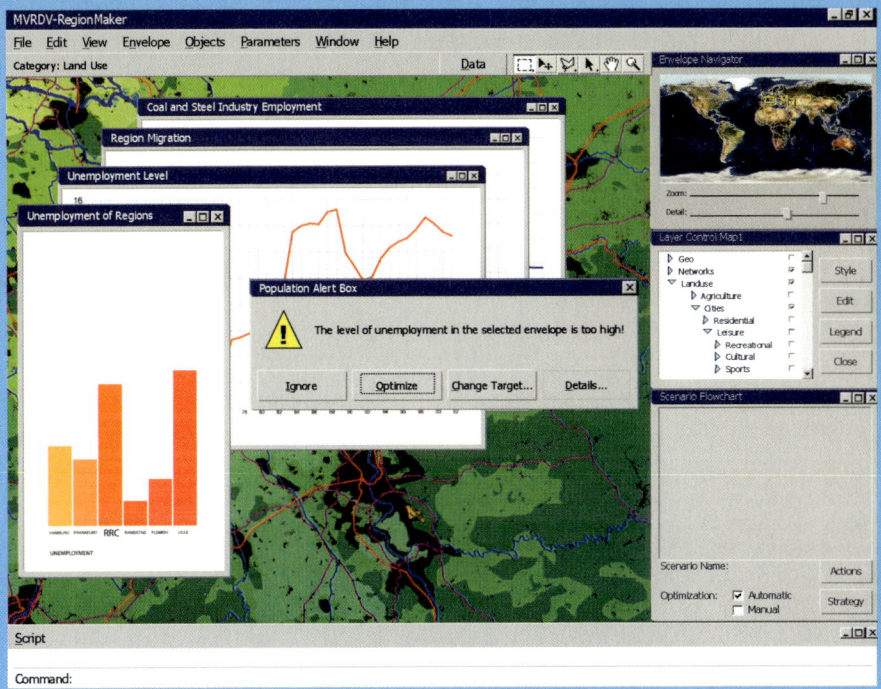

However, if more details are requested, the user is provided with the most relevant information concerning the problem. The decision process is made in the awareness mode.

Wenn noch weitere Details angefordert werden, wird der User mit den wichtigsten Informationen zu dem Problem versorgt. Der Entscheidungsprozess wird im Awareness-Modus durchgeführt.

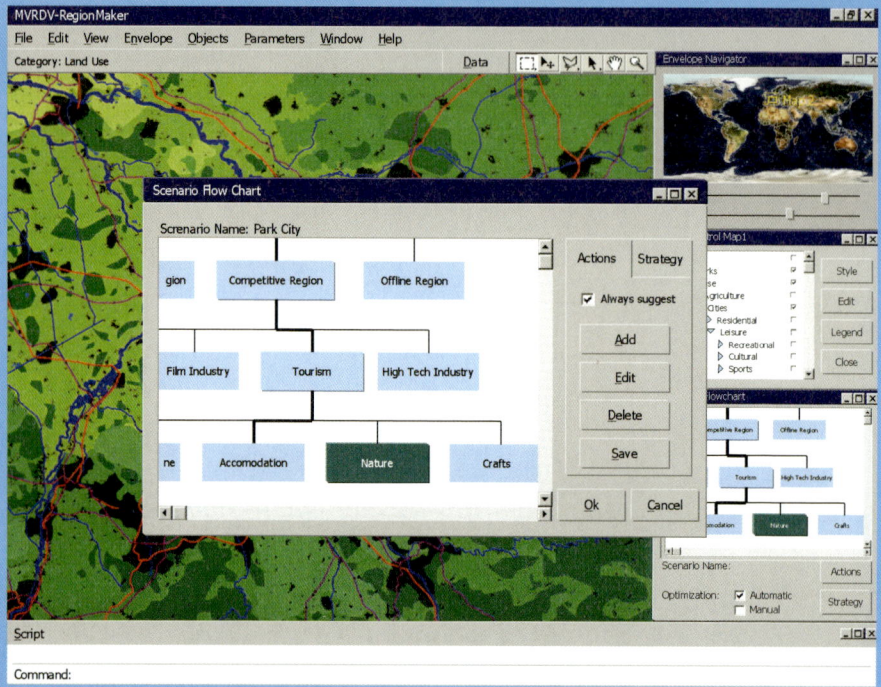

When the user chooses to study possible solutions for the region, he can use the flow chart to navigate through the possible options.

Wenn der User sich dazu entschließt, mögliche Lösungen für Region zu untersuchen, kann er das Flussdiagramm einsetzen, um damit durch die möglichen Optionen zu navigieren.

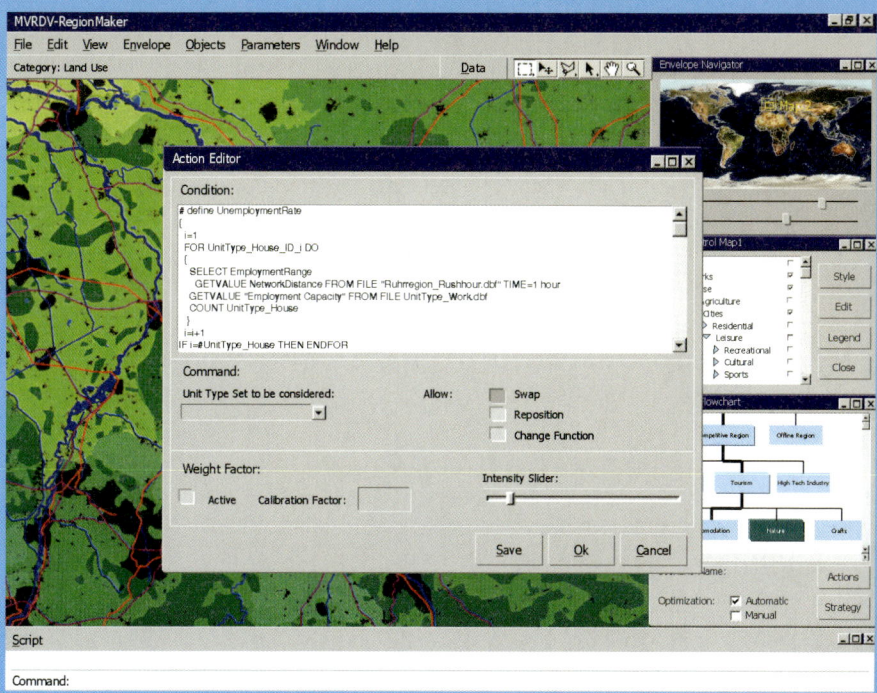

In the flowchart the user can define actions for the REGIONMAKER to change the region. There are three steps in filling in the actions. First of all, the triggering condition has to be set.

Im Flussdiagramm kann der User Aktionen für den REGIONMAKER definieren, mit denen dann die Region verändert wird. Für die Definition der Aktionen gibt es drei Arbeitsschritte. Zunächst einmal müssen die Auslösebedingungen eingestellt werden.

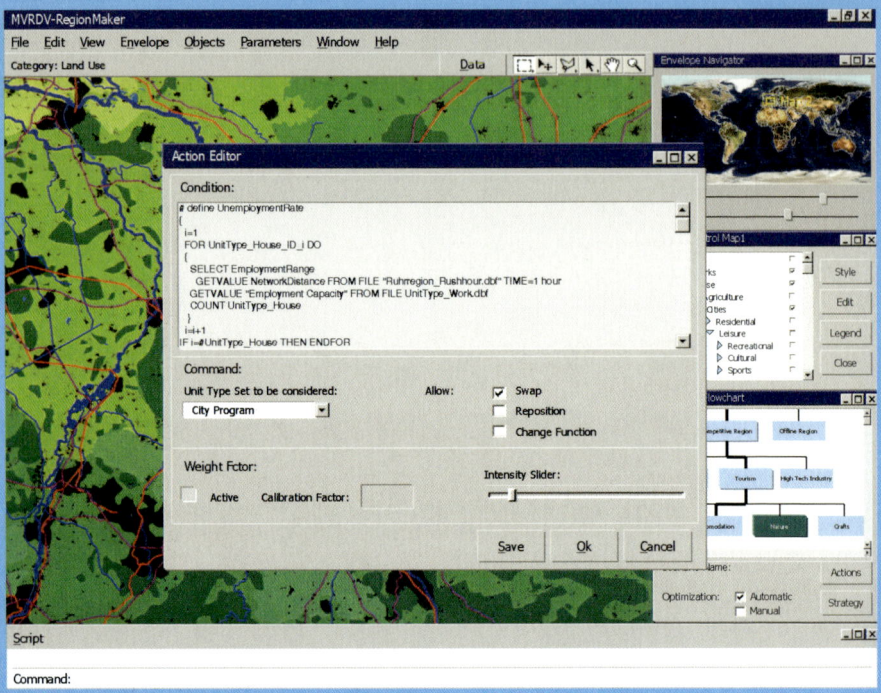

Then you have to tell the REGIONMAKER what elementary changes can it make. So now we have IF 'this' happens, THEN change 'that'.

Dann muss in den REGIONMAKER eingegeben werden, welche grundlegenden Veränderungen durchgeführt werden können. Dieser Mechanismus funktioniert nach dem Schema: WENN „dies" eintritt, DANN verändere „das".

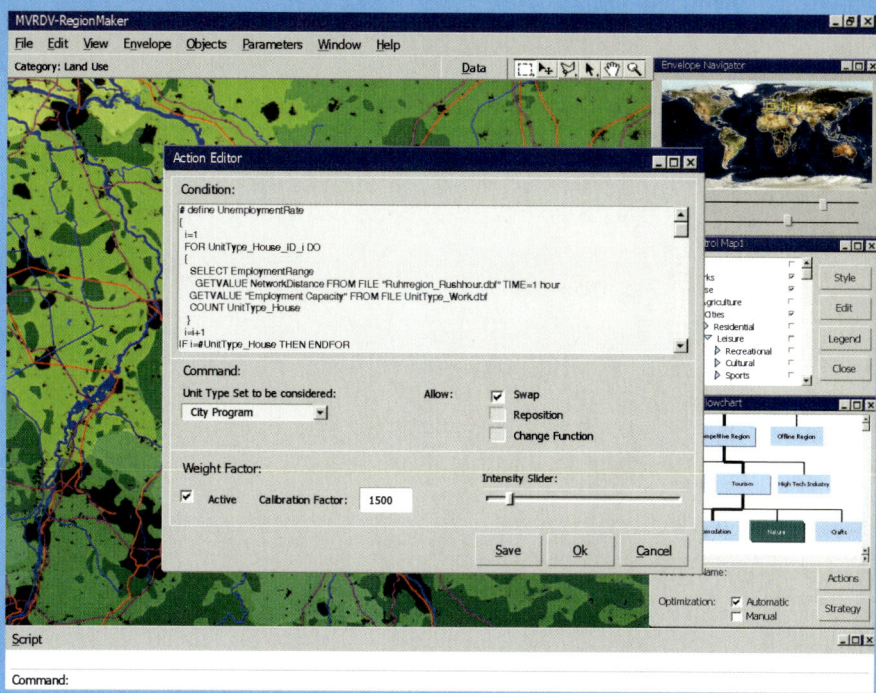

Finally, the user has to state the importance of the specific action, using the slider. The slider setting defines the weight factor in the overall optimisation score. In this way, the user can balance the REGIONMAKER's actions when optimising the region.

Schließlich muss der User die Wichtigkeit der spezifischen Aktion mit dem Slider angeben. Die Einstellung des Slider definiert den Gewichtsfaktor des allgemeinen Optimierungspunktstandes. So kann der User die Aktionen des REGIONMAKER ausbalancieren, wenn er mit Optimierungsprozessen für die Region beschäftigt ist.

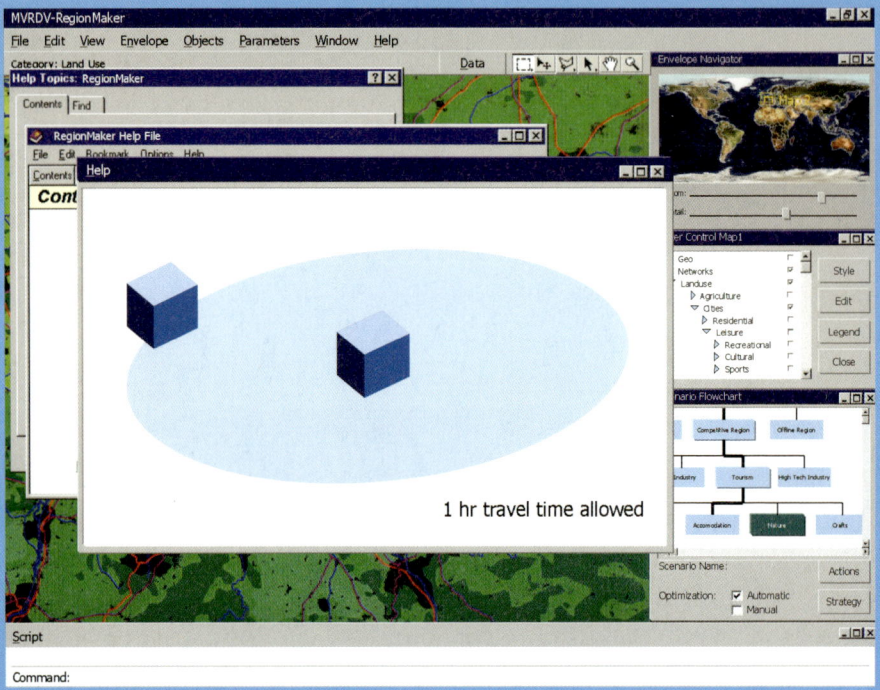

The REGIONMAKER has now options on how to solve the problem. Depending on object data, geodata, other parameters, or on personal user settings, one of the actions will be predominant in the optimisation. This action leads to another action and so on.

Der REGIONMAKER verfügt über verschiedene Optionen für die Lösung von Problemen. Eine der Aktionen wird durch dem Optimierungsprozess den Vorzug bekommen, abhängig von den Objektdaten, den Geodaten, anderen Parametern und den Einstellungen des Users. Diese Aktion hat dann eine weitere Aktion zur Folge usw.

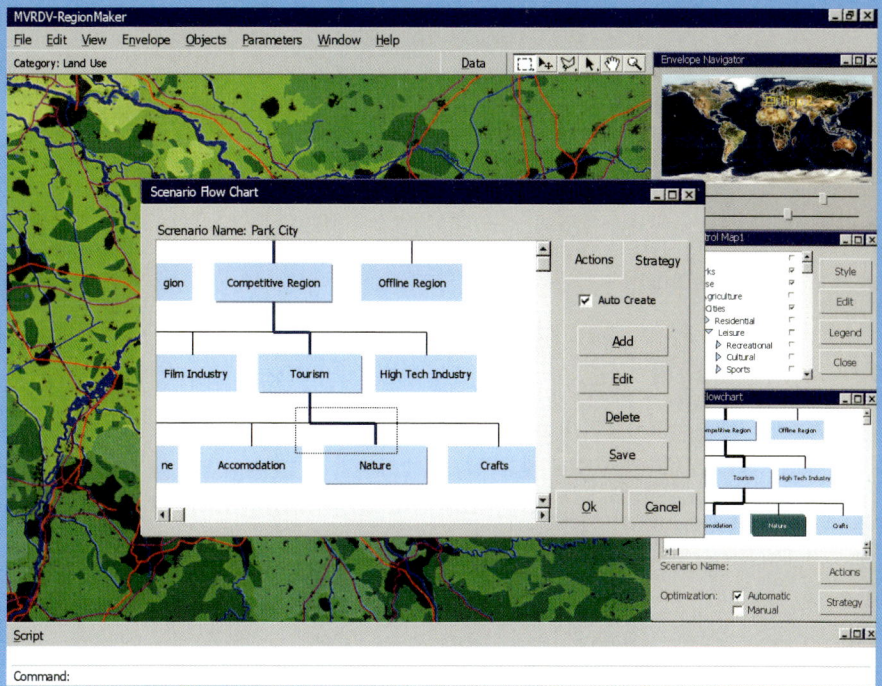

This sequence of actions through the flowchart can be seen as the predominant path. A predefined path is called a scenario. This is a simulated series of actions to be taken to solve a range of problems.

Diese Abfolge der Aktionen durch das Flussdiagramm ist der Hauptpfad. Ein vordefinierter Pfad wird als Szenario bezeichnet. Dabei handelt es sich um eine simulierte Abfolge von Aktionen, die für die Lösung verschiedener Probleme durchgeführt werden.

*RheinR*

*uhrCity*

# DAS RUHRGEBIET

Hat das Ruhrgebiet eine wirtschaftliche Zukunft? Wenn ja, wie wird sie aussehen? Noch leben in dieser Region 5,4 Millionen Menschen auf einer Fläche von 4.400 Quadratkilometern. Sie sind Bürger von insgesamt 53 Städten und Gemeinden. Die übergeordnete Verwaltungshoheit teilen sich die Bezirksregierungen von Arnsberg, Düsseldorf und Münster. Zwei Landschaftsverbänden obliegt die Pflege der sozialen und kulturellen Aufgabenbereiche. Da die Bürgermeister und Verwaltungschefs kein Mitwirkungsrecht im ‚Kommunalverband Ruhrgebiet' haben, bleibt auch diese Einrichtung als möglicher Entscheidungsträger wirkungslos. So sind die einzelnen Städte aufgrund einer fehlenden übergeordneten Regionalverwaltung zu eigenverantwortlichem Handeln verpflichtet. Ihr Auftrag ist es sich vornehmlich um das eigene Wohl zu kümmern. Durch die monostrukturelle Entwicklung als Arbeiter- und Industriestandort entwickelte sich im historischen Ruhrgebiet keine vom Bürgertum geprägte Metropole mit entsprechenden kulturellen, wissenschaftlichen und administrativen Einrichtungen. Nachbarschaftliche Subkulturen und Arbeitermilieu bestimmten lange die soziale Atmosphäre des ‚Ruhrpotts'. Mit dem Wandel der Montanindustrien zu Dienstleistungs- und Wissenseinrichtungen verändern sich auch die politischen Perspektiven. Der wachsende Wunsch nach einer einheitlichen Ruhrmetropole sieht sich nun aber mit den Tendenzen zu neuen Allianzen in Richtung Rheinland und Westfalen konfrontiert. Falls sich die Standortpolitik nicht ändert ist mit einer weiteren Bevölkerungsabnahme von 7% in den nächsten 10 Jahren zu rechnen. Welche Weichen müssen also für eine wirtschaftliche Entwicklung der Region gestellt werden, damit diese an die Erfolgsgeschichte der Vergangenheit anknüpfen kann? Welche administrativen Umstrukturierungen braucht die Region, um die vorhandenen Potentiale zu nutzen und Synergien mit anderen Standorten in Nordrhein-Westfalen zu aktivieren? Es folgt eine Beschreibung der Regionalgeschichte bis in die Gegenwart.

## Anfänge der Industrialisierung

Die frühe Industrialisierung erreicht über England und Belgien das Ruhrgebiet. Einige wenige Siedlungen liegen am Hellweg, der traditionellen Handelsstraße Karls des Großen. Bergbau wird zur Deckung des Eigenbedarfs in den Wäldern um Duisburg und Essen betrieben. Das spätere Ruhrrevier setzt sich aus 10 Herrschaftsbereichen zusammen, die weder einheitliche Maße, Gewichte, Zölle, noch Normen haben. Erst 1794 schafft das „Allgemeine Preußische Landrecht" eine einheitliche Gewerbeordnung. Als moderne Gesetzessammlung schafft es Folter und Ämterkauf ab und setzt die Gewaltenteilung durch. Es ist Grundlage einer effizienten Verwaltung des Königreichs und bedeutet somit einen Riesenschritt für Preußen auf dem Weg zu einem modernen Staat. Erstmals sind in Deutschland alle Bürger vor dem Gesetz gleich.

## Jahre 1800 – 1870

Die preußische Herrschaft teilt das spätere Ruhrgebiet in seine noch heute bestehenden Verwaltungseinheiten ein. Um den erhöhten Ausstoß der Zechen transportieren zu können, muss das Transportwesen im Ruhrgebiet verbessert werden. In dieser Zeit wird die Ruhr schiffbar gemacht. Spionage ermöglicht den Nachbau der ersten englischen Dampfmaschinen, die im Ruhrbergbau eingesetzt werden. Sie erleichtern den Abbau der Kohle, der nun mögliche Tiefbau erlaubt in den Jahren 1815 bis 1830 eine Steigerung der Kohleförderung um das Doppelte. Die Kohle wird in Booten auf der Ruhr transportiert und am Ruhrorter Hafen verschifft. Teilweise werden in England schon erprobte Verfahren der Stahlerzeu-

# THE RUHR AREA

Can the economy of the Ruhr be revitalized in the future? And if so, how? At present, 5.4 million people live in the region, which covers about 1,700 square miles (4,400 square kilometers) and includes 53 cities and municipalities. Higher administrative sovereignty is divided up among the district authorities of Arnsberg, Düsseldorf and Münster. Two regional councils work in the field of social and cultural affairs. However, as the mayor and the head of administration have no participatory right in the Ruhr's local council, this institution does not exert any decision-making power. Given this lack of a higher regional authority, the respective cities are obliged to bear responsibility for their own affairs.

Because of the monostructural development of the Ruhr and its history as a working-class and industrial region, a modern bourgeois metropolis with corresponding cultural, scientific and administrative institutions never developed. Instead, neighborhood subcultures and working-class milieu were the major influences on the social atmosphere of the so-called 'Ruhrpott'. Now, with the slow and painful death of the coal and steel industry and the gradual emergence of a knowledge-based service industry, political perspectives are changing as well. The growing support for a unifying Ruhr metropolis is, however, contrasts sharply with tendencies towards new alliances with the Rhineland and Westphalia alike. If appropriate measures are not taken to rectify the current location policy, the population is likely to decrease by 7 percent within the next 10 years. But what exactly are the measures that need to be taken to revitalize the economy of the Ruhr and to carry the success story of the past into the future? What are the structural measures the administrative authorities need to initiate in order to make full use of the local potential and to activate synergies with other areas in North Rhine-Westphalia? To find the answers to these questions, let us examine the history of the region.

## The First Years of Industrialization

Early industrialization spread to the Ruhr from England and Belgium. During this period, a small number of housing estates grew up along the Hellweg, the historical trade route established by Charles the Great . Mines located around the cities of Duisburg and Essen were initially exploited to meet local needs. The area was composed of 10 disparate administrative districts. There were no unified standards for measures, weights, customs duties and various other norms. It was not until 1794 that the General Country Law of Prussia established a standardized industrial code. This modern set of statutes abolished torture and the trading of official posts, and introduced the balance of powers. It constituted the basis of an efficient administration for the kingdom and was a major step for Prussia towards becoming a modern state. For the first time in Germany, all citizens are equal before the law.

## 1800 – 1870

The Prussian authorities divided the region into administrative districts, which are still valid today. The transport system of the Ruhr had to be improved to organize the transportation of the coal mines' increasing output. It was during this period that the Ruhr was turned into a navigable river. Thanks to espionage,

gung nacherfunden oder adaptiert. Auch hier spielt „Spionage" wieder eine große Rolle. Neben der Stahlerzeugung gewinnt der Maschinenbau immer mehr an Bedeutung. Die allgemeinen Arbeitsbedingungen sind ungeregelt und schlecht. Die belgischen Niederlande werden 1830 selbständig, nun drängt belgisches Kapital an die Ruhr. Schon in der Frühphase der Industrialisierung zeigt sich das beherrschende Merkmal der Ruhrindustrie: der Montankonzern, der versucht, seine Rohstoffbasis durch eigene Zechen zu sichern. Das Ruhrgebiet wird vornehmlich in Ost-West Richtung erschlossen. Die soziale Lage der Arbeiter in dieser Zeit ist erbärmlich. Nur wenige Unternehmer reagieren auf die Notlage ihrer Arbeiter. Die Verfassung vom Dezember 1849 etabliert die neue Klasse des Bürgertums und führt zur Durchsetzung der industriellen Revolution. Mit der Industrialisierung tritt "der Unternehmer" ins Rampenlicht des Geschehens: Es gelingt Persönlichkeiten wie Krupp und Grillo, in nur ein paar Jahren Imperien aufzubauen. Die Ruhrzechen werden ausgebaut, immer tiefer werden die Schächte abgeteuft. Die Kohle wird in Loren ans Tageslicht gebracht, die unter Tage von Grubenpferden gezogen werden. Der Abbau wandert immer weiter nach Norden, um schließlich die Emscher zu erreichen. Es herrscht Goldgräberstimmung an der Ruhr. Der Rückzug des Staates aus der Aufsicht über die Gruben führt zu Überproduktion und Konkurrenzdruck. Die Bergleute organisieren nun die ersten größeren Streiks im Bergbau. Um die Nachfrage nach Wohnungen zu befriedigen, werden die ersten Kolonien in der Nähe der Fabriken gebaut. Die vielen Menschen, die in diesen Häusern auf engstem Raum leben, stehen untereinander in gutem Kontakt. Dies scheint den Unternehmern den „sozialen Widerstand"" zu schüren.

## Hochindustrialisierung 1870 – 1914
Der Sieg über Frankreich gibt Deutschland den Zugriff auf die Erzvorkommen Lothringens. Die Zeit der großen Konzerne bricht an. Durch Kreditvergabe gewinnen die Banken mehr Einfluss, sie kontrollieren über den Aufsichtsrat die Imperien. Im Oktober 1873 kommt es zum ersten weltweiten Börsenkrach, viele Firmen gehen bankrott. Unter Tage kommen vermehrt Pressluftbohrer und -hammer zum Einsatz, Dynamit wird zum „Schießen" der Strecken verwendet. Eine bahnbrechende Innovation für den Bergbau ist der elektrische Strom. Er bringt nicht nur Licht in die Welt unter Tage, von nun an übernehmen auch elektrische Grubenbahnen den Transport. Bei der Wasserhaltung muss die Dampfmaschine der elektrischen Pumpe weichen. Um die Jahrhundertwende entsteht das Netzwerk der Verbundwirtschaft aus Zeche, Kokerei, Hütte und Kohlechemie. In den Großstädten des Reviers lösen elektrische Straßenbahnen die Pferdebahnen früherer Zeiten ab. Hatte sich die Bevölkerung des Ruhrgebiets bis 1870 verzehntacht, so kommen bis 1914 nochmals 700.000 Zuwanderer hinzu. Der sprunghaft gestiegene Bedarf an Industriearbeitern wird durch Polen, Masuren und Schlesier gedeckt, die durch Werbekampagnen ins Ruhrgebiet gelockt werden. Die Arbeiterbewegung ist mittlerweile perfekt organisiert, obwohl sie bis in die 1890er Jahre vom Staat unterdrückt wird. Die zahlreichen Vereine dienen der Arbeiterbewegung auch als Tarnung ihrer politischen Aktivität. Der galoppierenden wirtschaftlichen Entwicklung mit immer höheren Gewinnen der Unternehmer steht auf der anderen Seite eine explosive Stimmung bei den Arbeitern gegenüber.

## Erster Weltkrieg
Mit Beginn des Krieges wird der soziale Kampf von Gewerkschaften und Sozialdemokraten aus vaterländischen Gründen eingestellt. Viele Soldaten sind Arbeiter aus dem Ruhrgebiet, die Bergmänner und Hüttenwerker fehlen in der Produktion. Diese geht um mehr als die Hälfte zurück. Um die Produktionsverluste aufzufangen werden ab 1915

the people in the Ruhr were in a position to copy and reconstruct the first English steam engines and successfully employ them in the mining industry in the Ruhr. The new machines boosted the efficiency of mining processes enormously and also allowed coal to be extracted from far deeper layers. In the years 1815 – 30, coal-mining doubled. The coal was transported on the Ruhr River and was then shipped to its final destination from Ruhrorter Harbor. It was now England's turn to copy and adapt steel production processes. Here, too, espionage played a major role. In addition to steel production, mechanical engineering became increasingly important around this time. Working life on the industrial sites was difficult and dangerous. In 1830, the Belgian part of the Netherlands gained independence. As a result, Belgian capital flowed into the Ruhr. Even in this early phase of industrialization, the main characteristic of the Ruhr's industry was already evident: coal and steel groups tried to safeguard their supply of raw materials by increasing their number of mines. The region opened up from east to west. The social conditions of the working class were miserable, and very few entrepreneurs did anything to alleviate the desperate situation of their employees. The new constitution of 1849 established a new class status for the bourgeoisie and cleared the way for the Industrial Revolution. With industrialization, the entrepreneur took center stage. Strong personalities like Alfred Krupp (1812 – 87) and Friedrich Grillo (1825 – 88) built up industrial empires within the course of a few years. The coal mines were enlarged, shafts were sunk deeper and deeper into the earth. Tipper wagons drawn by mine horses carried the coal to the surface. Mining moved further northwards, finally reaching the Emscher River. Euphoria hit the Ruhr like a gold rush. The withdrawal of public authorities from supervising the mining business resulted in surplus production and strong competitive pressure. In the face of mounting economic pressure, the miners in the Ruhr organize the first major strikes in the history of mining industry. In order to fulfill the increasing demand for living space, the first workers' housing estates were built right next to the factories. With large numbers of people living together in close quarters, the social networks are tightly knit. Social tension between the entrepreneurs and the workers begins to rise.

## 1870 – 1914: The Heyday of the Industrial Age

Germany's victory over France in 1871 provided access to the ore deposits of Lorraine. The age of the major industrial corporations had dawned. Major credits guaranteed financial institutions more influence: they controlled the empires via the supervisory boards The first international stock market crash took place in October 1873. Numerous companies declared bankruptcy. In the coal mines, the use of pneumatic hammers and drills increases. Dynamite is now used to "blast open" the shafts. For the mining industry, electricity is the groundbreaking innovation of the day. Not only does it allow for the use of mining trams that can now be worked by voltage power, it also brings light into the darkness of the shafts. The steam engines that controlled the waterways are replaced by electrical pumps. Combined economy networks (coal mine, coking plant, iron and steel works and coal chemical industry) are established around the turn of the century. In the larger cities of the Ruhr mining area, electrical trams take the place of conventional horse-drawn streetcars. By 1870, the population of the Ruhr has increased tenfold. Up until 1914, an additional 700,000 immigrants settle on the

Frauen in fast allen Bereichen eingesetzt. Später kommen noch Kriegsgefangene aus Holland und Belgien hinzu, die unter Tage eingesetzt werden. Die Wirtschaft wird zentral aus Berlin gelenkt, es existiert kein freier Markt mehr. Die Unternehmen sind nun im Stahlverbund zusammengeschlossen oder unterstehen dem Reichskohlekommissar. Der enorme Waffenbedarf des Stellungskrieges lässt die Gewinne der Unternehmen ins Unermessliche steigen. Im Kontrast hierzu steht das Elend im Alltag der Menschen. Im Spätwinter 1916/17 und in der ersten Hälfte des Jahres 1918 kommt es zu großen Streiks.

## Weimarer Republik

Am 8. November 1918 bilden sich die ersten Arbeiter- und Soldatenräte und erheben unter anderem die Forderung nach Verstaatlichung der Montanindustrie. Für die Ruhrindustrie hat sich nach dem Krieg die ökonomische Situation stark verändert. Sie ist von den Rohstoffbasen in Lothringen und in Oberschlesien abgeschnitten und von den internationalen Märkten isoliert. Mehr als 80% der nationalen Erzreserven sind durch den Krieg verloren, das Militär als der wichtigste nationale Auftraggeber fällt durch den Versailler Friedensvertrag weg. Die Rüstungsindustrie bricht zusammen, und entlässt große Teile der Belegschaft. Allein 1925 werden 34 Zechen stillgelegt. Die Inflation galoppiert. 1923 ist eine Hyperinflation erreicht. Die Ruhrindustrie betreibt Mitte der 1920er Jahre vor allem Krisenmanagement: Fehlende Erzlieferungen aus Lothringen werden weitestgehend durch schwedisches Erz ersetzt. Neue Großkonzerne entstehen, die Ende der 20er Jahre wirtschaftlich und technisch wieder der Konkurrenz in Frankreich und England überlegen sind. Die Zeit des Aufschwungs geht 1929 abrupt zu Ende. Mit dem Zusammenbruch der New Yorker Börse wird der Ruhrindustrie schlagartig ein großer Teil der amerikanischen Kredite entzogen. Bis zum Sommer 1932 werden mehr als die Hälfte der Produktionskapazitäten im Bergbau und der Eisenhüttenindustrie durch die Krise vernichtet. Die Nationalsozialisten versprechen mit ihrem Notprogramm den Ausweg aus der Krise durch staatlicher Investitionshilfen in bisher nicht gekanntem Ausmaß.

## Zweiter Weltkrieg

Ruhrindustrielle tragen 1933 zur Machtergreifung Hitlers bei. Nach der Machtübernahme werden die riesigen staatlichen Subventionen in öffentliche Baumaßnahmen umgesetzt, die Rüstungsindustrie wird zum Motor der Konjunktur. Diese bricht bis 1937 alle Rekorde der Hochkonjunktur Mitte der 20er Jahre, allein die Stahlproduktion steigt um 400%. Die Arbeitslosigkeit im Ruhrrevier verschwindet rasch, die Zerschlagung der Arbeiterbewegung stößt auf keinen größeren Widerstand. Der volkswirtschaftliche Gegenwert für die immensen Kosten der Subventionspolitik wird nicht geschaffen, erst Krieg und Eroberung sollen später den Zugriff der deutschen Wirtschaft auf andere Regionen und Ressourcen erzwingen. Das Ruhrgebiet ist mit Kohle und Stahl die Basis der Vorbereitungen, die das Reich innerhalb von vier Jahren „kriegsfähig" machen sollen. Die Zechen und Hütten laufen spätestens ab 1935 auf Hochtouren. Die einseitige Ausrichtung der Industrie auf Krieg und Autarkie verhindert sinnvolle Investitionen und Innovationen. Die Angriffe der alliierten Luftflotten auf das Ruhrgebiet ab 1941 treffen in erster Linie die Bevölkerung. Die Zerstörung der Industrieanlagen ist groß, die Auswirkungen auf die Produktion bleiben aber vergleichsweise gering. Bedeutsamer sind die Schäden, die durch die ständige Überlastung aller Anlagen seit Mitte der 30er Jahre entstanden sind.

## Neubeginn nach 1945

Zunächst einmal stehen bei Kriegsende alle Räder still. Die Verkehrsinfrastruktur und fast

banks of the Ruhr River. The rapidly increasing demand for industrial manpower is largely met by workers from Poland, Masuria and Silesia. They are "lured" into the coal mining district by advertising campaigns. Although oppressed by the state until the 1890s, the labor movement is perfectly organized by this time. Various clubs and societies serve as a camouflage for political activities. Galloping economic development generates ever higher profits for entrepreneurs and kindles explosive tension among workers.

## World War I

With the outbreak of the First World War, the unions and social democrats postpone their social struggle for patriotic reasons. Many of the soldiers in the German army are workers from the Ruhr. As a result, the coal mines and iron and steel works lack human labor. The number of employees drops by 50 percent. From 1915 onwards, women are employed in almost all sectors to compensate for the losses in production capacity. In the course of the war, prisoners of war from the Netherlands and Belgium are brought in to work the coal mines. The economy is entirely controlled from Berlin; a free market no longer exists. All companies are now unified within the framework of the steel combine or are controlled by the Reich Commissioner for the Coal Mining Industry. The colossal demand for arms and weapons boosts profits to inestimable levels. This is in sharp contrast to the wretchedness and misery of everyday life. There are heavy strike actions during the winter of 1916/7 and the first half year 1918.

## The Weimar Republic

The first Worker's and Soldier's Councils are formed on November 8, 1918. One of their central demands is the nationalization of the coal and steel industry. The economic situation of the industrial sector in the Ruhr has changed dramatically: not only is it cut off from the sources of raw material in Lorraine and Upper Silisea, it is also cut off from international markets. As a result of the war, more than 80 percent of the national ore reserves are lost. The Treaty of Versailles also brings a halt to commissions from the military, the sector's most important source of income. The armaments industry collapses and unemployment figures rise. In 1925 alone, 35 coal mines are shut down. The rate of inflation explodes. In the twenties the industrial sector focuses on trying to prevent total collapse. Ore is now mainly imported from Sweden. In the midst of the crisis, however, new major companies are set up. By the end of the twenties, in terms of economic and technical standards, they catch up with their competitors in France and England. In 1929, the upward trend ends abruptly with the New York stock exchange crash. A great deal of US-American credit is withdrawn from the industrial sector in the Ruhr. Until the summer of 1932, more than half of the productive capacities of the coal mining and iron and steel works industry are shut down. The propaganda of the national socialists suggests that their titanic national investment aid program is the only way out of the crisis.

## World War II

Hitler comes to power in 1933 with the backing of the industrial magnates in the Ruhr. Soon after, gigantic subsidies are fed into the public building sector. Economic indicators point upwards but, once again, it is the armaments industry that

die Hälfte des Wohnungsbestandes sind zerstört. Die Kohleproduktion wird zuerst aufgenommen, um die Bevölkerung mit Kohle zu versorgen. Es fehlt an Bergleuten, denn viele Soldaten sind in Gefangenschaft, die Zwangsarbeiter haben die Ruhr verlassen. Eine Demontageliste von 1.800 Werken betrifft in erster Linie die Montanindustrie des Ruhrgebiets. Die Konzerngiganten an der Ruhr sollen durch Entflechtung und Aufteilung in kleinere Einheiten zerschlagen werden.

Unter dem Einfluss der verschiedenen Konflikte unter den Alliierten ändert sich diese Haltung bis zum Jahr 1947. Die USA und Großbritannien sehen in der Wirtschaftskraft Deutschlands bzw. des Ruhrreviers eine Chance, den aufziehenden Ost-West-Konflikt für sich zu entscheiden. Unter strenger Überwachung der Alliierten geht die notwendige Modernisierung der Ruhrindustrie voran. Die Eisenhütten-Industrie der Ruhr übertrifft bereits zur Jahreswende 1947/48 die gesamte französische Stahlproduktion. Rasch beginnt der wirtschaftliche Wiederaufstieg der jungen Bundesrepublik Deutschland. Die Landschaft an Ruhr und Emscher verändert sich mit dem explosiven Wirtschaftswachstum in der Bundesrepublik einschneidend. Die jetzt einsetzende Massenmotorisierung überzieht mit ihrem Straßennetz das Ruhrgebiet besonders dicht. Die Mechanisierung im Bergbau schafft für den Bergmann endlich erträglichere Arbeitsbedingungen, der Presslufthammer wird ersetzt durch Kohlehobel und Schrämmaschine. Die Umsiedler aus dem Osten, aus den vormaligen deutschen Gebieten oder aus der DDR, sowie die steigende Wirtschaftskraft lassen die Bevölkerungszahlen sprunghaft steigen. Gegenüber den Vorkriegszahlen gewinnt das Ruhrgebiet rund eine Million neue Bewohner, Mitte der 50er Jahre sind alleine 607.000 Mitarbeiter im Bergbau beschäftigt. Die ersten „Gastarbeiter" aus Italien und Jugoslawien werden willkommen geheißen und schließen die Lücken auf dem Arbeitsmarkt.

## Umstrukturierung in den 60er Jahren

Die Bundesregierung schafft Einfuhrzölle ab und fördert dadurch die Verwendung von Erdöl. Die ständig fallenden Preise bringen die Kohle auf dem Energiemarkt in Bedrängnis. Es beginnt eine Kette von Zechenschließungen, die nicht mehr abreißt. Bis 1968 werden 54% der Förderkapazität stillgelegt - das Ende für 78 Bergwerke. Innerhalb von einem Jahrzehnt verlieren 320.000 Bergleute ihren Arbeitsplatz. Das Jahr 1966 markiert eine wichtige Wende des Strukturwandels im Ruhrgebiet. Die aufziehende allgemeine Wirtschaftskrise beendet die Vollbeschäftigung in der Bundesrepublik und verschärft die Kohlekrise durch weiteren Nachfragerückgang. Das „Gesetz zur Anpassung und Gesundung des deutschen Steinkohlebergbaus" von 1967 legt die Strategien für den schrittweisen Rückzug aus dem Bergbau fest. Die Einsicht, dass deutsche Kohle international trotz modernster Technologie nicht mehr konkurrenzfähig sein wird, setzt sich durch. Die mögliche Neugründung eines Ford-Werkes wird vom Bergbau als Konkurrent um qualifizierte Arbeitskräfte blockiert. Opel errichtet in Bochum ein Zweigwerk. Die „Kraftwerks-Union" in Mülheim stellt komplette Kernkraftwerke her. 1968 beginnt mit dem „Entwicklungsprogramm Ruhr" der Versuch zunächst vor allem die Rahmenbedingungen des notwendigen Wandels zu verbessern. Ein wichtiger Bestandteil ist die Verbesserung des Bildungssystems, da mit der Einführung neuer Technologien in der zweiten industriellen Revolution qualifizierte Arbeitnehmer Basis der Veränderung sind.

## Krise der 70er Jahre

Die Ölkrise im Jahr 1973 wirkt wie ein ökonomisches Warnsignal. 1975 wird der „Jahrhundertvertrag", geschlossen, der mit einer Zwangsabgabe auf den Strompreis (Kohlepfennig) die Kohleverstromung bis zum Ende des Jahrhunderts sichern soll. Seit dem Ende der 50er

is turned into the economy's main driving force. By 1937, steel production has risen up to 400 percent compared to the mid-twenties. With the unemployment rate approaching zero percent, the crushing of the labor movement meets little resistance. However, there is no money to back this immense program of expenditure: it is only through war and conquest that the German economy gains access to the resources of its neighbors. With its coal and steel deposits, the Ruhr is the basis for the preparations that are intended to get the nation "ready for war". From 1935 onwards, the coal mines and steel and iron works are running at full steam. The industry's single-minded focus on war blocks any investments and innovations that could have supported a real and independent economic revitalization. In 1941, allied forces attack the Ruhr from the air. It is mainly the civil population that suffers. Although the industrial plants are badly damaged, the raids have a comparatively minor effect on production processes. They inflicted much less damage than the than wear and tear induced by the excessive strain inflicted on the plants since the mid-thirties.

## 1945 – A New Beginning

The war is over and the wheels of industry come to a complete standstill. The transport infrastructure and almost half of all housing have been destroyed. Coal production is initially used only to supply the households of the area. There are very few miners because many soldiers fell in combat or are prisoners of war. Moreover, foreign prisoners that were sentenced to hard industrial labor have left the Ruhr. A list of 1,800 plants that were earmarked for closure was largely made up of coal and steel industry plants of the Ruhr. The aim was to break up the Ruhr's major groups into smaller units by means of decartelization and partitioning. However, various allied conflicts alter this stance by 1947. The United States and the United Kingdom see the economic potential of Germany and the Ruhr as a means of winning the East-West conflict. Industry in the Ruhr is eventually modernized under the strict supervision of the allied forces. As early as 1947/8, the productivity rate of the steel works in the Ruhr surpasses that of France. The economic resurrection of the young Federal Republic begins. Soaring economic growth goes hand in hand with a fundamental change in the landscape and scenery along the Ruhr and the Emscher rivers. In the face of mass motorization in particular, the Ruhr is covered with an extremely dense road network. Mechanization eases laborious working conditions in the mines: the pneumatic hammer is replaced by the coal plane and scraping machine. In the years of post-war economic boom, resettlers from the East – either from former German territories or the GDR – increase the population. Compared to pre-war statistics, the population of the Ruhr increased by about one million. By the mid-fifties more than 600,000 people alone work in the coal mining industry. The first guest workers from Italy and Yugoslavia are welcomed in the late fifties and early sixties. They help close the gaps on the job market.

## Restructuring Measures – the Early Sixties

The Federal Government lifts import duties, thus promoting the use of petrol. With the prices on the energy market continuously falling, coal decreases in importance. Mines are gradually closed down, one by one. By 1968, 54 percent of the mining capacities have been shut down: for 78 mines, it is the end of the

Jahre haben die Lieferungen von Hüttenwerken in Länder der Dritten Welt einen erheblichen Umfang angenommen. Diese Staaten sind dabei, die Schwelle zum Industriestaat zu überschreiten und sich auf dem internationalen Stahlmarkt als Konkurrenten zu etablieren. Dazu hat die chemische Industrie in den letzten Jahren eine große Zahl hochfester und leichter Kunststoffe entwickelt, die in der Lage sind, Stahl in verschiedenen Bereichen der Autoindustrie zu ersetzen. Die Produktion geht von 1974 bis 75 von ca. 40 auf ca. 30 Millionen Tonnen Stahl zurück. Die Zahl der Beschäftigten halbiert sich fast von 283.000 auf 157.000. Als einzige Chance am Weltmarkt verbleibt der Stahlindustrie, hochwertige Stähle zu erzeugen und zu veredeln. Mit jeder weiteren wirtschaftlichen Verschlechterung werden unproduktive Werksteile stillgelegt oder mit anderen Standorten zusammengefasst.

## Die 80er und 90er Jahre

Als 1987 die Henrichshütte Thyssens und 1988/89 die Friedrich-Alfred-Hütte Krupps schließen sollen, stehen die Belegschaften und die Bürger der betroffenen Städte vor dem wirtschaftlichen Aus. Einer der größten Arbeitskämpfe in der Geschichte des Ruhrgebiets beginnt und hat auch vorübergehenden Erfolg. Mit dem Erhalt des Stahlwerkes und der Schmiede in Hattingen und einem Hochofen mit Stahlwerk in Rheinhausen bleibt ein Teil der Arbeitsplätze erhalten. Die deutsche Wiedervereinigung und eine erhöhte Nachfrage aus den USA lösen nach 1989 noch einmal eine Sonderkonjunktur der Stahlindustrie aus. Der Bergbau profitiert davon nicht, nach dem Fall des eisernen Vorhangs ist der Weltmarkt für Kohle durch Billigimporte noch härter umkämpft. Mittlerweile ist die Stahlindustrie schwer angeschlagen, und das zieht weitere dramatische Schließungen im Bergbau nach sich. Bei weiter anhaltender Tendenz wird der Ruhrbergbau nur wenige Jahre nach der Jahrtausendwende zum Erliegen kommen. Der Kohlepfennig wird abgeschafft. Bund und Kohleländer einigen sich, die Zuschüsse auf etwa 5,5 Milliarden DM zu reduzieren - dies ist das Aus für etwa die Hälfte der Zechen in Deutschland. 1998 wird die Deutsche Steinkohle AG gegründet, unter deren Dach die Zechen Deutschlands vereinigt werden. Rationalisierungspotentiale sind in der Montanindustrie kaum mehr vorhanden. 400.000 industrielle Arbeitsplätze verschwanden in den letzten 20 Jahren an der Ruhr. Das Ruhrgebiet mit seinen 5,4 Millionen Einwohnern sieht sich mit einer Arbeitslosenquote von durchschnittlich 15% konfrontiert.

## Ausblick in das 21. Jahrhundert

Während im Kohle- und Stahlbereich heute nur noch knapp 9% der Erwerbstätigen arbeiten, entstanden ab Mitte der 80er Jahre gut 200.000 neue Arbeitsplätze vor allem im Dienstleistungsbereich, im Bereich der Telekommunikation und in der Computerindustrie. Überflüssig gewordene Industrieanlagen sind großen Einkaufs- und Technologiezentren gewichen. Ehemalige Zechen, wenn nicht abgerissen oder als Industriedenkmal erhalten, werden schrittweise zu Orten neuer Unternehmungen umdefiniert. Zukünftiger Strukturwandel bedeutet im Ruhrgebiet nicht ausschließlich Wandel zu neuen Erwerbszweigen, sondern auch Wandel zu neuen Erwerbsmärkten. Das über Jahrzehnte erworbene Wissen im Bereich der Bergbautechnologie muss zum maßgeschneiderten Exportprodukt umgestaltet werden um Zukunft zu haben. Ohne den laufenden Strukturwandel läge die Arbeitslosenquote schon heute rechnerisch bei rund 50%. Die andauernde Krise ist wesentlich fundamentaler als Politik und Fachkreise eingestehen wollen. Ein Vergleich der aktuellen Lage mit Regionen in Ostdeutschland ist angebracht. Einflussgrößen wie ökonomische Strukturen, Beschäftigungsentwicklung, Finanzen, öffentliche Infrastruktur und kommunale Selbstverwaltung bedürfen einer konsequenten Umgestaltung. Das Ruhrgebiet ist

line. Within the course of ten years, 320,000 miners lose their jobs. 1966 marks a turning point in the structural change of the Ruhr: the international economic crisis looming on the horizon puts an end to full employment in the FRG and intensifies the coal crisis by a further decrease in demand. The 1967 Act for the Adjustment and Recovery of the German Coal Mining Industry lays down strategies for a gradual departure from coal mining. The fact that coal exports from Germany are no longer competitive on international markets, despite cutting-edge technology, is gradually being accepted. Plans to establish the Ford plant in Cologne are blocked by the mining industry – it is seen as a potential competitor for skilled workers. Opel opens a branch in Bochum . In Mülheim, the Kraftwerks-Union (Power Plant Union) produces complete nuclear power plants. In 1968, the Ruhr Development Program is one of the first efforts to improve the prevailing conditions of the new structural change. A major part of the program is the improvement of the educational system: it is the new technologies that make skilled workers the foundation of change in this second industrial revolution.

## The Crisis of the Seventies

The 1973 oil crisis is like an economic warning signal. 1975 sees the signing of the "Jahrhundertvertrag" (Treaty for the Century), which adds a compulsory supplement to the price of electricity with a view to securing the use of coal-fired power stations until the end of the century. Since the late fifties, imports from third-world coal mines and steel works have increased considerably. Many third-world countries are on the verge of becoming industrial nations, establishing themselves on the international steel market as competitors to first-world countries. Additionally, the chemical industry has developed a great number of very firm and light synthetic materials that are capable of replacing traditional steel in many sectors of the automotive industry. In the years 1974-5, steel production declines from around 40 to roughly 30 million tons. The number of employees is almost halved, from 283,000 to 157,000 . For the steel industry, its only chance of survival on international markets is to produce and refine high-grade steel. Each downward movement of economic indicators is accompanied by the closing of unproductive parts of plants or by merging with other sites.

## The Eighties and the Nineties

The planned closure of Thyssen's Henrichshütte and Krupp's Friedrich-Alfred-Hütte in 1987 and 1988/9 respectively, means potential economic ruin for both employees and the citizens of the affected cities. As a consequence, one of the largest industrial actions in the history of the Ruhr is initiated – with temporary success. By preserving the steel and forging works in Hattingen and a blast furnace with adjacent steel works in Rheinhausen, some jobs were saved. In the years following 1989, German unification and increased demand from the U.S. create an auxiliary economic upswing for the steel industry. However, this does not generate profits for the mining industry as international coal markets became even more competitive after the iron curtain was drawn back. The steel industry is struggling, a fact which results in further drama-laden closures in the mining industry. The counting out of the Ruhr's coal mining industry has literally begun. The compulsory supplement is abolished. The Federal Government and those

angesichts der raschen und tiefgreifenden Wandlungen von starken Krisensymptomen geprägt. Arbeitslosigkeit, soziale Ausgrenzung, teilweise noch fortschreitende Umweltzerstörung und räumlich soziales Auseinanderdriften lassen sich mit den gegebenen Instrumentarien und den herrschenden Ideologien offensichtlich nicht wirksam beeinflussen. In diesem Sinne sollte dafür plädiert werden, Politik und Verwaltungsstrukturen für die Krisenregion Ruhrgebiet neu zu entwickeln. Globalisierung und nachhaltiges Wachstum bedürfen der Förderung einer neuen regionalen Identität. Angestrebte Standortqualitäten müssen mit den anvisierten Wirtschaftszielen in Einklang gebracht werden. Die bestehenden politischen und geografischen Eingrenzungen des Ruhrgebietes lassen sich mit dem Anbruch des Kommunikationszeitalters nicht mehr aufrechterhalten. Das Ruhrgebiet wird sich neu formieren und definieren müssen, um im internationalen Wettbewerb der Regionen in Zukunft bestehen zu können. Die subventionierte Betonung kultureller Aspekte ist zur Imageänderung hilfreich, wird aber langfristig nur durch neue Industrieansiedlungen getragen werden können.

Länder with coal mining industries agree to cut subsidies to roughly DM 5.5 billion, a measure which results in the closure of half of Germany's coal mines. In 1998, the Deutsche Steinkohle AG (German Hard Coal Corporation) is established. Under this umbrella, Germany's coal mines are unified. In the coal and steel industry, there is hardly any potential for further rationalization measures. About 400,000 jobs have been lost in the Ruhr over the past 20 years. With 5.4 million people living in the area, the average unemployment rate comes in at roughly 15 percent.

## Present and Future Prospects – the 21st Century

Whereas only 9 percent of all employees in the region are working in the coal and steel industry today, more than 200,000 new jobs have been created since the mid-eighties, mainly in the services, telecommunications and IT sectors. Industrial sites that had become superfluous have since given way to large shopping malls and technology centers. Defunct coal mines, unless torn down or preserved as monuments of the industrial age, are being reconstructed and used for ventures of various kinds. Future structural change in the Ruhr not only focuses on creating new lines of business but also on opening new markets. The expertise in mining technology built up across so many decades must be turned into a customized export product in order to stand the test of time. Theoretically, were it not for structural change, today's unemployment rate would be somewhere in the region of 50 percent. The ongoing crisis is much more fundamental than politicians and experts are ready to concede. It may, indeed, be compared with the situation of Germany's new Länder in the East. Economic structures, employment concepts, finances, public infrastructure and communal government all require resolute realignment if a permanent crisis is to be avoided. Unemployment, social exclusion and the collapse of social structures, even increased pollution would not appear to have been effectively tackled with traditional means and prevailing ideologies. Consequently, political and administrative structures ought to be thoroughly reformed. Globalization and sustainable economic growth call for the endorsement of a new regional identity. The required quality of the location of industry and commerce have to be aligned with the economic goals of the area. Traditional political and geographical demarcations cannot be sustained under the auspices of the dawning Age of Communications. The Ruhr will have to reshape and redefine itself in order to keep up with future international competition. The emphasis on subsidies for cultural heritage will help reshape the Ruhr's image, but in the long run, this too will only be sustainable on the basis of new industries and trades.

# INTERVIEW MINISTER DR. MICHAEL VESPER
Düsseldorf, 9. September 2002

**Maas:** Können Sie die heutige Situation des Ruhrgebietes beschreiben?
**Vesper:** Das Ruhrgebiet ist das industrielle Kernstück Deutschlands. Es unterliegt einem tiefgreifenden Strukturwandel, wie er in kaum einer anderen Region in der Welt zu beobachten ist. Vor wenigen Jahrzehnten arbeiteten hier noch hunderte von Zechen, heute sind nur noch wenig mehr als zehn davon übrig. Allein durch dessen Zahlen wird klar, wie dramatisch sich diese Region gewandelt hat. Sie muss sich neu definieren, und dies innerhalb einer ganz kurzen Zeit. Das ist das wirklich Spannende an dem Prozess, den wir hier im Augenblick erleben.
**Maas:** In Bezug auf die Stimmung im Ruhrgebiet, die Soziologie der Bevölkerung, fiel einmal das Wort „Larmoyanz" bei Ihnen.
**Vesper:** Das hat wohl ein wenig damit zu tun, wie die Menschen im Ruhrgebiet und vor allem manche Funktionsträger im Ruhrgebiet an Politik herangehen. Was in anderen Regionen freudig begrüßt würde, wenn zum Beispiel die Landesregierung ein Projekt anbietet und fördert, das wird im Ruhrgebiet gelegentlich mit Nasenrümpfen und einer hohen Anspruchshaltung begleitet. Oft stimmt hier die Reihenfolge nicht. Zu allererst erschallt der Ruf nach Förderung; erst wenn sie da ist, entwickeln sich die Ideen. Woanders geht das eher umgekehrt. Aber es gibt in der Region durchaus vorzeigbare Erfolge. Ich erinnere an unser Paradeprojekt der Internationalen Bauausstellung, (IBA) Emscher Park, in die über zehn Jahre, von 1989 bis 1999, über 4 Milliarden DM, also 2 Milliarden Euro Förderung geflossen sind. Durch die IBA konnten viele Zeugnisse der Industriegeschichte erhalten werden. Oder ein anderes Beispiel: Gerade ist die Ruhr-Triennale angelaufen; ein großartiges Festival, das die Kultur in die Industrieräume bringt. Man sieht, dass wir uns sehr stark in dieser Region engagieren. Aber die Zeit läuft. In fünf Jahren wird sich entscheiden, ob der Wandlungsprozess gelingt oder nicht.
**Maas:** Sie reden von Verwandlungen. Auf welche Weise können diese Verwandlungen stattfinden?
**Vesper:** Dafür gibt es positive Beispiele. Schauen Sie nach Dortmund: Dort ist der Strukturwandel schon gelungen. Die neuen Informations- und Kommunikationstechniken boomen. Auch andere Städte sind dabei, ihr neues Profil zu finden. Dabei erschließen sie häufig ganz neue Räume. Die Stahlwerke und Zechen, die mit ihren riesigen Firmengeländen oft mitten in den Städten lagen, waren über Jahrzehnte eine Art "verbotene Stadt", in die die Menschen gar nicht hinein konnten. Diese Räume werden jetzt neu genutzt, und zwar so, dass einerseits die industriegeschichtlichen Dokumente nicht verloren gehen, andererseits dort aber auch neues Leben einziehn, denn wir wollen unsere Geschichte ja nicht in einem Museum mumifizieren.
**Maas:** Sie arbeiten sehr eng mit dem Wirtschaftsminister zusammen. Wollen Sie eine neues Profil für das Ruhrgebiet schaffen, um in fünf Jahren ein wirtschaftliches Wunder zu vollbringen?
**Vesper:** Ein Wunder wohl kaum, denn Wunder sind selten geworden in der Politik. Aber auf jeden Fall schon einen Strukturfortschritt. Wenn man das schaffen will, müssen alle Kräfte im Ruhrgebiet zusammenstehen. Wir haben ja glücklicherweise die Hilfen der Europäischen Union für diese Region. Sie laufen jedoch in wenigen Jahren aus; bis dahin müssen die wichtigsten Schritte gegangen sein. Ich glaube, dass dieser Zeitdruck ganz hilfreich für uns ist.
**Maas:** Das denke ich auch. Werden von Seiten der EU die verschiedenen Regionen miteinander verglichen? Z. B. im Bereich der Arbeitslosigkeit oder der Leistung der Universitäten?
**Vesper:** Das Ruhrgebiet ist so, wie es diesen Strukturwandel zu bewältigen hat, unvergleichlich. Es gibt kaum eine andere Region, die so monostrukturiert war und die nun so multistrukturiert werden soll. Seine Identität schöpfte das Ruhrgebiet bisher aus der Montanindustrie. Nicht umsonst nennt es sich ja selbst Ruhrpott. Diese Identität muss auf eine neue Basis gestellt werden. Die Menschen müssen sich in ihrer Region neu definieren. Dabei können sie nicht auf Rezepte von anderen zurückgreifen.
**Maas:** Aber man kann schon Vergleiche zwischen den Regionen anstellen, um einzuordnen auf welcher Ebene man sich in den verschiedenen Bereichen befindet. Ich denke an vergleichbare Regionen wie Detroit, die Midlands oder Nord-Frankreich. Hier gibt es Unterschiede aber auch eine Menge Überschneidungen mit der Situation des Ruhrgebietes.
**Vesper:** Ich glaube, es gibt keine übertragbaren Rezepte. Detroit ist sehr stark durch den Automobilbau geprägt. Die Auswirkungen im innerstädtischen Bereich waren nicht so groß wie hier. Im Ruhrgebiet setzen wir drei wirtschaftliche Entwicklungsschwer-

# INTERVIEW MINISTER DR. MICHAEL VESPER
Düsseldorf, september 9th 2002

**Maas:** Can you describe the present situation of the Ruhr district?
**Vesper:** The Ruhr district is the industrial heart of Germany, and is being subjected to a change in structure unlike any region in the world has ever experienced. If you can imagine that just a few years ago, hundreds of mines existed here, and now little more than ten are still standing. There you see the dramatic changes this region has undergone. And the region has had to redefine itself within a very short time frame. That is what is so exciting about the process we're going through.
**Maas:** In reference to the atmosphere in the Ruhr district, the sociology of the population, does the word "larmoyanz" come to mind?
**Vesper:** That has something to do with it, how the people of the Ruhr district and especially the functionaries approach politics. You know, the projects initiated by the state government which are welcomed with open arms in other regions receive a cold reaction from the residents of the Ruhr district. In this district they have an attitude of: we want to be accountable, and if we are accountable then we will subsequently be the ones to develop the ideas. Elsewhere that works in reverse. In the Ruhr district we have realised large projects, for instance the international building exhibition, IBA Emscher Park. In 10 years, from 1989 to 1999, the IBA provided the Ruhr district with over 2 billion euros in financial support so that the pillars of their industrial history would remain standing, while they would most likely have been torn down anywhere else. And if one further considers our plan for a new project, "Ruhrtriennale", whose aim is to connect industrial areas and culture, then one can see that we are already very strongly engaged in this region. The clock is ticking. If in 5 years this process of change has not succeeded, then it won't succeed.
**Maas:** You talk about changes. How exactly will these changes occur?
**Vesper:** There already exist several very successful examples. If one looks at Dortmund, there the structural change has succeeded in the area of industry new information and communication technologies, IT. In Dortmund this industry is booming. Other cities as well are thereby finding their new profile. In Bochum, for example, a decade ago several mines still existed, but now there are none. To re-use these areas in such a way that the historical documents of the industry are not lost, but on the other hand also come alive there, and are not simply put in a museum to be mummified.
**Maas:** You co-operate very closely with the Minister of Economic Affairs. Is the purpose here to create a new profile for the Ruhr district so that in five years an economic miracle can occur?
**Vesper:** I would not say a miracle, but in any case some structural progress. And all forces in the Ruhr district must stand together if one wants to create that. There is the possibility of assistance from the European Union. This runs out in a few years and before then the most important steps must already have been made. I believe this pressure of a deadline to be very helpful.
**Maas:** I think so too. Will different regions be compared to one another so that one can really appreciate the improvements? For example, regarding unemployment or the performance of universities?
**Vesper:** The Ruhr district is actually incomparable to other regions in regard to its mastering of structural change. There is no other region that went from being so singularly structured to being as multi-structured as they now are. And the Ruhr district draws its past identity from the mining industry, from the coal and steel industry of its past. There is a reason why the Ruhr district calls itself the "Ruhrpott", but this sense of belonging of the people must be placed on a new foundation, and the people must have a new basis of experience. I've seen few regions that have had to go through such a process. But one must take on a task such as this without the benefit of others' experience anyway, for one cannot use that as a recipe for one's own progress.
**Maas:** But one can surely compare in order to determine at what level the region is in various areas. One thinks of Detroit, the Midlands or northern France. There must be certain differences, but surely also some similarities.

punkte: Neue Medien, medizinische Spitzenforschung mit Spitzenprodukten und eine Entwicklung hin zum Design. Wir hoffen, dass sich diese Schwerpunkte durchsetzen werden. Daneben gibt es noch ihre öffentlich finanzierten Schwerpunkte wie Kunst und Kultur und natürlich auch den Sport, der ja hier eine riesengroße Bedeutung hat. Wir haben im Augenblick allein drei Vereine in der Fußball-Bundesliga; wenn der MSV Duisburg aufsteigt, wird es hoffentlich bald wieder einer mehr sein.

**Molestina:** Sie haben über Industrieräume gesprochen die wiederbelebt werden. Läuft man nicht Gefahr, die vergangene Zechenromantik oder verlorene Identität der Montanindustriejahre zu sehr zu betonen?

**Vesper:** Nein, ich sehe hier eher die umgekehrte Gefahr, dass man diese Vergangenheit vergisst. Wir müssen sie lebendig halten, um unseren Kindern, die, wenn sie erwachsen sind, wahrscheinlich keine einzige arbeitende Zeche mehr aktiv erleben können, den Zugang zu unserer Geschichte zu erhalten. Ohne diese Zechen kann man die deutsche Industriegeschichte und die Entwicklung in der Nachkriegszeit nicht erklären.

**Molestina:** Wie ist das mit den alten Zechen und den Städten in denen sie liegen? Zum Beispiel die Zeche Ewald. Sie wird massive Investitionen bekommen. Die Stadt Recklinghausen erscheint fast schwächer als die Zeche. Gibt es eine Konkurrenz zwischen den historisch gewachsenen Städten und den Zechenzentren?

**Vesper:** Nein, die Zechen sind Teil der Städte, auch wenn sie nicht immer ganz dazu gehört haben. Die Zeche Zollverein in Essen z.B., die gerade zum Weltkulturerbe ernannt wurde, ist ursprünglich am Rand der Stadt gebaut worden. Heute müssen wir genau dort Stadt schaffen, Urbanität. Das ist eine sehr große Chance, gerade in unserer Zeit, in der uns Flut- und andere Umweltkatastrophen klar machen, dass wir unsere Landschaft nicht weiter zersiedeln und versiegeln dürfen. Die stillgelegten Zechen bieten uns die unglaubliche Chance, ohne neuen Landverbrauch aktiv Stadtentwicklung zu betreiben. Man muss allerdings dort nun auch wirklich Stadt machen und darf dieses Terrain nicht verloren geben z.B. an großflächigen Einzelhandel oder seelenlose Gewerbegebiete. Das ist die große Aufgabe, vor der wir stehen.

**Molestina:** Es scheint, es würde zur Zeit fast ein neuer Ruhr-Urbanismus erfunden.

**Vesper:** Ja, das ist in der Tat so. Eine der Schwierigkeiten ist die Dimension der frei werdenden Gebiete. Das sind tausende von Hektar, die dort zur Verfügung stehen, beispielsweise bei Phönix in Dortmund. Diese riesigen Flächen sind eine historische Chance für die neue urbane Entwicklung des ganzen Reviers. Es wird auf Jahrzehnte hinaus eine solche Chance nicht noch einmal geben.

**Maas:** Gibt es denn eine Hauptstadt im Ruhrgebiet?

**Vesper:** Eine gefährliche Frage, die ich nur mit Nein beantworten kann. Das ist eines der Probleme, dass die "Ruhrstadt" extrem polyzentrisch ist. Essen, die größte Stadt mit Sitz des KVR, ist eigentlich die geborene Ruhrgebiets-Hauptstadt. Aber es gibt eben auch Dortmund, Bochum, Duisburg und viele andere.

**Maas:** Gibt es die Gefahr der Konkurrenz zwischen den Städten?

**Vesper:** Gefahr? Die Konkurrenz ist bittere Realität. Es gibt im Ruhrgebiet keine gemeinsame Planung. Jede Stadt will den großen Einkaufsmarkt haben und begreift die Nachbarstadt als Konkurrenten statt als Partner. Das führt zu Überangeboten. Jede Stadt möchte einen Ikea Markt, jede Stadt möchte eine Movie-World, jede Stadt möchte ein Konzertgebäude, ein Prestigeobjekt in den eigenen Mauern. Das kann nicht funktionieren, aber es ist auch nicht zu verhindern, solange es keine Instanz gibt, die die Kraft hat, zu sagen: „Diesen Schwerpunkt bringen wir nach A, und jener Schwerpunkt kommt nach B."

**Maas:** Wann erwarten Sie solch eine gemeinsame Planung?

**Vesper:** Man kann gemeinsame Planung nicht von oben verordnen. Das kann nur durch die Region selbst geschehen. Die ganzen Debatten über die "Ruhrstadt", die ja immer wieder geführt werden, sind solange wenig fruchtbar, wie genau diese Frage nicht von den Betroffenen selber beantwortet wird.

**Maas:** Sie sprechen von einer „Unifikation". Wann kann man die erwarten? Wird es jemals geschehen?

**Vesper:** Niemand erwartet ernsthaft, dass in absehbarer Zeit die eine große „Ruhrstadt" entsteht mit einem Oberbürgermeister an der Spitze und den Stadtteilen Duisburg, Dortmund und Essen. Worum es aber geht: Die vielen Zentren im Ruhrgebiet müssen zusammenfinden. Sie müssen zu einem gemeinsamen Willen und einer gemeinsamen Planung finden. Das gilt für Einzelhandelskonzepte genauso wie für die Kultur. Im Ruhrgebiet gibt es eine ganze Reihe von Theatern und Opern - mehr als irgendwo sonst in einem solchen Raum. Mein Ziel ist nicht, das zu reduzieren, aber es wäre schon sinnvoll, die Angebote stärker aufeinander abzustimmen. Ein ganz wichtiger Aspekt ist der Verkehr. New York oder Paris wären überhaupt nicht denkbar ohne

Vesper: I believe that there is no interchangeable template. Detroit, for example, is very strongly shaped by automotive manufacturing and I don't believe they can be compared in such a way. In the Ruhr district there will be a development towards new media. In addition, there will be a development towards leading medical research with top products. There will be a development in design. Those are three emphases which will hopefully become generally accepted in the Ruhr district, alongside publicly financed emphases such as art, culture and naturally sport, which are of great importance here in the Ruhr district. We have presently three football teams in the Bundesliga, and will hopefully have even more soon if MSV Duisburg moves up.

Molestina: You've spoken about industrial areas which will be revitalised. Doesn't one then run the risk of too strongly emphasising the identity of the industrial era?

Vesper: No, there exists, rather, the reverse danger that one forget this past. We must keep this past alive, because for instance, when my children are grown, there will probably no longer be a single active mine left in Germany. We must preserve these documents, because without these mines the postwar period of Germany cannot be explained, and this way of production cannot live on.

Molestina: Are the mining centres financially stronger than the city centres? Is there competition between the cities that are rich in history and the mining centres?

Vesper: No, the mines are part of the cities, even if they did not belong to it. The mine amalgamation in Essen, for example, which was immediately named a world cultural heritage sight, was at that time built at the edge of the city. Today we must build a city there and that is a big risk. At the same time was the flooding catastrophe, and everyone was saying that we should not be further settling our land. And these mines offer an unbelievable opportunity, without further land settlement, to operate city development and one must also only build "city" there. This area must not be lost at to some big retail company or soulless business quarter. A truly active city and city life must be achieved, that is the great task before us. That is why I also believe that in the long run there will also be a chance for the cities such as Herten, for example, Ewald, and Recklinghausen.

Molestina: What we're seeing now is a kind of new "Ruhr-urbanity".

Vesper: Yes. And the difficulty is the dimension. If you think about it, there are thousands of hectares, there which are newly available. If I think of Phoenix in Dortmund for example, the steel plant, they cover an enormous area, and it is a historical opportunity for the entire district to have such a large area available. And if the Ruhr district misses this opportunity, if we all miss this opportunity, it will be decades before we get another one like it.

Maas: I would like to come back to the topic of identity. The Ruhr district naturally has an identity in history. But if one sees the Ruhr district as a whole, how large is it actually? Where does it end?

Vesper: No one knows how large the Ruhr district actually is. Some always want to be associated with the Ruhr district where progress is concerned, but not where image is concerned. That cannot be defined by anyone other than the Ruhr district itself, however. Thus, whether for instance the Kreis Wesel belongs to the Ruhr district; one is fully justified in doubting. Cologne surely not and not Düsseldorf either. The simplest definition is that of the local community association in the Ruhr district, the KVR; but even there are some questions. Therefore, we are at the moment going through a process within the federal state government of determining how such structures are to be given to the Ruhr district, in order to make self-identification and self-development possible. The KVR, in my estimation, has failed in that respect over in the last decades. It had its chance, but did not use it.

Maas: Is there a capital city?

Vesper: There is no capital city of the Ruhr district. That is also a problem, that this Ruhr city, this city on the Ruhr, is so polycentric. There is Essen, the largest city, and actually the natural capital. The seat of the KVR is also there. But there is also Dortmund, also a large and above all very successful city, and other cities. Thus if there is at all a dis-layering, it is surely between Essen and Dortmund in any case.

Maas: Is there a danger of competition between the cities?

das funktionierende Nahverkehrssystem, die Metro. Im Ruhrgebiet gibt es immer noch unterschiedliche Schienenbreiten und 13 oder 14 Nahverkehrsunternehmen. Es gibt zwar den Verkehrsverbund Rhein-Ruhr, und es klappt auch ganz gut mit der S-Bahn. Aber sie schaffen es nicht einmal, mit der Straßenbahn von Gelsenkirchen nach Essen zu fahren.

**Maas:** Arbeiten Kultur und Wirtschaft zusammen, um Verbesserungen für das Ruhrgebiet voranzutreiben?

**Vesper:** Die Landesregierung hat den Ehrgeiz zu helfen, dass das Ruhrgebiet den Übergang in den nächsten fünf Jahren schafft. Wir haben mit der IBA hervorragende Voraussetzungen geschaffen. Wir haben Zukunftsstandorte definiert, beispielsweise den Landschaftspark in Duisburg-Meiderich, die Innenstadt West in Bochum, wo ein ganz neuer Stadtteil entstehen soll, und auch die erneuerte Jahrhunderthalle steht, das Gelände von Phönix in Dortmund oder der Kruppsche Gürtel in Essen, der 240 Hektar, umfasst. Das alles sind riesige Areale mit riesigen Chancen. Und wir versuchen gemeinsam etwas zu bewegen.

**Maas:** Gibt es Überlegungen, ein neues Steuersystem einzuführen, wie es beispielsweise bei der kantonalen Struktur der Schweiz geschieht?

**Vesper:** Nein. Diese Diskussion darum einen eigenen Regierungsbezirk für das Ruhrgebiet einzuführen, wird nicht mehr ernsthaft geführt, denn das Ruhrgebiet ist nur ein Teil Nordrhein-Westfalens wenn auch ein sehr wichtiger. Wir können das Ruhrgebiet nicht grundlegend anders behandeln als die anderen Regionen in unserem Land.

**Maas:** Gibt es auch Interessen im europäischen Raum, Zonen zu spezialisieren und dort Schwerpunkte zu definieren und entwickeln. Wird in der Politik darüber geredet? Dass man z.B. den IT-Bereich nicht auf fünf oder sechs Zonen verteilt, sondern diesen Schwerpunkt konzentriert, entweder im Ruhrgebiet, der Randstad oder im Rhein/Main-Gebiet? An den Universitäten wird darüber diskutiert, wo man welchen Schwerpunkt in welcher europäischen Zone am besten konzentrieren kann, es wird verglichen, wo man das beste Potential hat, im Hinblick auf ein zukünftiges gemeinsames Europa.

**Vesper:** Solche vorausschauenden Planungen sind sicher sinnvoll, so wie wir jetzt entschieden haben, dass Essen ein Design - Standort werden soll. Für den IT-Bereich hat sich Dortmund bereits profiliert. Das Problem des Ruhrgebietes ist ja, dass es eine Monokultur hatte. Deswegen ist es so schwierig, daraus eine Polykultur zu machen, in der unterschiedliche Schwerpunkte existieren.

**Maas:** Aber man hätte natürlich schon eine Entscheidung fällen können, ob man eine Polykultur oder Monokultur haben möchte. Sodass man sich auf eine Gegend konzentriert. Das ist nicht geschehen.

**Vesper:** Nein.

**Maas:** Eine Polykultur ist sicherlich positiv, wenn man eine Produktunabhängigkeit erreichen möchte, ist aber schwierig zu finanzieren, weil man sich auf mehrere Bereiche konzentrieren muss. Sind darüber über die Jahre wirtschaftliche Vergleiche gemacht worden?

**Vesper:** Nein, solche Entscheidungen kann man auch nicht vom grünen Tisch aus treffen. Die mutige Entscheidung der damaligen Landesregierung war, die IBA auf den Weg zu bringen und mit großen Mitteln auszustatten. Wie gesagt, 4 Milliarden DM sind dort hineingeflossen, und sie war ein großer Erfolg. Eine solche „Internationale Bauausstellung" über eine gesamte Region, die Emscherzone, hat es vorher noch nicht gegeben.

**Maas:** Lassen Sie uns noch einmal über Europa reden. Also denken Sie, dass es sinnvoll ist, in Zukunft mit anderen Regionen über eine Art Schwerpunktverteilung in Europa zu reden?

**Vesper:** Natürlich. Natürlich darf man nicht so blauäugig sein zu glauben, dass man durch Gespräche Konkurrenzen außer Kraft setzen könnte. Im europäischen Kontext gibt es auch konkurrierende Interessen. Nach wie vor fehlt eine klare Definition, was eine Region ist. Es gibt den Ausschuss der Regionen im europäischen Parlament, dem ich auch einmal angehört habe. Es gibt aber auch eine Wahrnehmung von Regionen, die die Nationalstaaten umfasst oder Nordrhein-Westfalen als Ganzes, es gibt aber auch kleinteiligere Wahrnehmungen. Es muss eine europäische Zusammenarbeit geben, es wird aber auch immer eine europäische Konkurrenz geben.

**Maas:** Das ist klar. Man sieht, dass viele Regionen wie z.B. die Schweiz sich spezialisieren wollen innerhalb dieser Konkurrenz. Ist es auch Ihre Absicht, eine Differenzierung herbeizuführen, um in diesem europäischen Bereich eine klare Identität für das Ruhrgebiet zu schaffen?

**Vesper:** Ja. Und zwar eine Identität, die ihre Kraft auf der einen Seite aus der Vergangenheit schöpft - aus der Industriekultur, der Zechenkultur, der Montan-Geschichte

Vesper: Yes, that is the problem in the Ruhr district. There is no common planning, not even the beginnings of such a thing. Each city wants to have a big shopping mall within its own city limits. That leads to the present situation of offer in excess. Each city would like to have an Ikea. Each city would like to have a Movie World. Each city would like to have a concert hall. Each city would like to have such a prestigious building. That cannot work, but can also not be prevented, as long as there is no example strong enough to say: this focus is leading us to point A and that one to point B. Such an understanding does not yet exist.

Maas: When do you expect such an understanding?

Vesper: That cannot occur with an order from above or by means of the federal state government, but can only occur by means of the region itself. That is why all of the debates over the Ruhr city come up time and time again and are still not fruitful, mainly because these exact questions are not discussed and decided upon by the people concerned.

Maas: You talk about a "unification" When can one expect that? Will it ever happen?

Vesper: No, this is not the time for centralisation at the moment. I don't think anybody can seriously expect that there will be one large Ruhr city with one mayor and suburbs like Brooklyn and Queens, namely Duisburg and Dortmund and Essen. But, what probably could work is if the many centres in the Ruhr district came together to form a co-operative alliance, where they co-ordinate a common will, a common plan. Retail trade concepts, for example, or a cultural plan. In the Ruhr district, for example, is a whole set of theatres and operas, more than there would otherwise be in such an area. My goal is not to reduce that, but it would be beneficial to be more strongly co-ordinated in this area.   Another very important aspect is traffic. New York or Paris it would not even be conceivable without a functioning suburban traffic system, the metro, for example. In the Ruhr district they have various rail widths. One cannot even get from one region of the Ruhr district to the other using public suburban transport. There are 13 or 14 suburban transport companies instead of one. There is the transport alliance "Rhine-Ruhr" and there the rapid-transit railway works well. It works well on a small scale. They haven't yet succeeded with a rapid transit railway from Gelsenkirchen to Essen.

Maas: What is important for this region, it has one of the densest highway networks anywhere. Do you expect many investments in this area?

Vesper: I don't believe you can build more highways in the Ruhr-area anymore. You coudl widen them, to make them 6 lane, but you can't build more highways. What needs to be done is an improvement of public transport, both regional and local. We are achieving a S-bahn rate of a train every 7,5 min. And the metrorapid system, an magnetic railway from Dortmund to Düsseldorf ad then on to Cologne. It will attract many poeple, partly because it is and symbolises a fascinating high-technology.

Maas: The Ruhr district is the densest trafficregions of Europe.

Vesper: There are also traffic jams in Bavaria or Paris, London even in Holland. I recently drove to the sea and was the whole distance in a traffic jams. I did not know at all, where all these people came from.Maas: The trucks cause naturally a large problem on the motorways. Are there proposals for a solution? E.g. concentrate the logistics centers at the entrances to the Ruhr-area? Vesper: Of course the goods belong on the rail s, but they need then also these capacities on the rail. There are modern logistics systems, we are working on them. There is the plan to build underground logistics systems in the old mining shafts, also aboveground logistics systems. We do research at the universities of this state. There you are completely right. Transport is a large part of the problem, particularly since the prognosis is it will continue to expand. One would have to bring goods to the Ruhr-area, load them on the railways and then unload again afterwards.

Maas: And do you believe that it really gives such a thing also in 10 years?

Vesper: We are working on it. You should have a look at the research we have done already on logistical systems. They would have times what we gain in the framework the projects Ruhr to such town center and Ruhr district logistics systems once regard. That is highly interesting.

Maas: And what about Cologne and Düsseldorf. Is it possible to co-operate

dieser Region. Eine Identität, die aber auf der anderen Seite auch Zukunft umfasst, neue Technologien, neue Kultur. All das zusammenzubringen, das könnte dann sozusagen der identitätsstiftende Ausweis dieser Metropole sein. Es geht letztlich darum: Wie strahlt das Ruhrgebiet aus? Strahlt es aus als eine Region von gestern oder als eine moderne Region, die positive Akzente setzt auf Zukunftsstandorte, die nach vorne gerichtet ist, ohne geschichtslos und damit gesichtslos zu werden. Das ist die entscheidende Frage, darum geht es.
**Maas:** Davon bin ich auch überzeugt. Was sehr wichtig ist in dieser Region: es ist eine Regionen mit dem dichtesten Autobahn-Netz. Erwarten Sie viele Investitionen in diesem Bereich?
**Vesper:** Die Autobahnen sind im Ruhrgebiet nach meiner Überzeugung kaum noch vermehrbar. Sie können sie auf sechs Spuren verbreitern, aber Sie können nicht neue Straßen durch das Ruhrgebiet bauen. Was dringend Not tut, ist eine weitere Verbesserung des öffentlichen Nahverkehrs, des regionalen und des örtlichen Verkehrs.
**Maas:** Das Ruhrgebiet ist die dichteste Stauregion Europas.
**Vesper:** In Bayern gibt es auch Staus. Im Pariser Großraum und in London auch. Sogar in Holland gibt es Staus.
**Maas:** Die Lastwagen verursachen große Probleme auf den Autobahnen. Gibt es dafür Lösungsvorschläge? Z.B. die Logistikzentren an den Rändern des Ruhrgebiets zu konzentrieren?
**Vesper:** Klar, die Güter gehören auf die Schiene, aber sie brauchen dann auch Kapazitäten auf der Schiene. Es gibt moderne Logistik-Systeme, an denen wir arbeiten, auch unter Tage. Wir forschen darüber an unseren Universitäten. Man müsste im Grunde genommen die Container vor der Einfuhr ins Ruhrgebiet auf die Schiene bringen, sie dann durch das Ruhrgebiet fahren und hinterher wieder abladen.
**Maas:** Und glauben Sie, dass es so etwas in 10 Jahren wirklich gibt?
**Vesper:** Wir arbeiten daran. Sie müssten sich einmal die Hierauf gerichteten Projekte unserer Projekt Ruhr GmbH ansehen. Das ist hoch interessant.
**Maas:** Lassen Sie mich noch etwas zu Köln und Düsseldorf fragen. Es scheint, als gäbe es in Ruhrgebiet und die Nachbarn wären etwas ganz Anderes. Kann man wirklich im Ruhrgebiet die Augen schließen und nicht mit den Nachbarn, mit Düsseldorfern, Bonnern und Kölnern, zusammenarbeiten?
**Vesper:** Nein, natürlich muss man mit den großen Städten der Rheinschiene zusammenarbeiten. Aber das kann nicht heißen, dass sie Teil des Reviers wären oder werden könnten. Dann verlöre sich alles, was wir eben besprochen haben, Identität und Identifikation, ins Beliebige. Düsseldorf hat weder eine montane Struktur noch eine montane Vergangenheit. Düsseldorf ist anders als das Ruhrgebiet, und das gilt erst recht für Köln und Bonn. Ich finde das nicht schlimm, im Gegenteil. Die Vielfalt birgt auch viele Chancen. Aber die Region nun mit Düsseldorf und Köln zu bilden, das führt in die Irre. Dann könnte man Münster und Bielefeld auch noch mit dazu nehmen - und dann sind wir beim ganzen Land Nordrhein-Westfalen.
**Maas:** Es ist wahr, dass das Ruhrgebiet in diesem Großraum eine spezifisches Gebiet ist. Jede Stadt hat ja, wie Sie in unserem Gespräch schon angedeutet haben, sein Opernhaus, sein Theater, sein Einkaufszentrum. Vielleicht wäre es besser gewesen das Oberhausen nie das CentrO gebaut hätte, und dieser Schwerpunkt des Einkaufens in Düsseldorf weiterentwickelt werden wurde. Düsseldorf hat ja eine der schönsten Shoppingmalls Europas. Da gibt es doch eine Konkurrenz?
**Vesper:** Man kann darüber streiten, ob es wirklich klug war damals, das CentrO zu bauen. Aber es ist nun einmal gebaut worden und es ist auch sehr erfolgreich. Es ist allerdings wenig sinnvoll, in unmittelbarer Nähe noch weitere Shoppingmalls zu errichten.
**Maas:** Was ist mit Duisburg?
**Vesper:** Die ursprüngliche, sehr groß dimensionierte Idee des Multi Casa in Duisburg als Fachmarktzentrum ist erst einmal vom Tisch. Heute geht der Trend mehr in Richtung Qualität, auch städtebauliche Qualität. Man kann es keiner Stadt verbieten, dass sie versucht, ihre eigene Einzelhandelsituation zu verbessern. Aber eine rücksichtslose Konkurrenz bringt nichts. Genauso ist es bei den Großkinos. In manchen Städten sind ein oder zwei solcher Großkinos zu viel, einfach, weil der Einzugsbereich zu klein ist. Da wird das eine oder andere Kino als Bauruine zurückbleiben. Das sollte man möglichst vermeiden.
**Maas:** Natürlich kann eine Ruinenlandschaft auch eine sehr romantische Attraktivität und Qualität haben.
**Vesper:** Aber nicht in dieser seelenlosen Architektur.

with the neighbours, with Düsseldorf, Bonn and Cologne?
Vesper: One must co-operate with them. But, I know the proposal of the Ruhrcity. And because this Ruhr city needs an international airport, Düsseldorf must also be added, but I must say I find that a crazy idea, because then everything that we discussed, identity and identification, becomes arbitrary. Düsseldorf does not have mining structure or past. Düsseldorf is different from the Ruhr-area. I do not find it bad that it is different is, in the opposite. We always said, variety brings also many opportunities with it. But to say that is one region, with Duesseldorf and Cologne, then it slides off into the arbitrary. Then one can take Münster and Bielefeld into the addition and then we our state North Rhine-Westphalia.
Maas: Each city has, like you have suggested in our discussion, its opera house, its theatre, its giant shopping centre etc. Perhaps it would have been better if Oberhausen's CentrO would have never been built, and we let this emphasis of shopping develop in Düsseldorf. Düsseldorf has one of the most beautiful Shopping malls in Europe. There is paradox nevertheless?
Vesper: Well whether that was intelligent to build at that time, I doubt also, but it has been built and it is also successful and therefore a fact. It is not useful to build more Shopping malls in this area.
Maas: And it is happening again in Duisburg with Multi Casa?
Vesper: Multi Casa in Duisburg failed in the current form. One cannot forbid a city, if it tries to improve the retail situation and the trend does go to a higher quality. Quality also concerning town planning. But competition for the sake of competition is useless. Exactly the same as it is with the Mega cinemas is. In some cities one or two of such large cinemas are too much. Simply due to the catchment area. There will remain some building ruins. One should try to avoid that.
Maas: Of course a landscape of devastation can have also a very romantic attractiveness and quality.
Vesper: But not in this soulless architecture.

# INTERVIEWS BÜRGERMEISTER
## *RHEINRUHRCITY* - MEGASTADT ODER METROPOLREGION?
### Ist RheinRuhrCity erstrebenswert?

**OBM Joachim Erwin, Düsseldorf:**
Sie sehen es ja mit den Metropolen in aller Welt: Sydney besteht aus 40 Städten und Kreisen. New York besteht aus ganz vielen Stadtteilen. Was wir als Chicago kennen, ist Groß-Chicago. Und ich meine, wir sind eine Region, die es genau mit diesen Metropolen der Welt aufnehmen kann. Dort schaut man auch nicht mehr auf kommunale Grenzen. Man erkennt das in Los Angeles bestenfalls noch am Highway.

**BM Bodo Nowodworski, Mettmann:**
Wir müssen uns ja zunehmend als Region begreifen und diesen Herausforderungen gerecht werden. Da ist es einfach unverzichtbar, dass man sich nicht an der Stadtgrenze abschottet und abriegelt, wie das im Mittelalter der Fall gewesen ist. Wir müssen uns öffnen und können uns nur auf diese Art und Weise den Herausforderungen der Zukunft stellen.

**BM Wolfgang Pantförder, Recklinghausen:**
Ich glaube, dass wir gut beraten sind, wenn wir uns zunächst 'mal im Ruhrgebiet zusammenfügen und danach überlegen, wie wir Kooperationen zu anderen Regionen vorbereiten können. Das betrifft die Rhein-Region, aber auch das Münsterland, denn wir haben nicht nur einen Nachbarn, wir haben mehrere Nachbarn.

**OBM Ernst Löchelt, Bottrop:** Ich halte eine solche Idee zur Zeit für nicht realisierbar, weil diese Städte ihre eigene Struktur haben. Die Menschen in Bottrop identifizieren sich mit ihrer Stadt, und das tun sie nach den Meinungsbildungsprozessen, die ich miterlebe, sehr intensiv. Bottrop ist eine Stadt, die durch den Bergbau groß geworden ist. Es gibt viele Bergleute, die heute noch in dieser Stadt wohnen. Es gibt 5.000 aktive Arbeitsplätze und es gibt einen ganz hohen Identifikationsgrad mit dieser Stadt.

**OBM Dr. Jens Baganz, Mülheim:** Ich glaube, dass wir in der Ruhrstadt zunächst mal zusammenhalten müssen. Ich sehe nicht, dass es sinnvoll sein könnte, die Region ganz groß zu denken. Etwa bis in den Bereich Köln, Bonn, Aachen. Das Ruhrgebiet hat heute schon über 5 Millionen Einwohner. Es ist schon schwierig genug, das zu organisieren. Wenn wir die Region noch größer denken, dann stossen wir, glaube ich, an Grenzen dessen, was wir jedenfalls in absehbarer Zeit organisieren und realisieren können.

**OBM Wolfgang Becker, Herne:** Ich glaube schon, dass wir darauf hinarbeiten, aber es muss ja nicht unbedingt so etwas sein, wie eine Stadt mit einer Stadtspitze, sondern ich könnte mir vorstellen, dass das Ruhrgebiet eine hoch interessante Städtelandschaft wird und in dieser Städtelandschaft gibt es eine gute kommunale und regionale Zusammenarbeit, denn es könnte ganz bestimmte Bereiche geben, die wir nur gemeinsam lösen können.

**OBM Burkhard Ulrich Drescher, Oberhausen:** Ja, den „Ruhri" gibt es nicht, weil er historisch nicht gewachsen ist. Im Rheinland gibt es alte Orte, die historisch sehr weit zurückreichen. Das Ruhrgebiet ist durch die Industrialisierung entstanden und das ist gerade mal 100 Jahre her, deshalb gibt es hier auch keine homogene Bevölkerungsgruppen, sondern einen Schmelztiegel unterschiedlicher Nationen. Das hat aber auf der anderen Seite auch sehr viele Vorteile. Insofern gleichen wir mehr London oder New York als Köln oder Düsseldorf. Das sind auch Chancen im internationalen Wettbewerb. Das Ganze muss natürlich einen Namen haben. Ob das jetzt „Ruhrstadt" ist, das ist unerheblich. Da kann man noch viel Kreativität freisetzen.

**BM Peter Ihle, Heiligenhaus:** Ich will nicht sagen, ich befürchte, aber ich bin fast überzeugt, dass so etwas kommen wird und dass es auch sinnvoll ist. Ich kann mich aber im Augenblick noch nicht damit anfreunden. Wo bleibt nachher die Selbstverwaltung, die der Bürger ja haben will? Wo ist die Nähe zum Bürger? Ist die dann noch so gegeben? Es wird vielleicht in dieser Richtung kommen - aber ich muss mich natürlich an solche Dinge gewöhnen. Wir beginnen in kleinen Schritten bürokratische Hindernisse abzubauen. Ob so ein gewaltiger Schritt für den Bürger nützlich ist und er sich noch mit seiner Stadt, wo er geboren wurde, identifizieren kann, das weiss ich nicht.

# INTERVIEWS MAYORS

## *RHEINRUHRCITY* - MEGACITY OR METROREGION?

### Is RheinRuhrCity worth pursuing?

Mayor Joachim Erwin, Düsseldorf: You see it with all the Metropolises of the world, Sydney consists of 40 cities and communities. New York consists of many neighbourhoods. What we know as Chicago is actually Greater Chicago. There is a Greater Los Angeles, a Greater Paris. I think we are a region that can take on these Metropolises. There, one doesn't see communal boundaries anymore, the only edge is for example L.A. highway.

Mayor Bodo Nowodworski, Mettmann: We have to see ourselves as a region more and more to take on the challenges facing us. To do this it is unavoidable to not close off a city at its border like a medieval town. Opening up is the only way to face the challenges of the future.

Mayor Wolfgang Pantförder, Recklinghausen: I think we would be well advised to, for a start, begin merging inside the Ruhr-area before we start cooperation with other regions. This affects the Rhine region as well as for the Münsterland, because we have more than one neighbour.

Mayor Ernst Löchelt, Bottrop: I don't think such an idea can be realised in the near future, because all these cities have their own structure and organisation. The inhabitants of Bottrop identify themselves with their city very much according to opinion polls. Bottrop grew thanks to the mining activities. The are still many miners living in the city, there are still 5.000 active positions in the sector, this brings with it a very high degree of identification with a city.

Mayor Dr. Jens Baganz, Mülheim: I believe that for the time being we here in the Ruhrcity should stick together to start with. I don't see the benefit of seeing the region in an even larger perspective, say up to Cologne, Bonn or Aachen. The Ruhr-area already has over 5 million inhabitants, which is difficult enough to organise. If we think of the region in a too large context we will hit the boundaries of our current organisational possibilities.

Mayor Wolfgang Becker, Herne: I do think that this is the direction we are moving into, but it doesn't necessarily need to be one city with one city-centre. I can imagine the Ruhr-area being a highly interesting urban landscape in which there is well organised communal and regional co-operation. There are many specific aspects which we can only solve together.

Mayor Burkhard Ulrich Drescher, Oberhausen: No, the so-called 'Ruhri' (inhabitant of the Ruhr-area) doesn't exist, because he hasn't grown historically. In the Rhineland there are towns with a very long history, but the Ruhr-area came into existence thanks to industrialisation about 100 years ago. This is why there is also no homogenous population here, but a melting pot of various nations. This has many advantages as well, in this we resemble London and New York more than Cologne or Düsseldorf. This is also an opportunity in international competition. The whole needs to have a name of course, but if this name is „Ruhrcity" is unimportant, that is another creative endeavour.

Mayor Peter Ihle, Heiligenhaus: I don't want to say that I fear, but I am almost convinced, that such a development will happen and makes sense. I do have a problem being enthusiastic about it though. Where does the government of the individual citizen remain, which is what our citizens want? Is that still possible in such a context? Development will move in that direction, but I have to get used to them of course. We're beginning to break down bureaucratic barriers in small steps. If such a huge change is useful to the citizen and if he can still identify himself with the city he lives in remains to be seen.

Mayor Bärbel Zieling, Duisburg: I find it very attractive to view the Rhine-Ruhr metropolitan region as, actually, the largest and most powerful

**OBM Bärbel Zieling, Duisburg:** Ich habe sehr viel Sympatie dafür, die Metropolenregion Rhein-Ruhr, als den mächtigsten Ballungsraum zu betrachten, den es in dieser Republik gibt. Ich halte wenig davon, diesen Raum durch eine kommunale Verfassung zu einer Einheit zusammenschweißen zu wollen, bin aber der Meinung, dass durch eine verstärkte Kooperation zwischen den Städten, zwischen den anliegenden Kreisen in dieser Region, der Gedanke dieser Metropolregion sinnvoll ist - auch in der internationalen Präsentation, in der Außendarstellung und insbesondere auch unter dem Gesichtspunkt eines mächtigen Wirtschaftsraumes.

**OBM Ernst Löchelt, Bottrop:** Die Selbstverwaltung in der Form, wie wir sie in der Kommune in Bottrop haben, hat sich bewährt. Trotzdem stehen wir Neuerungen offen gegenüber. Wir diskutieren gerade eine Neuordnung des Kommunalverbandes Ruhrgebiet. Auch hier stellen wir uns der Diskussion positiv, nicht negativ. Aber eine zentrale Ruhrstadt wird von mir, dem Rat der Stadt und den Bürgern dieser Stadt zur Zeit noch nicht befürwortet.

**OBM Dr. Gerhard Langemeyer, Dortmund:** Es gibt eine harte und heiße Debatte im Ruhrgebiet über die Frage, welchen Weg man gehen soll. Für mich ist die Lösung klar. Kooperation ist notwendig und richtig. Sie funktioniert nur, wenn man sich auf gleicher Augenhöhe trifft und bestehende Strukturen nicht in Frage stellt. Menschen, die glauben, dass man über ein zentrales Rathaus die Probleme lösen kann, die gehen den falschen Weg. Ich glaube, die Stärke des Ruhrgebietes steckt darin, dass wir eine Landschaft der starken Städte haben und dass wir etwa mit einem verbesserten Kommunalverband Ruhrgebiet – das KVR-Gesetz ist ja gerade in der Debatte – eine ausreichende Möglichkeit haben, nach vorne zu gehen.

**BM Uta Heinrich, Marl:** Ich kann mir gut vorstellen, an einer RheinRuhrStadt mitzuwirken Aber nicht in dem Sinne, dass dort ein großes städtisches Gebilde entstehen sollte, organisiert wie eine Kommune, sondern in dem Sinn, als man beispielsweise sich entschließt, hier eine gemeinsame Regionalplanung und Verkehrsplanung vorzunehmen. Dass man sich dazu entschliesst wichtige Projekte der Wirtschaftsförderung, die für das ganze Ruhrgebiet von großer Bedeutung sind, gemeinsam zu bearbeiten. Dass man auch im kulturellen Bereich intensiv zusammen arbeitet. All das kann ich mir vorstellen und wird im übrigen auch im nördlichen Emscher-Lippe-Raum, im Kreis Recklinghausen einschließlich der Städte Bottrop und Gelsenkirchen bereits praktiziert. Ich bin allerdings der Ansicht, dass genau die Felder, die ich gerade definiert habe, eigentlich per Gesetz übertragen werden sollten auf eine Instanz, die dann sozusagen diese Themen gemeinsam für alle bearbeitet. Ich denke, wenn wir auf das Freiwilligkeitsprinzip hier im Ruhrgebiet setzen, wird es nicht klappen.

**BM Wolfgang Diedrich, Ratingen:** Wir sind natürlich der Meinung, dass jede Stadt ihre Eigenarten hat und durchaus auch ihr eigenes Antlitz bewahren sollte. Nun tendiert man in Zeiten der Globalisierung natürlich zu größeren Einheiten und es gibt die Überlegung der Ruhrstadt oder Rheinstadt. Wir sind natürlich ein bisschen vorsichtig in der Richtung, denn wir haben unsere Erfahrung mit kommunalen Neugliederungen. Von 1975 sind die Wunden sicherlich noch nicht verheilt, insofern sind wir ein bisschen vorsichtig in der Richtung. Man muss die Stärken bündeln und dann muss man eben zur regionalen Zusammenarbeit kommen, dafür sind wir natürlich offen.

**OBM Oliver Wittke, Gelsenkirchen:** Gemeinsam sind die 5,5 Millionen. Menschen des Ruhrgebietes stark, und nur gemeinsam können wir uns im europäischen Markt positionieren. Heute ist eine Stadt wie Essen, eine Stadt wie Dortmund im europäischen Vergleich nur eine mittelgroße Stadt. Das vereinigte Ruhrgebiet wäre aber eine große, starke Metropole, die auf gleicher Augenhöhe mit London, Berlin, Paris reden könnte.

**OBM Dr. Wolfgang Reiniger, Essen:** Ich glaube, hier wird mal wieder der zweite Schritt vor dem Ersten getan. *RheinRuhrCity*, ich würde zunächst mal mit der *Ruhr-City* beginnen. Das wäre der erste Schritt. Was sich daraus im Zuge von Jahrzehnten weiter entwickeln mag, das steht dann dahin. Aber der erste und notwendige Schritt ist eine engere Verklammerung und Verzahnung innerhalb des Ruhrgebietes selbst.

**WELCHE VERKEHRSPOLITIK IST ERFORDERLICH?**

**OBM Dr. Gerhard Langemeyer, Dortmund:** Verkehrspolitik ist das zentrale Thema des Ruhrgebiets. Eine A40, auf der man permanent im Stau steht, ist nicht die Perspektive. Deswegen bin ich ein glühender Verfechter und Anhänger des Metrorapid, weil der als

agglomeration in Germany. I am not in favour of turning this area into one civic entity, although it would be very useful to present it as a metropolitan region internationally, especially economically, through strong co-operation between the cities themselves and with their neighbours.

**Mayor Ernst Löchelt, Bottrop:** The system of self-governance as it is practised in Bottrop has proven itself. Despite this we are open to new influences. We are in the process of discussions on the subject of a reorganisation of the 'Kommunalverband Ruhrgebiet' (the forum for communal co-operation). Here we take part in a positive way, but a central Ruhrcity is neither supported by me, by the citycouncil nor by the citizens of our city, yet.

**Mayor Dr. Gerhard Langemeyer, Dortmund:** There is a tough and intensive debate in the Ruhr-area on the subject of the direction we should move in. I find the solution very clear. Co-operation is important and necessary. This will only work when people meet as equals and do not question existing structures. People who believe, one central City Hall will solve all problems are moving in the wrong direction. I believe the strength of the Ruhr-area is the fact that we have a landscape of strong cities and that we work with an improved 'Kommunalverband Ruhrgebiet'. A new law on the subject is in the making, which will give us enough possibilities to move forward.

**Mayor Uta Heinrich, Marl:** I can imagine very well participating in Rhein-RuhrCity! But not with the aim of creating a huge, new civic structure, rather to develop a communal regional urban planning and infrastructure planning framework. I can also imagine to develop economic incentives and programs, which are vital for the whole Ruhr-area, and cultural co-operation such as is already in progress in the northern Emscher-Lippe-area and in Recklinghausen including Bottrop and Gelsenkirchen. My view is that the aspects I mentioned should be transferred by law to a central organ which could tackle these issues centrally. I don't think a voluntary approach would work here in the Ruhr-area.

**Mayor Wolfgang Diedrich, Ratingen:** Our view is of course that each city has its own particularities and should be able to maintain its own image. In these times of globalisation the trend moves towards larger entities where the subject of the Ruhr- or Rhinecity surfaces. We are of course careful in this area since our experiences with the reorganisation of city boundaries in 1975. The wounds which were created then have not healed yet. But of course we are open to the idea of bringing together communal strenghts and regional cooperation.

**Mayor Oliver Wittke, Gelsenkirchen:** In the whole Ruhr-area there are 5,5 million inhabitants and we can only position ourselves in the European market by working together. Cities such as Essen or Dortmund are mid-sized in a European context. A united Ruhr-area on the other hand would be on the same level as London, Paris or Berlin.

**Mayor Dr. Wolfgang Reiniger, Essen:** I think we are trying to take two steps at a time. RheinRuhrCity? - I would start with Ruhrcity, that would be the first step. What will develop from this in the future remains to be seen, but the first necessary step is a much closer development of the Ruhr-area itself.

## WHAT KIND OF INFRASTRUCTURAL PLANNING IS NECESSARY?

**Mayor Dr. Gerhard Langemeyer, Dortmund:** Infrastructural planning is the key for the Ruhr-area. An A40 highway with a permanent traffic jam cannot be the future. This is why I am a firm supporter of the Metrorapid, because this system as a core and backbone of all transport systems in the Ruhr-area will lead to a highquality alternative to individual, motorised transport.

**Mayor Bärbel Zieling, Duisburg:** Duisburg with the largest river harbour in Europe is of course the logistical hub of Northrhine Westphalia. We are working on a cooperation with the harbour of Dortmund, the logistical centre of the eastern Ruhr-area, to connect these two poles to each other. This would be a key decision to prepare the whole region for the future.

Kernstück und Achse der Verkehrsbeziehungen im Ruhrgebiet auch dazu führt, dass die anderen Verkehre auf diesen Metrorapid fokussieren und wir dadurch eine echte qualitativ hochstehende Alternative zum Individualverkehr per Auto bekommen.

**OBM Bärbel Zieling, Duisburg:** Duisburg mit dem größten Binnenhafen Europas, ist natürlich der Logistikschwerpunkt in Nordrhein-Westfalen, und wir arbeiten im Moment ganz konkret an einer Hafenkooperation, einer Hafenverschränkung mit Dortmund. Das Logistikzentrum im östlichen Bereich des Ruhrgebietes mit Duisburg zusammenzuführen, wird eine Schlüsselentscheidung, um die gesamte Region logistisch und zukunftsgerichtet zu gestalten.

**OBM Monika Bartsch, Mönchengladbach:** Metrorapid und Transrapid brauchen wir sicherlich für unseren Bereich nicht. Ich denke, die Technik des Metrorapid ist hervorragend, um lange Distanzen möglichst zügig zu überwinden. Was wir hier natürlich haben, was wir auch brauchen und wo wir dran arbeiten, ist, dass wir ein gutes Autobahnnetz haben. Und das haben wir hier in dieser Region auch. Ein Stück fehlt noch, das ist die A44. Wir sind durch die neue Autobahnbrücke innerhalb von einer viertel Stunde am Flughafen Düsseldorf. Wir haben selbst hier einen Flughafen, der im nächsten Jahr ausgebaut werden soll, so dass die Verkehrs-Anbindung für diese Region sehr gut ist.

**OBM Dr. Jens Baganz, Mülheim:** Es gibt heute schon Beispiele von Zusammenarbeit wie z.B im Bereich Bus und Bahn. Wir übernehmen z.B. für Oberhausen den gesamten Straßenbahnbetrieb und wollen in Zukunft mit Oberhausen und mit Essen den gesamten Betrieb zusammen organisieren. Das soll ab 2003 starten und ist ein Schritt in die richtige Richtung, denn als Einzelstadt Mülheim ist dieser Bus- und Bahnbetrieb für uns sehr teuer. Wenn man das zusammen organisieren kann, ist das effizienter und besser.

**OBM Dr. Wolfgang Reiniger, Essen:** Ich meine, der Metrorapid macht Sinn, weil er nicht zuletzt etwas wäre, was wirklich weltweit Aufmerksamkeit auf diese Region lenken würde, eines unserer Probleme ist natürlich nach wie vor, dass die Wahrnehmung von Außen nicht so ist, wie sie die Region eigentlich verdient hätte.

## MEGASTADT ODER METROPOLREGION?

**BM Wolfgang Pantförder, Recklinghausen:** Die Oberzentren spielen schon eine wichtige Rolle und natürlich strahlt auch mehr von den großen Zentren aus. Das ist Essen, das ist Dortmund für uns. Duisburg ist etwas weiter entfernt. Und das ist im Norden sogar Münster, weil wir den Übergang zum Münsterland darstellen. Wir brauchen auch die großen Zentren. Wichtig ist nur, dass auch landesseitig nicht einseitig die Zentren bevorzugt werden. Auf der anderen Seite, dass wir versuchen, uns natürlich auch unterhalb der Oberzentren entsprechend zu profilieren, in einem guten Miteinander. Ohne die Oberzentren kommen wir nicht klar. Aber ich glaube, die Oberzentren brauchen auch den Raum drumherum. Nicht als Verfügungsmasse, sondern auch als Entwicklungsraum.

**OBM Joachim Erwin, Düsseldorf:** Für Düsseldorfer liegt Dortmund ungeheuer weit weg. Dortmund kennt man wegen Borussia Dortmund, früher wegen des Bieres, und wegen der Westfalenhalle. Ich glaube, die interkommunale Zusammenarbeit, auch für die Bürger, endet in einer Nahregion, also Kreis Neuss, Kreis Mettmann, dann natürlich ein Stück weit Duisburg bis Essen Kettwig. Das ist der Einzugsbereich der Düsseldorfer.

**BM Bodo Nowodworski, Mettmann:** Ich denke, die Zusammenarbeit mit Düsseldorf oder auch Wuppertal ist für eine Stadt wie Mettmann von ausschlaggebender Bedeutung.

**OBM Oliver Wittke, Gelsenkirchen:** Diese Ruhrstadt-Debatte ist ja eigentlich nur das Dach des Ganzen. Was wir brauchen, ist eine einheitliche Regionalplanung. Da leiden wir in Gelsenkirchen drunter, weil wir an der Schnittstelle zwischen drei Regierungsbezirken liegen. Essen gehört zum Regierungsbezirk Düsseldorf, Bochum gehört zum Regierungsbezirk Arnsberg, Gelsenkirchen gehört zum Regierungsbezirk Münster. Übrigens: keiner von den drei Regierungspräsidenten hat seinen Sitz im Ruhrgebiet. Alle schön außerhalb, drumherum.

**OBM Bärbel Zieling, Duisburg:** Ich sehe wirklich den Blick nicht so eng auf das Ruhrgebiet bezogen, sondern habe wirklich den gesamten Ballungsraum Rhein-Ruhr im Blick und halte eine Abkapselung des Ruhrgebietes für nicht zielführend.

**Mayor Monika Bartsch, Mönchengladbach:** We definitely don't need the Metrorapid or the Transrapid in our area. The technology of the Metrorapid is state of the art to cover large distances quickly. The issue here is of course that we have an excellent highway network. One piece is missing, the A44 connection. With the new highway bridge we are at Düsseldorf airport in 15 minutes. We have an airport here as well, which will be expanded next year. As you can see the infrastructure in this region is excellent.
**Mayor Dr. Jens Baganz, Mülheim:** We already have examples of co-operation in the fields of tram and bus connections. We are for example taking over the tram system of Oberhausen and want to organise our system with the ones of Essen and Oberhausen. This will start in 2003 and it is a step in the right direction, because for a single city the maintenance of bus and tram system is too expensive. If we organise this together, it is more efficient and better.
**Mayor Dr. Wolfgang Reiniger, Essen:** I think the Metrorapid is useful, because it would create worldwide attention for the region. One of our biggest problems is still that the image of the region to the outside is not as good as the region deserves.

## MEGACITY OR METROPOLITAN REGION?
**Mayor Wolfgang Pantförder, Recklinghausen:** The main centres do play an important role and of course they portray a much stronger image. For us the centres are Essen and Dortmund. Duisburg is bit further away. In the north we even have a connection with Münster, because we are on the edge of the Münsterland. We do need the larger centres, but it is important that these centres don't get preferential treatment at the expense of the rest and also that we manage to maintain our own image in fruitful co-operation. The larger centres also need their respective surrounding areas to be able to develop in the future.
**OBM Joachim Erwin, Düsseldorf:** For people from Düsseldorf, Dortmund is very far away. Dortmund is now known because of the Borussia Football Club, it used to be famous for its beer, and because of the Westfalenhalle event centre. I think the intercommunal co-operation, also for our citizens, ends in the surrounding towns such as Neuss and Mettmann and partly into Duisburg and Essen.
**Mayor Bodo Nowodworski, Mettmann:** I think co-operation with cities such as Düsseldorf or Wuppertal is vital for a city such as Mettman.
**Mayor Oliver Wittke, Gelsenkirchen:** This debate on the subject of Ruhrcity is actually only the tip of the iceberg. What we need is a unified regional planning. This is a big problem in Gelsenkirchen, because we are on the edge of three civic boundaries. Essen belongs to the region Düsseldorf, Bochum to Arnsberg, Gelsenkirchen to Münster. It is striking, by the way, that neither of the civic centres are in the Ruhr-area itelf. All are nicely outside the area itself.
**Mayor Bärbel Zieling, Duisburg:** I don't view the subject as narrowly as only the Ruhrgebiet, but actually see it for the whole agglomeration Rhine-Ruhr. I don't think a seperate development of the Ruhr-area is useful.
**Mayor Herbert Napp, Neuss:** I believe this is exactly the right direction. In the past we spoke about regional co-operation frequently in the circle of mayors or regional governors. Every time we seperated after a meeting where we all supported regionalism and went back to our respective cities to proclaim this, we discovered that every region ends at the edge of your city. Therefore it is necessary to form a new framework which needs to fullfil the following requirements: they must have clearly defined objectives, they must manage their own budget and they must have a democratic mandate.
**Mayor Monika Bartsch, Mönchengladbach:** In general I think the idea to think in regions is a good one. For example this region was a candidate for the Olympic games, something no single city could have done alone. We have a transportcommittee in one region. We also have the Eurega 2002 Plus, which

**BM Herbert Napp, Neuss:** Ich glaube das ist genau der richtige Weg. Wir haben in der Vergangenheit sehr oft über regionale Zusammenarbeit gesprochen, die Bürgermeister oder beim Regierungspräsidenten, und immer dann, wenn wir wieder auseinander gegangen sind und Regionalität beschworen haben und wieder in unserer Stadt waren, dann ist jeder Bürgermeister auf die größte Erhebung seiner Stadt geklettert und hat festgestellt, dass die Region genau da aufhört, wo die Stadtgrenze ebenfalls ist. Also ist es notwendig, neue Strukturen zu schaffen und diese Strukturen müssen Folgendes haben klar definierte Aufträge. Sie müssen über eigenes Geld verfügen und müssen eine eigene demokratische Legitimation haben.

**OBM Monika Bartsch, Mönchengladbach:** Ich kann grundsätzlich der Idee, in Regionen zu denken, eine ganze Menge abgewinnen. Es kommt nicht von ungefähr, dass wir, in dieser Region, eine Olympiabewerbung durchsetzen konnten, die eine Stadt alleine niemals geschafft hätte. Wir haben einen Verkehrsverbund in dieser Region. Wir haben die Euroga 2002 Plus, die eine Region umfasst. Von daher macht es in bestimmten Bereichen Sinn, regional zu denken.

**OBM Dr. Wolfgang Reiniger, Essen:** Wir sitzen hier alle in einem Boot. Die Sachzwänge sind so stark, dass wir uns ganz einfach in Richtung einer verstärkten Kooperation orientieren müssen. Das geschieht. Es gibt erfolgversprechende Ansätze auf den unterschiedlichsten Ebenen. Wenn ich beispielsweise die Zusammenarbeit sehe, die jetzt angestrebt wird im Hinblick auf die Gründung einer gemeinsamen Gesellschaft der Verkehrsbetriebe Essen, Oberhausen und Mülheim, so wäre das vor 10 Jahren noch undenkbar gewesen. Das wird sich fortsetzen und es bedarf nur der verbindenden Klammer. das ist die Region. Deswegen plädiere ich dafür, dass wir einen eigenen Regionalverband Ruhrgebiet als Weiterentwicklung des KVR bekommen. Der Sachzwang wird, nach meiner Überzeugung, über kurz oder lang in diese Richtung führen.

WIE STELLEN SIE SICH KÜNFTIG NACH AUSSEN DAR?

**OBM Dr. Jens Baganz, Mülheim:** Das Ruhrgebiet ist im Ausland praktisch nicht präsent, jedenfalls nicht die Einzelstädte. Städte wie Mülheim, Oberhausen, Bochum, Dortmund sind im Ausland nicht bekannt, können es auch nicht sein. Wenn es uns aber gelingen würde, ein gemeinsames Marketing für diese Städte, für die Region zu machen, sind wir sofort da. Das ist auch keine Aufgabe, die erst in 3 Jahren bewältigt werden kann. Das ließe sich in 1 bis 2 Jahren organisieren. Und ich finde, wir sollten das auch angehen.

**BM Peter Ihle, Heilligenhaus:** Ich meine schon, dass wir in der heutigen Zeit nur noch in Regionen denken können. Wer kennt schon im Ausland Heiligenhaus? Aber die Region Rhein-Ruhr oder die Landeshaupstadt Düsseldorf sind dann doch bekannter.

**OBM Joachim Erwin, Düsseldorf:** Wir treten jetzt schon als Düsseldorfer gemeinsam im Ausland auf: mit dem Kreis Neuss, mit dem Kreis Mettmann. Das sind knapp 1,7 Mio. Menschen. Das ist schon eine dieser Millionen-Städte, die sich in der Welt behaupten. Wir werden versuchen, das noch zu verstärken.

**BM Bodo Nowodworski, Mettmann:** Ich kann mir vorstellen, dass es zu einer Verdichtung der Zusammenarbeit kommt. Ob es in diesem Ballungsraum, ein identifikationsstiftendes Zusammenrücken aller Kommunen geben kann, wage ich allerdings zu bezweifeln. Dafür ist der Schmelztiegel des Ruhrgebietes, der Rhein- Ruhr-Region doch zu vielfältig, als dass es eine gemeinsame Überschrift geben könnte. Das glaube ich nicht, aber ich glaube schon, dass der regionale Gedanke, das Bewusstsein zur Rhein-Ruhr-Region zu gehören, Zukunft haben wird. Das beweist, denke ich schon, das Engagement um die Olympiabewerbung der Rhein-Ruhr-Region. Das wird getragen von einem Raum, der noch wesentlich größer ist, der sich letzlich von Aachen bis Dortmund erstreckt.

**BM Uta Heinrich, Marl:** Ich halte unheimlich viel davon, dass wir gemeinsam versuchen, uns anhand eines Projektes, beispielsweise an einer Namensgebung, zu identifizieren. Da stehe ich voll dahinter, denn das Ruhrgebiet hat ja nach wie vor nicht das Image, was ihm eigentlich zugesteht. Denn das Ruhrgebiet ist nicht mehr schwarz, aufgrund von Kohle, sondern das Ruhrgebiet ist mittlerweile eine herrliche, grüne Region geworden. Wenn sie unsere Autobahn benutzen und sie gucken nach rechts und links, sie sehen ja in der Regel nur grün.

spans a region, in this sense it is useful in some areas to think regionally.
**Mayor Dr. Wolfgang Reiniger, Essen:** We are all in the same boat here, the necessity is so big that the only possible choice is to move in the direction of a more integrated co-operation. This is already happening, there are promising developments on various levels. One only needs to look at the co-operation envisaged when it comes to the integration of the public transport systems of Essen, Oberhausen and Mülheim, something which had been unthinkable only 10 years ago. This will continue and expand. The only thing we need is the connecting factor. This factor is the region and this is why I support an independent regional authority as a follow up to the KVR. I am convinced things will develop in this direction in the short or long term.

## HOW WILL YOU PORTRAY YOURSELVES TO THE OUTSIDE WORLD IN THE FUTURE?

**Mayor Dr. Jens Baganz, Mülheim:** The Ruhr-area has practically no presence abroad, definitely not the seperate cities. Cities such as Mülheim, Oberhausen, Bochum, Dortmund are completely unknown abroad. Though if we would manage to realise a unified marketing image for these cities and the region this would practically put us where we want to be. This is a job which can be done in 1 to 2 years, not 3. I think we should commence this.
**Mayor Peter Ihle, Heilligenhaus:** My opinion is that nowadays we can only think regionally. Who knows Heiligenhaus abroad? But the RhineRuhr-area or Düsseldorf are known.
**Mayor Joachim Erwin, Düsseldorf:** We, as Düsseldorf, already portray ourselves together with Neuss and Mettmann abroad, together these are about 1,7 million people. This is already one of these cities with a million inhabitants. We will try to improve this even further.
**Mayor Bodo Nowodworski, Mettmann:** I can imagine a future intensification of co-operation. But I doubt if it will be possible to create an unified identification in the region, though. The melting pot if the Ruhr-area and the Rhine-Ruhr region is too varied to create a common denominator. I do believe it is possible that the idea to be part of the Rhine-Ruhr area has the future. I think this is already proven by the effort put into the Olympic candidature. This idea is carried by an area even larger area, stretching from Aachen to Dortmund.
**Mayor Uta Heinrich, Marl:** I find it very important to find a common denominator, for example through the creation of a common name. This I support completely, because the Ruhr-area still doesn't have the image that it deserves. It is not a coalblack area anymore, but has turned into a beautiful, green region. If you drive on one of our highways most of the time you see nature.
**Mayor Wolfgang Pantförder, Recklinghausen:** I think it is necessary that regions portray themselves much stronger. A single city, especially of the size of Recklinghausen, cannot position itself internationally or even nationally. This is why there needs to be large-scale cooperation. To start with of course the Ruhr-area and later in co-operation with the Rhine-area, basically Rhine-Ruhr.
**Mayor Joachim Erwin, Düsseldorf:** I can very well imagine that the city boundaries will be blurred, because we, as the Rhein-Ruhr-region, want to be the host for the 2012 olympics. This is a wonderful side-effect, because in fact we are a megacity of 11 million people.
**Mayor Burkhard Ulrich Drescher, Oberhausen:** If we want to take on the competition, we have to form a homogenous entity, which has one face and one name. This will be a difficult, but definitely a tempting and visionary endeavour.

**BM Wolfgang Pantförder, Recklinghausen:** Ich halte es für notwendig, dass sich Regionen stärker profilieren, weil eine einzelne Stadt, insbesondere in der Größenordnung von Recklinghausen, sich national und international nicht genügend positionieren und profilieren kann. Deswegen wird es größere Verbünde geben. Zunächst 'mal natürlich hier im Ruhrgebiet und dann natürlich die Kooperation auch zum Rheingebiet. Und damit im Grunde Rhein-Ruhr.

**OBM Joachim Erwin, Düsseldorf:** Ich kann mir sehr wohl vorstellen – wir wollen schon 2012 gemeinsam Gastgeber der olympischen Spiele sein. Das wollen wir in der Rhein-Ruhr-Region machen. Bereits in der Vorbereitung dieses Projektes werden wir die kommunalen Grenzen mehr und mehr verschwimmen lassen. Das ist ein schöner Effekt, denn im Prinzip sind wir ja eine Megastadt von etwa 11 Millionen Einwohnern.

**OBM Burkhard Ulrich Drescher, Oberhausen:** Wenn man den Wettbewerb mitmachen will, dann muss man eine homogene Einheit bilden, die ein Gesicht hat und auch einen Namen hat, um sich dann dort zu platzieren. Das wird schwierig werden, aber das wäre sicherlich eine reizvolle, wenn auch visionäre Aufgabe.

# INTERVIEWS BEWOHNER

## DER LEITER EINER TOURISTIKZENTRALE

**Was halten Nicht-Ruhrgebietler von Essen bzw. vom Ruhrgebiet?**
Man muss unterscheiden zwischen solchen Menschen, die diese Stadt Essen aber auch die Region Ruhrgebiet schon kennen, und die jenigen, die noch nie hier waren. Die jenigen, die schon mal hier in der Region waren, wissen zunächst, dass das hier keine Region mehr von Schwerindustrie ist. Dass hier nicht mehr die Schornsteine rauchen, wie man sich das immer noch vorstellt. Dass es nur noch sehr wenige Zechen gibt und, dass es auch nicht mehr große Stahlwerke gibt. Diese Menschen wissen, dass diese Region und diese Stadt ein starker Kulturstandort ist mit vielen Theatern und vielen Museen. Die Menschen, die noch nie bei uns waren, egal ob aus Süddeutschland, Norddeutschland oder aus dem Ausland, verstehen unter dem Begriff Ruhrgebiet und der Zentralstadt Essen natürlich immer noch das größte industrielle Ballungsgebiet Europas und haben ganz andere Vorstellungen von dieser Region.

**Sind Sie deshalb Leiter der Touristikzentrale geworden, damit Sie den Leuten erzählen können, dass das Ruhrgebiet ein neues Image haben möchte und bereits auch pflegt?**
Ja, das Thema Tourismus im Zusammenhang mit dem Ruhrgebiet ist noch ein ganz junges Thema, fünf, sechs Jahre vielleicht. Noch vor gut zehn Jahren hat sich niemand vorstellen können, dass jemand aus reinem Freizeitanlass ins Ruhrgebiet oder nach Essen kommen würde. Mann kam hier in die Region zu großen Messen, Kongressen und Tagungen, insofern war die Stadt Essen schon immer sehr stark und hatte auch ein hohes Besucheraufkommen. Aber dass man einfach mal in den Ferien oder für ein verlängertes Wochenende in diese Region fahren würde, das konnte man sich damals nicht vorstellen. Ich selbst habe früher im Bereich der Öffentlichkeitsarbeit gearbeitet und anlässlich von Tagungen viele Menschen kennengelernt und auch betreut und habe auch mitbekommen, wieviel Vorbehalte Menschen gegenüber dieser Stadt und Region hatten. Und da hat es mich sehr gereizt, dieses Thema Tourismus für diese Stadt überhaupt zu entwickeln. Die Touristikzentrale, in der Sie sich heute befinden, gibt es erst seit 1997. Das ist das, was bei Ihnen in den Niederlanden das VVV ist, so etwas gab es in den Städten des Ruhrgebiets vor fünf oder sieben Jahren überhaupt noch nicht. Inzwischen ist es so, dass allein Essen übers Jahr 958.000 Übernachtungen hat.

**Und was glauben Sie, was das neue Image von Essen ist, was möchte es gerne sein? Und erfahren die Essener Leute es selbst auch so?**
Zunächst zur Imagefrage: Essen was eine riesig grosse Industriestadt, nach dem 2. Weltkrieg die Stadt mit den meisten Zechen. Die Vorstellung, die viele Menschen von der Region noch haben (also die rauchenden Schloten und Schornsteine) war damals Tatsache. Als dann die Zechen geschlossen wurden und Essen zum Ende der achtziger Jahre überhaupt keine Schwerindustrie mehr hatte, hat Essen immer versucht, sich von diesem Image zu lösen und hat deutlich gemacht: wir sind eine Messestadt, wir sind Verwaltungsstadt. Große deutsche Unternehmen wie z.B. RWE, ein riesiger Energiekonzern, oder die Ruhrgas, haben ihren Hauptsitz in Essen. Der größte Kaufhauskonzern Europas, Karstadt, hat seinen Hauptsitz in Essen. Man hat versucht, sich über dieses Thema entsprechend zu profilieren. Aber das haben uns die Menschen außerhalb dieser Region so noch nicht ganz abgenommen. Und inzwischen ist es so, dass wir uns wieder dieser industriellen Entwicklung durchaus erinnern, d.h. wir haben das Thema Industriekultur zu einem touristischen Thema gemacht. Es gibt in Essen mit der Zeche Zollverein die größte Zeche, die es jemals in Europa gab. Diese Zeche ist inzwischen ein Weltkulturerbe, also vergleichbar in eine Reihe mit z.B. dem Kölner Dom. Jetzt hat Essen ein Image: wir sind eine Verwaltungsstadt, wir sind eine Messe- und Kongressstadt, es gibt viele andere Facetten, die man noch nennen könnte, aber wir haben auch eine industrielle Geschichte und Tradition. So wie man sich meinetwegen Burgen und Schlösser ansieht, um sich darüber ein Bild zu machen, wie Menschen in früheren Jahrhunderten gelebt haben, kommen die Menschen heute nach Essen und ins Ruhrgebiet,

# RESIDENTS INTERVIEWS
## THE DIRECTOR OF A TOURISM HEAD OFFICE

*In your opinion, what do people from outside the Ruhrgebiet think of Essen or the Ruhrgebiet?*
One must differentiate between such people, who already know the city of Essen and the Ruhrgebiet, and those who never have been here. Those, who have already visited the area before, know that this is not a region of heavy industry any more. They know that the chimneys are not smoking any more, like many people still think. They also know that most of the mines are closed and there are no large steel plants any more. These people appreciate it for it's vivid cultural landscape with many theatres and museums. People, who never visited us, whether they are from Southern Germany, Northern Germany or from a foreign country, still think of the Ruhrgebiet and the central city Essen as the largest industrial and most densely populated area of Europe. Their conception of this region is very different, of course.

*Did you therefore become directors of the tourism head office, so that you can tell people that the Ruhrgebiet would like to have a new image and already has?*
Yes, the topic tourism in connection with the Ruhrgebiet is a very recent topic, five, six years old perhaps. Ten years ago nobody would have thought of coming to the Ruhrgebiet or to Essen purely for leisure reasons. One came here to visit large fairs, congresses and conferences. To that extent the city of Essen was always very strong and attracted many visitors. But one could not imagine going there for holidays or for an extended weekend. I used to work for a public relations office organizing conferences. I got aquainted with a lot of people and realized that there were many reservations against this city and the region. It then became my main interest to develop a concept for tourism in this region. The head office you're in now only exists since 1997. It is the same as what you call VVV in the Netherlands. Something like this did not exist in the Ruhrgebiet five or six years ago. Nowadays the city of Essen alone has an average of 958,000 overnight visits a year.

*What do you think is the new image of Essen or what would the city like it to be? And do the people of Essen also experience it in such a way?*
First to the image question: One has to imagine that Essen was an enormously large industrial city, the city with the most mines after the Second World War. Thus the conception of many people of the region was and still is smoking chimneys. When the mines were closed at the end of the eighties and Essen had no more heavy industry at all, this city always tried to make clear: we are a trade-fair city, we are an administrative city. Large German enterprises like Ruhrgas or RWE, a giant energy company, have their headquarters in Essen. The largest department store company of Europe, Karstadt, has its headquarter in Essen. The city tries to profit from that image. But people from outside this region do not quite believe us yet. Nowadays we remember the industrial history of this area and made the industrial culture topic a touristic topic. In Essen we have Zollverein which is the largest mine that ever existed in Europe. This mine now is a world cultural heritage, thus comparable to e.g. the Cologne cathedral. So except for the image of administrative city, of a congress city, or many other facets one could come up with, we also have a rich industrial history and tradition. Just as people visit castles and ruins to get an idea of how humans lived in earlier centuries, visitors now come to Essen and into the Ruhrgebiet where they get an image of the industrial development of the region and Germany. To the second question: People in the Ruhrgebiet have tried for a long time to get rid of the

um sich an solchen baulichen Zeitzeugen der in-dustriellen Entwicklung deutlich zu machen, wie diese industrielle Entwicklung gewesen ist, die ja ganz Deutschland zugute kam und nicht nur dieser Region. Zur zweiten Fra-ge: Die Menschen im Ruhrgebiet haben natürlich auch lange Zeit versucht, sich von diesem belastendem Thema Industrie zu lösen. Inzwischen bekennen sie sich wieder dazu, und sind durchaus stolz darauf, dass es also, wie am Beispiel der Zeche Zollver-ein, solche industriellen Zeitzeugen gibt, wo die Menschen nicht nur aus ganz Deutschland, sondern aus der ganzen Welt hinkommen, um sich das anzusehen.

**Was halten Sie persönlich von den Bewohnern dieser Stadt bzw. Region?**
Das ist natürlich eine schwierige Frage, weil ich selbst Essener bin. Die Menschen dieser Region sind sehr aufgeschlossen, sind sehr gastfreundlich und arbeitsam, sie sind sehr kulturinteressiert. Es ist eine breite Facette und sie sind wieder stolz auf die Identität.

**Fühlen Sie sich wie ein Essener?**
Ja, auf jeden Fall!

**Können Sie dieses Gefühl beschreiben? Was heißt es, ein Essener zu sein?**
Ich finde es insofern sehr angenehm, in dieser Region zu leben, weil, ich habe bereits davon gesprochen, die Menschen hier sehr aufgeschlossen sind und die Vielfalt, die diese Region zu bieten hat, im Freizeitbereich enorm ist. Ich habe, wenn ich ins Kino gehen möchte, die Auswahl binnen 15 Autominuten 4 grosse Kinozentren zu erreichen, die für sich gesehen teilweise 10-15 Kinosäle haben. Ich habe ebenfalls in einem Umfeld von 15-30 Minuten mehrere große Museen und Theater, sowohl Schauspielhäuser als auch Musiktheater. Wenn ich mich für Musicals interessiere: Essen ist inzwischen Standort des besten deutschen Musicals geworden (Elisabeth), ich habe in der Nachbarstadt Bochum ein Musical wie Starlightexpress, d.h. da ist Freizeit. Wir haben eine Vielzahl von Sportarenen. Wenn es darum geht einzukaufen: nehmen wir mal an, ich interessiere mich für einen neuen Fernseher oder Stereoanlage, es gibt riese Einkaufscenter, wo ich Preisvergleiche anstellen kann. Das sind alles Dinge, von denen ich meine, dass sie also ein Großteil der Lebensqualität darstellen. Sicherlich ist es ein Ballungsraum, der Seinesgleichen in Europa sucht. Wenn Sie sich vorstellen, dass also hier in einem Einzugsbereich mit einem Radius von knapp 100 km rund 5 Millionen Menschen wohnen, und dass, wenn Sie von der einen Stadt in die andere fahren, dies so gut wie gar nicht merken, d.h. also die Stadtgrenzen fließen regelrecht. Es gibt dazwischen sozusagen keine „freien" Landstrassen. Das ist also schon etwas gewöhnungsbedürftig, aber für jemand, der hier wohnt, natürlich nicht. Ich habe Vergleiche mit Menschen aus meinem Freundes- und Verwandtenkreis, die eher im ländlichen Raum wohnen, wo ich mich auch hin und wieder aufhalte, würde dies aber als Hauptwohnsitz nicht tauschen wollen.

**Glauben Sie, dass diese neuen Entwicklungen das Image von Essen oder vom Ruhrgebiet verändert haben?**
Ja, da bin ich von überzeugt.

**Und dass dieses Image auch die Identität der Leute verändert hat?**
Es ist natürlich schon sehr belastend, wenn man das Gefühl hat, dass alle Menschen in Bayern, Norddeutschland, Schleswig-Holstein, möglicherweise auch in den Nachbarländern wie den Niederlanden, Belgien und Luxemburg Vorurteile gegenüber dieser Region haben. Das ist kein angenehmes Gefühl. Diese Vorurteile sind aber nicht mehr in diesem Maße vorhanden. Schauen Sie, ich fahre übers Jahr gesehen auf rund ein halbes Dutzend Reisemessen, wo wir uns als Stadt Essen und Reiseziel präsentieren. Wir sind in den Niederlanden auf der großen „Vakantiebeurs" in Utrecht genauso vertreten wie auf der Reisemesse in Antwerpen. Wir sind auf Messen in München, Stuttgart und Berlin. Wir merken, wie die Menschen, die zu uns an den Stand kommen, inzwischen mit Interesse auf uns zukommen, weil sie wissen: es hat sich in der Region was verändert. Viele Menschen haben uns inzwischen schon besucht und bestätigen, dass diese Region unheimlich spannend und abwechslungsreich ist, dass es eine Region ist, wo man sich also durchaus mehrere Tage aufhalten und tagtäglich was Neues erleben kann. Und das

unpleasant image of heavy industry. Now they start to accept it again and are proud of the existing time witnesses like Zeche Zollverein which is visited by people from all over the world come.

What do you personally think about the inhabitants of this city or region?
That is a difficult question of course, because I am from Essen. People of this region are very open, very hospitable and industrious and very much culture-interested. They are very proud of their rediscovered identity.

Do you feel like a Essener?
Yes, of course!

Can you describe this feeling? What does it mean to be an Essener?
I find it very pleasant to live in this region, because, as I already mentioned, humans are very open here and the region has to offer a big variety of possibilities on the field of leisure. If I like to go to the cinema I have the choice out of 4 large cinema centers within 15 minutes by car as well as several large museums and theatres in an area of 15-30 minutes driving time. If I want to see a musical : Essen became the number one location for the best German musical (Elizabeth), in the neighbouring city Bochum there is still another big musical: the Starlightexpress. For the ones who are interested in sports: we have a multiplicity of sport arenas. For those interested in shopping there are a number of big shopping centers which make price comparison easy. Those are all things, that in my view represent a big part of the quality of life for an inhabitant of a city. This area is a center of population which is extraordinary in Europe. Just imagine the fact that approximately 5 million persons live in an area within a radius of scarcely 100 km and one does not notice if one travels from one city to another. There are no ' free ' highways in between the cities that together make up the Ruhrgebiet. That is already something to get accustomed to for a foreigner, not so for someone that grew up in this region. I know a lot of friends and relatives that live in rather rural areas. I like to visit them from time to time but I assure you that I would not want to live there.

Do you believe that these new developments have changed the image of Essen or the Ruhrgebiet?
Yes, I am convinced about that.

And has this image also changed the identity of the people here?
Of course it is hard if one has the feeling that all people in Bavaria, Norddeutschland, Schleswig-Holstein, possibly also in the neighboring countries as the Netherlands, Belgium and Luxembourg have prejudices about this region. That is not a pleasant feeling. This prejudice however got weaker continuously during the last few years. You see, I attend approximately half a dozen travel fairs a year where we present ourselves as the tourist-city Essen and holiday destination. We are represented in the Netherlands on the large 'Vakantiebeurs' in Utrecht, as well as on the travel fair in Antwerp. We go to fairs in Munich, Stuttgart and Berlin. We notice, how people who come to our stand start showing interest in our region because they know: it is a region which changed. In the meantime many people already visited us and realized that this region is terribly exciting and varied. As well as it is a region where one could easily spend several days and be surprised by it anew each day. And that of course has had a positive impact on the people who live here as well, because one feels much more at ease if one realizes that foreigners find the city beautiful and interesting in particular. The people do no longer have the feeling that they are looked at with regret for the fact of living in Essen.

ist natürlich etwas Positives, was hier auch auf die Menschen in der Stadt wieder Auswirkungen hat, weil, wenn man feststellt, dass andere Menschen diese Stadt gut, schön und insbesondere interessant finden, dann fühlt man sich natürlich in der eigenen Stadt wieder wohler, als wenn man das Gefühl hätte, alle schauen eher bedauernd auf uns. Das ist nicht mehr der Fall.

## Der homosexuelle Caféleiter

Was machen Sie beruflich?
Ich bin hier Caféleiter.
Wo kommen Sie her?
Aus Köln.
Was führt Sie nach Essen?
Meine Arbeit.
Finden Sie Essen schön?
Ja, es ist wieder eine schöne Stadt. Es war früher anders. Ich kenne Essen jetzt 20 Jahre und früher war es sehr verkommen, aber mittlerweile ist es wieder sehr schön geworden.
Gibt es hier genügend Ausgehmöglichkeiten?
Ja, sehr viele schöne Möglichkeiten. Man kann Tanzen und Cocktails trinken, Kneipenbesuche machen und kulturell etwas erleben. Man kann Spaziergänge machen im Grünen. Also es ist für jede Altersgruppe etwas dabei.
Was glauben Sie, was die Leute an Essen interessiert?
Mittlerweile das, was Essen ausmacht. Dass für jeden etwas dabei ist.
Was führt die Essener hier in dieses Café?
Sehr viel Toleranz, und sehr viel Aufgeschlossenheit, Solidarität und Spaß.
Glauben Sie, dass das eine neue Entwicklung ist in Essen und im Ruhrgebiet?
Ja, auf jeden Fall.
Es war nicht immer so offen?
Nein, früher war es sehr diskret und alles hinter verschlossenen Türen, mittlerweile ist das wieder sehr im kommen.
Kommen Leute aus dem ganzen Ruhrgebiet in dieses Café?
Ja, aus dem ganzen Ruhrgebiet. Sogar aus Köln.
Was hat sich, im Vergleich zu Früher, in der Nachtszene verändert?
Früher musste man noch an Türen klingeln und aufpassen, dass man auf der Straße nicht überfallen wurde, das ist heute nicht mehr so. Man kann unbeschadet rausgehen, sich in Kneipen setzen, in Diskotheken reingehen, auch reingucken, ohne dass alles verhängt ist mit Gardinen. Die Öffentlichkeit und die Toleranz der Leute spielen mit. Das Café Dax gibt es erst 2 Jahre und früher musste man bei den meisten Kneipen klingeln, bevor man reinkam. Da wurden kleine Türchen aufgemacht und geguckt, ob da ein Böser hinter steht. Mittlerweile gibt es das kaum noch. Man kann überall reingehen, wann man will, sooft man will. Es gibt fast keine Überfälle mehr gegen die Szene oder Homosexuelle. Es entwickelt sich alles. Wir sind dabei, Köln Konkurrenz zu machen.
Ist das eine Entwicklung nur im Ruhrgebiet?
Nein, es entwickelt sich weiter überhaupt in ganz Deutschland. Es zieht weitere Kreise. Köln hat angefangen und alles, was drumherum ist. Es ist wie eine Welle in der Badewanne. Es geht immer weiter.
Glauben Sie, dass das Ruhrgebiet ein neues Image kriegt?
Ja, auf jeden Fall. Das Image wird besser, dadurch bin ich ja auch aufs Ruhrgebiet und auf Essen aufmerksam geworden. Man hat viel davon gehört und viel in der Zeitung darüber gelesen. Es ist schöner, besser und ruhiger geworden, einfach angenehmer zum Ausgehen.
Können Sie erklären warum?
Ja, wie gesagt, früher konnte man nicht einfach vor die Tür gehen. Man musste aufpassen, dass man nicht überfallen wurde. Man musste aufpassen, wo man hingeht, in wel-

# The homosexual coffee house manager

**What do you do vocationally?**
I am the manager of this Café.
**Where do you come from?**
From Cologne.
**What leads you to Essen?**
My job.
**Do you find Essen beautiful?**
Yes, it is again a beautiful city. It used to be different. I know Essen now 20 years and in former times it was quite run down, however meanwhile it became very beautiful again.
**Is there a nightlife, are there suffient bars and pubs?**
Yes, many beautiful possibilities. One can dance and drink cocktails, visit pubs and experience lots of cultural activities. One can go for a walk in the country side. There are a lot of opportunities for everyone.
**What makes Essen so interesting for other people in your opinion?**
Essen as a city itself. There is lots to do for everyone.
**What leads the people from Essen in this café?**
A lot of tolerance, and very much open-mindedness, solidarity and fun.
**Do you believe that this is a new development in Essen and in the Ruhr district?**
Yes, in any case.
**It was not like this before?**
No, everything was very discrete and behind locked doors in former times. Nowadays the situation has already changed.
**Do people come from the whole Ruhr district into this café?**
Yes, from the whole Ruhr district. Even from Cologne.
**What has changed in the nightlife scene, compared to former times?**
In former times you had to ring at doors and to watch out that no one attacks you on the streets, that is not any longer the case. Nowadays you can go out without any problems, visit pubs and night clubs. The locations are not hidden behind curtains anymore.The public and the tolerance of the people play also a big role. The café Dax exists only 2 years and in former times you had to ring the bell at many pubs, before you could go in. Before letting you in, you were checked very carefully through little windows in the doors. Nowadays you don't find this things anymore. You can go everywhere, whenever you want, how often you want. There are hardly any attacks against homosexuals. Everything develops. We are about to compete with Cologne.
**Is this only a development in the Ruhr district?**
No, you can see this development everywhere in Germany. It began with Cologne and its surroundings. It is like a wave in the bath tub.
**Is the Ruhr district reshaping its image in your opinion?**
Yes, it is. The image becomes better. That's the reason why I became aware of the Ruhr district and Essen. You could read lots about it in the newspaper. It became calmer more beautifully, better and, simply more pleasant for going out.
**Can you explain why?**
Yes, as I have already said, in former times you couldn't just go out. You had to watch out, that no one attacks you. You had to watch out where and in which areas you go. This has changed. People became more tolerant. Nowadays the youth is raised up and educated differently than in former times. They are already confronted at a young age with things, with which they were not confronted in former times. I can see it with my 5 years old

ches Viertel man geht. Und das ist heute alles nicht mehr so. Die Leute sind aufgeschlossener, toleranter geworden. Die Jugend wird heute anders erzogen als früher. Sie werden schon von klein auf mit Sachen konfrontiert, mit denen sie früher nicht konfrontiert wurden. Ich sehe es bei meinen 5 Jahre alten Patenkindern, die haben eine ganz andere Einstellung dazu. Also es gibt gar keine Probleme mehr.
**Wann haben diese neuen Entwicklungen angefangen? Und wieso?**
Es hat eine Zeit lang gebraucht, bis sich das in den Köpfen der Menschen neutralisiert hat. Am Anfang hat man immer gedacht, wenn man in ein schwules Lokal geht, dann wird man auch schwul. In den Köpfen der Menschen spielt sich was anderes ab als früher. Und die geben das wieder weiter an ihre Kinder und von Generation zu Generation wird die Menschheit aufgeschlossener. Und in Essen hat es halt ein bisschen länger gedauert als woanders.
**Im Ruhrgebiet hat es erst vor ein paar Jahren angefangen?**
Ja, und es wird mittlerweile ganz extrem gut. Es geht wirklich steil auf.
**Was ist typisch für diese Stadt?**
Die Essener Lichtwochen kurz vor Weihnachten. Dann ist ganz Essen in vielen bunten Lichtern erstrahlt und es gibt viel zu essen in der Fussgängerzone. Und jedes Jahr unter einem anderen Motto. Das ist sehr schön.
**Und was finden Leute von außerhalb typisch an Essen?**
Ich glaube, dass diese Lichtwochen typisch für Essen sind. Das gibt es sonst nirgendwo in Deutschland, das gibt es nur in Essen. Als Außenstehender hatte ich viel davon gehört und es nie gesehen. Und letztes Jahr zu Weihnachten extrem zum ersten Mal miterlebt. Das war sehr schön.
**Es gefällt Ihnen hier also?**
Ja, es gefällt mir mittlerweile sehr gut. Ich bin jetzt schon am überlegen, irgendwann mal hierhin zu ziehen.
**Und weshalb könnten andere Menschen diese Stadt schön finden?**
Weil es sehr viel Abwechslung gibt und die Menschen aufgeschlossener sind als früher. Die Leute wissen, das es sich geändert hat.
**Gibt es Orte im Ruhrgebiet oder in Essen, an denen Sie zur Ruhe kommen können?**
Dafür habe ich noch keinen Platz in Essen gefunden, hatte aber auch ehrlich gesagt noch keine Zeit, einen zu suchen. Ich denke mal hier gibt es sehr schöne Parks, in denen man zur Ruhe kommen kann. Es gibt sehr viele Saunen hier in Essen, wo man sich entspannen und einfach die Seele baumeln lassen kann. Aber ansonsten bin ich noch nicht dazu gekommen auszugehen, weil ich nur zum arbeiten hier bin.
**Ist Essen für Sie nur eine Arbeitsstadt oder könnten Sie auch hier leben?**
Ja, in näherer Zukunft stelle ich mir vor, dass ich nach Essen ziehe.
**Glauben Sie das junge Menschen nach Essen ziehen werden?**
Ja, könnte ich mir vorstellen, weil es besser wird, es ist im Aufschwung. Wenn ich mir überlege, dass das Café Dax etliche Wochen gesucht hat, um geschicktes Personal zu bekommen. Keiner wollte arbeiten, es gab einfach keine Leute. Mittlerweile kommen wieder junge Leute zurück und wollen wieder hier in Essen leben und arbeiten.

## Der Polizist

**Wo kommen Sie her?**
Ich komme aus Essen. Bin gebürtig aus Düsseldorf, wohne aber seit ca. 25 Jahren in Essen.
**Wie erleben Sie die Stadt?**
Dienstlich erlebe ich sie oft mit gemischten Gefühlen. Im Bereich der Essener Innenstadt hatten wir lange Zeit Probleme mit Drogenabhängigen, aber das wird mittlerweile auch immer besser. Das kriegen wir unter Kontrolle. Essen an sich ist eine schöne Stadt zum Einkaufen. Privat erlebe ich Essen als eine sehr angenehme Stadt. Ich finde die

godfather children. They have a completely different adjustment to this things. These there are no more problems.

When did this developments start in your opinion? And why?
It took a long time until the people got more tolerant. In the beginning they thought, if one goes into a gay-scene restaurant, one becomes also gay. People think different nowadays. And it changes from generation to generation therefore people become more tolerant. And in Essen it lasted a little longer than elsewhere.

This development started only a couple of years ago in the Ruhr district?
Yes, and it becomes extremely good meanwhile. Things are continuously improving.

What is typical for this city?
The "Essener Lichtwochen" just before Christmas, that is typical for Essen. During this event Essen is lit up in many colourful lights and you can get lots of food in the city center. This happens each year under another slogan. That is very beautiful.

And what do people from outside find typical for Essen?
I believe also these Lightweeks. That happens nowhere else in Germany. As a non Essener, I had heard much about it and had never seen it before. And last year before Christmas I enjoyed it for the first time. That was very beautiful.

So, you like it here?
Yes, I like it very much. I am already thinking of moving to Essen once.

And why could other people find this city beautiful?
Because of the diversity. People are more open minded than in former times. The people know, that everything changed.

Are there places in the Ruhr district or in Essen where you can relax?
I didn't find any spot in Essen, but I also didn't have the time to look for one.I think there are very beautiful parks here, in which you can relax. There are many saunas here in Essen, where you can relax. But I didn't have the time to go out, because I'm mainly working here.

Is Essen just a working city for you or could you also live here?
Yes, I will move to Essen in the near future.

Do you believe that young people will move to Essen?
Yes, I can imagine that, because it becomes a lot better. If I consider that the café Dax searched for weeks, to get proper skillful personnel. Nobody wanted to work here, there where simply no motivated people present. Meanwhile young people return into the region and Essen, they definitely want to live and work here.


# The Policeman

Where do you come from?
I come from Essen. I was born in Düsseldorf, however I have lived in Essen for about 25 years.

How do you experience the city?
When I am on duty I often experience it with mixed feelings. Within the area of the city center we had a lot of problems with drug addicts for a long time, but that is getting better nowadays. We have things under control now.
Essen is actually a beautiful city for shopping. Privately I experience Essen as a very pleasant city. I find the people of Essen and of the Ruhrgebiet very open-minde. They are a bit too direct for some people, but I like it here a lot.

Essener Bürger, die Leute im Ruhrgebiet, sehr offen, für manche Leute etwas zu direkt, aber ich lebe hier gern.

**Was ist typisch für diese Stadt?**
Für mich sind wahrscheinlich bestimmte Dinge typisch, mit denen Fremde, die nicht aus Essen kommen, nicht viel anfangen können. Ich finde typisch ist die Bevölkerung hier in Essen, der Umgang der Bürger untereinander. Dieses direkte, dieses Geradeausverhalten. Nicht so oberflächlich wie z.B. die Kölner. Essener sind absolute Karnevalsmuffel. Typisch für Essen sind alte Zechen, die renoviert werden, zu Museen gemacht werden. Das Folkwang Museum ist über Essen hinaus bekannt. Bestimmte Sachen, die Bergarbeitervergangenheit von Essen, die Familie Krupp, Stahlbau und solche Sachen, große Firmen, das ist wohl typisch.

**An welchen Orten verweilen Sie am liebsten?**
Zuhause. Wir leben in Essen, in einem Haus, relativ am Stadtrand gelegen, recht grün, viele Felder, Naturschutzgebiete, da kann ich es gut aushalten.

**Hat sich die Mentalität der Menschen in den letzten Jahren verändert?**
Nein, würde ich nicht sagen. Ich denke die Menschen sind, solange ich hier lebe, ziemlich gleich geblieben. Wobei ich dazu sagen muss, dass ich nicht so alt bin und von daher mir noch nicht so lange bewusst Gedanken darüber mache, wie sich die Menschen vielleicht verändern.

**Fühlen Sie sich wie eine Essener?**
Ja, absolut.

**Was ist das typische Gefühl von einem Essener?**
Das kann ich nicht beschreiben. Aber ich fühle mich schon dem Ruhrpott und Essen zugehörig und, obwohl ich oft Fernreisen mache, komme ich gerne wieder hier zurück.

**Was denkt die Außenwelt, ihrer Meinung nach, über das Ruhrgebiet?**
Ich denke, dass viele Gäste das Ruhrgebiet für eine Industriemetropole halten, für sehr grau halten. Dass wir Nebelschwaden von Industrieabgasen am Himmel haben und der-gleichen. Das ist einfach falsch. Wir haben unheimlich viele Naherholungsgebiete, wir haben die Essener Segelwoche z.B. am Baldeneysee. Wir haben viele Grünflächen, wo man Spazieren gehen kann. Eine Menge Sachen.

**Gibt es Dinge, die Menschen außerhalb des Ruhrgebietes in Essen gerne sehen wollen?**
Es gibt einige Kunstausstellungen hier in Essen, die regelmässig besucht werden. Wie gesagt, das Folkwang Museum oder die Folkwang Musikschule in Essen-Werden macht Ver-anstaltungen. Das Aalto Theater ist ein Theater, wo gute Vorstellungen laufen, das Colosseum ist ein Gebäude, in denen Musicals stattfinden.

**Hat sich das Image der Stadt verändert?**
Ich glaube, dass Essen eine Zeit lang im Ruhrgebiet selber den Eindruck vermittelt hat, dass es hier eine Problemzone in Bezug auf die Drogenabhängigen gibt. Vor 2 Monaten war der Hauptbahnhof hier noch sehr voll mit Junkies mit Drogenabhängigen, hohe Drogenkriminalität, besonders im Bereich der Innenstadt. Ich denke, das hat eine Zeit lang das Bild von Essen geprägt. Dieses Image ist aber jetzt nicht mehr gerechtfertigt. Wir haben das recht gut unter Kontrolle gekriegt mit den Drogenabhängigen.

**Wie haben Sie das geschafft?**
Wir haben vermehrt Drogenabgängige überprüft. Wir haben repressive Massnahmen getroffen, gegen die Leute, die Drogen verkaufen, wir reden vor allem von harten Drogen. Haben versucht, sie gut zu observieren, Anzeigen zu schreiben, sie zu verhaften und haben somit das Problem etwas gelöst. Wegschaffen kann man das einfach nicht. Solange es Drogen gibt, wird es auch Abhängige geben, das ist uns auch klar. Wir haben es nur versucht, aus Essen rauszuhalten.

**Hat das Ruhrgebiet eine eigene Identität?**
Ich denke schon, aber jetzt fragen Sie mich nicht, wie ich das begründe. Jeder hat zumindest eine Vorstellung, was das Ruhrgebiet ist. Ob die immer berechtigt ist, wage ich anzuzweifeln, aber nichtsdestotrotz hat das Ruhrgebiet nach außen hin ein gewisses Gesicht und jeder kann sich dabei etwas vorstellen. Teilweise bestätigt sich das, wenn man ins Ruhrgebiet fährt, und teilweise auch nicht.

What is typical for this city?
Personally I like a lot of things that foreigners would probably not understand. The way people treat each other, which is very special in my opinion. This direct, this straight forward behavior. The people hera are not as superficial as the Cologners. Esseners absolutely hate carnival. Another typical thing here are the old mines which are being transformed into museums. The Folkwang Museum is well-known beyond Essen. Certain things like the miners of Essen, the Krupp family, steel structures and such things, large companies, that is typical, probably.

Which places do you like most?
My home. We live in Essen in a house on the outskirts of town, quite green, many fields, natural reserves, that is where I like to be.

Did the mentality of people change during the last years?
No, I would not say that. I think that people stayed the same as long as I can remember,. Although I must say that I am not that old and therefore did not think so much about the fact that people might have changed in the recent past.

Do you feel like a Essener?
Yes, absolutely.

What is the typical feeling of a Essener?
I cannot describe that. But I feel like I belong here in the Ruhrpott and Essen and although I always travel a lot and to distant countries, I always feel glad to come back here.

What do foreigners think of the Ruhrgebiet in your opinion?
I think that many guests of the Ruhrgebiet think of it as an industrial metropolis, very grey. The skies coverd with clouds of industrial exhaust gases and such things. This is simply not true. We have a lot of local recreation areas, we have the Essener Segelwoche, e.g., at the Baldeneysee. We have many green areas where one can go for a walk. A whole lot of things.

Are there things that people from outside the Ruhrgebiet would like to see in Essen?
There are some art exhibitions here in Essen, which are visited regularly. As I said, the Folkwang Museum or the Folkwang School of Music organize events. In the Aalto Theatre they show good plays and the Colosseum houses big musicals.

Did the image of the city change?
I believe that Essen mediated the image that it had a problem with drug addicts. Only two months ago the main station was crowded with drug addicts, we had a lot of drug related crime, particularly in the area of the city center. I think that this shaped the image of Essen but that is no longer justified now. However, we have got the drug addict problem under control now.

How did you manage that?
We checked them very regularly. We took repressive measures to controle the persons, who sell hard drugs, we arrested a lot of them and by doing so we somewhat solved the problem. We know very well that there are addicts as long as there are drugs. We just tried to keep them out of the city.

Does the Ruhrgebiet have its own identity?
I think it does but please do not ask me to justify my opinion. Everyone has at least an idea about what the Ruhrgebiet is. I dare to doubt whether those ideas are always justified, but nonetheless the Ruhrgebiet shows a certain facade to the outside and everyone can make up one's own ideas about it. Some ideas are verified when one drives through the region, some are not.

**Was ist das Gesicht des Ruhrgebietes?**
Ich denke nette Menschen, ein paar zuviele graue Häuser, viele Grünflächen und Seen.

## Der Taxifahrer

**Wo kommen Sie her?**
Ich komme aus Essen.
**Wie groß ist Ihr Arbeitsgebiet?**
Mein Arbeitsgebiet umfasst normalerweise das ganze Ruhrgebiet. Kann auch sein, dass einer nach Amsterdam will, da fahre ich natürlich auch hin. Aber normalerweise ist das Einzugsgebiet, innerhalb von Essen.
**Was für Menschen transportieren Sie meistens?**
Quer durch die Bank alles. Huren, Heilige, Gangster, Gaukler und Ganoven, Penner und Professoren.
**Hat sich die Mentalität der Menschen in den letzten Jahren verändert?**
Ja, die Leute sind meiner Meinung nach insgesamt etwas frustierter geworden.
**Woran liegt das, Ihrer Meinung nach, an der Umgebung oder an der Gesellschaft?**
Ich meine es hängt mit der Umgebung zusammen, weil es hier wie eine Steinwüste ist, zweitens hängt das mit dem Wetter und drittens auch mit den finanziellen Verhältnissen zusammen.
**Wohin gehen die Leute meistens?**
Wenn die abends ausgehen? Das kann ich allerdings nicht sagen, weil ich tagsüber fahre. Hier gibt es Theater, dann gehen sie in Kneipen rein, dann gehen sie mal was essen, Die Leute versuchen sich halt etwas abzulenken.
**Finden Sie es schön, hier zu leben?**
Nein, ich finde das nicht so schön. Ich kenne andere Länder und Städte. Ich war früher Seeman. Es gibt Länder, wo die Leute von der Mentalität etwas freundlicher miteinander umgehen als hier.
**Es liegt also nicht an der Umgebung, sondern eher an den Leuten?**
Das ist natürlich eine schwierige Frage. Ich glaube, das liegt natürlich auch an den Leuten. Meiner Ansicht nach, ist das mentalitätsbedingt. Wenn Sie nach Bayern kommen, nach München, da haben sie das Gefühl, dass Sie in Italien sind. Da gibt es die Biergärten, wenn die Sonne scheint, da läuft alles ganz anders. Das ist mentalitätsbedingt, aber finanziell auch, und gegendsbedingt, ob das eine schöne Gegend ist, das Auge will ja auch was sehen.
**Finden Sie, dass Essen eine eigene Identität hat im Vergleich zu anderen Ruhrgebietsstädten?**
Nein, finde ich nicht. Ich finde, dass das ganze Ruhrgebiet alles dasselbe ist. Also im Grunde genommen habe ich das Gefühl, im ganzen Ruhrgebiet gab es nur einen Architekten, der hat das alles konstruiert.
**Was ist ein typisches Gebäude für Essen?**
Neuerdings haben wir dieses Wahrzeichen, der RWE Turm. Das ist dieser riesengroße Turm am Hauptbahnhof.
**Was finden Sie an dem Gebäude schön?**
Nein, ich finde das nicht schön. Für mich ist das mittlerweile schon die klassische Postmoderne. Das ist zu kalt. Das ist einfach nur so ein Zylinder, der hochgezogen ist. Ist wahrscheinlich zweckmässig. Passt hier rein wie die Faust aufs Auge.
**Glauben Sie, dass sich die Identität des Ruhrgebiets im Laufe der Zeit verändert?**
Ja, hat sie ja schon teilweise. Wird ja schon eine Menge hier gemacht, Infrastruktur z.B. Wir haben hier nicht mehr die Tradition, die wir mal hatten, diese Zechenmentalität, diese Kameradschaft, die wahrscheinlich gar nicht existiert hat. Die soll ja angeblich unter Tage existiert haben, aber ich kann mich als Kind entsinnen, über Tage hat sie auch nicht existiert. Ob sich das verändert hat, ich weiß nicht. Also ich habe das

**What is the face of the Ruhr district?**
I think: nice people, a few too many grey houses, many green areas and lakes.

## The cab driver

**Where do you come from?**
I come from Essen.
**How large is your sphere of activity?**
My sphere of activity normally covers the whole Ruhr district. Eventually someone wants to go to Amsterdam and I'll go there too, of course. But the catchment area is normally restricted to Essen.
**What kind of people do you mostly transport?**
All kinds op people: hookers, saints, gangsters, bums and professors.
**Did the mentality of people change during the last few years?**
Yes certainly, in my opinion the people got a lot more frustrated.
**In your opinion, is that due to the living environment or because of changes in society?**
In the first place it's the environment, because it is a stone desert here. A second reason might be the bad weather and thirdly it is connected to the bad economical conditions.
**Where do the people mostly go, if they go out in the evening?**
I cannot answer this because I only drive during daytime. However, there are theatres, people go to clubs or they have dinner in a restaurant. All kinds of normal pleasures, trying to get a bit of diversion.
**Is it nice to live here?**
No, I find it not so beautiful here. I know other countries, other cities. I used to be a sailor. I know there are countries where the people's mentality is somewhat friendlier compared to the mentality here.
**Thus it is not the environment that is bad rather than the people?**
That is a difficult question. I believe it depends on the mentality of the people. If they go to Bavaria, e.g., to Munich, the people have the feeling of being in Italy already. There they have beer gardens, the sun shines, everything is completely different there. That is not only a question of mentality but of money as well, and of the beautiful landscape, of course.
**Do you think that Essen has its own identity compared to other Ruhr district cities?**
No, I do not think so. I think that the whole Ruhr district looks the same everywhere. It seems to me that there was just one architect who designed the hole area.
**What is a typical building for Essen?**
Recently we got this landmark, the RWE Tower. That is this giant tower next to the main station.
**What do you think is beautiful about this building?**
I do not find it beautiful. For me this is classical postmodernism. It is too cold. Just another a cylinder pulled out of the ground. But probably it is appropriate here and it fits perfectly in this situation.
**Do you believe that the identity of the Ruhr district changes in the course of time?**
Yes I do, partly it already has. A lot is being done, like new infrastructure, e.g. But the tradition we had and that we were famous for, the comrade shank, no longer exists. Although it probably never existed in the first place. It is said, that it existed among the comrades down in the mines. But as far as I remember from my childhood it did not exist above ground either. I do

Gefühl, wenn ich durch die Stadt fahre, dann ist das noch genau wie vor 45 Jahren, nur es sind eben ein paar andere Häuser, vielleicht etwas modernere Kaufhäuser hinzugekommen. Im Grunde hat sich hier nicht viel verändert.
**Fühlen Sie sich als Essener?**
Nein, ich fühle mich als Kosmopolit.
**Warum?**
Ich hab schon Teile von der Welt gesehen. Also ich bin nicht der Essener, ich bin überall zuhause. Wo mir Leute anständig begegnen, da bin ich zuhause. Ich fahre z.B. auch viel nach Holland.
**Wenn Sie hier durch die Stadt fahren, haben Sie dann ein positives Gefühl?**
Negativ. Manchmal wenn ich durch die Stadt laufe, dann herrscht hier eine aggressive Atmosphäre in der Stadt.
**Liegt das an den jungen Leuten?**
Ja, teilweise junge, teilweise ältere Leute. Es fehlt hier meiner Ansicht nach die Kommunikation unter den Leuten. Die Leute reden zu wenig miteinander, die können wahrscheinlich auch nicht mehr reden. Es fehlen die Worte. Die Leute haben untereinander zuviel Abstand. Ich meine, dass die Kommunikation hier nicht funktioniert.
**Finden Leute von ausserhalb diese Stadt schön?**
Das wäre mir aber neu. Wenn ich etwas schön finde, dann steht das immer in Bezug zu etwas anderem. Wenn jemand nur Castrop-Rauxel kennt, oder er kennt nur Wanne-Eickel, der sagt natürlich Essen ist schöner als Wanne-Eickel. Aber wenn einer schon mal andere Mentalitäten kennengelernt hat, andere Leute kennengelernt hat, viel unterwegs war, der kann diese Stadt einfach nicht schön finden. Das ist eine Stadt, die ist meiner Ansicht nach zweckmässig, oder man versucht, eine Zweckmässigkeit hier rein zu kriegen, was auch nicht immer gelingt. So seh ich das.
**Was wollen die Touristen, die Sie fahren, sehen?**
In erster Linie wollen Sie dieses Musical sehen, Elisabeth von Stella. Wir haben hier auch schöne Ecken, das ist die Ecke um den Baldeneysee rum, das ist natürlich ein Naherholungsgebiet. Aber da fragt keiner nach. Wenn die Leute fragen, dann natürlich nach dem, was ihnen von der Werbung auferlegt wird. Das ist jetzt das Musical, oder Essen hat den Ruf bzw. das Image als Einkaufsstadt. Dann fragen die Leute immer, wo kann man hier gut einkaufen oder essen usw.
**Kommen die Menschen auch wegen der Industriekultur?**
Ja, aber da fragen wenige nach. Sie meinen jetzt Zollverein. Das ist jetzt Kulturerbe geworden. Ja, selten. Wenn ich da Leute hinfahre, dann nur, weil sie einen Auftrag haben, dahin zu fahren. Entweder ist da eine Veranstaltung oder da ist irgendwas im Designzentrum. Oder es sind ein paar Künstler oder Schauspieler, die da proben. Aber Privatleute fragen selten danach. Die meisten Leute wollen entweder das Musical sehen oder einkaufen oder wissen, wo man gut essen kann, oder wo es hier ein Parkhaus gibt. Keine Weltstadt.
**Betrachten Sie die Stadt während Ihrer Arbeit anders, als in Ihrer Freizeit?**
Ja, ich sehe die Stadt anders. Wenn ich durch die Stadt fahre, dann gucke ich, wie komme ich am besten durch, oder wo ist am wenigsten Verkehr. Wenn ich privat in die Stadt gehe, dann gehe ich ins Kino oder ich gehe was essen. Dann habe ich direkt mein Ziel und gehe dahin und dann ist Schluss.


## Der technische Bauleiter

**Was zieht Sie ins Ruhrgebiet?**
Ich bin durch die Baufirma nach Essen gekommen, weil hier in Essen dieses Bauvorhaben gebaut wird und auch im Ruhrgebiet weitere Bauvorhaben durch unsere Baufirma erstellt werden.

not know whether it changed or not. If I drive through the city I have the feeling that everything is exactly like it was 45 years ago. There are a couple of new houses and some more modern department stores perhaps. Essentially things did not change very much around here.

Do you feel as an Essener?
No, I feel as a cosmopolitan.

Why so?
I already saw a lot of the world. Thus I am not an Essener. I feel at home where ever people treat me well. I like to go to Holland, e.g., and I go there very often.

Do you have positive feelings when you drive through the city?
No, negative feelings only. Sometimes I sense a lot of agression when I walk through the city.

Is this because of young people?
Yes, partially young people, partially older people or middle aged people as well. In my opinion, communication among the people is missing. The people talk too little with each other. Probably they lost the ability to talk to each other. There is too much distance between the people, that's what is going wrong here.

Do foreign people find this city beautiful?
That would be news to me. If I consider something beautiful I always do so in reference to something else. If someone only knows Castrop-Rauxel or Wanne-Eickel, of course this person would say that Essen is more beautiful than Wanne-Eickel. But someone who already got to know other mentalities, became acquainted with other people, travelled around a lot, simply cannot consider this city beautiful.

What do the tourists who drive with you want to visit?
Primarily they want to see this musical, Elizabeth von Stella. There are a couple of beautiful spots, like the area around the Baldeneysee, which is a local recreational area. But nobody asks for that. What they ask for is the events they know from advertisement. At the moment it is this musical. Another image of Essen is that of a commercial city. So the people want to know where one can go for shopping or a good dinner.

Do people also come because of the industrial culture?
Yes they do, but only a few ask about that. You are referring to "Zeche Zollverein" which became a cultural heritage recently. If I have to drive people there it is because they have a job to do there. Either they have a meeting there or something is happening in the Design Center. There are also a few artists or actors who rehearse there. But private individuals rarely ask for it. Most people either want to see the musical or know where to go shopping or where one can eat well or where there is a car park. Not a metropolitan city at all.

Do you see the city differently when you are working than in your spare time?
Yes, I see the city differently. I conceive the city differently. If I drive through the city I try to avoid traffic. I go into the city to visit a cinema or go out for dinner. I know where to go, go there directly and that's it.

# The technical construction supervisor

What leads you to the Ruhr district?
I came to Essen through the construction company I'm working for, because we have a project here and there are also further projects of our construction firm in the Ruhr district.

**Was bauen Sie jetzt?**
Jetzt wird hier zum Beispiel ein Hotelgebäude gebaut; und wo die Gerüste stehen, wird ein Bürogebäude gebaut für eine Hotelfirma „Park Plaza".

**Was glauben Sie, zieht die Leute von ausserhalb ins Ruhrgebiet?**
Das Ruhrgebiet wird sicherlich über kurz oder lang wieder interessant. Das Ruhrgebiet hat auch viel zu bieten. Es gibt viel Grün, viele Freizeitanlagen und Freizeitparks. Ich habe zum Beispiel vor ein paar Jahren in Oberhausen das „CentrO" mitgebaut. Das ist ein riesen Freizeitpark mit vielen Möglichkeiten, wie ein Einkaufszentrum, eine Arena und alles was dazu gehört, und das zieht. Es gibt ja viel Industrie, die auch mittlerweile abgerissen wird, also zurückgebaut wird, und diese Flächen die brachliegen werden wieder bebaut, sei es mit Freizeitanlagen, Sportanlagen oder was eben so anliegt. Besonders hier in Essen ist der Bedarf jetzt etwas größer, weil ja die Messe, die hier in Essen auch ansässig ist, Besucher anzieht. Und eine große Messe erweitert ja auch ständig, wobei die Besucher ja irgendwo übernachten müssen, also baut man ein Hotel. Es werden weitere Hotels folgen, aber im Moment wird das hier gebaut.

**Glauben Sie, dass diese neuen Entwicklungen die Identität des Ruhrgebiets verändert haben?**
Ein bisschen schon.

**Und wie sehen Sie als Kölner das Ruhrgebiet?**
Eigentlich positiv. Ich fahre gerne ins Ruhrgebiet. Es fehlen zwar die Berge aber auch das Ruhrgebiet hat seine Schönheiten, ich hatte es ja schon gesagt. Also mich zieht es ja nur beruflich hierhin. Ich hab sonst keine Kontakte zum Ruhrgebiet. Wenn ich in den Urlaub fahre, fliege ich in den Süden oder gehe in die Berge, aber nicht ins Ruhrgebiet. Das kann ich über kurz oder lang am Wochenende mal machen. Es gibt im Ruhrgebiet schöne Freizeitanlagen. Der Baldeneysee in der Nähe von Essen ist z.B. sehr schön. Man hat dort alle Möglichkeiten, wie z.B. Wassersport usw.

**Arbeiten Sie zusammen mit Leuten aus dem Ruhrgebiet?**
Hier sind viele Leute aus Essen, auch aus dem übrigen Ruhrgebiet. Die meisten Unternehmer oder Subunternehmer sind auch aus dem Ruhrgebiet, aus Bochum, Essen und Gelsenkirchen.

**Was ist das Typische dieser Stadt oder das Typische des Ruhrgebietes?**
Typisch waren früher eigentlich die Fördertürme. Eben das, was im Ruhrgebiet war, ist die Kohle und sind die Kraftwerke.

**Was halten Sie von den Bewohnern dieser Stadt?**
Ich habe da eigentlich wenig Kontakt, aber ich hab den Kontakt zu den Leuten hier während der Arbeit, und die Leute sind eigentlich sehr umgänglich. Man kommt sehr gut zurecht. Die Menschen des Ruhrgebiets sind ein anderer Menschenschlag wie der Bayer oder Berliner, auch dort habe ich gearbeitet, aber der Ruhrgebietler hat das Herz auf der Zunge, wie man bei uns so schön sagt, er ist sehr deftig, sagt was er denkt und damit komme ich gut klar.

**Mögen Sie diese Stadt?**
Ich mag die Stadt. Sicherlich, es gibt schönere Städte, aber das ist ja alles relativ. Jede Stadt hat immer zwei Seiten. Es gibt die Schmuddelecken und es gibt die schönen. Es gibt den Marktplatz, da wo die Leute hingelockt werden, die Einkaufszentren z.B. Sicherlich, die eine oder andere Ladenpassage könnte besser ausgebaut sein. Es gibt mittlerweile hier im Ruhrgebiet - in Oberhausen, Gelsenkirchen, Bochum, überall - schöne Einkaufszentren, schön gepflastert, wunderbar zum Einkaufen. Das ist in den letzten 20 Jahren unheimlich herangewachsen.

**Wie sehen Sie das Image des Ruhrgebiets? Wie hat es sich verändert?**
Ich denke schon, dass es sich positiv verändert hat. Wie gesagt, das Ruhrgebiet stand früher für schlechte Luft und ewig Regen, aber früher gab es hier Rauchschlote und Industrie. Dieses Industriebild ist zurückgefahren, es ist schon sauberer geworden. Das schlechte Image war früher: zuviel Industrie und alles zugebaut.

**Wie möchte sich das Ruhrgebiet nach aussen darstellen?**
Das kann ich so nicht beantworten. Jede Stadt will ja das Beste daraus machen. Da

**What do you build right now?**
At this place, there will be a hotel building and elsewhere, there will be an office building for the hotel company 'Park Plaza'.

**What attracks people from outside to come to the Ruhr district in your opinion?**
The Ruhr district will surely become interesting sooner or later. There are lots of opportunities in the Ruhr district. You can find lots of green areas, many leisure facilities and recreational parks. I built for example couple of years ago the 'CentrO' in Oberhausen. That is a giant recreational park with many possibilities, like shopping, an arena and other facilities. There is much old industry, which is teared down nowadays. These surfaces will be cultivated again, with leisure and sport facilities, or other things. The requirements are larger here in Essen, because the of the fair, which is settled down here and attracts visitors. And a large fair extends constantly. The visitors must stay overnight somewhere, therfore they build a hotel. Further hotels will follow.

**Did these new developments change the identity of the Ruhr district?**
It changed a little already.

**And how do you see the Ruhr district as someone from Cologne?**
Actually quite positive. I like to drive into the Ruhr district. Well, the mountains are missing but there are other beauties in the Ruhr district. I'm here just because of my profession. I have no other contacts to the Ruhr district. If I go on holidays, I fly to the south or go into the mountains, but not into the Ruhr district. I can do that sometimes over the weekend. There are beautiful leisure facilities in the Ruhr district. The Baldeneysee in the south of Essen is e.g. very beautiful. You have there all possibilities like e.g. watersports etc.

**Do you operate with people from the Ruhr district together?**
I work with many people from Essen and also from the remaining Ruhr district. The most entreprises or subcontractors are from the Ruhr district, from Bochum, Essen and Gelsenkirchen.

**What is characteristic for this city or for the Ruhr district?**
Characteristic were the mining towers in former times, the coal and the power stations.

**What do you think of the inhabitants of this city?**
I have actually not much contacts here, but I have the contacts to the people I'm working with, and the people are actually very companionable. People of the Ruhr district are different than people from Bavaria or Berlin, where I also worked. The people here are very open-minded and straightforward, they say what they think. I get along very well with this mentality.

**Do you like this city?**
I like the city. Of course, there are more beautiful cities. Each city has always two sides. There is the ugly area and there is the beautiful area. There is the marketplace, the shopping centres e.g. Of course there are some shopping passages, which could be better developed. Meanwhile there are beautiful shopping centres in the Ruhr district, like in Oberhausen, in Gelsenkirchen, in Bochum, actually everywhere. This has been developed in the last 20 years.

**How do you see the image of the Ruhr district? How did it change?**
I think it changed in a positive way. As I said before, the Ruhr district was known for pollution and constantly rain. There used to be smoking chimneys and industry. This changed. It became already cleaner. The bad image was: too much industry and everything was covered with buildings.

**How should the Ruhr district present itself to the outside in your opinion?**
I cannot answer this question. Each city wants to make the best out of it. You have to ask the city mayors or the tourist information. I can describe it only from my point of view. Each city has negative and positive sides.

blicke ich nicht rein, da müssen Sie die Stadtväter 'mal fragen oder den Tourismusverband. Dazu kann ich keine Antwort geben. Ich kann das nur aus meiner Sicht schildern. In jeder Stadt sieht man Negatives und Positives.

**Verändern neue Architekturen auch das Image der Stadt?**
Natürlich. Hier auf diesem Grundstück z.B., wo diese Hotelanlage gebaut wird, war ja ein brachliegendes Grundstück, ein Hinterhof im Prinzip. Sie sehen das ja hier an den Häusern, das ist von der Fassade her schöner geworden. Das Straßenbild verändert sich dadurch, das gibt ein besseres Bild wieder her. Und diese Lücken müssen in diesen Städten geschlossen werden. Da war ja mal Industrie, hier hat vor einigen Jahren eine alte Industrie gestanden. Und somit fällt die Industrie und was Schönes wächst heran, an das wir uns gewöhnen müssen. Ob die Fassade jedem gefällt ist wieder was anderes, vielleicht werden sie in zehn Jahren sagen, so eine Fassade wollen wir nicht mehr sehen und möchten wieder was anderes bauen. Da ist der Geschmack schon wieder ein anderer. So eine Stadt entwickelt sich ja immer weiter.

**Gibt es einen Unterschied zwischen Köln und den Ruhrgebietsstädten?**
Ja sicher gibt es einen Unterschied. Köln sieht ganz anders aus, wie innerhalb des Ruhrgebietes. Innerhalb des Ruhrgebietes wirkt eine Stadt fast wie die andere, Oberhausen, Bochum, auch Dortmund, das gleicht sich fast, da gibt es keine großen Unterschiede. Aber in Köln ist das Panorama ja ganz anders, schon allein dadurch, dass diese Stadt einen großen Fluss mit sieben Brücken hat. Durch dieses Stadtbild wirkt Köln ganz anders. Dann der Dom, das ist eine ganz andere Attraktivität. Das hat so eine Stadt wie Essen oder Dortmund im Moment nicht zu bieten. Die haben andere Dinge zu bieten, die vielleicht auch schön sind.

Does modern architecture change the image of the city?
Of course. This property, e.g., where this hotel is built, was a backyard originally. You can see that the facades of the houses became more beautiul. The streetscape changes and gives a better picture. These gaps must be closed in the cities. The industry falls and something beautiful grows up. Whether the new facades please everyone or not is another question. Perhaps they will think differently in 10 years and they want to build something else. The taste changes and a city develops always further.

Is there a difference between Cologne and the cities of the Ruhr district ?
Of course there is a difference. Cologne has a completely different appearance. Within the Ruhr district the cities look quite the same. Oberhausen, Bochum, also Dortmund, are almost the same. There are no big differences. But for example the panorama of Cologne is completely different. Just the fact that the city has a large river with seven bridges makes a big difference. There is also the cathedral of Cologne which gives the city another attraction. Cities like Essen or Dortmund don't offer this kind of attractions. They have other things, which are also beautiful, perhaps.

# BEOBACHTUNGEN

## EINLEITUNG

Um Städte miteinander vergleichen zu können, braucht man Stadtraumbilder, photographisch festgelegte Räume, wie zum Beispiel den Bahnhofsvorplatz, die Innenstädte und Nachbarschaften. Diese Kategorien geben zwar nur oberflächlich wieder, wie sich der ruhrstädtische Raum erleben lässt, besitzen aber gleichzeitig genügend Aussagekraft, das uniforme und dörfliche dieses Gebietes zu spiegeln. Es fällt auf, dass im Ruhrgebiet ein bestimmter Farbton herrscht. Alle Farben sind mit einem leichten Grauton überzogen, der sich nur im Ruhrgebiet wiederfinden lässt. Von der Stadtmitte zu den Außenbezirken, bis hin zu der nächsten Stadt, ändert sich dieser Farbton, trotz der zwischenliegenden Grünzonen, kaum. Gleiche Gefühle vermittelt die Architektur: man entdeckt kaum Unterschiede zwischen Innenstadtarchitektur und der

# OBSERVATIONS

## INTRODUCTION

In order to be able to compare cities, one needs urban space pictures, photographically determined spaces, like for example the central station area, the city centers and neighbourhoods. These categories show superficially, in what way the Ruhr-urban space can be experienced, possess however at the same time sufficient persuasive power the uniform of this area to reflect. It is noticeable that in the Ruhr district a certain colour prevails. All colours are covered with a light grey tone, which can be found only in the Ruhr district. From the city center to the suburbs, up to the next city, this colour, despite the green belts inbetween, changes hardly. Same feelings obtain architecture: One can discover hardly any differences be-

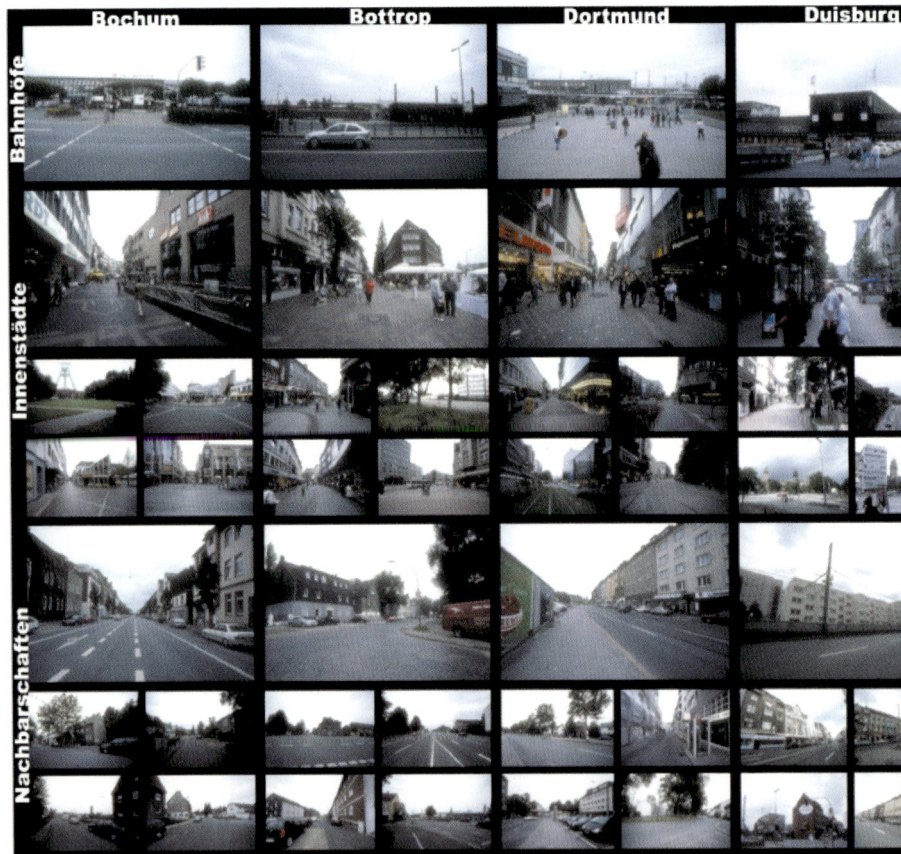

Architektur in den Nachbarschaften. Hier und da wird die architektonische Monotonie durchbrochen von einigen „modernen" Gebäuden oder einer schönen alten Zeche. Diese Uniformität der Ruhrstädte und die Einfallslosigkeit der Stadtplaner langweilt die Bürger.
Man merkt an der Lage der Häuser und Strassen, dass die städtebauliche Planung der Industrialisierung im Ruhrgebiet misslungen ist. Denn durch den damaligen planlosen Grundstückhandel entstand eine Gemenge-Struktur in den zahllosen Siedlungen, welche die heutige Straßen- und Wegführung zeichnet. Der Nicht-Ruhrgebietler verfährt sich leicht.

tween city center architecture and architecture in the neighbourhoods. Here and there the architectural monotonie is broken by some 'modern' buildings or a beautiful old mining tower. This uniformity of the Ruhr cities and the unimaginativeness of the town planners bore the citizens. One notices at the position of the houses and roads that planning concerning town construction failed in the Ruhr district. Because of the unmethodical property trade at that time, a mixed structure developed in the countless settlements, which determines today's road. The not-Ruhrgebietler loses directions quite easily.

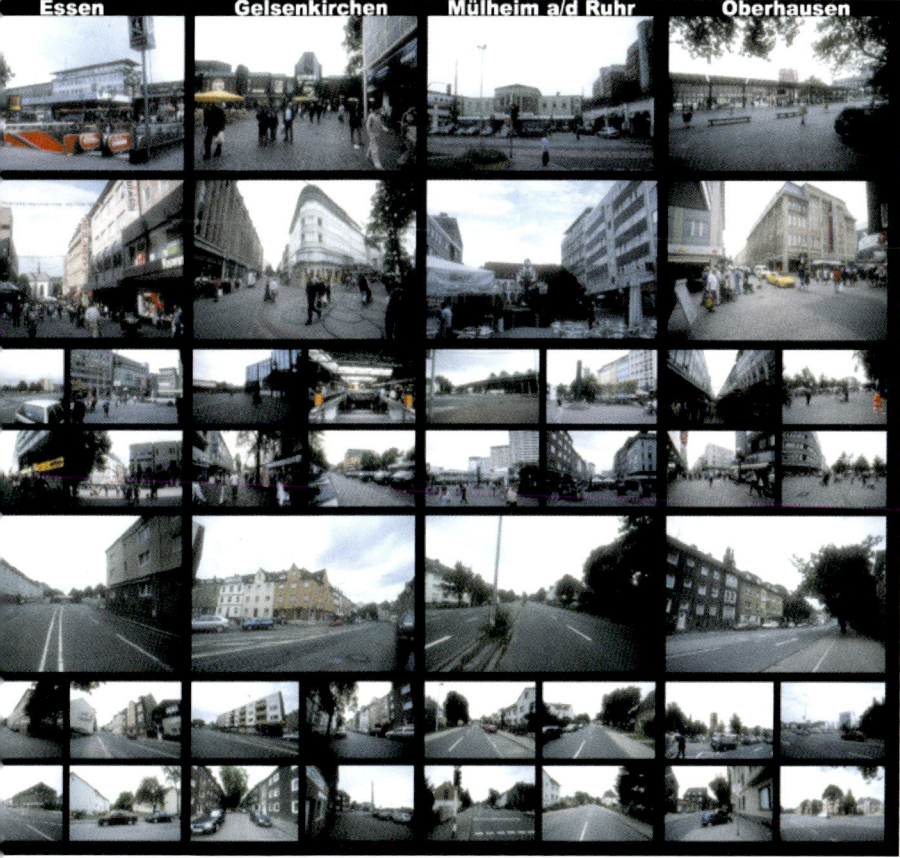

Die Hauptbahnhöfe sind:
- für Reisende und Touristen wenig repräsentativ
- meistens keine historischen Gebäude
- keine Vorzeigeobjekte und vermitteln kein Großstadtflair
- nicht mit „modernen" Shopping- und Fastfood Bereich-en ausgestattet
- sehr zentral, und direkt mit den Fussgängerzonen verbunden (Ausnahme: Bottrop)

Die Innenstädte sind:
- schön bepflastert, aber besitzen nichtsdestotrotz ein dörfliches Ambiente
- tagsüber meist belebt und abends wie ausgestorben
- kaum ausgestattet mit Ruhezonen, aber dekoriert mit Kunstobjekten
- hauptsächlich zum Einkaufen gedacht, wirken bedrükkend und es gibt keine Weiten und kaum Grünzonen

Die Nachbarschaften sind:
- trist und öde, wegen der eintönigen und einfallslosen Architektur
- gut an die Innenstädte angeschlossen
- kaum ausgestattet mit „schönen" Kinderspielplätzen
- kaum ausgestattet mit Nischen
- überwiegend im Süden der Städte sehr Grün, nicht aber im Norden

Central stations are:
- not very representitive to tourists
- not of historical importance
- no demonstrative objects and do not procure any big city flair
- not well equipped with modern shopping- and fastfood areas
- very central and directly connected to the inner-city pedestrian area (except Bottrop)

The central inner cities are:
- very well paved but have, nonetheless, a cottagelike ambience
- during the day very crowdy, in the evenings lost
- hardly arranged with resting zones, but decorated with art objects
- mainly for shopping, containing depressing areas, and have no wideness.

The neighbourhoods are:
- miserable and barren, caused by uninspired architecture
- well connected to the central city area
- hardly arranged with nice playgrounds
- hardly arranged with niches
- mainly in the south of the cities very green, less green in the north

Fährt man durchs Ruhrgebiet, bewegt man sich durch eine auseinandergezogene und kontrastarme Peripherie. Zwischen Unna und Duisburg, Gladbeck und Wuppertal gibt es kaum großstädtische Urbanität, es besteht eher aus lauter Vororten, Grün- und Altindustrieflächen. Das Ruhrgebiet gleicht einer Aneinanderreihung von Zwischengebieten, worin alle Städte sich sehr ähneln. Hier findet man keine wirklichen Stadt- und Landgrenzen.

If one drives through the Ruhr district, one moves through a dispersed and low-contrast periphery. Between Unna and Duisburg, Gladbeck and Wuppertal there is hardly any big city urbanity. It consists rather of suburbs, green space and old industrial surfaces. The Ruhr district resembles a lining up of in-between areas, where all the cities resemble each other. Here, one does not find real borders between city and country.

„Ich denke, die Leute im Ruhrgebiet haben genau die gleiche Identität mit ihrer Stadt wie ich das mit Dortmund habe. Da gibt es kaum Unter-schiede. Auch die Stadtgrenzen sind nicht wirklich zu erfassen, man ist zu schnell plötzlich schon wieder in Bochum. Alles geht ineinander über."

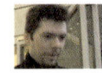
„Ich mag die Stadt Dortmund zwar, weil sie eine Großstadt ist. Aber leider fehlt es ihr an gewissem Großstadtflair. Genauso wie andere Städte des Ruhrgebiets dieses Flair nicht haben"

„Trotzdem man in einer Metropole wie Essen wohnt, ist doch sehr viel Grün drumherum. Das macht diese Stadt recht nett. Und ich denke, dass das ganze Ruhrgebiet ungefähr ein und dieselbe Identität hat."

"I believe the inhabitants of the Ruhr-area identify themselves in the same way with their cities as I do with Dortmund. There are hardly any differences. You don't notice the borders of the various cities, you can suddenly be in Bochum without noticing. Everything just flows into each other."

"Although I like Dortmund, because it is a metropolis, it lacks the flair to go with it. Just as other cities in the Ruhr-area lack this flair."

"Despite living in a metropolis such as Essen, it is still very green. This makes the city quite friendly. I also believe that the whole Ruhr-area has one and the same identity."

| Grenzen | Borders |
|---|---|

Grenzen bilden sich dort, wo unterschiedliche landschaftliche Einheiten wie Fluss, Wald, Berg, und kulturelle Eigenschaften, wie Sprache, Religion, Arbeit usw. aufeinandertreffen. Menschen äußern sich je nach Bedarf und Zeit, politisch, wirtschaftlich, sprachlich, sittlich usw. in den Raum hinein, kultivieren und konkretisieren diesen. Der Raum füllt sich so mit lokalen Bedeutungen, Zwecken, Objekten, Vorlieben und Sprachen. Doch wo fängt das Ruhrgebiet eigentlich wirklich an und wo hört es auf? Wie sieht diese Region aus und in welchen Grenzen definiert sie sich? Welche Eigenschaften besitzen diese Grenzen? Welche Gefühle vermitteln die gelebten Räume des Ruhrgebiets? Was halten die Bürger von ihrer Region und von sich selbst? Diese und andere Fragen waren Grundlage für Untersuchungen und Interviews mit Bürgern des Ruhrgebiets, die im Vorfeld dieses Textes geleistet wurden. Ungefähr 400 Menschen aus verschiedenen Städten, wie Duisburg, Essen, Dortmund, Gelsenkirchen, Bochum,

Borders appear where different characteristics of the landscape such as rivers, forests, mountains, and cultural characteristics such as language, religion, work etc. meet. People express themselves according to need and time; politically, economically, linguistically, morally etc. projected into the open, and thereby cultivating and substantiating this. The area is thus filled with local meanings, purposes, objects, tastes and languages. But where does the Ruhr district actually begin and where does it end? What does the Ruhr district resident imagine the borders of this area to be? What kind of feelings does the space of the Ruhr district invoke? What do the Ruhr-people think of their region and themselves? These and other questions, were the basis for investigations and interviews with citizens of the Ruhrgebiet. Approximately 400 people from different cities such as Duis-burg, Essen, Dortmund, Gelsen-

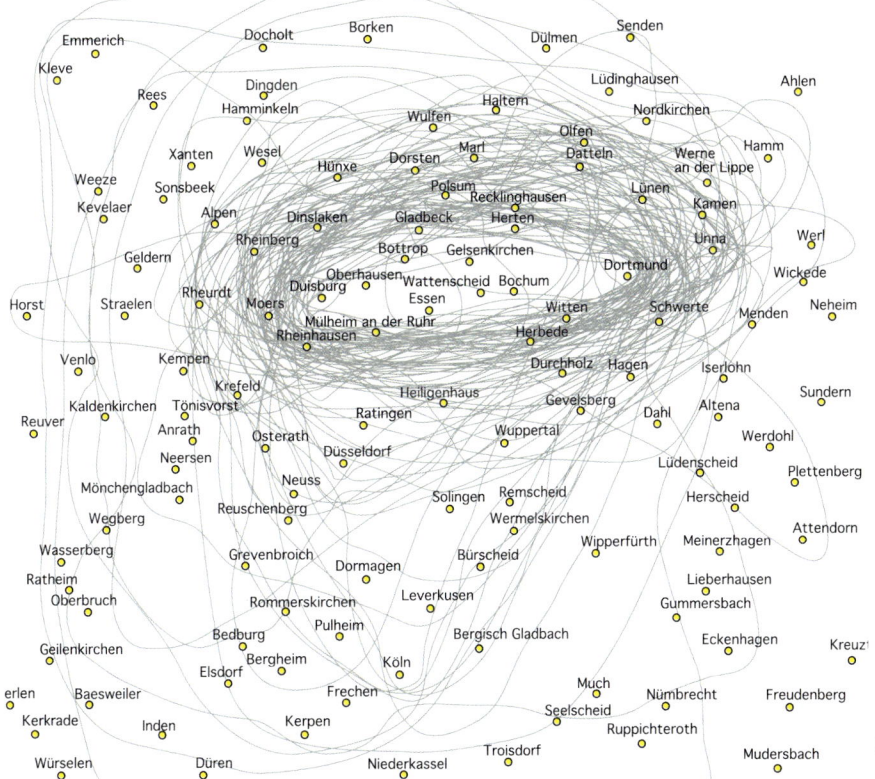

Wuppertal und Düsseldorf wurden gefragt u.a. die Grenzen des Ruhrgebiets auf einer Landkarte einzuzeichnen und die oben aufgeführten Fragen zu beantworten.

Das Ruhrgebiet befindet sich laut 62% der Befragten in einem Gebiet zwischen Duisburg, Oberhausen, Bottrop, Gelsenkirchen, Dortmund, Bochum, Essen und Mülheim a.d. Ruhr. 20% erweitern dieses Kerngebiet mit den Städten Dinslaken, Gladbeck, Recklinghausen, Schwerte, Herbede, Rheinhausen und Moers. Nur 12% behaupten, dass Hünxe, Marl, Olfen, Lünen, Unna, Durchholz und Heiligenhaus auch zum Ruhrgebiet gehören. 5% erweitern dieses Gebiet mit Düsseldorf, Wuppertal, Wesel und Nordkirchen, wobei 1% behaupten, dass Köln, Leverkusen, Menden, Senden, Bocholt, Rees, Mönchengladbach und Dormagen die Grenzen des Ruhrgebiets bestimmen. Es bildet sich ein Kern von 62%. Dies ist darauf zurückzuführen, dass das Ruhrgebiet hauptsächlich aus einer industriellen Perspektive heraus konzipiert worden ist, in welche Wohnen und Arbeiten gleichzusetzen war

kirchen, Bochum, Wuppertal and Düsseldorf were asked to draw the borders of the Ruhr district on a map.

The Ruhr district, according to 62% of those asked, is situated in an area between Duisburg, Oberhausen, Bottrop, Gelsenkirchen, Dortmund, Bochum, Essen and Mülheim a.d. Ruhr. 20% extend this central area by including the cities of Dinslaken, Gladbeck, Recklinghausen, Schwerte, Herbede, Rhinehausen and Moers. Only 12% maintain that Hünxe, Marl, Olfen, Lünen, Unna, Durchholz and Heiligenhaus also belong to the Ruhr district. 5% extend this area to include Düsseldorf, Wuppertal, Wesel and Nordkirchen, whereby 1% state that Cologne, Leverkusen, Menden, Senden, Bocholt, Rees, Mönchengladbach, Dormagen determine the borders of the Ruhr district. Thus, there is a core of 62%. This is to be attributed to the fact that the Ruhr district was conceived mainly from an industrial perspective, where living and working

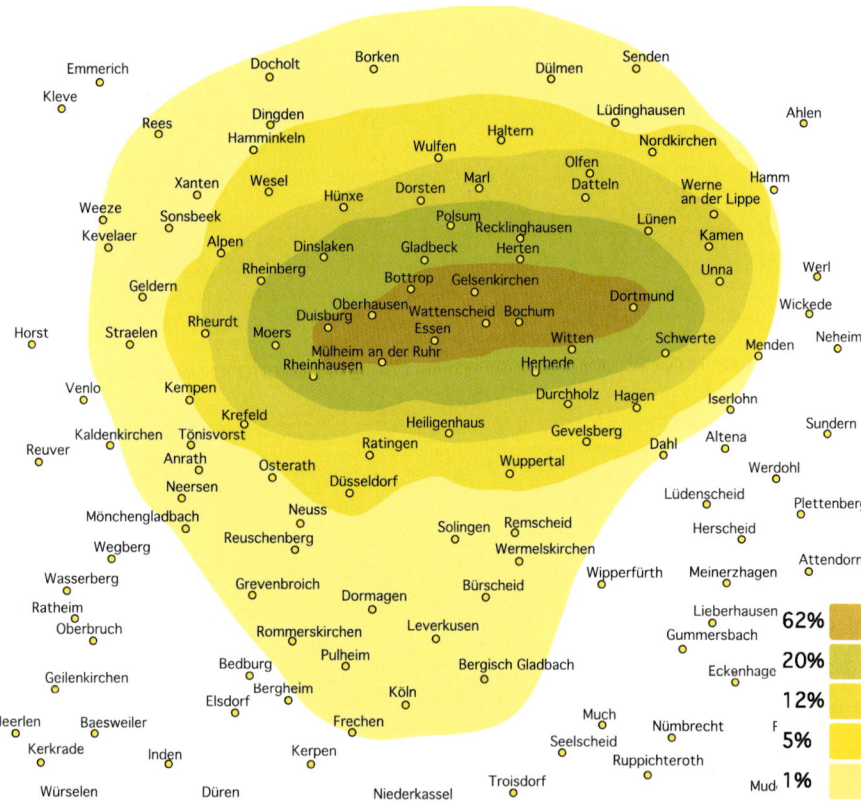

mit Wohnen in Arbeitersiedlungen, deshalb grenzt es sich von den umliegenden Regionen, wie das Münsterland im Norden, das Saarland im Osten und das Rheinland im Süden ab.

Durch die Entwicklung der Montanindustrien entstanden in der zweiten Hälfte des 19. Jahrhunderts riesige Industriedörfer mit prekären Lebensbedingungen, ohne städtisches Leben, Zentralität und Urbanität, weil sich nicht die Kommunen, sondern überwiegend die ansässige Industrie um den Bevölkerungszuwachs und den Wohnungs- und Siedlungsbau kümmerten. Das soziale Verhalten der Bevölkerung wurde durch diese industrialisierte Wirklichkeitskonstruktion immens geprägt. Die Bürger des Ruhrgebiets gründeten mit der Zeit Arbeiter- und Siedlungsverbände, weil die Montanindustrien sich nicht um die allgemeine Versorgung der Bürger, die städtischen Strukturen und die Umweltentwicklung kümmerten. Diese organisierte Nachbarschaftspolitik und der einseitige Entwicklungsdrang der Montanindustrie, waren mit dafür verantwortlich, dass sich die Bürger weniger mit der Stadt als solche, als vielmehr mit den einzelnen Teilen dieser identifizierten. Bis heute ist diese Tatsache noch an der Bevölkerung des Ruhrgebiets bemerkbar. Und weil diese Nachbarschaften vollkommen abhängig waren von der Montanindustrie, hat sich eigentlich nie eine einflussreiche, wirtschaftlich selbständig bürgerliche Schicht entwickeln können, die sich mit der städtischen Entwicklung und den geistig kulturellen Dingen beschäftigt hat. Die Grenzen der Ruhrstädte wurden dadurch nie wirklich definiert, das städtische Angebot nie erweitert oder angereichert. Diese typischen Eigenschaften und die rückgängigen Entwicklungen der Montanindustrie seit Ende der siebziger Jahre, trugen dazu bei, dass sich das Ruhrgebiet zu einer Problemzone entwickelt hat. Es hat die Ursprünglichkeit seiner Entstehung verloren. Diese Entwicklungen haben einen Gesichtsverlust herbeigeführt. Die Revierstädte haben es schwer, neue und vor allem junge Menschen in diese einzigartige Region zu locken. Die Region und die Bevölkerung schrumpft und vergreist. Diese Tatsache ist aber keineswegs nur negativ zu bewerten, denn wo Menschen aus einem Gebiet wegziehen, bleibt mehr Platz für Andere, und Platz zu haben ist generell eines der wichtigsten

was equated with living in workers' housing estates. That is how this region distinguishes itself from the surrounding regions such as Münsterland in the north, Saarland in the east and Rhineland in the south.

The development of the mining industries in the second half of the nineteenth century resulted in enormous industrial villages being built with precarious living conditions, lacking in urban life and community. This was because not the municipalities, but the residents predominantly took care of issues such as the increase in the population, housing and building of settlements. The social behaviour of the population was immensely shaped by this industrialized construction of reality. Over time, the citizens of the Ruhr district founded worker and land settlement associations, because the mining industry itself was not overseeing the general state of citizens, urban structures nor the external development of their immediate environment. These organised neighbourhood politics and the one-sided development urge of the mining industries were also responsible for the citizens identifying less with the city as such, but rather with the individual parts within it. Even today this is still noticeable in the population of the Ruhr district. And because these neighbourhoods were totally dependent on the mining industry, an influential, economically independent civil facet of their community could not develop to address urban development and a possible cultural agenda.
The borders of the Ruhr cities were therefore never really defined, the offer of community never extended nor enriched. These typical characteristics and the retrogressive developments of the mining industry since the end of the seventies contributed to the fact that the Ruhr district developed into a problem zone. It lost the origin of its emergence. The district cities have the difficult task of luring new and above all young people into this unique region. The region and the population shrinks and ages. This is not, however, to be evaluated only negatively, because where people move away

Elemente von Lebensqualität; es stiftet u.a. dazu an, in die Zukunft zu blicken und neue Ideen zu verwirklichen.
Für das Ruhrgebiet besteht kein einheitlicher Regierungsbezirk, weil die regionalen Zuschnitte noch immer der preußischen Staatsorganisation sowie den Verflechtungsbeziehungen entsprechen, die vor der Industrialisierung des Ruhrgebiets bestanden. Dadurch, dass das Ruhrgebiet noch diese altmodischen Verwaltungsgrenzen besitzt, obwohl die Grenzen im Ruhrgebiet optisch fließend sind, bleiben Visionen, wie u.a. die der möglichen Ruhrgroßstadt, auf der Strecke.

from an area, more space for others remains, and space is one of the most important elements of a high quality of life, leads to forward-thinking and the development of new ideas. For the Ruhr region there is no uniform governmental district, because the regional divisions still correspond to the Prussian state organisation which existed before the industrialisation of the Ruhr district. Because the Ruhr district still possesses these old-fashioned administrative boundaries, and although the borders appear to flow quite naturally, visions, such as the possibility of a Ruhr metropolis among others, remain at a distance.

**Eine kurze Satire (Autor unbekannt)**
**A short satire (unknown author):**
Frau Ehrlich: „Tach, Frau Anders".
Frau Anders: „Guten Tag, Frau Ehrlich."
Frau Ehrlich: „Sagense ma, ich versteh datt alles nich mehr so."
Frau Anders: „Was verstehen Sie nicht mehr?"
Frau Ehrlich: „Wenn wir mal so öfters Besuch kriegn von Leute von woanders, von weit wech, - ist datt immer dattselbe."
Frau Anders: „Wieso ist es immer das Gleiche?"
Frau Ehrlich: „Ja, neulich war en Verwandter von Ärrich, der Dirk aus Bremen, da. Un wie die andern von Auswärts wollder dann auch den Dreck und dat Schwatte vom Ruhrgebiet sehn. Un wie hadder dann gestaunt. Denn dat, wo er geglaupt hat et wär Schwatt, dat wa alles nur Grün. Dä wa ja schon fast ein bissken enttäuscht, weil seine Meinung ja ga nimmeher stimmt. Un dann bleiber mit einem Mal stehn, un rief: „Onkel Ärrich, hier ist ja schon Gelsenkirchen. Als wir gerade bei dir losgingen, da wa donnoch Essen." Un dann hat der Ärrich no einenn draufgesetzt und hat gesagt: „Un kumma da voorne, sisse gleich da voorne rechts? Datt is Bochum!", „Datt is abber doch alles hier eine grosse Stadt" – Ruhrmünde oder sowatt hatter dan gemeint. „Hör bloss mit sowatt auf", hat der Ärrich dann gesagt. „Die von Wattenscheid un die von Kettwig, die schrein Zeeter un Mordio, schon seit em Vierteljahrhundert. Un gezz komms du mit sowatt wie alle Städte zusammen. Datt wär für die Leute hier sowatt wie datt Jüngste Gericht, wie datt Ende vonne Welt." Und dann hammse sich noch unterhalten über datt, watt hier no viel schlimmer is. Denn an die Stelle da, wo wir ja waan, kommen ja nich nur drei große Städte zusammen, sondern ja auch drei Regierungsbezirke. Düsseldorf, Münster un Arnsberg, datt liecht im Sauerland."
Frau Anders: „Ja, aber Frau Ehrlich, jedes Gebiet hat doch irgendwo Grenzen."
Frau Ehrlich: „Abber Frau Anders, Grenzen sint überal immer am Rand. Nur nich bei uns. Da sint die Grenzen mitten inne Mitte. Mitten inne Mitte vom Ruhrgebiet, daa sint hier die Grenzen. Un Kein Mensch versteht sowatt."
(...)

Das Ruhrgebiet wird so schnell keine „europäische Metropole" werden, denn dazu gehört, zweifellos eine definitive und gemeinsame Grenze, ein internationaler Flughafen (nicht Düsseldorf), ein weltweit bedeutendes Finanz- und Dienstleistungszentrum und ein reichhaltiges Angebot an Kunst und Kultur, die den Kern und das politische Handlungszentrum bestimmen. Aber hauptsächlich braucht

The Ruhr district will not become a "european metropolis" anytime soon, because that would most certainly have to include a definite and common border, an international airport (not Düsseldorf), a financial and service centre of worldwide importance and a rich display of art and culture which generate the core and political action centre. But most

dieses Kerngebiet ein kulturell und kosmopolitisch orientiertes und hochinnovatives soziales Milieu, das dort auch wirklich ansässig ist.

Die Landesregierung Nordrhein-Westfalens hat nicht nur die inhaltlichen, sondern auch die organisatorischen Findungsprozesse der Region selbst überlassen. Die Folge ist, dass die Städte am Rande der Ruhrregion abbröckeln, sie distanzieren sich vom Ballungszentrum, keiner will mehr so richtig was mit dem sinkenden Schiff „Ruhrgebiet" zu tun haben. Es bilden sich Teil-Regionen: 1. Niederrhein (Duisburg und Kreis Wesel), 2. Westliches Ruhrgebiet (Essen, Mülheim und Oberhausen), 3. Emscher Lippe (Bottrop, Gelsenkirchen und Kreis Recklinghausen), 4. Bochum (Bochum, Hattingen, Herne und Witten), 5. Hagen (Ennepe-Ruhr-Kreis ohne Hattingen und Witten), 6. Dortmund (Dortmund, Hamm und Kreis Unna). Durch diese von der Landesregierung erzwungenen Selbstdefinition, entsteht ein Regionenchaos. Dortmund liegt plötzlich im Herzen Westfalens, Recklinghausen bekennt sich zum Münsterland und Duisburg liegt im Rheinland. Das, was zurückbleibt, ist alt, verbraucht und ohne Elan. Viele der befragten Bürger sagen erstaunt, wenn man sie nach der Identität des Ruhrgebiets fragt: „Ruhrgebiet? Das gibt's doch schon lange nicht mehr".

Seit einigen Jahren will jede einzelne Ruhrstadt zu einer Ruhr-Metropole heranwachsen und sich mit Fußgängerzonen, Mega-Einkaufszentren, Theatern, Musicals, Messen und Freizeitparks aus ihrer bedauernswerten Lage herausfinanzieren. Sie finanzieren sich aber gegenseitig in den Ruin.
Die Städte sind heute hochverschuldet und wirken alle irgendwie gleich, es gibt kaum Unterschiede. Als ob die Städte es nicht verstanden haben, dass man alle Funktionen und Aufgaben in einer gemeinsamen Ruhr-Region verteilen sollte, sodass man letztendlich voneinander profitieren kann. Eine solche Funktionsverteilung liegt auf der Hand, weil der Ruhrpottler ein extrem mobiles Sozialwesen ist. Fast im ganzen Ruhrgebiet begegnet man überwiegend Menschen, die in der einen Stadt arbeiten, in der anderen wohnen, in der nächsten einkaufen, in der übernächsten die Familie besuchen und sich in noch einer anderen Stadt ins Nachtleben stürzen. Obwohl sie dafür oft im Stau stehen müssen,

importantly, this central area needs a cultural and cosmopolitan-oriented, highly innovative social environment that truly thrives there.

The federal state government of North Rhine-Westphalia has not taken responsibility for the identification processes of the region, neither in relation to its organization, nor its actual content. The consequence is that the cities at the edge of the Ruhr region crumble, they dissociate themselves from the centre of development, because no one wants to be associated with the sinking ship "Ruhrgebiet". Partial regions form: 1. Niederrhein (Duisburg and Kreis Wesel), 2. Western Ruhr district (Essen, Mülheim and Oberhausen), 3. Emscher Lippe (Bottrop, Gelsenkirchen and Kreis Recklinghausen), 4. Bochum (Bochum, Hattingen, Herne and Witten), 5. Hagen (Ennepe-Ruhr circle not including Hattingen and Witten), 6. Dortmund (Dortmund, Hamm, Kreis Unna). From this forced self definition of the federal state government, a region of chaos results. Dortmund lies suddenly in the heart of Westphalia, Recklinghausen finds itself in the Münsterland and Duisburg lies in the Rhine country. What remains is old, used up and lacking energy. When asked about the identity of the Ruhr district, many of the citizens respond, surprised: "Ruhr district? That hasn't existed for a long time now."

For years every Ruhr city has wanted to grow up to be a Ruhr metropolis and finance its rise from the economical red zone with pedestrian precincts, mega shopping centres, theatres, musicals, fairs and recreational parks. They finance themselves, however, right into ruin. Today the cities are deep in debt and somehow all function in the same way; there are very few differences between cities. It is as if the cities do not understand that one should distribute all functions and tasks in the common Ruhr region, so that one can profit from on another. Such a distribution of function is obvious, because the resident of the Ruhr district is extremely mobile, social being. Nearly everywhere in the Ruhr district are

sind Ruhrgebietler ein begeistertes Pendlervolk.

„Es gibt in der Essener Innenstadt immer mehr Kneipen, wo man hingehen kann. Es gibt auch immer mehr Diskotheken. Vor sieben Jahren gab es hier kaum was. Aber ich glaube, dass das Angebot da ist. Hier im Ruhrgebiet ist es auch so, dass die Leute viel mehr fahren. Für die ist es kein Problem von Essen nach Bochum oder Dortmund zu fahren. Es ist nicht so fixiert auf die Stadt wo man wohnt, sondern es geht schon dann in die anderen Städte. Das finde ich sehr positiv, weil die Leute nicht so fixiert sind auf einen Ort, dieses Gefühl irgendwo hinzufahren und nicht dieses Gefühl zu haben, das alles an einen herangetragen wird. Die Leute unternehmen dann auch was und sind dafür bereit, etwas zu tun."

Viele Dortmunder erzählen, dass Dortmund die Einkaufsmetropole, Messe- und Hauptstadt des Ruhrgebiets sei. Auch behaupten viele Essener, ihre Stadt sei die einzige Ruhrmetropole, weil sich in Essen die große Messe, die vielen Musicals im Colosseum und das Weltkulturerbe Zeche Zollverein und das Design Zentrum befinden, und Essen liegt obendrein noch in der Mitte des Ruhrgebiets. Auch Bochum möchte als Einkaufs- und Freizeitmetropole mitreden können, man kann dort „super gut einkaufen und es gibt auch viele Cafés, wo man nette Leute treffen kann" und nicht zu vergessen das Musical Starlight-Express, dass seit einigen Jahren in Bochum Erfolge verbucht. In Oberhausen kann man aber auch „super gut einkaufen", und im CentrO wird das alles auch noch mit Spannung, Spaß und Spiel angeboten. Das Einkaufen und Flanieren ist, nicht nur im Ruhrgebiet, ein beliebter Volkssport. Trotz der hohen Arbeitslosigkeit und der generell schlechten wirtschaftlichen Lage, scheint diese Art von Warengeschäft zu florieren. Was man aber zu vergessen scheint, ist, dass nicht die Landschaft samt Dekorationen und Attraktionen den Menschen formt, sondern seine Tätigkeiten, Wünsche und Zukunftsvisionen.

Wenn die Bürger und die einzelnen Städte des Ruhrgebiets angeblich ihre eigene Identität besitzen, wie kommt es dann, dass alle das-

predominantly people who work in one city, live in another, go shopping in yet another, visit family in still another and finally go to yet another city for the night life. Although they must often sit in traffic jams, residents of the Ruhr district are an inspired commuter people.

"There are more and more pubs in the Essen city centre where one can go. There are also ever more discotheques. Seven years ago there was hardly anything here. But I think that there's a lot going on now. Here in the Ruhr district people drive much more than they used to. For those people it is no prob-lem to drive from Essen to Bochum or Dortmund. The focus is not so much on the city where one lives, but what is also going on in the other cities. I think that is very positive, because the people are not so fixed in one place. People then take things on, with a different kind of feeling, and are ready to do something."

Many Dortmunders say that Dortmund is the shopping metropolis, convention city and capital of the Ruhr district. Many Esseners say that their city is the only Ruhr metropolis, because in Essen you find the large fairs and conventions, many musicals in the Colosseum and the world cultural heritage mine amalgamation and the Design Center. In addition, Essen is located in the centre of the Ruhr district. Bochum would also like to be known as a shopping and leisure metropolis; one can find great shopping venues there in addition to many cafés where one can meet nice people. And not to be forgotten, the musical "Starlight Express" has been successful in Bochum for years. However, in Oberhausen one can also find great shopping, and in 'CentrO' everything involving excitement, fun and games. Shopping and parading is, not only in the Ruhr district, a popular pastime. Despite high unemployment and the generally bad economic situation, this kind of business seems to flourish. What one seems to forget, however, is that it is not the landscape with its decorations and attractions which shapes people, but its activities, desires and visions of the future.

If the citizens and the individual cities of the Ruhr district truly possess their own

selbe machen. Eine eigene Identität haben, bedeutet doch, dass man sich von anderen abgrenzt, und Probleme anders löst, weil man anders denkt und eine andere Geschichte trägt, und den Alltag anders betrachtet, weil man sich anders dazu verhält, andere Sichtweisen und einen anderen Geschmack hat, also andere Dinge und Theorien produziert. Das Ruhrgebiet braucht neue Gesichter und mutige Menschen, die vorwärts schreiten, die sich trauen, auch unbequeme Entscheidungen zu treffen.

In vielen Ruhrstädten befinden sich die „Schmuddelecken" oder „Rabauken-Viertel" meistens im Norden, wie z.B. in Essen, Gelsenkirchen oder Dortmund: „Dort gibt es die Ausländerghettos, und im Süden wohnen die Reichen in schönen Villen". Diese Tatsache ist übertragbar auf das ganze Ruhrgebiet, denn wie sich auch in den folgenden Diagrammen zeigt, ist, grob gesagt, die B1 als Grenze zwischen positiver und negativer Ruhrzone zu verstehen.

identity, then how is it that they are making everything the same? Having its own identity means that one disassociates oneself from what others produce, solves problems differently because one thinks differently and has another history, and that everyday life is regarded differently because one behaves differently, has different taste, and thus produces different things and theories. The Ruhr district needs new faces and courageous people who are moving forward to meet challenges and make difficult decisions.

In many Ruhr cities the dingy parts or roughneck quarters are found in the north, for instance in Essen, Gelsenkirchen or Dortmund: "There you find the immigrant ghettos, and in the south the rich live in beautiful mansions." This fact is applicable to the entire Ruhr district, because as shown in these diagrams, the highway B1 can be considered as the border between, roughly put, the positive and negative Ruhr areas.

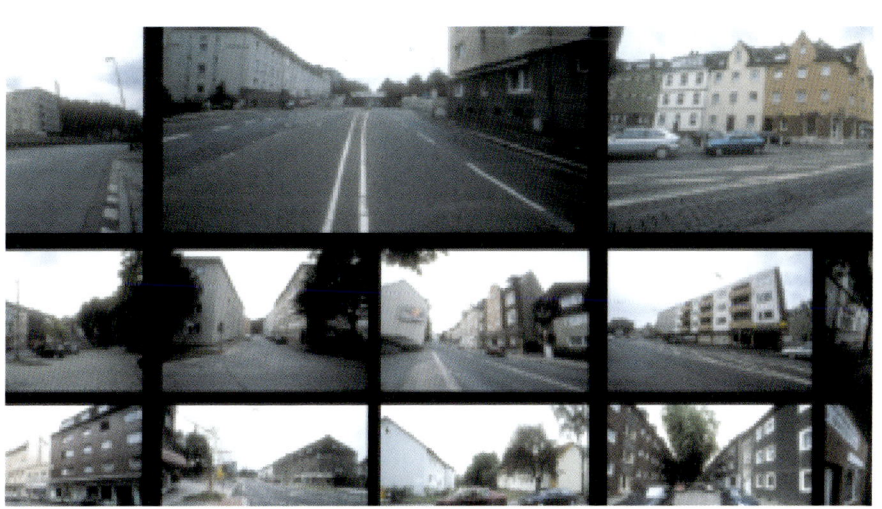

## Essen

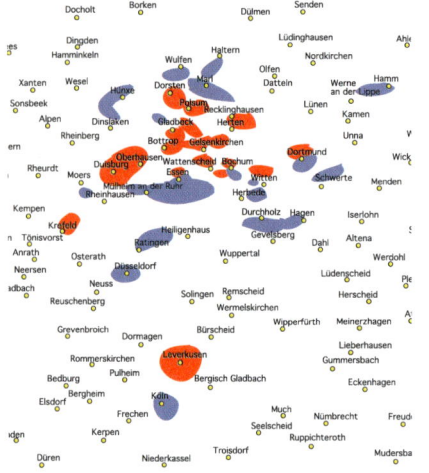

## Düsseldorf

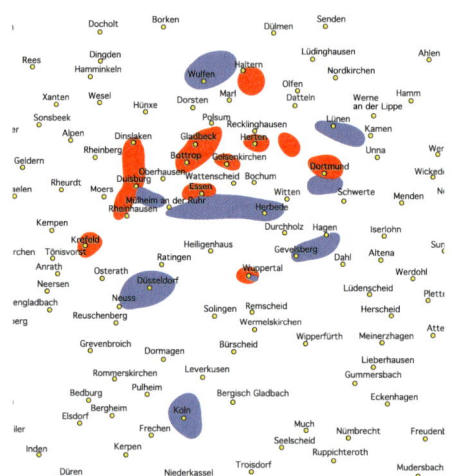

## Duisburg

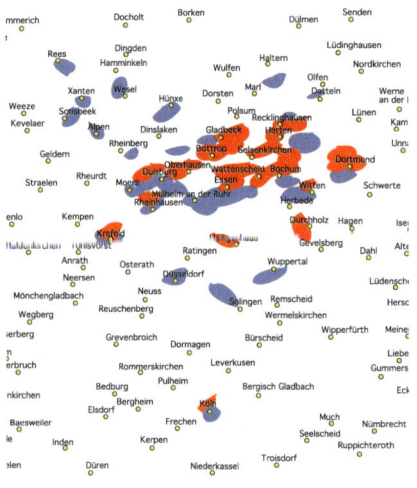

## Dortmund

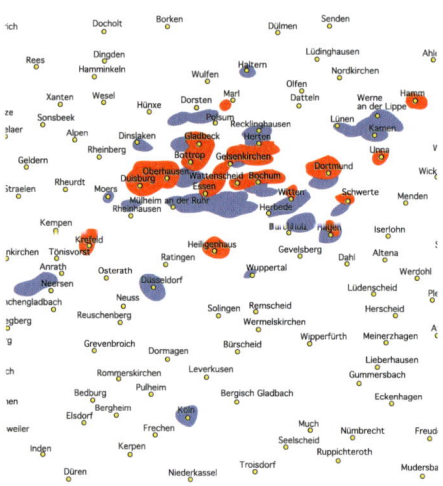

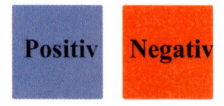

Positiv  Negativ

## Postiv-Negativ

Wie man deutlich erkennen kann, gibt es kaum einen Meinungsunterschied. Die mit rot gekennzeichneten Gebiete wurden negativ bewertet. Das liegt wohl daran, dass dort viel Industrie ansässig ist und verarmte Nachbarschaften die Örtlichkeiten dominieren. Essen-Nord, Dortmund-Nord, Wattenscheid bei Bochum werden u.a. als Beispiele solcher Nachbarschaften aufgezählt. Die kleineren Städte wie z.B. Gladbeck, Bottrop und Gelsenkirchen gelten als verödet und hässlich. Die blau markierten Gebiete sind positiv bewertet worden. Diese Gebiete konzentrieren sich rund um den Süden von Essen und Mülheim a.d. Ruhr, wo es viele Waldflächen und Naherholungsgebiete gibt, wie z.B. den Kruppschen Wald, die Villa Hügel und den Baldeney See. „Man kann dort richtig die Seele baumeln lassen", behaupten viele Essener und auch Nicht-Essener. Alle waren einstimmig damit einverstanden, dass Düsseldorf und Köln positive Gefühle vermitteln.

## Positive-negative

As one can clearly recognize, there is hardly a difference in opinion. The red marked areas were negatively evaluated. That is probably because of the fact that much industry resides there and impoverished neighbourhoods dominate these areas. Essen-north, Dortmund-north, Wattenscheid with Bochum are examples of such neighbourhoods. The smaller cities such as Gladbeck, Bottrop and Gelsenkirchen are considered to be desolate and ugly. The blue marked areas were positively evaluated. These areas are most concentrated all around the south of Essen and Mülheim at the Ruhr, where there are many parks and forests and local recreation areas, such as the Krupp forest, the Villa Huegel and the Baldeneysee. "One can really fully relax there," state many Esseners as well as non-Esseners. All agreed unanimously with the fact that Düsseldorf and Cologne invoke positive feelings.

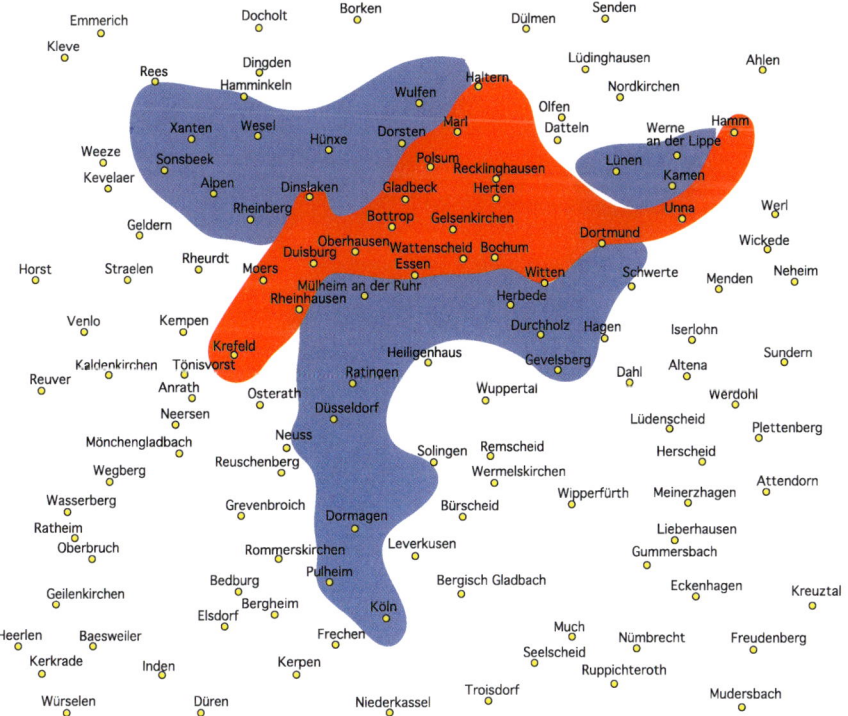

255

Kultur, Freizeit und neues Gewerbe sind zurzeit die wichtigsten Themen des Ruhrgebiets, weil man als Stadt oder Region natürlich eine gewisse Aufmerksamkeit braucht, damit sich neue Leute in der Region ansiedeln. Diese Themen werden gefördert und man vesucht, sich dadurch von seiner Vergangenheit zu lösen. So entstehen unzählige Gewerbe-, Freizeit- und Kulturparks, wie u.a. der Landschaftspark Duisburg-Nord, die Zeche Zollverein in Essen, die Warner Bros. Movieworld in Bottrop, der Nordsternpark und Safaripark in Gelsenkirchen oder der CentrO.-Park in Oberhausen. Diese Anlagen fördern, anstatt Kohle und Stahl, Erinnerungen und Unterhaltung. Man versucht, die alte Industrie durch neue Gewerbegebiete zu ersetzen. Es ist wirklich interessant, manche imposanten Industriekulissen heute im Zusammenhang mit einem Kunst-, Gewerbe- und Kulturprogramm erleben zu dürfen. Im Meidericher Gasometer z.B. können Hobbytaucher sich in einem Becken mit einem Durchmesser von 45 Metern und einer Tiefe von 13 Metern an einem 11 Meter langen Schiffswrak und einem künstlichen Riff so richtig austoben. Die Zeche Zollverein in Essen hat ein Schwimmbad in einen großen Seekontainer realisiert, und ein Riesenrad mitten in die Kokerei hineingebaut. Neben vielen Künstlern, die dort arbeiten, soll die Zeche u.a. zu einem Designzentrum umprogrammiert und städtischer werden. In der Zeche Nordstern Gelsenkirchen gibt es riesige renovierte Hallen, in welche sich neue Gewerbe und ein Restaurant angesiedelt haben. Große Bereiche dieser Zechenanlage sind mit modernen Wohngebäuden versehen. Neue Arbeit für neue Menschen in altbekannter Kullisse ist das Motto.

Culture, spare time and new trade are at present the most important topics of the Ruhr district, because attention needs to be brought to a city or region so that new people settle there. These topics are promoted and one attempts to thereby get away from one's past. Thus innumerable trades develop; for leisure and cultural parks, like (among others) the landscape park Duisburg-North, the mining amalgamation in Essen, the Warner Bros. Movieworld in Bottrop, the North Star Park and Safari Park in Gelsenkirchen or the CentrO Park in Oberhausen. These places promote, instead of coal and steel, memories and conversations. One tries to replace the old industry with new areas of trade. It is very interesting to see some imposing areas of industry now in connection with art; being allowed to experience a program of trade and culture. In the "Meidericher Gasometer" for example, hobby divers are able to dive in a basin with a diameter of 45 meters and a depth of 13 meters along an 11 meter-long shipwreck and an artificial reef. The mining amalgamation in Essen made a swimming pool out of a large freight container, and built a ferris wheel right inside of it. Alongside the many artists who work there, the mine (among others) in Essen will be reprogrammed into a Design Centre and become urbanised. In the mine Nodstern Gelsenkirchen, there are enormous renovated halls in which new trades and a restaurant have been built. Large areas of this space are used for modern residential buildings. "New work for new people in well known halls" is the slogan.

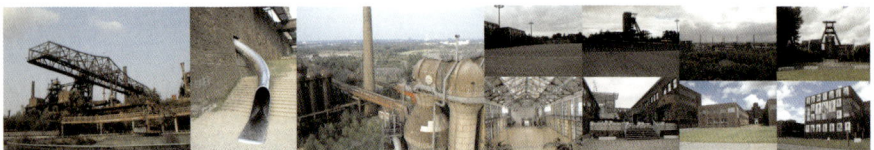

In den Freizeitparks trifft man aus ganz Deutschland, aber auch den Niederlanden, Belgien und Frankreich Familien, Gruppen und Paare, die wegen dieses neuen Freizeitangebotes ins Ruhrgebiet fahren. Der Ein oder Andere behauptet sogar, dass das Ruhrgebiet mehr Kunst, Freizeit und Kultur anböte, als Berlin. In Sachen Musicals und Freizeitparks

In the recreational parks one sees people from all over Germany, but also from the Netherlands, Belgium and France, families, groups and couples, who all come here because of this new leisure the Ruhr district has to offer. One even might say that the Ruhr district has more art, spare time and culture opportunities than

mag dies stimmen, aber ein solches einseitiges Überangebot an Freizeit und Kultur machen noch lange nicht den Ruhrpöttler zum Ruhrstädtler oder Kosmopoliten, geschweige denn, die Region zur drittgrößten Metropole Europas (nach Paris und London). Aber es ist mit dieser Art von Strukturwandel ein wichtiger Schritt gemacht worden, ein neues Bürgertum im Ruhrgebiet zu entwickeln. Die Menschen im Ruhrgebiet sind überwiegend sehr proletarisch, und gerade durch diesen stattfindenden Strukturwandel und der, seit Ende der sechziger Jahren an Bedeutung gewinnenden Universitäten, wird dieses Gebiet entproletarisiert. Das Ruhrgebiet gewinnt an kultureller Diversität, das zieht Menschen aus anderen Schichten der Bevölkerung ins Ruhrgebiet. Damit wachsen die kulturellen Ansprüche und es bilden sich, die Gruppen von Menschen, die das Ruhrgebiet nie gehabt hat, jene, die sich mehr um die städtischen und geistig kulturellen Entwicklungen kümmern, als um die der einzelnen Siedlungen. So wachsen Identitäten ohne montanindustrieller Vergangenheit heran und das beschränkte Denken innerhalb der Siedlungsgrenzen schwindet. Bei den Hinzugezogenen und der Jugend wird das gesamte Ruhrgebiet immer mehr als Heimat akzeptiert und als solche gelebt.

Berlin. Regarding musicals and recreational parks this may be correct, but such an extensive offer of spare time and cultural activities will not turn the people of the Ruhr district into cosmopolitans for a long time, let alone turn the region into the third biggest metropolis of Europe (after Paris and London). But with this kind structural change an important step was made in developing a new middle class in the Ruhr district. People in the Ruhr district are predominantly proletarian, but that will change. The Ruhr district gains cultural diversity, draws people from other sectors of the population into the Ruhr district. Thus, the cultural requirements grow and attract groups of people who are interested in urban and cultural development to settle there. And thus, identities develop there without a past of heavy industry and the narrow-mindedness within the settlement area shrinks. The newcomers and the youths in the entire Ruhr district will accept this place as their homeland, and live there as such.

[...] remember: the city is a funny place, something like a circus or a zoo [...]
**‚Coney Island Baby', 1976, Lou Reed**

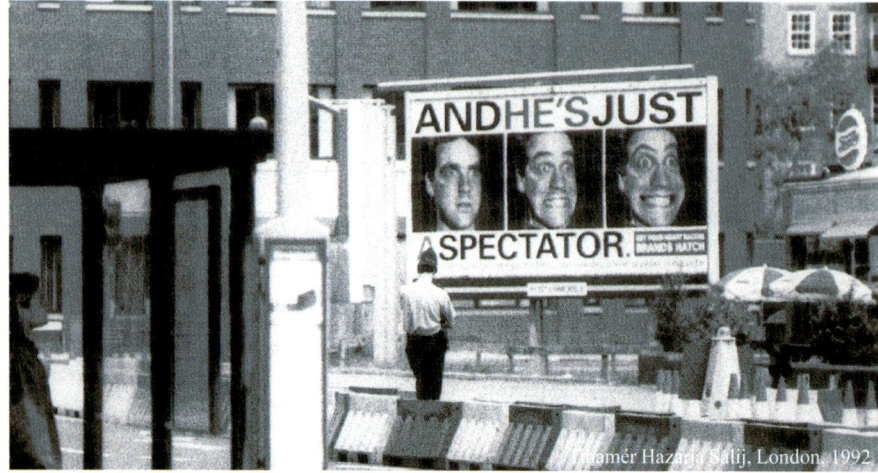
Tamér Hazarja Salij, London, 1992

Die Industrieorte des Ruhrgebiets haben einen Nachteil, denn viele dieser Orte liegen außerhalb der Innenstädte und die Flächen zwischen Zeche und Innenstadt sind mit Siedlungen vollgebaut. Deshalb ist es fast unmöglich, diese Orte zu urbanisieren. Sie brauchen den direkten Anschluss an eine brausende Innenstadt. Läge z.B. die Zeche Zollverein mitten im essener Zentrum, so könnte dieses Weltkulturerbe genauso ein städtisches Symbol werden und eine wichtige Rolle spielen wie der Dom dies in der Kölner Innenstadt tut. Warum also nicht diese Zeche demontieren und mitten der Innenstadt wieder aufbauen? Diese geschichtsbeladenen Orte besitzen nostalgische Werte und geben der Stadt ihr nötiges Großstadtflair. Diese Plätze ziehen gewisse Gruppierungen an, werden deshalb Tragfläche und Bühne für Subkulturen, die sich immer wieder gerne zur Stadt bekennen und wichtige Zeichen setzen. Die „Abhänge-Kulturen" einer Stadt, die vielen ein Dorn im Auge sind, mutieren auf diesen Bühnen zu einer Trendsetter-Kultur. Obwohl es einen riesen Skatepark außerhalb der Kölner Innenstadt gibt, ist die Domplatte immer noch „the place to be" für Skater, BMXer und Rollerblader und in ganz Deutschland dafür bekannt. Seit den letzten Jahren ist die Hip-Hop-Szene in Deutschland unheimlich populär geworden. Auch das zeigt sich auf der Domplatte: Breakdancer zeigen ihr Talent zu deutschsprachigen Hip-Hop-Liedern. Solche Szenarien gibt es nicht auf öffentlichen Plätzen im Ruhrgebiet.

The industrial regions of the Ruhr district are at a disadvantage because many of these regions lie outside of the city centres, and the areas between the mines and city centres are full of housing estates. Therefore it is nearly impossible for these places to be urbanised. They need a direct connection to a vibrant city centre. For example, if the mine amalgamation lay in the centre of Essen, then this world cultural heritage site could also become an urban symbol and play an important role in the city, just as the cathedral does in Cologne's centre. Why not dismantle the mine then and redevelop it in the city centre? These historically loaded places possess nostalgic values and give the city the necessary big city flair. These places bring certain social groupings closer together, becoming therefore a stage for subcultures. The 'hang out culture' of a city, which is for many a thorn in the eye, mutate on these stages into a trendsetter culture. Although there is a Skatepark outside of the Cologne city center, the Dom terrace is still the place to be for skaters, BMXers and rollerbladers and is famous all over Germany for that. In the last few years hip hop has become very popular in Germany. Also to be found at the Dom: breakdancers showing off their talent to the tune of German-language hip-hop-songs. There are no such scenes in public places in the Ruhr-district.

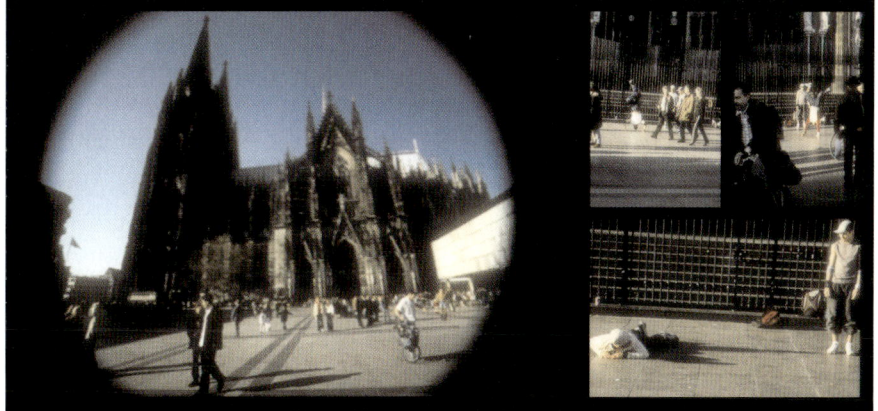

Diese Art der Nutzung des öffentlichen Raumes ist ein Beweis dafür, dass man seine Stadt mag und dass man sich öffentlich mit dieser identifizieren kann und auseinandersetzen möchte. So entsteht für Akteure und Zuschauer ein motivierendes und gesundes Verhältnis zu ihrem Stadtraum. Diese Szenarien beleben die Innenstadt und erheitern die Bürger. Diversität gewinnt an Wichtigkeit. Dieses Gefühl bekommt man nicht von den Bewohnern der Ruhrstädte vermittelt. Fehlen diese Subkulturen? Gibt es im Ruhrgebiet keine Jugend, die sich unbedingt in aller Öffentlichkeit präsentieren möchte, oder sieht man sie nur selten, weil es keine angemessene Kulisse in der Innenstadt, und kein Publikum das sie sehen möchte, gibt? Ruhrgebietsstädte haben im Moment andere Qualitäten. Weniger urbane Plätze mehr Natur.

This kind of use of public spaces is proof that someone likes their city and can identify with it, stating it publicly. Thus, a motivating and healthy relationship to their urban space develops for participants and spectators. These scenarios animate the city centre and please the citizens. Diversity gains importance. One does not get this feeling from the inhabitants of the Ruhr cities. Are these subcultures missing? Are there no youths in the Ruhr district who would like to present themselves in public, or does one simply not see it often because there are no suitable platforms in the city centre, and no spectators who are interested in watching them? Ruhr district cities have for the moment other qualities. Less urban space, more nature.

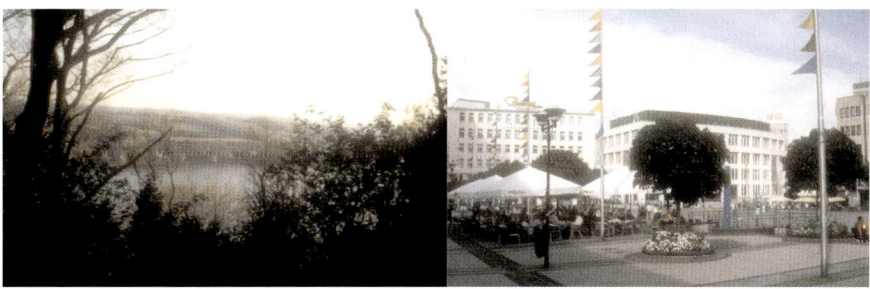

Ungefähr 80% der im Ruhrgebiet befragten Leute berichten eher über schöne Landschaften oder Freizeitanlagen, wenn sie nach der Schönheit ihrer Städte gefragt werden. Die Menschen finden ihre Städte hässlich und unpersönlich.

Approximately 80% of the people asked in the Ruhr district talk about beautiful landscapes or leisure facilities when they are asked about the beauty of their cities. These people find their cities ugly and impersonal.

# RHEINRUHRCITY UND DER REGIONMAKER

Um das Ruhrgebiet in den Regionmaker zu positionieren, muss die Softwarestruktur von Lösungsumfang, Einheitstyp, Parameter, Bewertungskriterien, Szenario, Simulation und Punktstand in ein voll funktionsfähiges System eingegeben und ausgearbeitet werden. Der zum jetzigen Zeitpunkt einsatzfähige Regionmaker ist nur ein Prototyp, der im Laufe der Zeit von zahlreichen fachlich geschulten Usern und Entscheidungsträgern weiterentwickelt werden muss. An der jetzigen Programmstruktur (der Datenbank) wird also noch gearbeitet. Sie ist aber bereits so weit, dass sie das Ruhrgebiet in sich aufnehmen und veranschaulichen kann und dabei auch mehrere zukünftige Szenarien generiert und simuliert. Weiter unten ist eine Beschreibung des Ruhrgebiets aufgeführt, bei der die ersten Komponenten des Regionmaker schon eingefügt wurden. Diese Komponenten sind sehr viel komplexer und hierarchisch strukturierter als hier gezeigt werden kann; der Text vermittelt aber eine erste Vorstellung davon, wie Informationen in kompatiblen Komponenten organisiert werden können.

Das Ruhrgebiet [Umfang] ist rechtlich in das Bundesland Nordrhein-Westfalen integriert. Es bezeichnete ursprünglich [Zeitrahmen] nur die Gegend um die Ruhr. Heute umschließt das Gebiet auch den gesamten Emscher Einzugsbereich, also die Landstriche auf beiden Seiten des Unteren und Mittleren Lippe-Bezirks sowie der Niederrheingegend [Umfang]. Das Ruhrgebiet ist weder eine historische noch eine politische Einheit, sondern vielmehr eine wirtschaftlich und geographisch definierte Region. Sie bildet den größten wirtschaftlichen Ballungsraum in Europa [Subumfang]. Der Kommunalverband Ruhrgebiet (KVR) [Charakteristikum], dessen Hauptverwaltung [Position] in Essen ansässig ist, bilden die statistische und geographische Auskunftsbasis der Region [Charakteristikum]. Der Verband wurde 1920 als Siedlungsverband Ruhrkohlenbezirk (SVR) gegründet [Zeitrahmen]. Der Einzugsbereich des KVR umfasst 53 Kommunalverwaltungen [Umfang]. Die elf Dörfer und Städte [Umfang] Bochum, Bottrop, Dortmund, Duisburg, Essen, Gelsenkirchen, Hagen, Hamm, Herne, Müllheim und Oberhausen sind zusammen mit den Bezirken [Umfang] Ennepe-Ruhr, Recklinghausen, Unna und Wesel und deren Gemeinden [Einheitstyp] unter dem Dach des KVR zusammengefasst [Parameter].
Das Ruhrgebiet [Umfang] liegt [Position] auf der „Schnittstelle" [Peripherie] von Rheinischem Schiefergebirge, Westfälischem Tiefland und Niederrheinebene [Umfang]. Im Süden [Position] erstreckt es sich bis zum Bergische-Märkische [Umfang], wo die letzten Vorgebirge des Bergbaus [Einheitstyp] südlich der Ruhr liegen [Position]. Nördlich der Ruhr grenzen diese Bezirke an die Lössebenen der Hellwegzone und an das Emscher-Tal [Umfang]. Im Norden [Position] des Lippe-Tals geht das Ruhrgebiet in die Münsterland-Region über [Umfang]. Diese Region [Umfang] wird von Hamm im Nordosten, Wesel im Nordwesten, Duisburg im Südwesten und Hagen [Umfang] im Südosten umschlossen [Peripherie]. Das Ruhrgebiet [Umfang] erstreckt sich über eine Fläche von insgesamt 4 434 Quadratkilometern [Bereich]. Es wird von den Grenzen der ehemaligen preußischen Provinzen Rheinland und Westfalen sowie den Verwaltungsbezirken Arnsberg, Düsseldorf und Münster [Subumfang] zerteilt. In geographischer Hinsicht ist das Ruhrgebiet dem nordwestlichen europäischen Kohlegürtel zuzuordnen [Charakteristikum], der von Schlesien über das Ruhrgebiet, Belgien und Nordfrankreich nach England verläuft [Subumfang]. Dieser Gürtel liegt rund 1 000 Meter unter der Erdoberfläche [Charakteristikum]. Klimatische gesehen ist das Ruhrgebiet [Umfang] der atlantischen Einflußsphäre zuzuordnen [Charakteristikum], was sich an den für das Gebiet typischen Südwest- bis

# RHEINRUHRCITY AND THE REGIONMAKER

To position the Ruhrgebiet into the REGIONMAKER, the software structure of solution-envelope, unit-type, parameter, evaluation-criteria, scenario, simulation and score, has to be filled in and elaborated into a fully operational system. The REGIONMAKER as it stands today, has to be developed over time, and engaged and filled in by many operators and decision makers. However, the existing program's structure (database) has been partially filled in, but works well enough to demonstrate the existing Ruhr-region, plus generates and simulates a number of future scenarios.

Below, a description of the Ruhrgebiet can be found, with an initial insert of REGIONMAKER components. These components are a lot more complex and hierarchically structured than illustrated here, but this text gives an initial indication of how information can be organized into compatible components.

The Ruhrgebiet [envelope] is jurisdictionally and commonly positioned in the Federal State of Northrhine Westphalia. It used to mean only the area around the river Ruhr [timeframe]. Nowadays the area also includes the whole of the Emscher catchments area, the land on both sides of the lower and middle parts of the river Lippe and the lower Rhine area [envelope]. It is neither a historical or political entity, but rather an economic and geographic area, that forms the largest urban conurbation and economic area in Europe [sub-envelope].

The Association of Local Authorities in the Ruhrgebiet (KVR) [property], whose headquarters [position] are in Essen, are generally regarded as the statistical and geographical basis of the region [property]. It was set up in 1920 as the 'Ruhr Coal Area Settlement Association' [timeframe]. The KVR area comprises 53 local authorities [envelope]. The eleven towns and cities [envelope] of Bochum, Bottrop, Dortmund, Duisburg, Essen, Gelsenkirchen, Hagen, Hamm, Herne, Mullheim and Oberhausen, along with the districts [envelope] of Ennepe-Ruhr, Recklinghausen, Unna and Wesel and their parishes [unit-type] are linked [parameter] together under the KVR.

The Ruhrgebiet [envelope] is situated [position] at the interface [periphery] of the Rhineland Slate Mountains, the Westphalian Lowlands and the Lower Rhine plain [envelope]. In the south [position] of the region it extends into the Bergisch and Markisch areas [envelope] which contain the last foothills of coal mining [unit-type] south of the river Ruhr [position]. North of the Ruhr these areas connect with the loess plains of the Hellweg zone and the Emscher valley [envelope]. In the north [position] of the Lippe valley, the Ruhrgebiet runs into the Munsterland area [envelope]. The region [envelope] is bordered [periphery] by Hamm in the north-east, Wesel in the north-west, Duisburg in the south-west and Hagen [envelope] in the south-east.

The Ruhrgebiet [envelope] extends over an area of 4 434 square kilometers [area]. It is divided by the borders of the former Prussian provinces of Rhineland and Westphalia and the administrative authorities of Arnsberg, Dusseldorf and Munster [sub-envelope]. In geological terms the Ruhrgebiet belongs to the north-west European coal belt [envelope property] which runs from Silesia via the Ruhrgebiet, Belgium and North France to England [sub-envelope]. This belt lies 1000 meters underground [property]. Climatically the Ruhrgebiet [envelope] belongs to the Atlantic sphere of influence [property],

Nordwestwinden festmachen lässt sowie an der hohen Luftfeuchtigkeit, der starken Wolkenbildung, relativ milden Sommermonaten und milden Wintern mit wenig Schnee und wenig Frost [Charakteristikum].

Im Ruhrgebiet leben 5,4 Millionen Einwohner [Einheitstypen], einschließlich 612.000 Ausländer [Charakteristikum]. Die Bevölkerungsdichte [Parameter] liegt bei 1,213 Personen pro Quadratmeter. Seit Mitte der Sechziger [Zeitrahmen] haben sinkende Geburtenraten zu einem Rückgang des Bevölkerungswachstums in der Region geführt. Durch das unausgeglichene Verhältnis von Sterbe- und Geburtsraten [Parameter] haben vor allem Großstädte unter dem Rückgang der Bevölkerungsraten zu leiden [Charakteristikum]. Allein in Essen wurden im Jahr 1999 [Zeitrahmen] 2 510 Todesfälle mehr verzeichnet als Geburten [Charakteristikum].

Anfang 2000 [Zeitrahmen] lebten rund 604 000 Ausländer [Einheitstypen] aus 140 verschiedenen Ländern [Umfang] in der Region [Umfang], insgesamt 11,2 Prozent der Gesamtbevölkerung [Charakteristikum]. Nahezu die Hälfte der Ausländer waren Türken, gefolgt von 14 Prozent Jugoslawen. Rund 35 Prozent aller Haushalte waren Einfamilienhaushalte, ca. 30 Prozent der Menschen haben Kinder, die meisten von ihnen entweder nur ein oder zwei [Charakteristikum].

Mehr als eine halbe Million Einwohner der 53 Städte und Gemeinden der Region [Umfang] wohnen in Essen, Dortmund und Duisburg [Charakteristikum]. Eine gute weitere halbe Million Einwohner [Charakteristikum] wohnt in elf weiteren Städten [Umfang]. Die Stadt mit der größten Einwohnerzahl [Punktstand] ist Essen mit etwa 600 000 Einwohnern [Einheitstyp]. Nach Köln ist Essen die zweitgrößte Stadt [Umfang] in Nordrhein-Westfalen; innerhalb Deutschlands [Charakteristikum] liegt sie auf Platz 6.

Urbane Flächen und Verkehrsflächen [Umfang] machen 37 Prozent des Ruhrgebiets aus [Umfang], Waldflächen 18 Prozent, Wasserflächen 3 Prozent. Am meisten Raum beanspruchen Agrarflächen mit 42 Prozent. Das Ruhrgebiet wird durch drei Nebenflüsse [Netzwerk] des Rheins strukturiert: die Ruhr, die Emscher und die Lippe [Einheitstypen], die alle noch bis 1870 [Zeitrahmen] für den Transport von Kohle [Einheitstyp] genutzt wurden.

In der Region [Umfang] haben weltbekannte [Bewertung] Unternehmen [Einheitstypen] ihren Firmensitz, wie z. B. RWE, Ruhrgas, Thyssen Krupp, RAG, Klöckner, Karstadt, Aldi, Hochtief und Heitkamp-Deilmann-Haniel (HDH) [Charakteristikum]. Diese Unternehmen gehören den Branchen Energieversorgung und -erzeugung, Stahlproduktion, Handel und dem Baugewerbe an [Charakteristikum]. RWE ist dabei das größte Unternehmen [Charakteristikum] im Ruhrgebiet und das sechstgrößte in der Bundesrepublik. Es beschäftigt [Parameter] 160 000 Arbeitnehmer [Einheitstypen], von denen 27 Prozent im Ausland tätig sind [Umfang]. Multinationale Großkonzerne sind in der Region allerdings nicht angesiedelt [Bewertung].

Es ist ein großer "Vorrat" an gut ausgebildeten [Bewertung] Spezialisten und Fachkräften [Einheitstypen] vorhanden. Mit 14 Universitäten, Technischen Universitäten und Fachhochschulen [Charakteristikum] weist das Ruhrgebiet [Umfang] die höchste Dichte [Punktstand] an Hochschulen in ganz Europa [Subumfang] auf.

Die industrielle Blütezeit, die im 19. Jahrhundert einsetzte [Zeitrahmen] erforderte den Aufbau einer umfangreichen und effizienten [Bewertung] Infrastruktur aus Wasserwegen, Straßen- und Schienennetzen [Netzwerk], um so Kohle, Erz und Stahl [Einheitstypen] aus der Region zu exportieren. Im Laufe der Zeit vergrößerte sich [Parameter] die Verkehrsinfrastruktur [Einheitstyp] und entwickelte sich damit zur dichtesten [Charakteristikum] Infrastruktur aller europäischen Ballungsräume [Umfang]. Der größte

shown by typical south-west to north-west winds, a high level of humidity, strong clouds, relatively mild summers, and mild winters with little snow and frost [property].

5,4 million inhabitants [unit-type], including 612 000 foreigners [property], and a density [parameter] of 1,213 persons/m2. Since the mid-1960's [timeframe] declining birth rates have also led to a decline in population growth. The relationship between death and birth rates [parameter] has meant that large towns have suffered particularly high losses [property]. In Essen alone in 1999 [timeframe] the number of deaths was 2 510 more than of births [property].

At the beginning of 2000 [timeframe] approximately 604 000 people [unit-type] from 140 different countries [envelope] were living in the region [envelope], making up 11.2% of the population [property]. Almost half of the foreigners are Turkish, followed by Yugoslavians (14%). 35% of all household are 1-person households, and only 30% of the people have children, most of which have only one or two children [property].

Of the 53 cities and parishes in the region [envelope], the major cities of Essen, Dortmund and Duisburg come up with more than half a million inhabitants [property]. More than half a million people [property] live in each of eleven further towns [envelope]. The city with the highest population [score] is Essen with approximately 600 000 people [unit-type]. It is the second largest city [envelope] in Northrhine Westphalia after Cologne, and the sixth-largest city in Germany [property].

Urban and transport areas [envelope] cover 37% of the Ruhrgebiet [envelope], forest areas 18%, water areas 3% and agricultural areas 42%. The Ruhrgebiet is structured by the three tributaries [network] of the Rhine, the rivers Ruhr, Emscher and Lippe [unit-type], which were used until 1870 [timeframe] to transport coal [unit-type].

World famous [evaluation] businesses [unit-type] are found in the region [envelope], like RWE, Ruhrgas, Thyssen-Krupp, RAG, Klockner, Karstadt, Aldi, Hochtief and Heitkamp-Deilmann-Haniel (HDH) [property], all working in the areas of power, steel, building and trade [property]. RWE is the largest business [property] in the Ruhrgebiet and the sixth largest in Germany, employing [parameter] 160.000 people [unit-type], 27% of these abroad [envelope]. However, there are no top-level multinationals to be found in the area [evaluation].

There is a huge pool of well-trained specialist [evaluation] workers [unit-type]. With fourteen universities, polytechnics and technical colleges [property], the Ruhrgebiet [envelope] has the highest concentration [score] of institutions for higher education in Europe [sub-envelope].

The industrial boom which set in during the 19th century [timeframe] required an extensive and efficient [evaluation] mesh [network] of waterways, roads and railways to export coal, ore and steel [unit-type] from the region [envelope]. In the course of time, the transport infrastructure [unit-type] grew [parameter] to become more concentrated [property] than any other European conurbation [envelope]. The largest [property] inland harbor [envelope] in the world in Duisburg [envelope] and the most extensive network of inland waterways [network] in Germany now enable goods to be transported all over the world [envelope]. The need to transport [parameter] bulk goods [unit-type] both cheaply and quickly [property] led the Ruhrgebiet to develop into what is now

[Charakteristikum] Binnenhafen [Umfang] der Welt liegt in Duisburg [Umfang], und das ausgedehnteste Netz der Binnenschiffahrt [Netzwerk] Deutschlands ermöglicht nun weltweiten [Umfang] Gütertransport. Die Notwendigkeit [Parameter], Massengüter [Einheitstyp] sowohl kostengünstig als auch schnellstmöglich [Charakteristikum] zu transportieren [Parameter] führte dazu, dass das Ruhrgebiet sich zum dichtesten [Charakteristikum] Kanal- [Netzwerk] und Hafensystem [Einheitstyp] der Welt [Subumfang] entwickelt hat.

Durch die internationalen Flughäfen [Charakteristikum] in Düsseldorf und Köln/-Bonn [Charakteristikum] hat das Ruhrgebiet direkten Anschluss an den Rest der Welt [Limit-Umfang]. Das neue [Zeitrahmen], umgebaute [Charakteristikum] Terminal [Einheitstyp] in Düsseldorf kann von allen Bahnhöfen Deutschlands aus erreicht werden [Parameter]. Das Autobahnnetz [Netzwerk] im Ruhrgebiet ist rund 600 Kilometer [Charakteristikum] lang, Hauptstraßen kommen auf insgesamt 730 Kilometer. Darüber hinaus verlaufen rund 3 300 Kilometer an Klein- und Bezirksstraßen [Netzwerk] durch das Ruhrgebiet. Die Region [Netzwerk] ist ein Knotenpunkt nationaler und internationaler Pipelinewege [Netzwerk], über die Erdgas, Mineralöl und Mineralölprodukte [Einheitstypen] transportiert werden. Die internationale Kommunikationsfähigkeit [Netzwerk] wird mit dem ISDN-Netz für die Übertragung von Sprache, Texten, Bildern und anderen Daten [Einheitstypen] sowie mit dem Breitbandsystem für die Vernetzung von Computer und die Durchführung von Videokonferenzen garantiert.

Aufgrund der nach wie vor hohen Bevölkerungsdichte [Charakteristikum] liegt der Wasserverbrauch [Parameter] pro Einheit ungefähr sieben mal höher [Charakteristikum] als im Bundesdurchschnitt [Charakteristikum]. Mehr als 300 Millionen Kubikliter [Charakteristikum] Wasser [Einheitstyp] werden hier jährlich verbraucht [Parameter]. Das Ruhrgebiet [Umfang] ist der größte Produzent [Parameter] von Energieressourcen [Einheitstyp] in Deutschland [Subumfang]. Dafür sorgen in erster Linie die Kohlekraftwerke [Einheitstypen] sowie die mit Gas und Erdöl betriebenen Kraftwerke [Einheitstypen]. Ein zukünftiges [Zeitrahmen] Zentrum für die Produktion [Parameter] von Solarenergie [Einheitstyp] ist das Solardreieck [Subumfang] des Emscher Parks.

Der Emscher Park [Subumfang] ist ein Grünbezirk, der sich über eine Fläche von 320 Quadratkilometern erstreckt und dabei durch das Zentrum des dicht besiedelten Ruhrgebiets verläuft [Position]. Der Emscher Park [Subumfang] ist Europas größter regionaler Park [Charakteristikum]; er zählt zu den führenden Projekten [Bewertungskriterium] des IBA-Konzerns [Charakteristikum] [Einheitstyp]. Dieser Park [Subumfang] ist eine Grünfläche, die mitten durch das dicht besiedelte Zentrum des Ruhrgebiets [Position] verläuft. Für die neue Politik [Parameter], die das Projekt mit initiiert hat, stellt der Park einen enormen Erfolg dar [Bewertung].

Das größte soziale Problem [Bewertung] des Ruhrgebiets [Umfang] ist nach wie vor [Zeitrahmen] die hohe Arbeitslosigkeit [Charakteristikum], die sich in bestimmten Stadtbezirken [Subumfang] konzentriert [Charakteristikum], innerhalb derer [Position] besondere Armutszonen [Charakteristikum] entstehen. Der mutmaßlichen weitreichenden strukturellen Krise zum Trotz zählt das Ruhrgebiet [Umfang] aber nach wie vor zu den größten [Charakteristikum] und wirtschaftlich bedeutendsten Regionen Europas [Charakteristikum]. Die Ballungsstruktur [Umfang] spielt im Rahmen der Globalwirtschaft eine aktive und wichtige Rolle [Bewertung]. In einem Radius von 250 Kilometern [Subumfang] versorgen Unternehmen [Einheitstypen] die Märkte für 60 Millionen Menschen [Einheitstypen] in Deutschland [Subumfang] und im angrenzenden Ausland [Subumfang]. Die Region [Umfang] hat sich also aus ihrer langjährigen [Zeitrahmen] Abhängigkeit

the most closely-knit [property] canal [network] and harbor system [unit-type] in the world [limit-envelope].

The international airports [property] at Dusseldorf and Cologne/Bonn [property] link the Ruhrgebiet to the world [limit-envelope]. The new [timeframe], modern [property], airport station [unit-type] in Dusseldorf can be reached [parameter] by all German train services. There are around 600 kilometers [property] of motorway roads [network] in the Ruhrgebiet, 730 kilometers of major roads and a system of 3 300 kilometers of minor and district roads [network].

The region [network] is a junction for national and international pipe-line systems [network] transporting natural gas, mineral oil and mineral oil products [unit-types]. The ISDN for transmitting telecommunication services via speech, text, image and data [unit-types], and the wide band system for linking computers and video conferences ensure international communication [network]. Due to the high density [property] of population [unit-type], the water consumption [parameter] per unit area is roughly seven times [property] greater than the national average [property]. More than 300 million cubic meters [property] of water [unit-type] are consumed each year [parameter].

The Ruhrgebiet [envelope] is Germany's [sub-envelope] largest producer [parameter] of energy supplies [unit-type]. This is based on coal-fired power stations[unit-type] and those which are driven by gas and oil [unit-type].

The center of future [timeframe] solar energy [unit-type] production [parameter] is the Emscher Park Solar Triangle [sub-envelope]. The Emscher park [sub-enevelope] is a green backbone [property] with an area of 320 km2 [property] running through the heavily populated center of the Ruhrgebiet [position]. The Emscher Park [sub-envelope], Europe's largest regional park [property], is one of the leading projects [evaluation-criteria] of the IBA [property] group [unit-type] and the success [evaluation] of a new policy [parameter] with regard to open spaces.

The greatest social problem [evaluation] in the Ruhrgebiet [envelope] continues to be [timeframe] its high levels of unemployment [property], which are concentrated [property] in specific city areas [sub-envelope] and within these [position] there are particular islands of deprivation [property].

Despite far-reaching conjectural and structural crises the Ruhrgebiet [envelope] is still one of the largest [property] and economically most powerful areas in Europe [property]. The agglomeration [envelope] plays an active and important part in the global economy [evaluation]. Within a radius of 250 kilometers [sub-envelope] firms [unit-types] have a market of around 60 million people [unit-type] in Germany [sub-envelope] and abroad [sub-envelope].

The region [envelope] has broken away from its long-term [timeframe] dependence [parameter] on steel, coal and manufacturing industries [unit-type], but even today 31% of coal and 11% [score] of steel [unit-type] in the European Union [sub-envelope] is produced [parameter] here. Today [timeframe] the area [envelope] is engaged in making products [parameter] in areas where there is a world-wide demand [parameter]: machine and tero-technology, automatic control engineering, environmental technology, as well as information and communication technology [unit-type]. Many small and medium sized [property] businesses [unit-type] have moved into [parameter] the Ruhrgebiet

[Parameter] von der Stahl-, Kohle- und der herstellenden Industrie [Einheitstypen] befreit. Aber auch heute noch werden 31 Prozent [Punktzahl] der in der Europäischen Union [Subumfang] hergestellten Kohle sowie 11 Prozent [Punktzahl] des Stahls [Einheitstyp] hier im Ruhrgebiet produziert [Parameter]. Heute [Zeitrahmen] ist die Region [Umfang] damit beschäftigt, Produkte herzustellen [Parameter], nach denen weltweite Nachfrage besteht [Parameter]: Güter in den Bereichen Maschinen- und Terotechnologie, automatische Kontrolltechnologie, Umwelttechnologie sowie Informations- und Kommunikationstechnologie [Einheitstypen].

Zahlreiche klein- und mittelständische [Charakteristikum] Unternehmen [Einheitstypen] haben sich im Ruhrgebiet [Umfang] angesiedelt [Parameter]. Diese Unternehmen sind eher in der Lage, innovativ und kreativ [Bewertungskriterien] zu wirtschaften als die traditionellen [Zeitrahmen] Großkonzerne [Einheitstypen]; daher leisten sie einen wichtigen Beitrag zur Strukturreform [Bewertungskriterium]. Heute arbeiten [Parameter] 65 Prozent [Punktzahl] der Arbeitnehmer [Einheitstypen] in der Dienstleistungsindustrie [Einheitstyp]. Die Firmen [Einheitstypen], die früher Energie [Einheitstyp] produziert haben [Parameter], sind zurzeit hauptsächlich mit der administrativen Arbeit [Parameter] beschäftigt, diese Energie in ganz Europa zu verteilen [Subumfang]. Rund 28.000 [Charakteristikum] Arbeitnehmer [Einheitstypen] sind im Agrar- und Forstwirtschaftssektor [Charakteristikum] beschäftigt, der also eine wirtschaftlich relativ unbedeutende Branche [Einheitstyp] darstellt [Bewertungskriterium].

[envelope]. These are able to act in a more innovative and creative manner [evaluation-criteria] than traditional [timeframe] large-scale [property] firms [unit-type] and are making a vital contribution to structural transformation [evaluation-criteria]. Today 65% [score] of the employees [unit-type] work [parameter] in the service industry [unit-type]. Those firms [unit-type] that once produced [parameter] energy [unit-type], are now mainly concerned with administering and distributing [parameter] it all over Europe [sub-envelope]. There are about 28 000 workers[unit-type] in the agriculture and forestry sector [property], making up a relatively unimportant [evaluation-criteria] labor sector [unit-type].

# UND JETZT?

**MIT DEN BESTEN ABSICHTEN** Die Region hat in verschiedene Initiativen investiert, um Auswege aus der schwierigen Lage zu erarbeiten, in der sie sich seit der postindustriellen Ära befindet. In den siebziger Jahren wurden Forschungseinrichtungen und Universitäten gegründet, in den Neunzigern richtete man an den Universitäten Institute ein, die speziell auf die Medien- und Computerindustrie ausgerichtet waren. In dieser Zeit renovierte man auch das kulturelle Erbe der Region. Man tätigte enorme Investitionen in die Infrastruktur; so entstanden beispielsweise Hochgeschwindigkeitsstrecken für den Schienenverkehr und ein internationaler Flughafen. Aber auch im Zuge dieser Maßnahmen reduzierte sich der Anteil der Bevölkerung, der heute noch in der Kohle- und Stahlindustrie tätig ist, auf rund sechs Prozent.

**NICHT ABHEBEN** Trotz dieser Initiativen hat die Region nach wie vor ein negatives Image. Der Kommunalverband Ruhrgebiet (KVR), unter dessen Dach sich Städte der Region zusammengeschlossen haben, ist bemüht, das Image der Region nach außen hin als grüne und umweltfreundliche Kulturregion aufzupolieren. „Wir haben tatsächlich ein Imageproblem", gesteht Ruth Kampherm von der Umweltabteilung des KVR. „Vor sechs Jahren haben wir eine Umfrage gestartet. Dabei hat sich gezeigt, dass unsere Region immer noch mit den Geschehnissen des Zweiten Weltkrieges assoziiert wird", so Kampherm weiter. „Wir haben seither versucht, etwas dagegen zu unternehmen, konnten aber bisher noch nicht den gewünschten Erfolg erzielen."

Auch die Arbeitslosenquote konnte nicht reduziert werden. Im Bundesdurchschnitt liegt die Arbeitslosenquote bei 10 Prozent, im Ruhrgebiet bei 13, im Zentrum des Ruhrgebietes sogar bei 15 Prozent. Aufgrund schlechter Bildungswege ist es vielen Ruhrgebietlern nahezu unmöglich, ihre berufliche Karriere in anderen Branchen fortzuführen. Der jüngsten Strategie der Bundesregierung zufolge muss die Arbeitslosigkeit durch verstärkte Mobilität bekämpft werden; im Rahmen einiger Programme werden Grubenarbeiter mittlerweile sogar bis in die USA und nach Australien weiter vermittelt!

Die Bevölkerungsstatistiken sind rückläufig. Viele Arbeitnehmer, die eine Stelle außerhalb der Region gefunden haben, sind weggezogen; dadurch sind regelrechte Geisterstädte entstanden, insbesondere im Norden des

# AND NOW?

**GOOD INTENTIONS** The region has invested in a series of initiatives to improve its post-industrial situation. Knowledge centres and universities were installed in the seventies, special campuses for media and computer industries were attracted in the nineties, as well as the renovation of its cultural heritage. Big investments have been done in infrastructure like high-speed railways and an international airport. Therefore, less than 6% of the population is working in the coal and steel industry.

**NOT LAUNCHING YET** But despite these initiatives, the image of the region is still poor. The Kommunalverband Ruhrgebiet (KVR) - a union of cities in the region - is trying to promote itself as a greener, more environmental-friendly, and cultural region to the outside the world. "We do have an image problem" acknowledges Ruth Kampherm from the economic department of KVR. "We did a survey six years ago and it showed that our image was still connected with World War II. We have tried to change it but we have not had much success," she says.

The employment rate has not been reduced. The average unemployment rate in Germany is 10% whereas the number is 13% in the region - and as high as 15% in the centre of the Ruhr area. Many of the people from the Ruhr can't get jobs in other sectors because they have no education. The German government's latest strategy to tackle unemployment says that workers need to be more mobile, and some programs are relocating miners to the US and Australia!

The number of inhabitants has not increased. Many people that could find a job outside the region have moved out, leaving ghost towns behind, especially in the Northern part of the Ruhr area. The general level of income and education is low in comparison to other neighbouring regions. The universities lack international reputation. The relation between industry and university is weak.

**COSTS** In the meantime the costs for the intensive network of infrastructure, the costs for the relatively big amount of city centres, the cleaning of the

Ruhrgebietes. Das Einkommens- und Bildungsniveau ist im Vergleich zu den Nachbarregionen niedriger. Die Universitäten haben sich bisher noch keinen internationalen Ruf erwerben können, und auch die Verbindungen zwischen Industrie und Universität sind schwach ausgebildet.

**KOSTEN** In der Zwischenzeit sind die Kosten für die Unterhaltung der aufwendigen Infrastruktur dramatisch gestiegen, ebenso wie die Kosten für die verschiedenen Stadtzentren der Region, für die Reinigung von verschmutzten oder mit Schadstoffen belasteten Geländen; auch die Kosten für Renovierungs- und Wartungsarbeiten der Industriedenkmäler stellen eine enorme Belastung für die Haushalte dar. Darüber hinaus wird die Schwerindustrie mit EU-Mitteln künstlich am Leben gehalten, um einen weiteren großen Anstieg der Arbeitslosenzahlen zu vermeiden. Auf die Subventionen einigte man sich allerdings unter der Bedingung, dass die Bergwerke bis 2005 geschlossen werden. Bei der Suche nach Alternativen darf also keine Zeit vergeudet werden.

Kann man die Strukturen der Region so neu organisieren, dass diese gegen den bevorstehenden Einbruch gewappnet ist? Welche Alternativen wären überhaupt realisierbar? Welche Zielsetzungen stehen eigentlich zur Debatte? Können wir den Niedergang der Region abwenden oder wird sie das gleiche Schicksal erleiden wie Detroit in den USA? – Eine verlassene Landschaft, Geisterstädte, mit Schlingpflanzen überwachsene Industriegebäude, abgetakelte, verschmutzte Wohngebiete. Ein neues Troja. Eine moderne Variante romantischer Ruinenphantasien.

**KÜHNE VISIONEN** Wenn die Rhein-Ruhr-Region heute als in sich geschlossene Region aufgefasst wird, dann ist das allein auf die historischen Bezüge und die jetzigen Möglichkeiten im Bereich Freizeit und Shopping zurückzuführen. Eine europäische oder gar eine global-internationale Perspektive auf oder für das Ruhrgebiet gibt es bis heute nicht.

Im Zusammenhang der Umwandlung Europas – von einer Zone der Nationen zu einem Raum für Regionen – könnte dem Ruhrgebiet wieder eine größere Bedeutung zukommen: als eines der wichtigsten Wirtschaftszentren des Kontinents. Wie aber könnte man diesem Prozess auf die Sprünge helfen? Welche Maßnahmenpakete müssten geschnürt werden? Ist es möglich, die Imagereserven zu mobilisieren und so neue Quellen freizulegen? Ist es unter den gegebenen politischen und verwaltungstechnischen Umständen überhaupt möglich, Wettbewerbsfähigkeit zu erlangen?

polluted areas, the repair and maintenance of the huge monuments is dramatically big. On top of that, the heavy industry is kept artificially alive with EU funds to avoid a severe rise in unemployment figures. But this money has been given on condition that the mines are closed by 2005. So alternatives have to be quickly found.

Can we reorganize the region so that it can equip itself against this negative transformation? What transformation can be imagined? What targets can be suggested? Or will it then become the Detroit of Europe? A landscape left behind, dotted with ghost towns, overgrown industries and devastated, polluted areas. A contemporary Troy. A modern variant on Heinrich Heine's Romanticism.

**THINKING BIG** If people think about the Rhine-Ruhr area as a distinctive region, then it is only because of the historical connotations and the possibilities for leisure and shopping that are currently represented. A more European or even global perspective is lacking.

But in a transition of the European territory, from a zone of nations to a space for regions, there are possibly certain elements that could lead to a wider meaning of the region by aiming for a more intensive role as one of the economical centres of Europe. How do we do that? What packages of measurements are necessary, programmatically, politically and spatially? Is the currently created image strong enough to open new sources? Does the current political and administrative system allow for this competitiveness? And what kind of roles can be imagined? What does Europe and/or the world need from the Rhine-Ruhr region?

**COMPETITIVE ADVANTAGES** The position in the heart of Europe can claim for a giant hinterland in the stream of the 'Blue Banana'. It is surrounded by dense areas like the Randstad, the Vlaamse Ruit, the Hamburg area, the Frankfurt area and the Luxembourg/Strasbourg area. (Map)
- The region is very well connected with its surroundings. (Map)
- It has the highest density, in km/km2 as in km/person, of highways/railways of the world. (Map)

Welche Rolle könnte die Region Rhein-Ruhr im europäischen und internationalen Kontext spielen, und was können Europa und die Welt von der Region erwarten?

**WETTBEWERBSVORTEILE** Die Lage im Herzen Europa ist ein idealer Ausgangspunkt. Die Region ist von zahlreichen dicht besiedelten Gebieten umgeben: die Randstad, die Vlaamse Ruit, der Großraum Hamburg, der Großraum Frankfurt sowie Luxemburg und Straßburg und Umgebung (siehe Karte).
- Die Region hat hervorragende Anbindungen (siehe Karte).
- In Bezug auf Kilometer pro Quadratkilometer als auch auf Kilometer pro Person hat die Region das dichteste Autobahn- und Schienennetz der Welt (siehe Karte).
- Die Medienindustrie und Informationstechnologie der Region sind im Vergleich zu den Niederlanden, Frankreich, Luxemburg und der Schweiz erfolgreiche Branchen.
- Die Region verfügt über immense Wasserressourcen (siehe Karte).
- Das Universitätsystem ist ausgesprochen dicht: eine ideale Voraussetzung für den Aufbau einer Wissensindustrie (siehe Karte).
- Aufgrund der großindustriell geprägten Struktur gibt es ein sehr gutes Potenzial für die Ansiedlung verschiedener Industriezweige.

**DER BALKAN IN KLEINFORMAT** Einer der entscheidendsten Gründe für die Blockade der Wettbewerbsfähigkeit der Region ist sicherlich deren fragmentierte, uneinheitliche Struktur. Im Kleinformat spiegelt sich hier das wieder, worunter Europa insgesamt leidet: Regionen sind immer auch wie ein Mosaik miteinander konkurrierender Kommunal- und Stadtverwaltungen. In ihrem eigenen vermeintlichen Wettbewerbsinteresse ist jede Stadt bestrebt, eine eigene Universität, eine eigene Oper, Medieneinrichtungen, Medieninstitute, einen Medienpark, ein Kongresszentrum, ein Shoppingcenter, ausreichend Wohnraum, vorbildliche Infrastruktur usw. vorweisen zu können. Aufgrund dieses Umstandes sind Regionen oft wie der Balkan in Kleinformat – eine großer Landstrich, in der die Akteure oft eher gegen- als miteinander arbeiten.

**RHEIN UND RUHR?** Wie verlaufen die Grenzen der Region? Basierend auf den vormals im Ruhrtal angesiedelten Industrien wurde die Region über einen langen Zeitraum als ein einheitliches Gebilde mit einem starkem Profil angesehen. Bedenkt man aber die Nähe zum Rheinland und den Städten Köln, Bonn und Düsseldorf, so muss man ein

- Compared to the Netherlands, France, Luxemburg, Switzerland, the region's computer and media industrie is fairly successful.
- It has incredible water resources. (Map)
- It has a dense university system, and therefore a possible quality as a knowledge centre. (map)
- It has a potential for diversified industries due to the given large-scale industries.

**THE MINI BALKAN** One of the major elements that block the way for a possible competitiveness seems to be the fragmented organisation of the region. The Rhine-Ruhr area reflects in miniature, what similarly occurs in the rest of Europe: the region can be read as a mosaic of competing municipalities. In its desire to survive, every city wants to have a university, a concert hall, a media centre, a conference centre, a shopping mall, a museum, a media park, an IT zone, sufficient housing, great infrastructure. All of this turns the area into a mini-Balkan of more or less separate entities.

**RHEIN AND RUHR?** What is the border of the region? The region has for a long time been considered as one entity with a strong character, based on the former industries clustered in the Ruhr valley. But its proximity to the Rhein area, demands to reconsider this entity. Dusseldorf, Bonn and Cologne. The new shopping malls in Oberhausen and Duisburg compete with the centre of Dusseldorf, the design centres compete with the art centres in Cologne, the computer industries in Dortmund compete with the ones in Dusseldorf. A smartly positioned combination of municipal specialization can lead to a much more competitive global environment, one that avoids the vulnerability of a monofunctional specialization of the region, the 'plantation regionalism' as Saskia Sassen has stressed.

**THE DECLARATION OF RRC** The declaration of one entity should thus be raised in order to activate the inertia of the region. The region should be seen as one body, one city: the RheinRuhrCity. A strong collaboration will lead to a stronger and more cohesive region that focuses on a mutual synergy for achieving a communal competitiveness, namely the competition with other regions. Prof. Butzin, from the University of Bochum stresses in the same article:

großes Fragezeichen hinter die vermeintliche Einheitlichkeit der Region setzen. Die neuen Shoppingcenter in Oberhausen und Duisburg konkurrieren mit dem Innenstadtbereich von Düsseldorf, die Designcenter stehen in Konkurrenz zur Kunststadt Köln, die Duisburger Computerindustrie und die von Düsseldorf sind Wettbewerbsgegner. Eine kluge Kombination städtischer und kommunaler Spezialisierung könnte ein sehr viel wettbewerbsfähigeres globales Umfeld kreieren, wodurch der monofunktionalen Spezialisierung entgegengewirkt werden würde. Dieser „Plantagenregionalismus", wie Saskia Sassen ihn genannt hat, ist ein Schwachpunkt, mit dem die Region zu kämpfen hat.

## DIE AUSRUFUNG DER *RHEINRUHRCITY*

Mit dem Ausrufung der „RheinRuhrCity" könnte man der Region neue Impulse geben. Die Region würde davon profitieren, wenn man sie als eine Stadt, eine Einheit wahrnehmen würde – als *RheinRuhrCity*. Eine verstärkte Zusammenarbeit würde zu einer stärkeren Region mit mehr Zusammenhalt führen. Eine Region könnte entstehen, die sich auf Synergieeffekte konzentriert, um dadurch eine gemeinsame Wettbewerbsfähigkeit zu erreichen, um also die Wettbewerbsfähigkeit gegenüber anderen Regionen zu stärken. Professor Butzin von der Ruhruniversität in Bochum erklärt dazu in einem Aufsatz: „Ich bin mir sicher, dass, wenn die Region Rhein-Ruhr es schafft, eine Verwaltungseinheit zu etablieren und gleichzeitig Planungskompetenz entwickelt, dass sie dann in einem Zeitraum weniger Jahre in der Lage wäre, das entsprechende Image zu entwickeln, mit dem sie auch auf dem globalen Markt erfolgreich wäre. Wenn man sich allerdings die uneffektiven Steuerungsinstrumente der Bundespolitik und die mangelnde Bereitschaft der Regionen zur Kooperation vor Augen führt, dann kann man sich nicht vorstellen, dass es dazu kommen wird. Wir haben immer noch keinen Begriff von den neuen, globalen Bedingungen; jede Stadt ist davon überzeugt, dass sie es auf dem Markt schon schaffen wird, und zwar alleine."

Professor Blotevogel betont in dem selben Aufsatz: „Die Bedeutung, die neben den Sachdebatten auch einer mentalen Geographie zukommt, sollte nicht unterschätzt werden. Die Veranschaulichung der Region Rhein-Ruhr ist für eine Veränderung der räumlichen Wahrnehmung der Menschen unabdingbar."

"I claim that if the Rhine-Ruhr region manages to establish an administrative unit and simultaneously develops planning competence, it would be possible in a few years time to initiate an appropriate image to compete on the global market. But I doubt that it will happen, given the inefficient top-down instruments of the Federal State government and the weak bottom-up willingness to cooperate. We still do not understand the new global condition; every city still thinks that it can play an important role in this market, alone."

And as Prof. Blotevogel in the same article stressed: "The importance of creating a mental geography, in addition to factual discussions should not be underestimated. The visualisation of the Rhine-Ruhr area is indispensable in modifying people's spatial cognition".

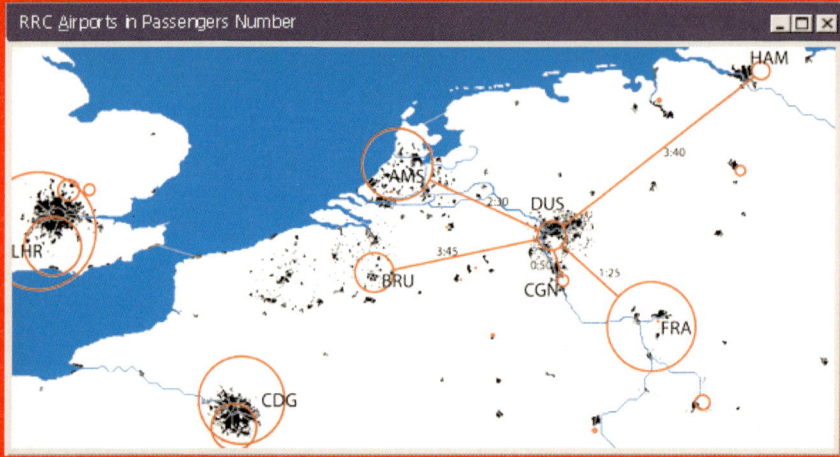
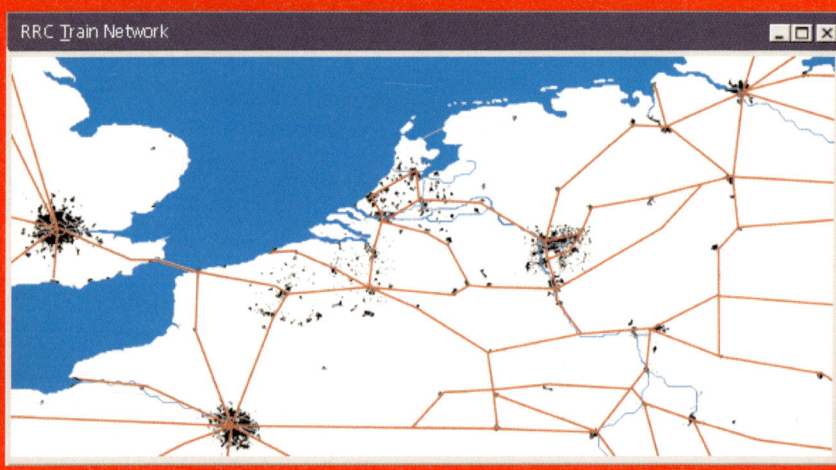
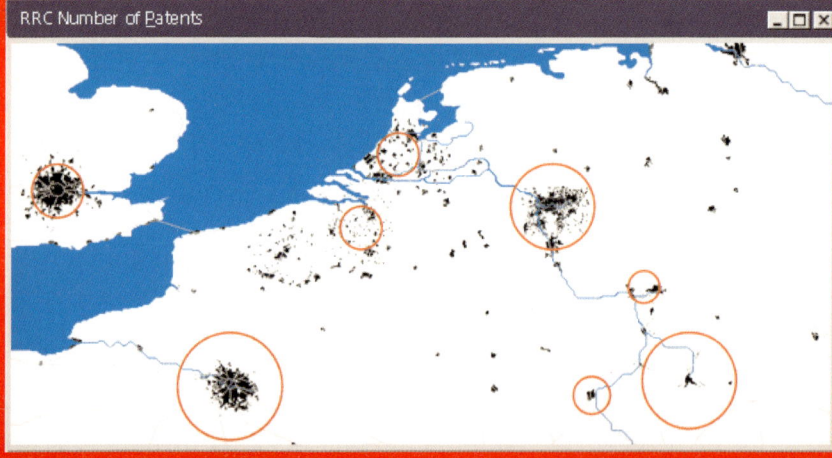

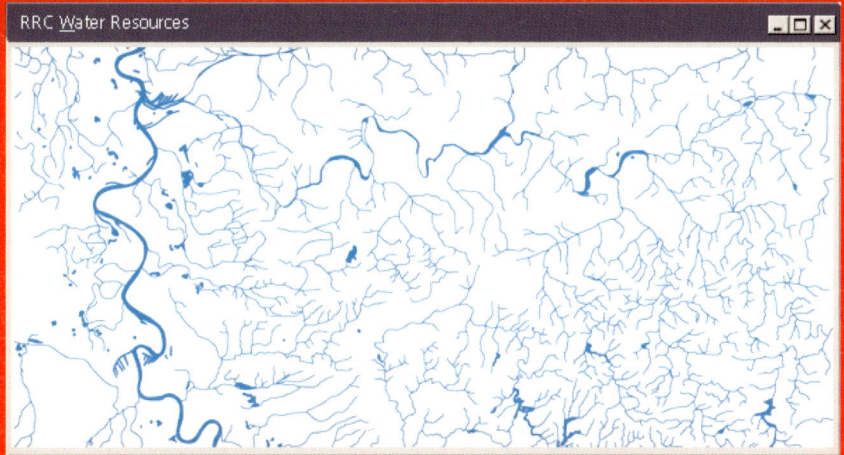
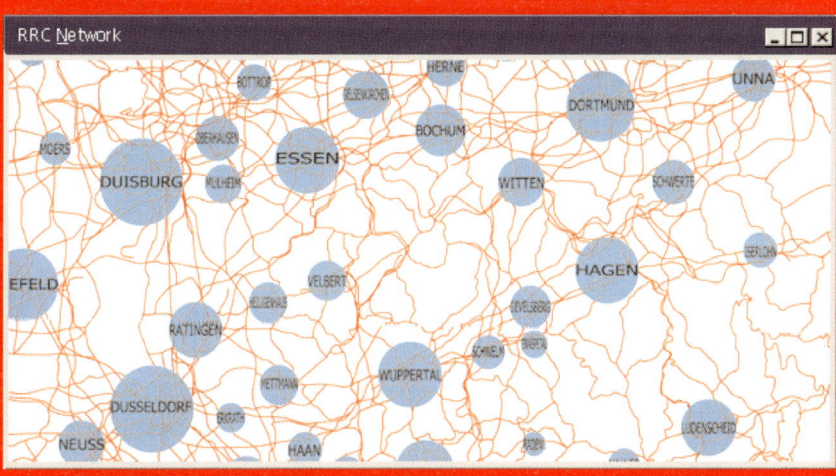
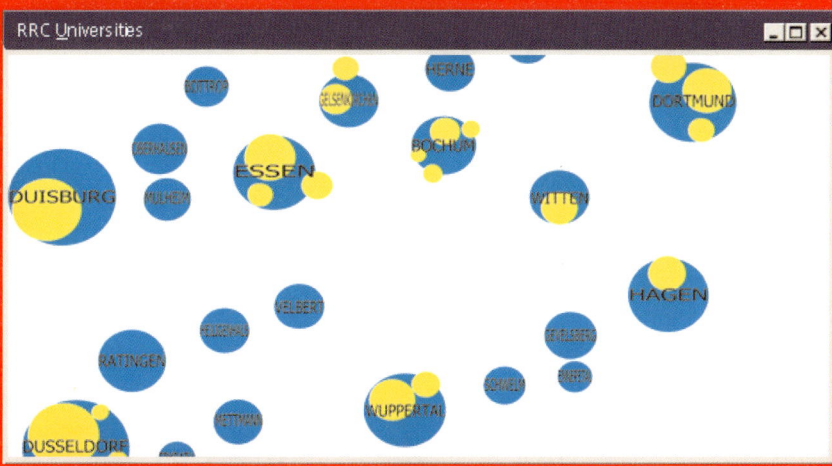

# Szenarien

Um die Möglichkeiten einer Region auszuloten, haben wir vier Extremszenarien aufgestellt. Allesamt wurden mithilfe der Logik des REGIONMAKER entworfen. Ausgangspunkt für den REGIONMAKER-Prozess sind die Wettbewerbsvorteile sowie die Probleme der Region. Sie dienen gegebenenfalls als Diskussionsplattform für den Vergleich der verschiedenen zukünftigen Entwicklungsmöglichkeiten.

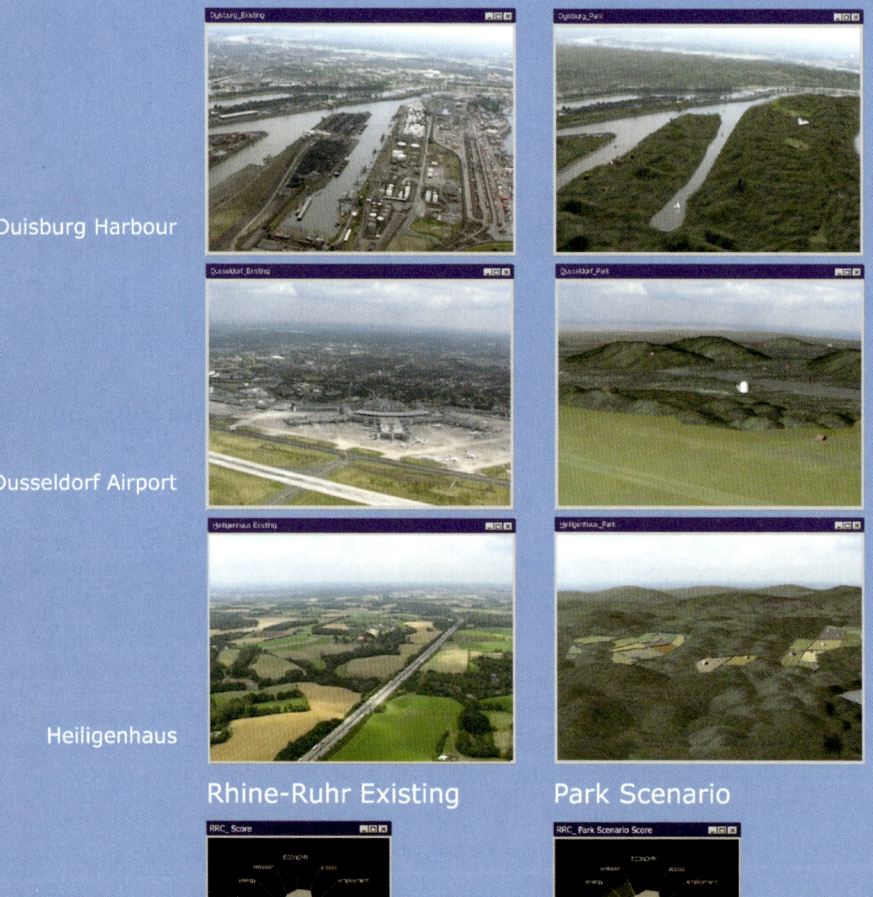

# Scenarios

To explore the possibilities of the region we set out four extreme scenarios. They all take postion through the logics of the REGIONMAKER. The competitive advantages as well as the regions problems are taken as a starting point for the REGIONMAKER process. They may serve as a platform for discussion, comparing different possible futures.

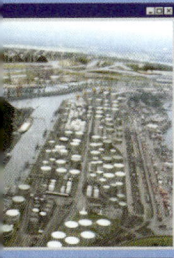
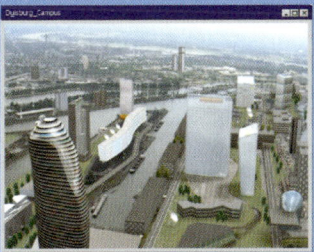
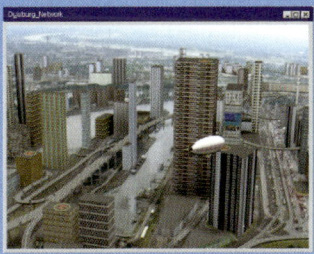

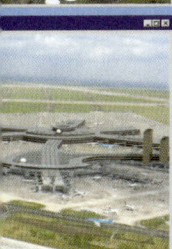
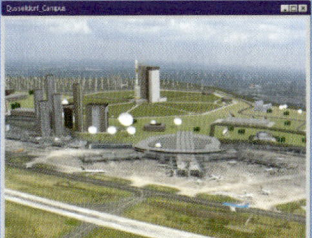
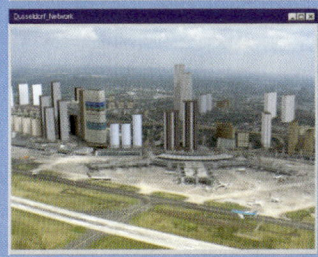

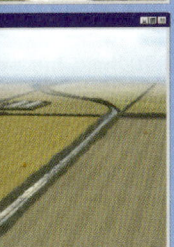
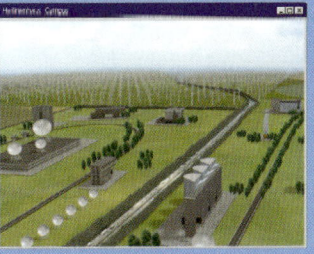
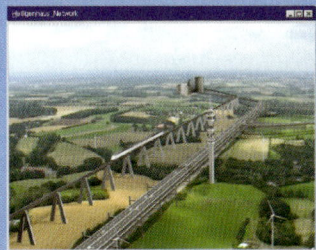

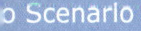

o Scenario          Campus Scenario          Network Scenario

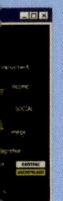
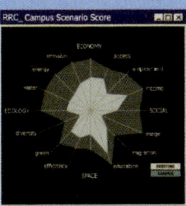
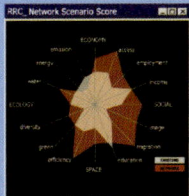

# PARK SZENARIO

Wie soll man dem Problem der Arbeitslosigkeit begegnen? Man kann Arbeitslosigkeit auch als Arbeitskräfteüberschuss in einer bestimmten wirtschaftlichen Situation ansehen. Unter diesem Blickwinkel ist es leichter, den Kreislaufeffekt dieses Phänomens besser zu verstehen: höhere Arbeitslosigkeit, schlechtes Image, geringere Neuansiedlungen von Unternehmen, noch mehr Arbeitslosigkeit. Man könnte also schlussfolgern, dass der Arbeitslosigkeit tatsächlich durch Abwanderung abgeholfen werden könnte: Den Arbeitnehmern müssten einfach nur bessere Möglichkeiten in einer anderen Region angeboten werden. Dabei würde man zunächst nach einer Region Ausschau halten, die wirtschaftlich besser gestellt ist, in der die kulturellen Differenzen aber nicht zu groß sind. Das würde bedeuten, dass man in erster Linie Westeuropa in Betracht ziehen würde. Am besten wäre es, wenn sich keine oder zumindest nur niedrige sprachliche Barrieren ergeben würden. In Frage kommen also der urbane Großraumbereich Westeuropas, der sich von London bis nach Mailand erstreckt. Da die Arbeiter ihre ursprüngliche Heimat nicht so weit hinter sich lassen wollen, werden sie sich der Wahrscheinlichkeit nach eher in Frankfurt (Merkmale: Finanzwirtschaft, Flughafen), der Vlaamse Ruit (Merkmale: Industriewirtschaft, Kultur), Berlin (Merkmale: Dienstleistungswirtschaft, Hauptstadt) und die Randstad (Merkmale: Verkehrsindustrie, Küstenregion) niederlassen.

Als Folge würden große Bereiche entvölkert. Die Gegend würde sich in eine urbane Wüstenlandschaft verwandeln, wie beispielsweise Detroit. Die Städte würden einen tragischen Niedergang erleben. Die übrige Bevölkerung wäre auf sich alleine gestellt. Sie würde wie eine verwaiste Großfamilie zurückbleiben.

Wie würde man auf eine solche Entwicklung reagieren? Wir könnten die Region dem natürlichen Lauf der Entwicklung überlassen, ihr eine Auszeit gönnen – zehn, zwanzig Jahre Siesta. Wenn wir die Region fünf Jahre lang sich selbst überlassen, wird alles von Kriechgewächs und Kletterpflanzen verschlungen sein. Nach weiteren fünf Jahren wäre alles mit Büschen und Sträuchern übersät. Nach 15 Jahren würden die ersten Bäume entstehen, und nach 25 Jahren wäre die gesamte Region von Waldflächen überdeckt. Nach 50 Jahren wäre die Ruhrregion der größte Naturpark Europas, der dann einen Großteil der $CO_2$-Produktion Westeuropas absorbieren und die Wasservorräte des Kontinents beträchtlich bereichern würde. Die urbane Unterlage würde der Artenvielfalt zu enormem Wachstum verhelfen. Flora und Fauna würden den harten aber durchlässigen Boden zersetzen und umwandeln. Das urbane Biotop gäbe vielen vom Aussterben bedrohten Arten ein neues Zuhause.

Auch für den Menschen würde das Ruhrgebiet ein äußerst beliebtes Reiseziel. Hier könnte man dem Stress des Alltags entfliehen. Auch Ökotouristen würden die Gegend bereisen. In dem Aufsehen erregenden Stadtbild, das von der Pflanzenwelt vollkommen überwuchert ist, kann man hervorragend Wandern, Hiken, Klettern.

Auch Forscher würden sich für das neue Gebiet interessieren. Sie würden sich entweder mit den neuen Wäldern als Ökosystem beschäftigen oder im Dunkel der Wälder den Weltraum erkunden. Mit so vielen „unterirdischen" Universitäten würde die Region die Aufmerksamkeit von Akademikern erregen. Ein paar Hotels würde man noch erhalten, dort finden dann Besucher Quartier. Observatorien und verdeckte Hochstände für Vogelkundler würden zwischen den Baumwipfeln hervorschauen

# PARK SCENARIO

What to do about unemployment? Unemployment can be seen as a surplus of people for the current economy. This helps inunderstanding its circular effect: more unemployment, bad image, less immigration of new companies, more unemployment. So let's solve the unemployment by emigrating from the area, and provide the unemployed better opportunities elsewhere. They would look first of all for a place with a better economy, but they also want to stay within a comparable culture. This means that they will mainly look around in Western Europe. Most likely they would even demand to speak the same or similar language.

So people will remain within the urban rim of Western Europe, which stretches from London's metropolitan area to Milan. As they want to stay as close to home as possible, they will end up in Frankfurt (financial economy/airport), Vlaamse Ruit (industrial economy/culture), Berlin (service economy/capital) and Randstad (transport economy/seaside).

As a consequence, large areas will not be used anymore. The landscape transforms into a deserted city, like Detroit. Not only will there be less houses, but also the services will decline and everything else that belongs to the city. What remains is a very sparse population, mostly reliant on itself. They are almost autonomous single families; suprasuburban. Now, what to do with all this empty space?

We could let it take it's natural course, giving the region some sabatical decades. If we maintain nothing in the area for 5 years, the complete surface will be taken over by creepers. After another 5 years, bushes and stepps plants will have emerged. 15 Years afterwards, the first forestwood will mature. Some 25 years after abandoning the area, a new canopy of forest hovers over the former urban deck.

After 50 years the Ruhrregion is the biggest natural park of Europe, absorbing a lot of the $CO_2$ production of Western Europe and contributing immensly to the Eurregional water supply. The urban underlayment constitutes a powerfull generator of biodiversity. Plants and animals all transform this hard but porous soil in a unique manner. Very rare species get a new chance in this urban biotope.

For people too, the Ruhr becomes an exceptionally attractive environment. The people who stay are completely free of neighbours. They live in close contact to their direct surroundings.The area is also visited by eco-tourists. They venture into the spectacular overgrown cities, hiking and climbing. And then there are the researchers. A small group of people that study either the ecology of the new forest itself, or use the forests' darkness for space observation. With so many universities contained, the Rhine-Ruhr region becomes a new centre of new attention.

This is how exceptions on the green blanket appear. There are scattered houses, with the small patches of land they use for food. In the former city centres, some odd hotels have stayed, facilitating visitors. Space observatories and birdwatch facilities protrude the treetops.

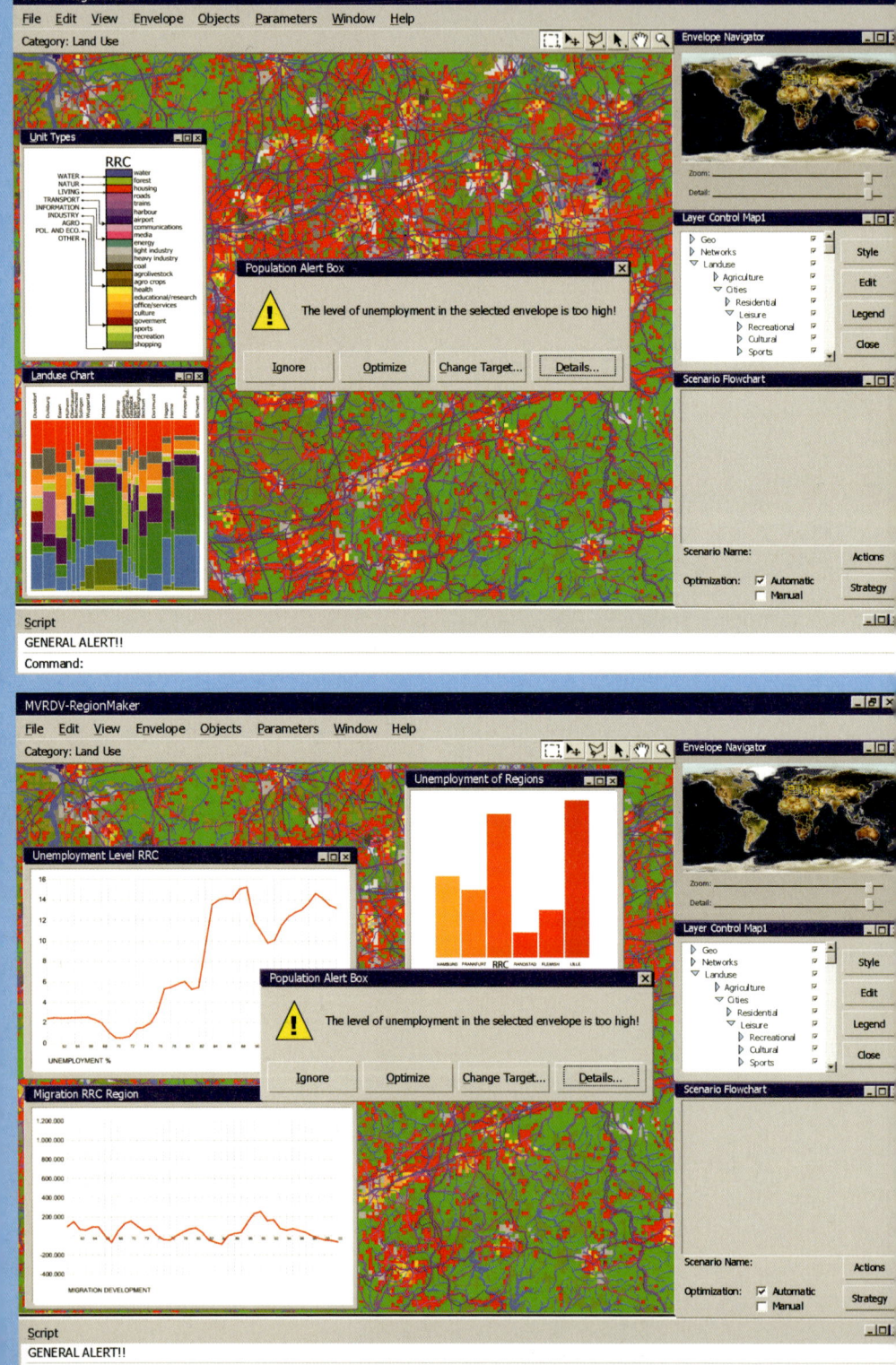

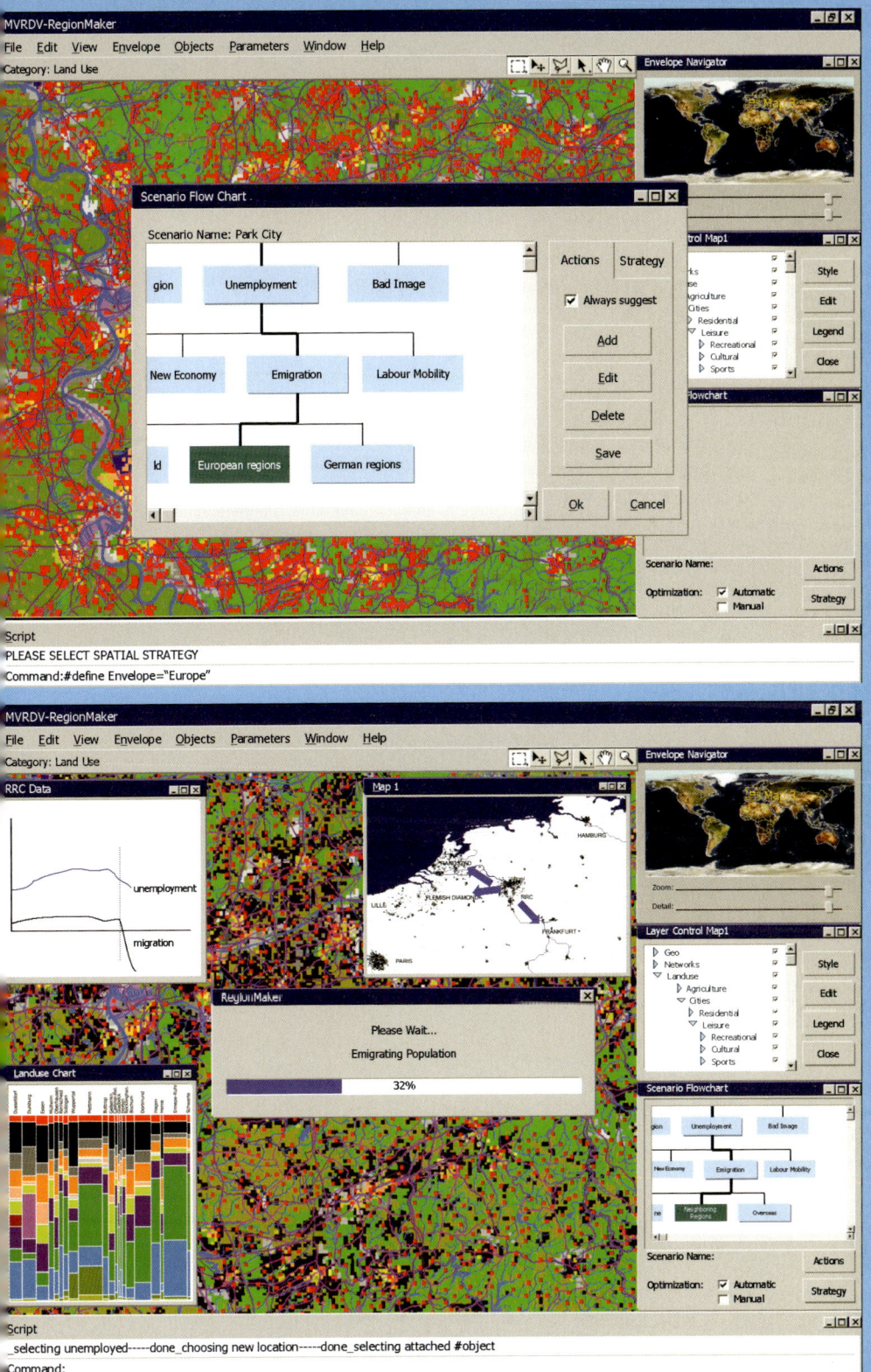

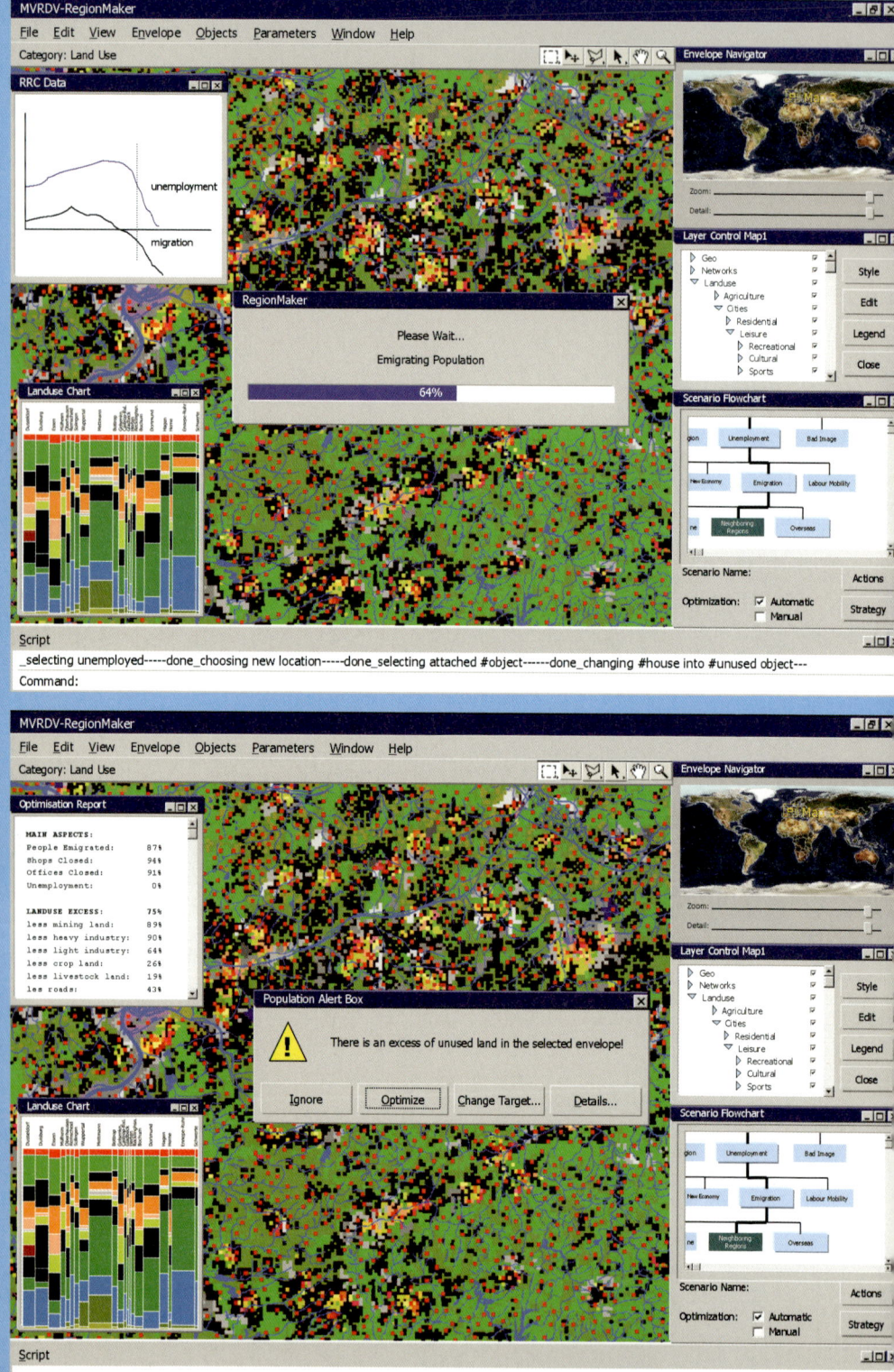

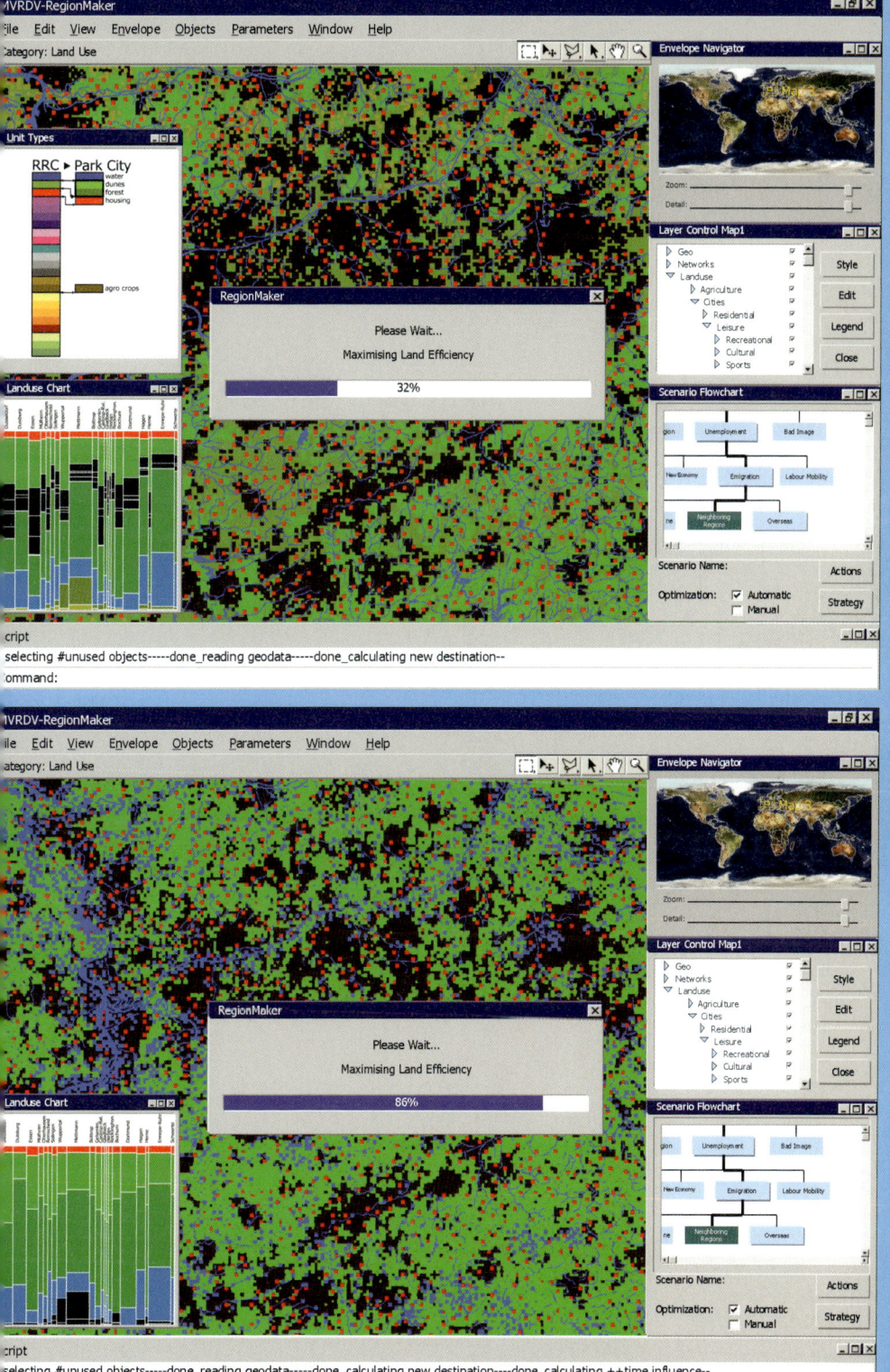

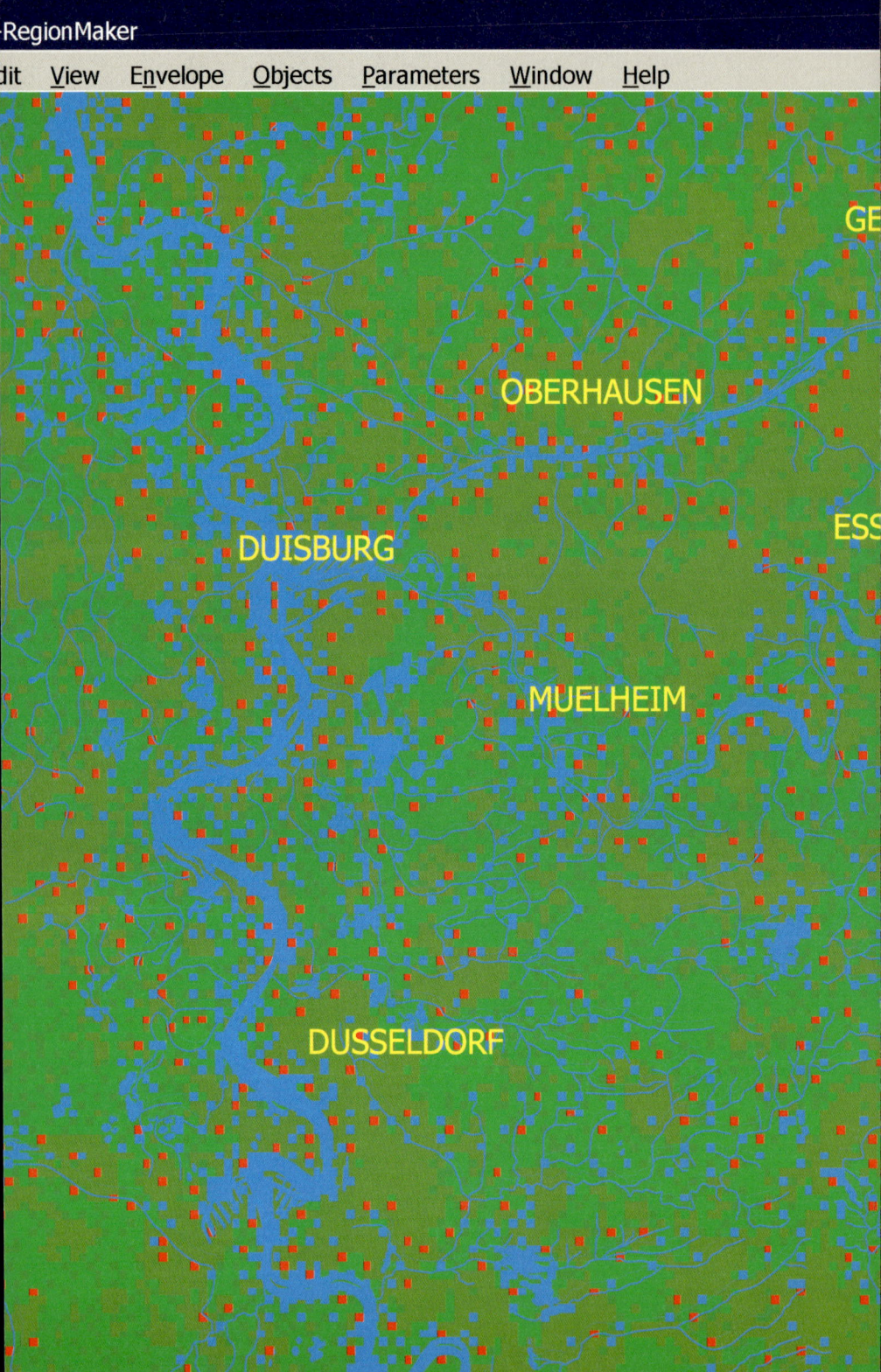

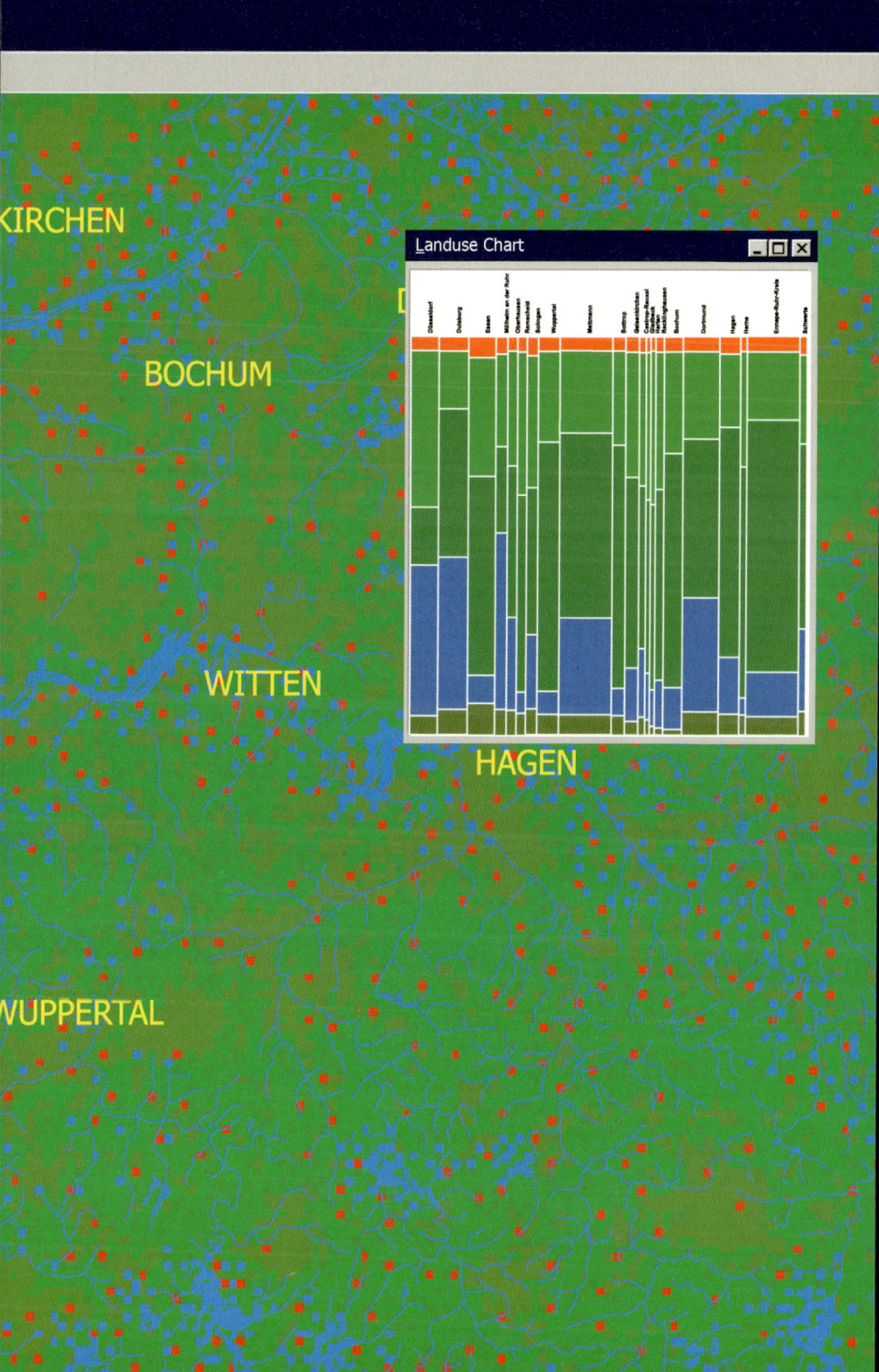

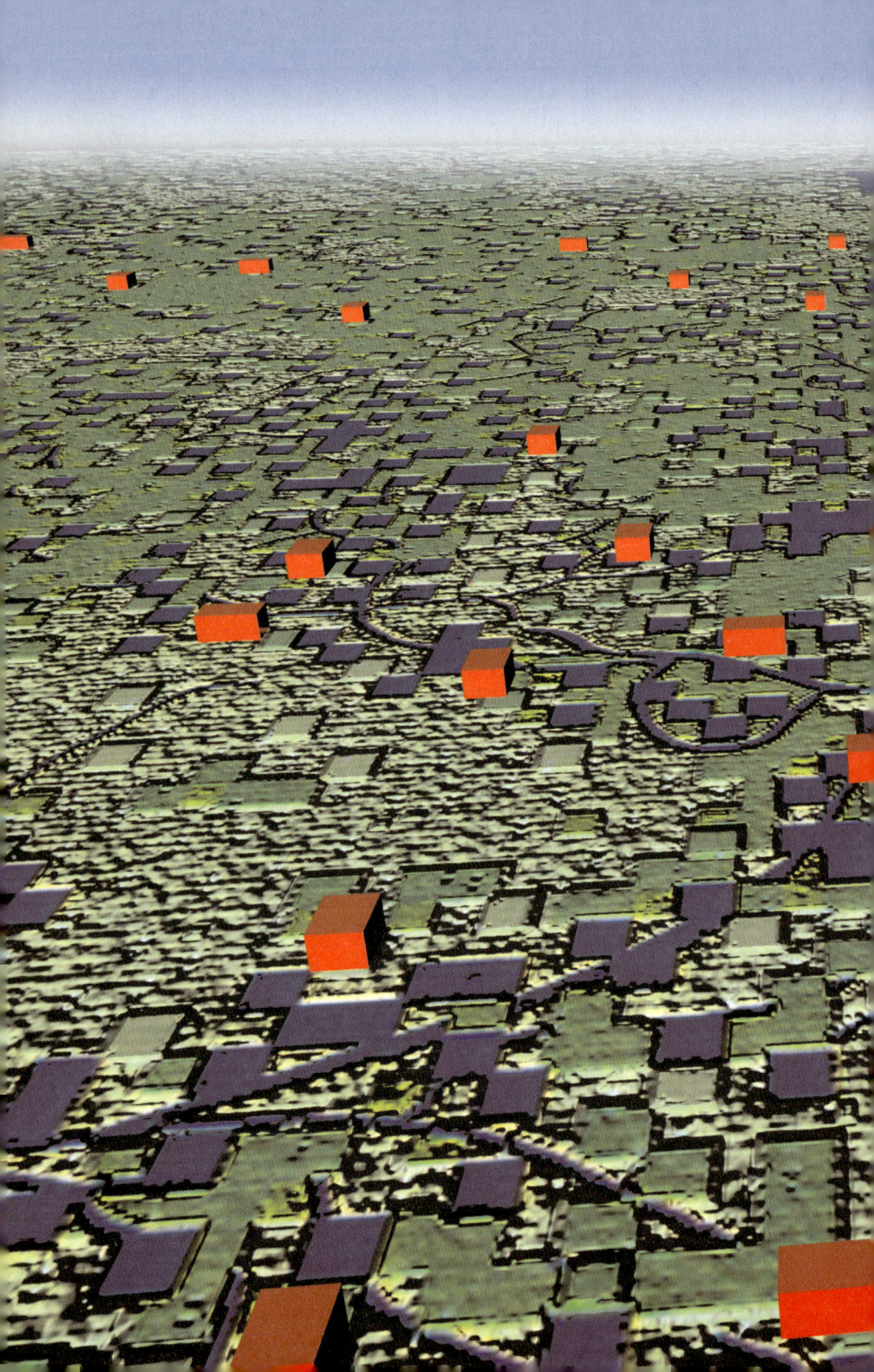

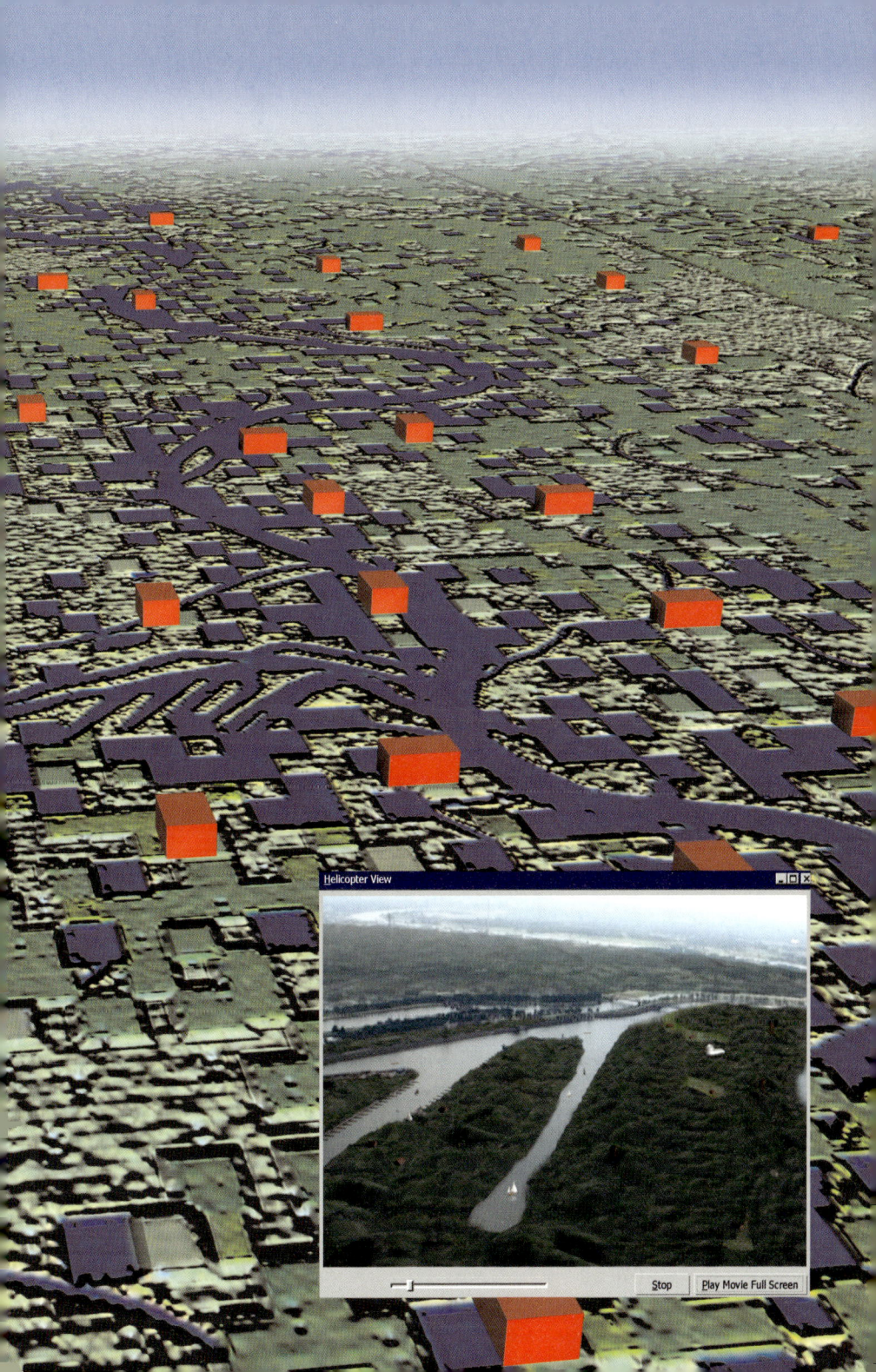

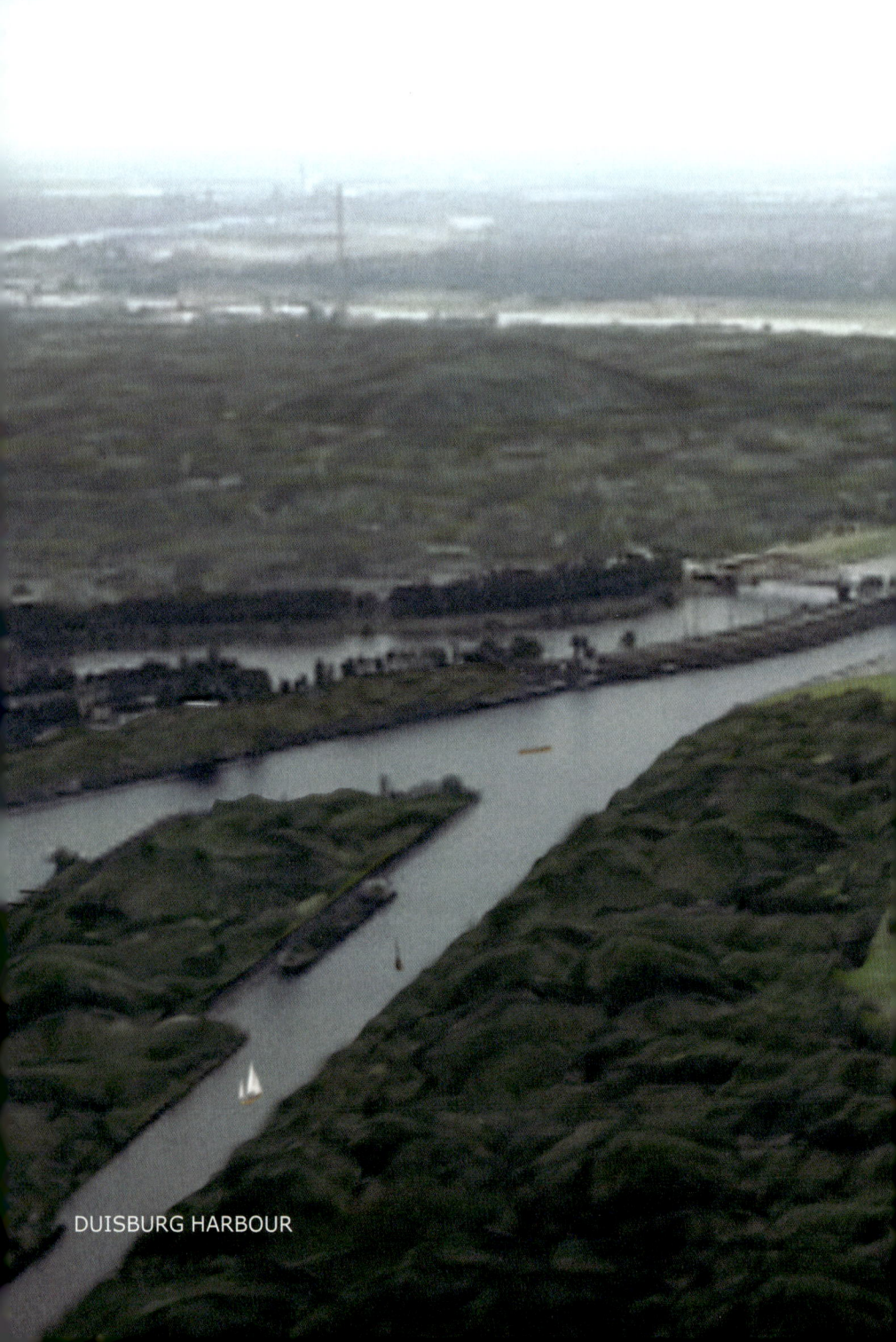

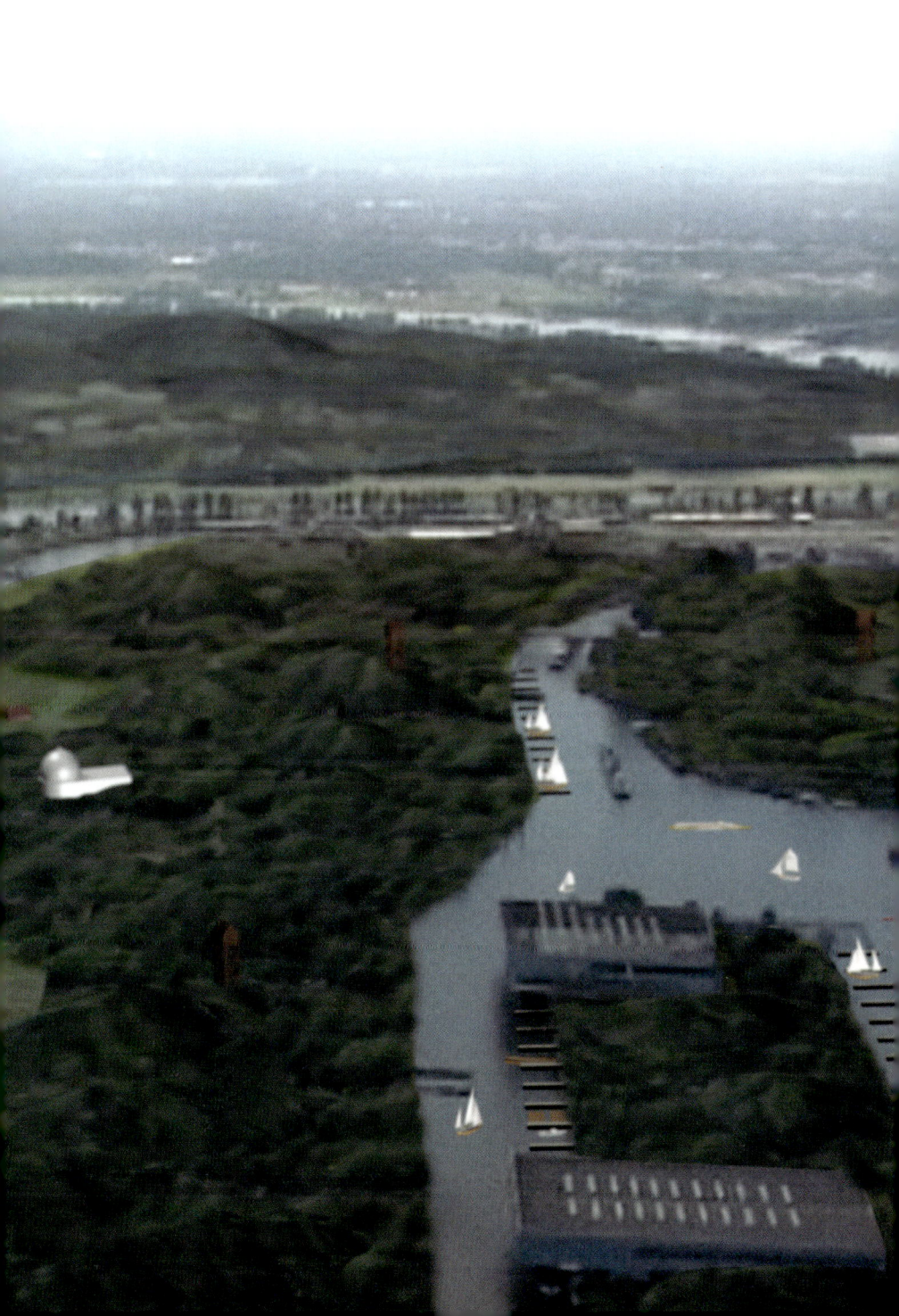

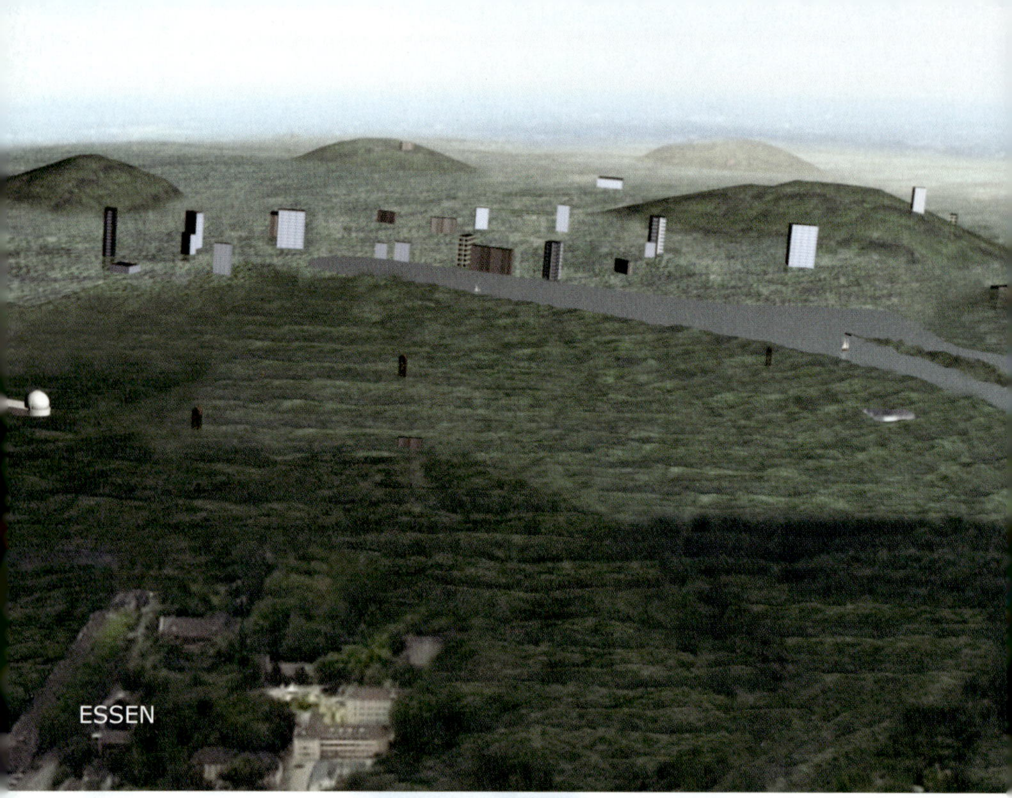

ESSEN

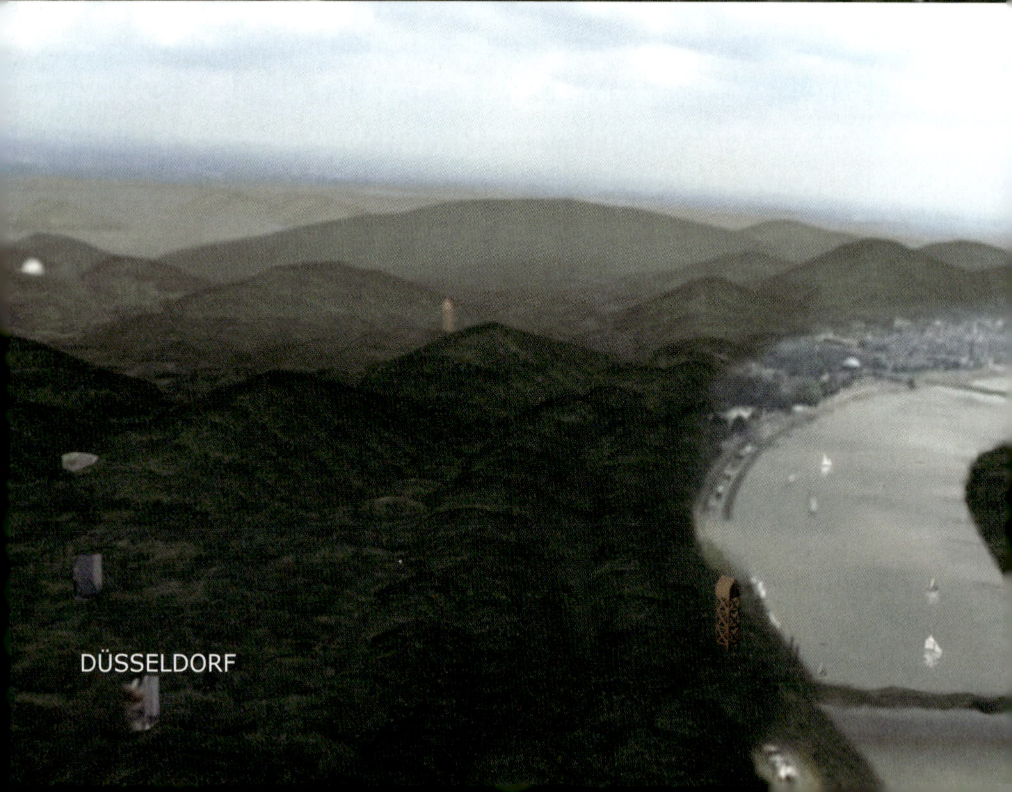

DÜSSELDORF

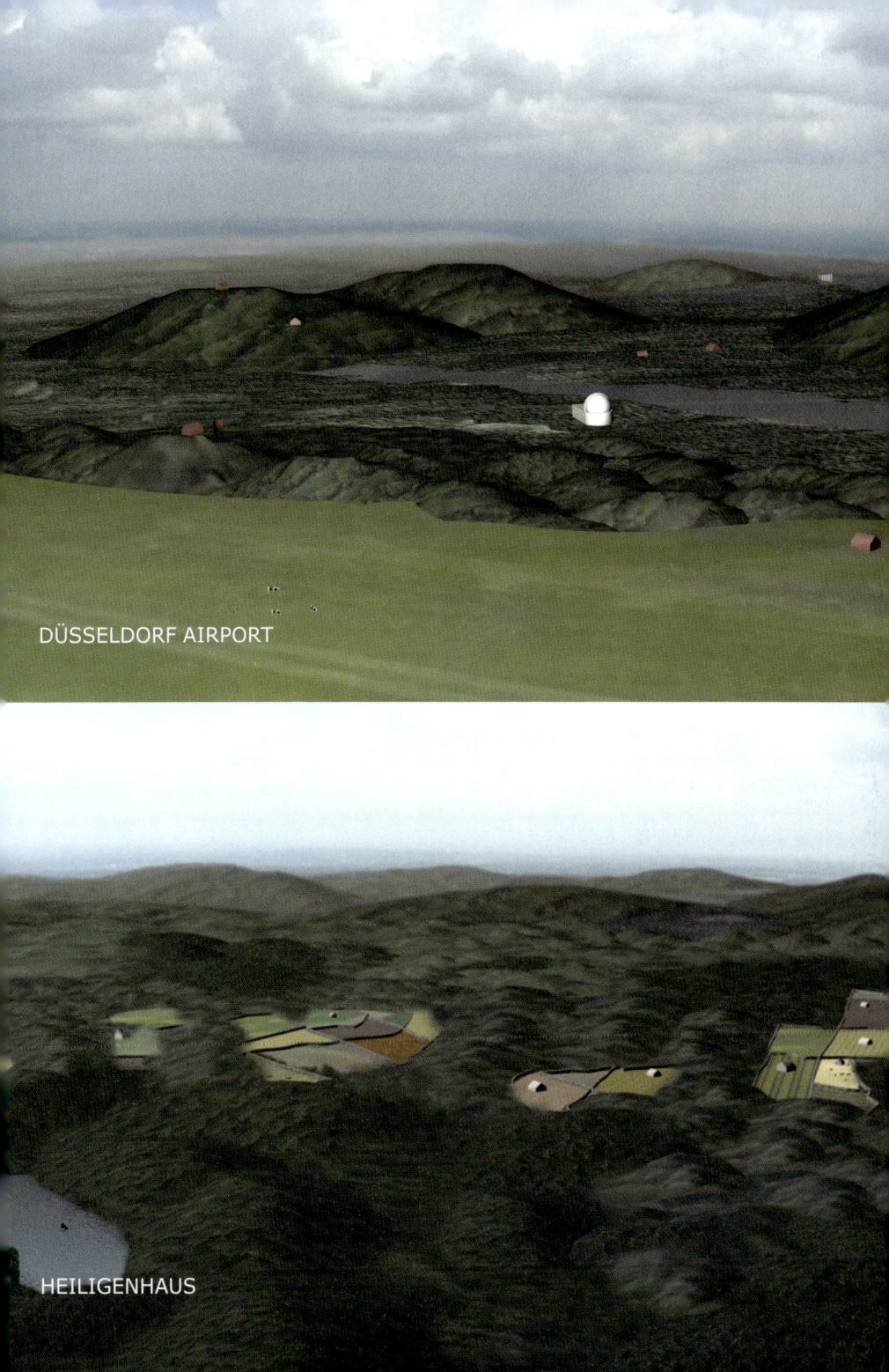

# DAS ARCHIPEL SZENARIO

Es ist von Vorteil, eine Vielzahl flexibler Wirtschaftszweige vor Ort zu haben, anstatt eine große, schwerfällige, monofunktionale Industriezone. Wie ist es möglich, die Region von der hohen Standardisierung und dem Rauchschwadenimage zu befreien? Die Umstellung der Rhein-Ruhr-Region auf die Branchen Dienstleistungen und Finanzen, die eine viel breitere Palette an Möglichkeiten für die Herstellung von Arbeitsgeräten, Energie, Nahrungsmitteln, Biotechnologie, Medien, Kommunikationstechnologie usw. bieten, zeichnet sich bereits ab. Welchen Wirtschaftszweigen stehen hier Entwicklungsmöglichkeiten offen? Wie legt man sich auf die richtige Vorgehensweise fest?

Zunächst einmal sollten die bereits existierenden Branchen vor Ort gestärkt werden. Man könnte lokale Initiativen in die Wege leiten und die regionale Wirtschaftsaktivität anregen. Solche Maßnahmen könnten beispielsweise durch eine neue Steuerpolitik in die Wege geleitet werden. Das wäre eine Möglichkeit, die „Artenvielfalt" der Unternehmen unterstützen.

In einem zweiten Schritt könnte man die Region in ein Mosaik von Städten und Kommunen umwandeln, die sich im Wettbewerb ergänzen und nicht im Weg stehen. Es lässt sich bereits erkennen, dass die meisten Städte der Region eine Kernfunktion ausüben und dass diese Städte sich langsam zu einem einheitlichen Gebilde formieren.

Ein stark vernetztes „Archipel" mit verschiedenen Spezialisierungszonen würde so entstehen, das schnell auf neu entstehende bzw. unbekannte ökonomische Prozesse reagieren kann. Es ist diese extreme „polynukleare Komposition", also der Verbund mehrerer Kernzonen, die die regionale Wettbewerbsfähigkeit antreibt. Wie aber würde eine solche Region genau aussehen? Oder sollen wir sie vielleicht doch lieber als „Stadt" bezeichnen?

Essen würde sich zum Zentralbezirk des Business wandeln. Anwaltskanzleien, Werbeagenturen, Finanzinstitute usw. würden sich im Stadtzentrum ansiedeln. Die Türme der Unternehmensgebäude würden hoch in den Himmel aufragen, wie im Pariser Stadtteil La Defense oder in Downtown Los Angeles.

Mülheim würde sich nach wie vor in erster Linie durch die Wohngebiete auszeichnen. Man könnte die Wasser- und Seeanlagen ausbauen, einen Jachthafen einrichten. Dann wäre Mülheim eine Mischung aus einem modernen Venedig und einer Siedlungskolonie in einem Küstenvorort der USA. Breit angelegte Möglichkeiten zum Segeln, Baden und für Wassersportarten würden die Lebensqualität steigern.

Oberhausen wäre ein einziges großes Shoppingcenter – das Kaufhaus Europas. Die ganze Stadt ist auf Shopping und Einzelhandel ausgerichtet. Jedes Produkt, das es auf der Erde gibt, würde hier zum Kauf angeboten. Die ganze Stadt wäre ein gigantisches Auslagefenster.

Duisburg wäre nach wie vor die Stadt mit dem größten Binnenhafen der Welt; er würde sogar noch ausgebaut werden. Die ganze Stadt wäre ein einziger gigantischer Hafen, das Archipel wäre dann das „Hinterland".

Der Düsseldorfer Flughafen würde den gesamten Luftverkehr auffangen, den Schipol oder Frankfurt nicht mehr abfertigen können. Er würde dann als Megaflughafen zur wichtigsten Drehscheibe des Flugverkehrs in Mitteleuropa.

Die Stadt Düsseldorf würde ein Stadttraum, in dem sich eine Vielzahl an Unterhaltungs- und Freizeiteinrichtungen konzentrieren: Theater, Filmhäuser, öffentliche Anlagen zum Spazierengehen und Wohnen. Düsseldorf würde zum Manhattan der Region, wobei aber der Rhein eine größere Rolle einnehmen würde, wie beispielsweise in Shanghai oder Hongkong.

Bochum würde zu einer Megauniversität, an die alle Universitäten der Region angeschlossen werden. Die Stadt würde zum Mekka der Wissenschaft. Auch Kongresszentren, Museen und ähnliche Einrichtungen würde man betreiben. Aufgrund der hohen Konzentration müsste man die Museen nicht subventionieren; sie würden profitabel wirtschaften.

Wuppertal würde zum Megapark, mit direkter Anbindung zum Ländlichen und mit einer hochmodernen Agrarproduktion.

Mettmann würde das Zentrum des europäischen Gesundheitswesens. Umgeben von einer wunderschönen Landschaft mit Wäldern, Seen und Flüssen würde ein riesiges Klinikum entwickelt, in der Art des "Medical Center" im US-amerikanischen Houston. Der Spezialisierungsgrad der Ärzteschaft wäre höher als irgendwo sonst auf der Welt.

Köln würde zur Hauptmedienstadt der Region; riesige Studiokomplexe und Unternehmen der Computerunterhaltungsindustrie würden sich hier niederlassen.

Hilden würde zum größten IT-Portal in Europa.

# ARCHIPELAGO SCENARIO

It is better to have a multitude of small, flexible economic sectors than the big industrial monofunctional zone. How to come down from the large standardisation and the smokestack image? Already we can see the Rhine Ruhr Region resetting itself to the service and financial sectors, where there are many more options in toolmaking, energy, food, biotech, media, ICT and so on. What economies stand a chance to emerge? How to choose new targets?

First of all, we should strengthen the existing, locally embedded economies. The region could enhance local initiatives, encouraging bottom up economic activity. This can be done for instance by changing tax policies. Then the number of different types of enterprise would increase.

The second step is to convert the Rhine Ruhr region into a mosaic of collaborating, instead of competing municipalities. Already we can see that most cities within the region have a core function, and they that together form a whole. What you miss in one city, you will find in another. Let's enhance these core functions, concentrating every municipality on the strongest sector it has.

It avoids competition and loss of money and it creates a cohesive region. It encourages trade and interdependancy. Every municipality contributes to the survival of the region, by focussing on its' own characteristic strengths, fully living up to it's potential.

A strongly interrelated 'archipelago' of specialisations appears, that can respond swiftly to upcoming and unknown economical processes. It is the extreme PolyNuclear composition, enhancing the metropolitan vigilance of communal competitiveness. But what would this region look like? Or should we call it a city?

Essen becomes the Super Business District of the region. Legal offices, advertising agencies, financial sectors, all concentrate in the center of this city. Towers will grow sky high, like in Paris La Defense and LA downtown.

Mühlheim keeps its residential character. It could enhance the lake water surface, so that it becomes a Marina City, inbetween a modern Venice and a suburban ocean colony in the USA. Leisure sailing, bathing and water sports become the a factor of a high living standard.

Oberhausen will be one big shopping centre: the Mall of Europe. Everything in the town is devoted to shopping and retail. Everything you can buy on earth is displayed. The whole town becomes a shopwindow.

Duisburg remains the biggest European inland harbor, growing to extreme proportions. The whole city serves the harbor, the archipelago becomes it's prime hinterland.

Düsseldorf Airport will attract all the air traffic that Schipol or Frankfurt can no longer deal with. It will turn into the main hub in central Europe, a Super-airport.

Düsseldorf City becomes the Space for Urbanity, concentrating huge amounts of leisure facilities, theaters, cinemas, public spaces for walking and living. It becomes the Manhattan of the region, but with a closer relationship to the river, like Shanghai or Hong Kong.

Bochum is turned into a Super University. All universities of the region are incorporated. Bochum will be every scientists Mecca. The city also facilitates congresses, musea and other related industries. Because of the high concentration, the musea don't cost money; they make profits.

Wuppertal becomes a Super Park, connecting to the countryside and leading a high-end agriculture production.

Mettman will host the main european health complex. Surrounded by an incredible landscape of forests and water, a huge medical center will be developed, such as those of Houston in the USA. It will be a fine resort where people come to consult the most specialised physicians on earth.

Koeln becomes the media centre, facilitating huge studio-complexes and computer entertainment industry.

Hilden becomes the biggest IT portal in Europe.

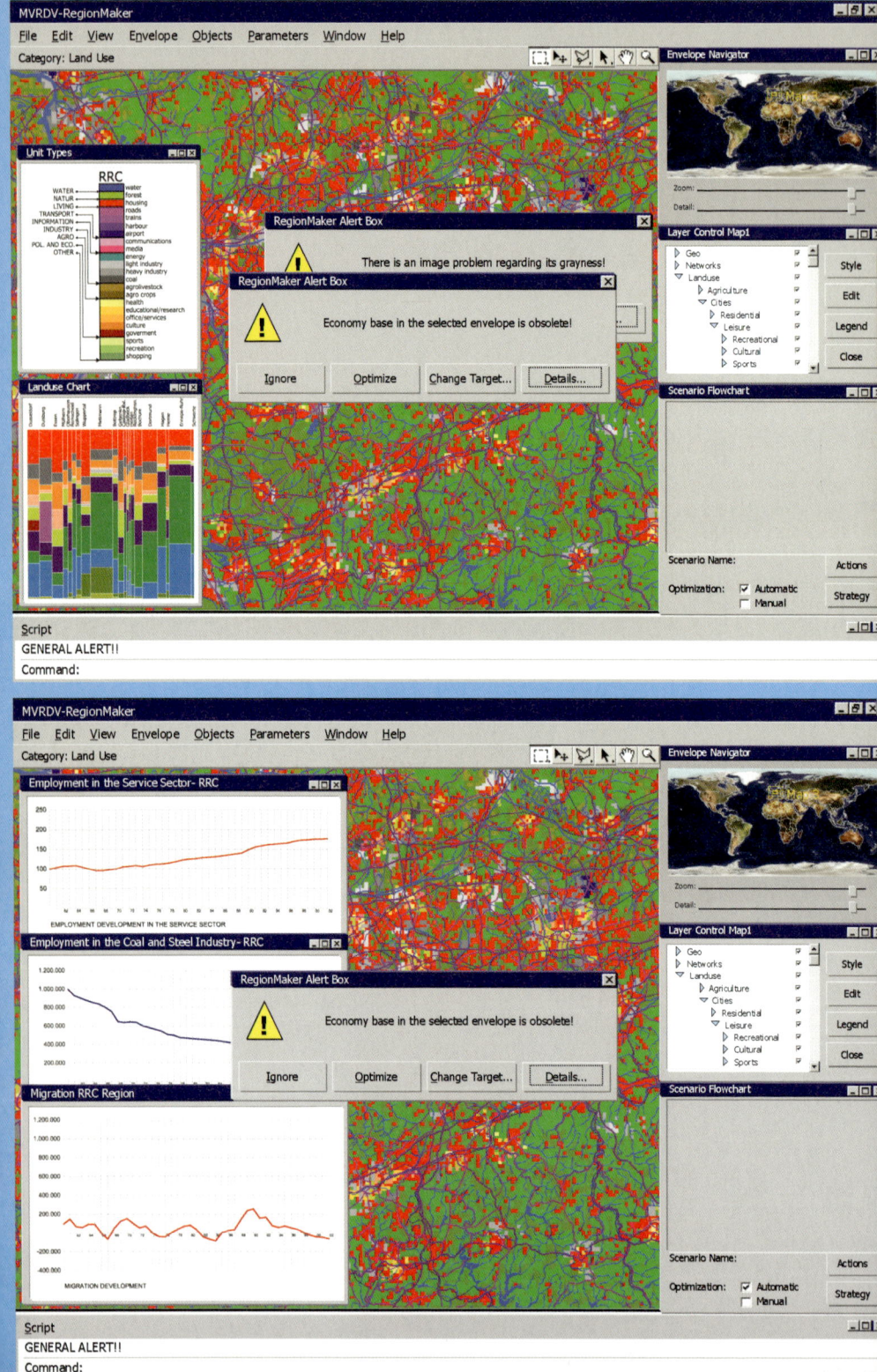

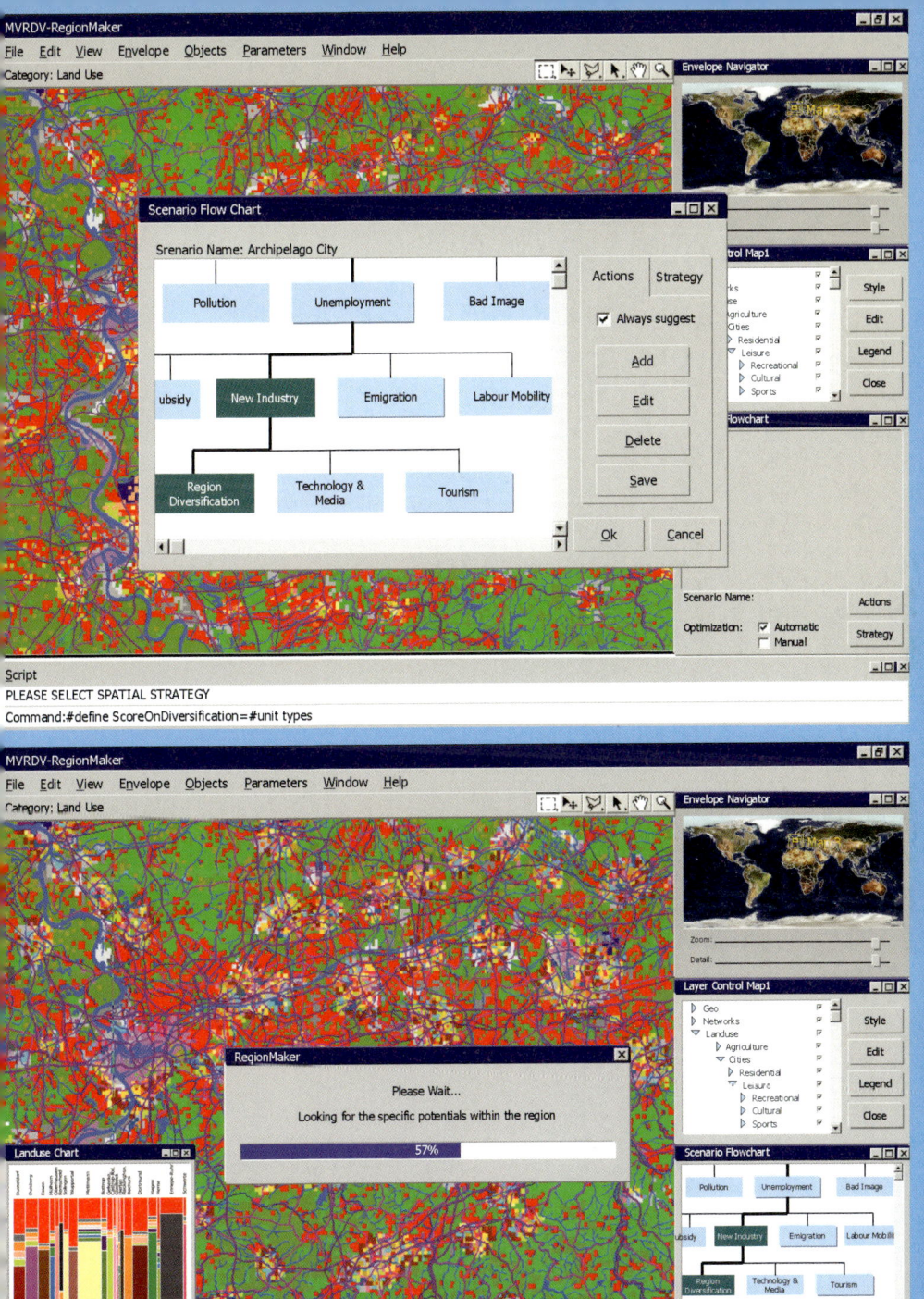

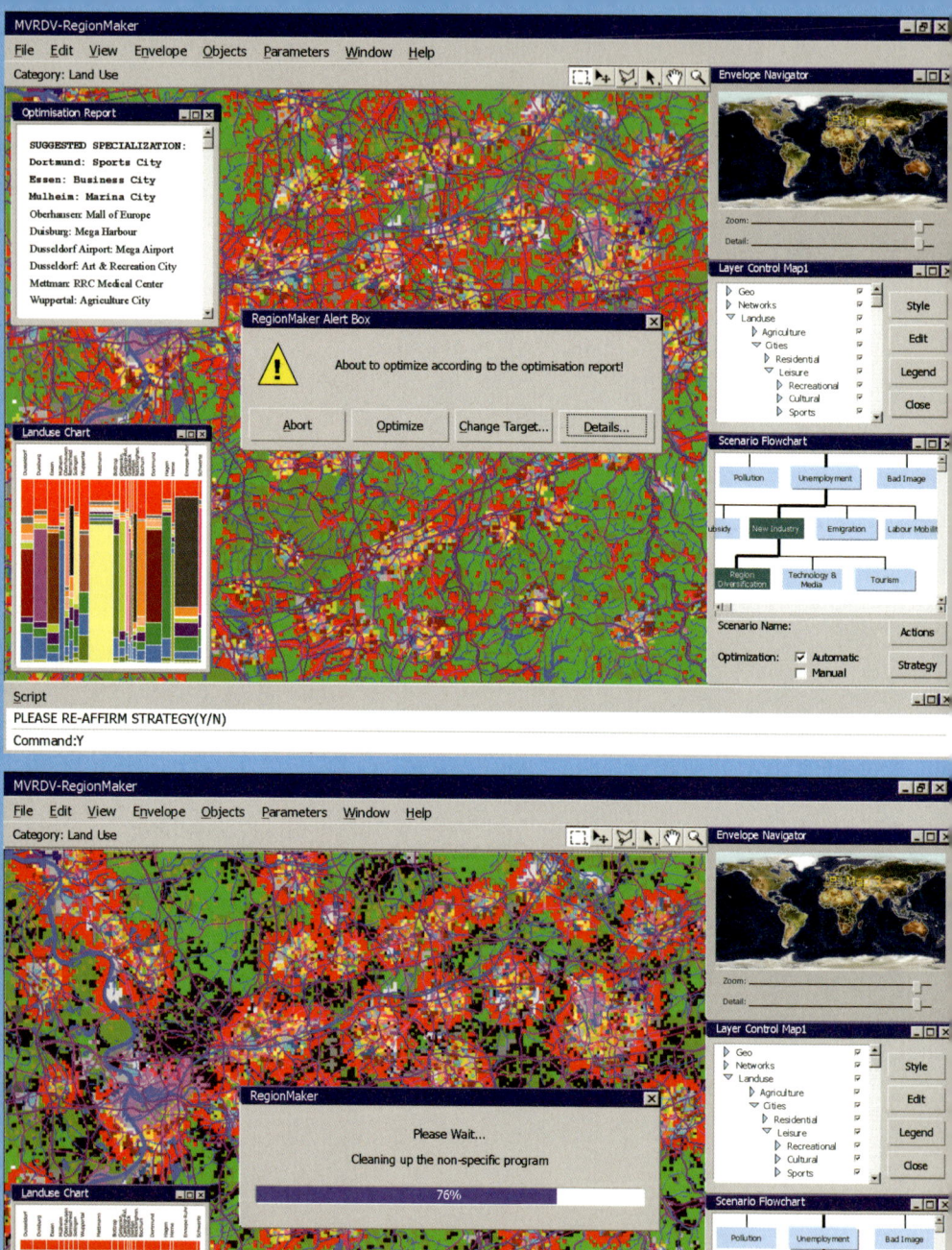

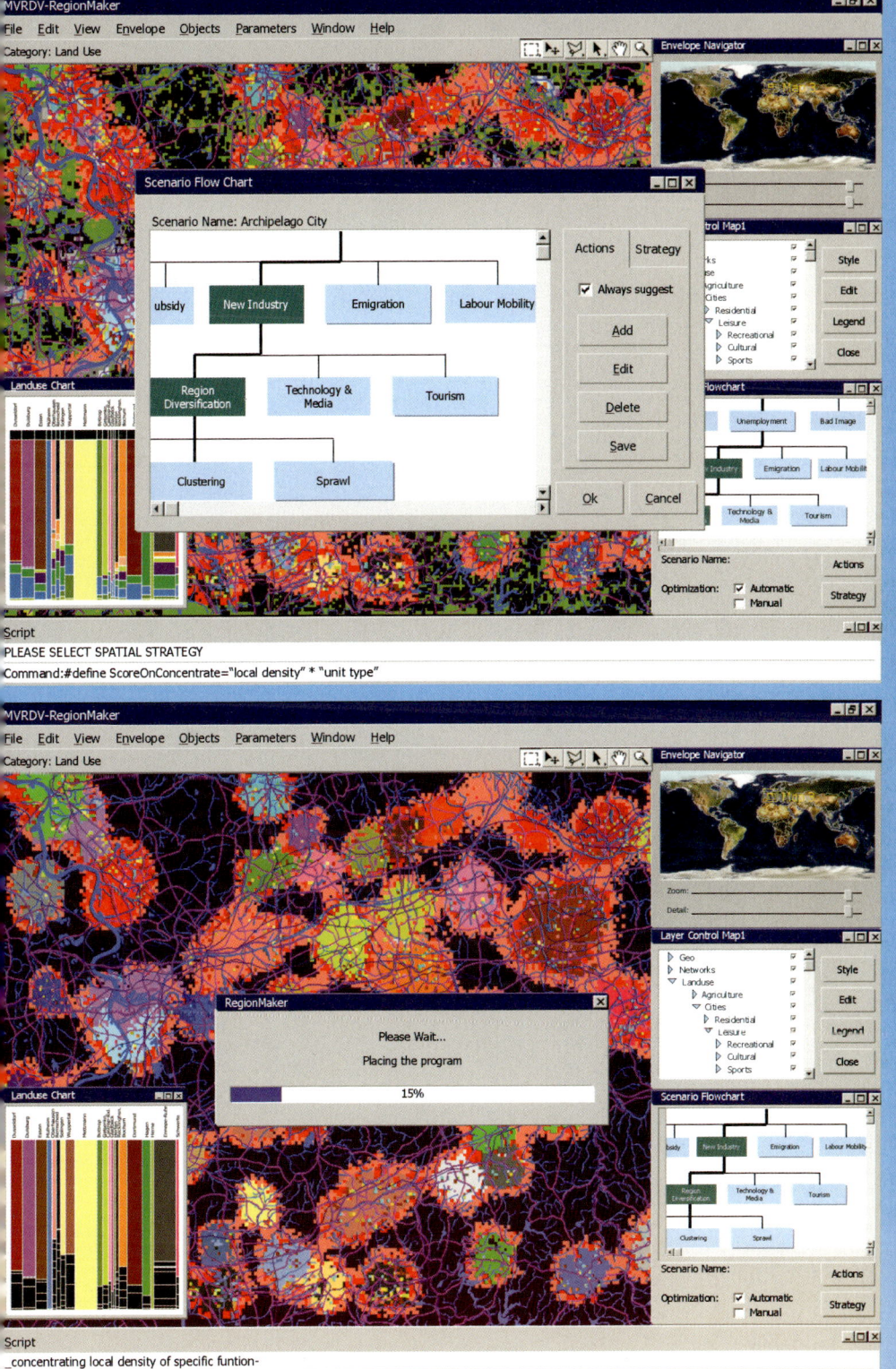

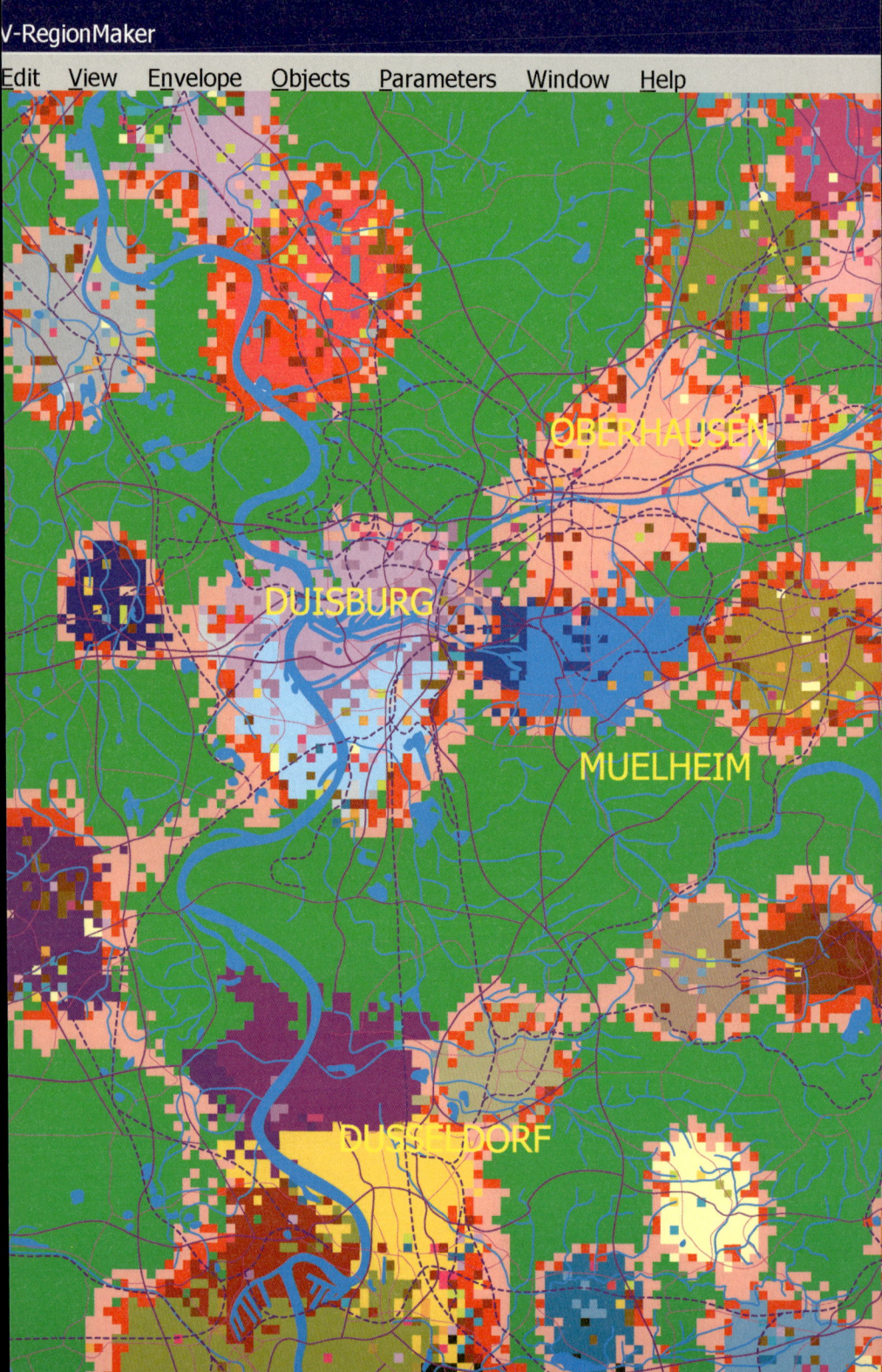

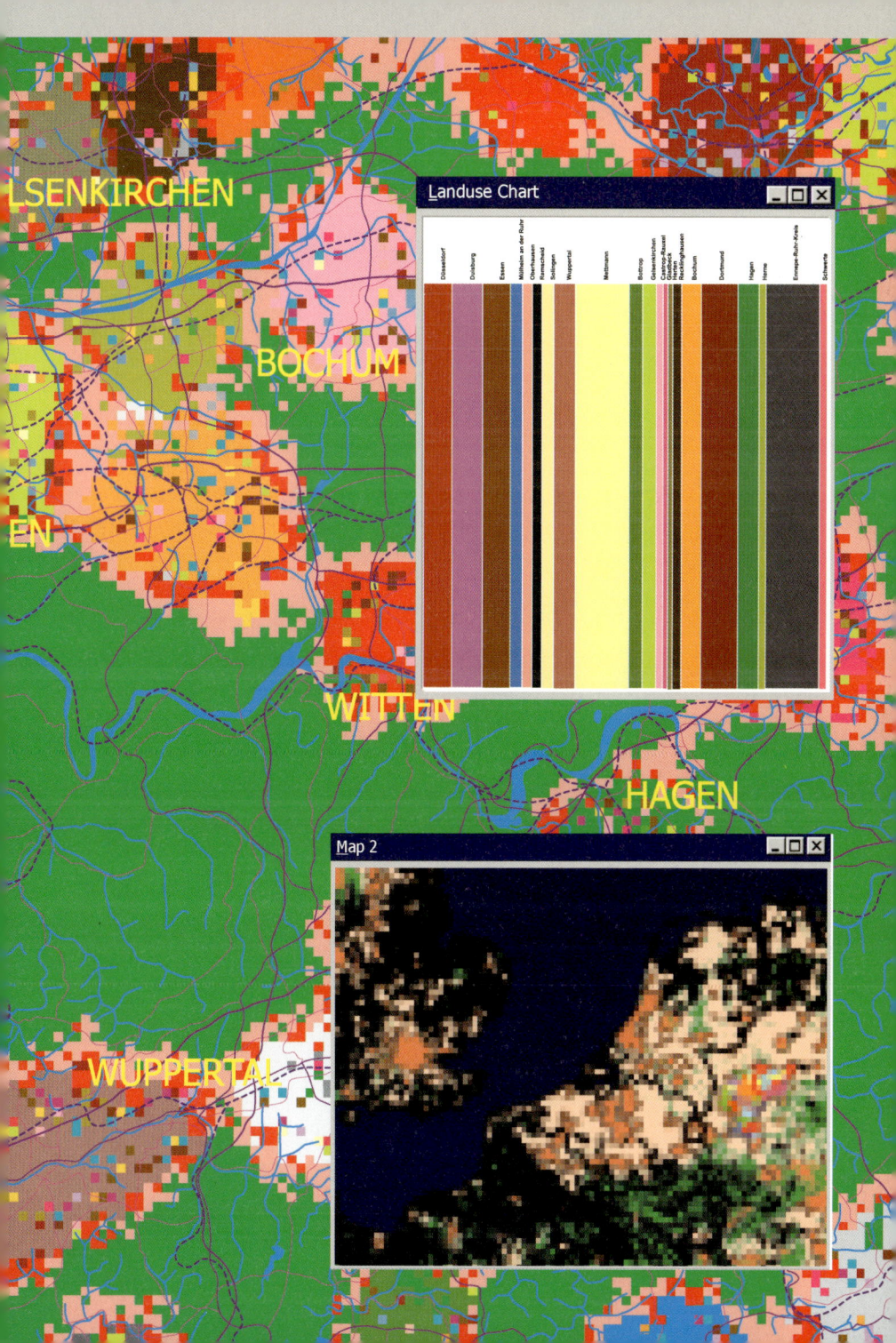

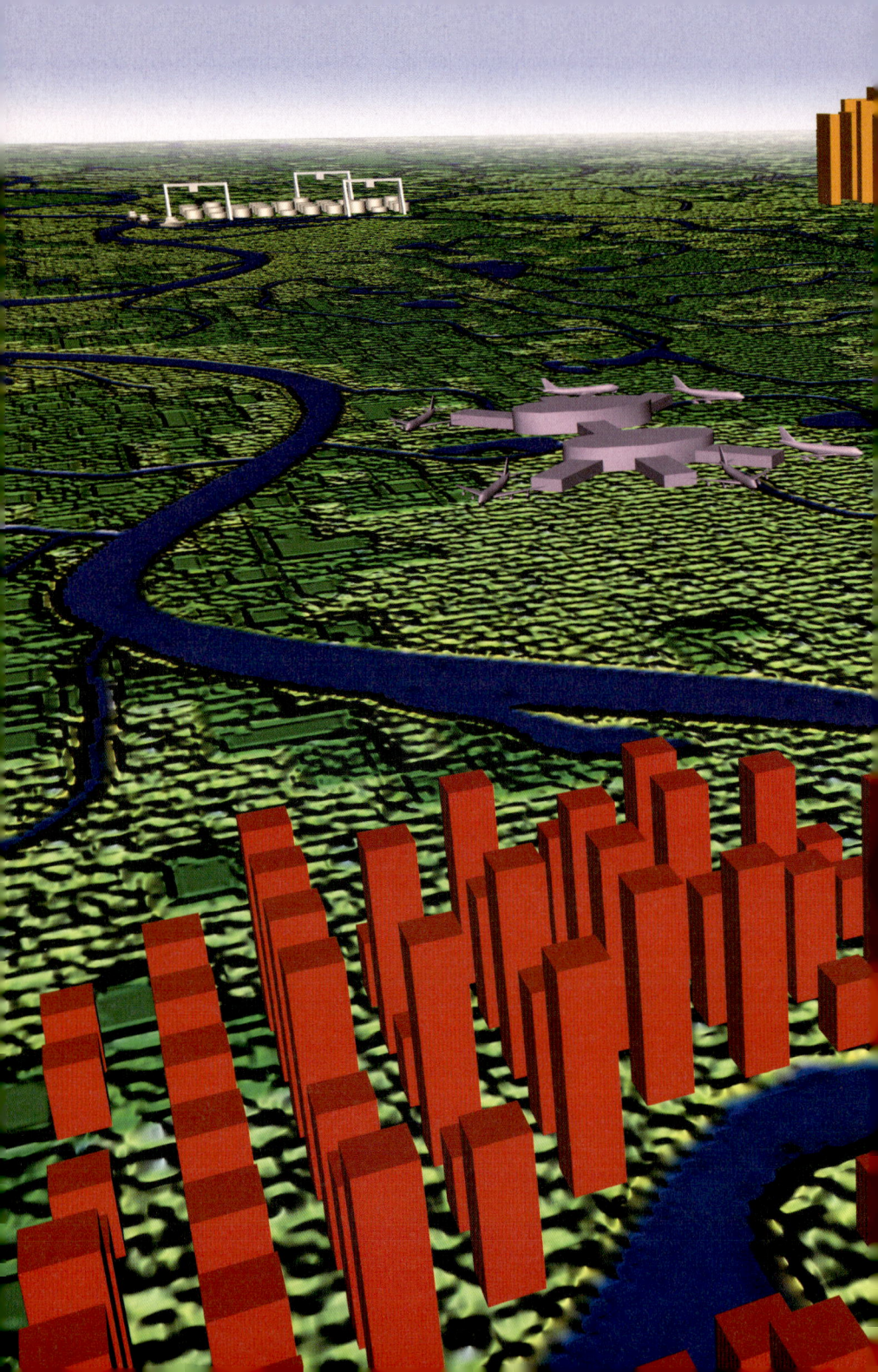

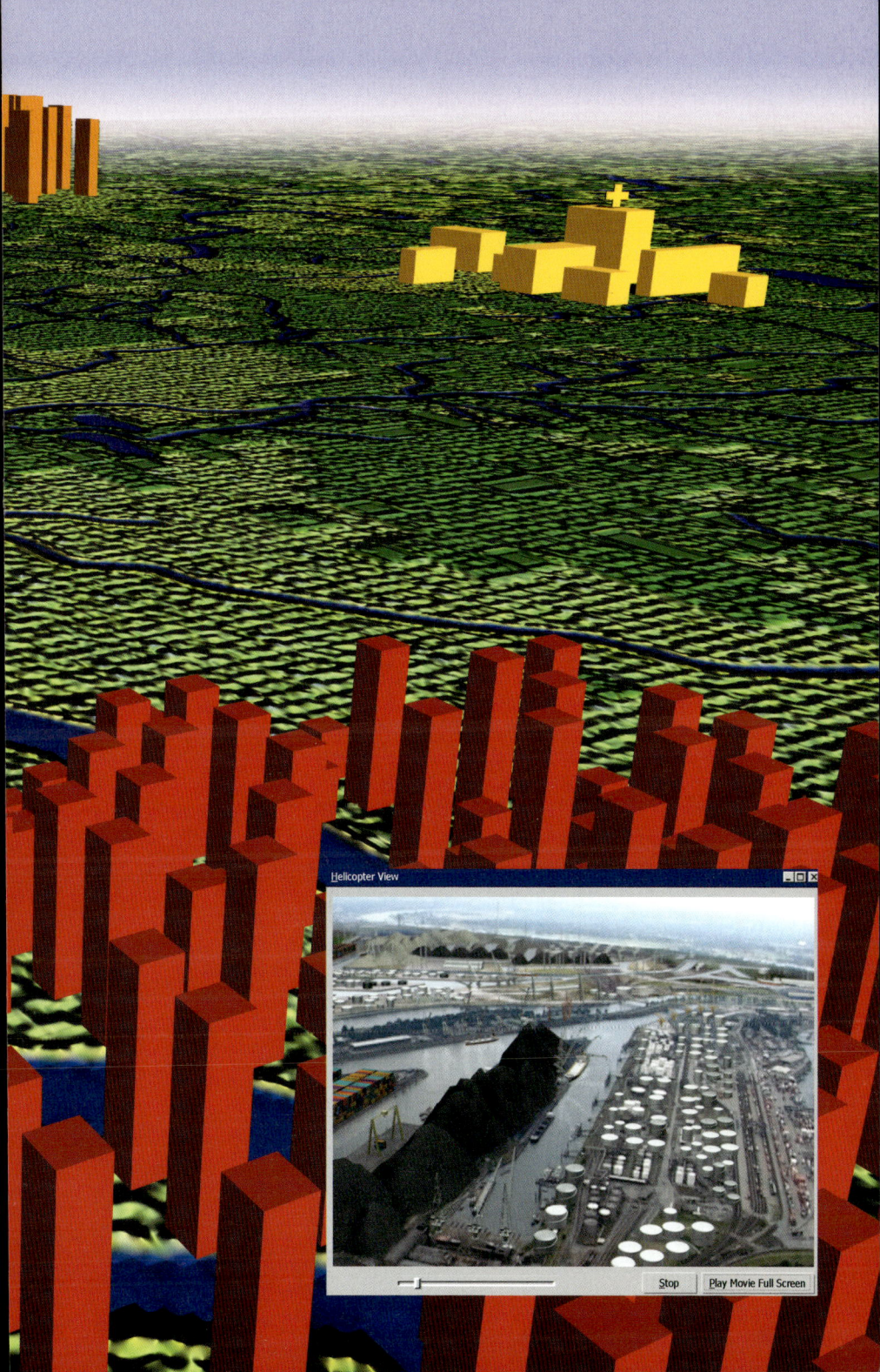

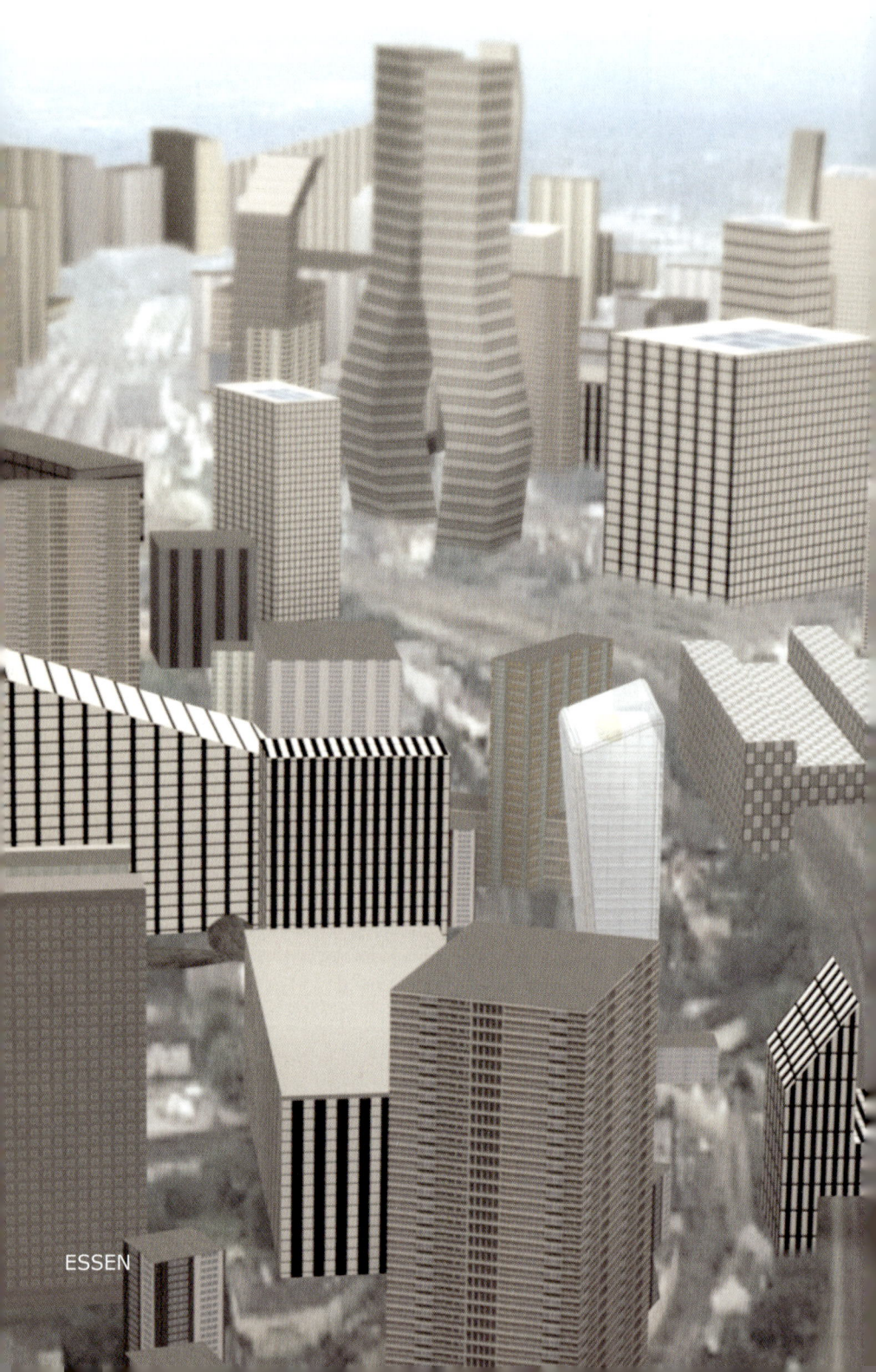

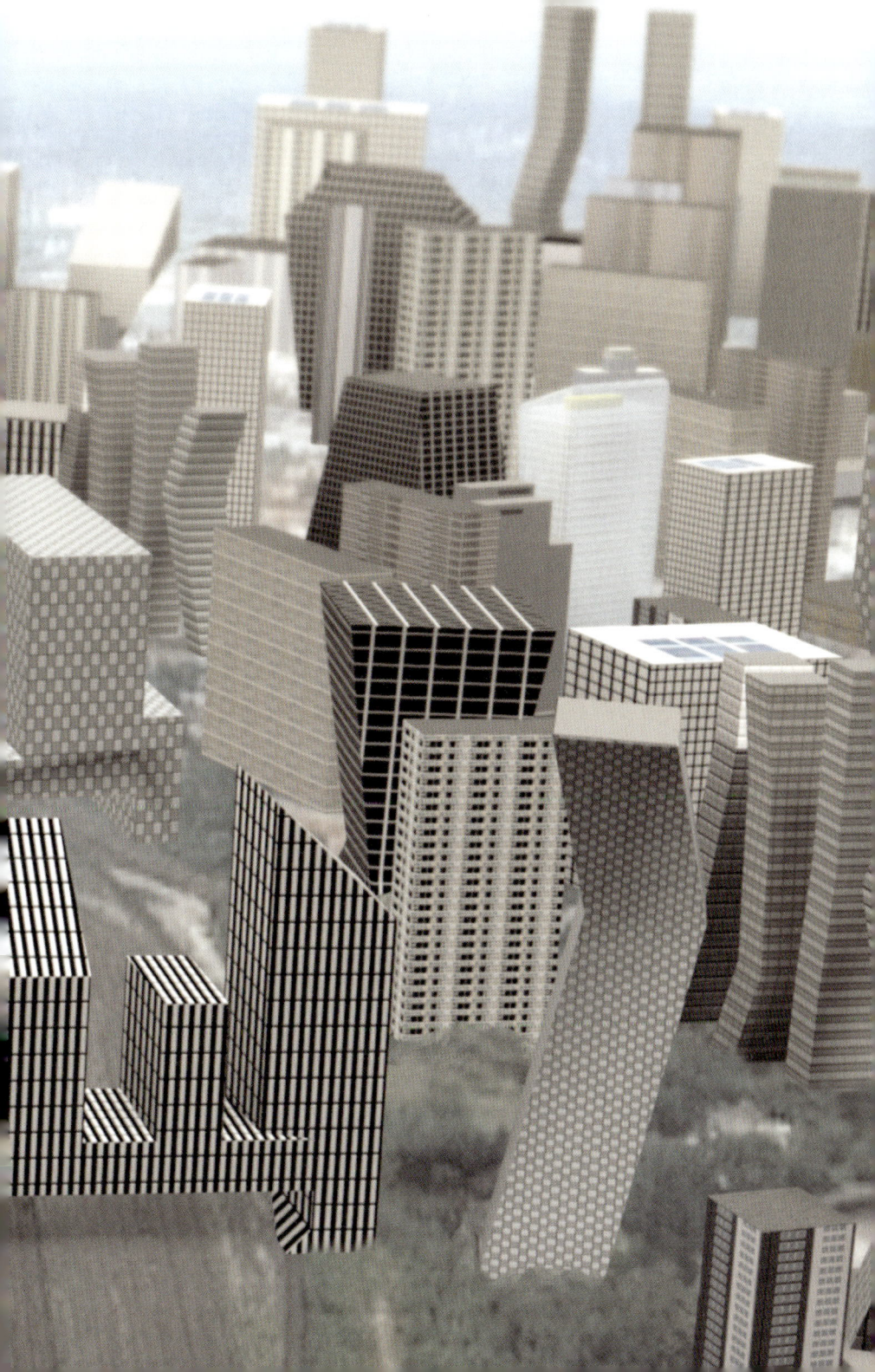

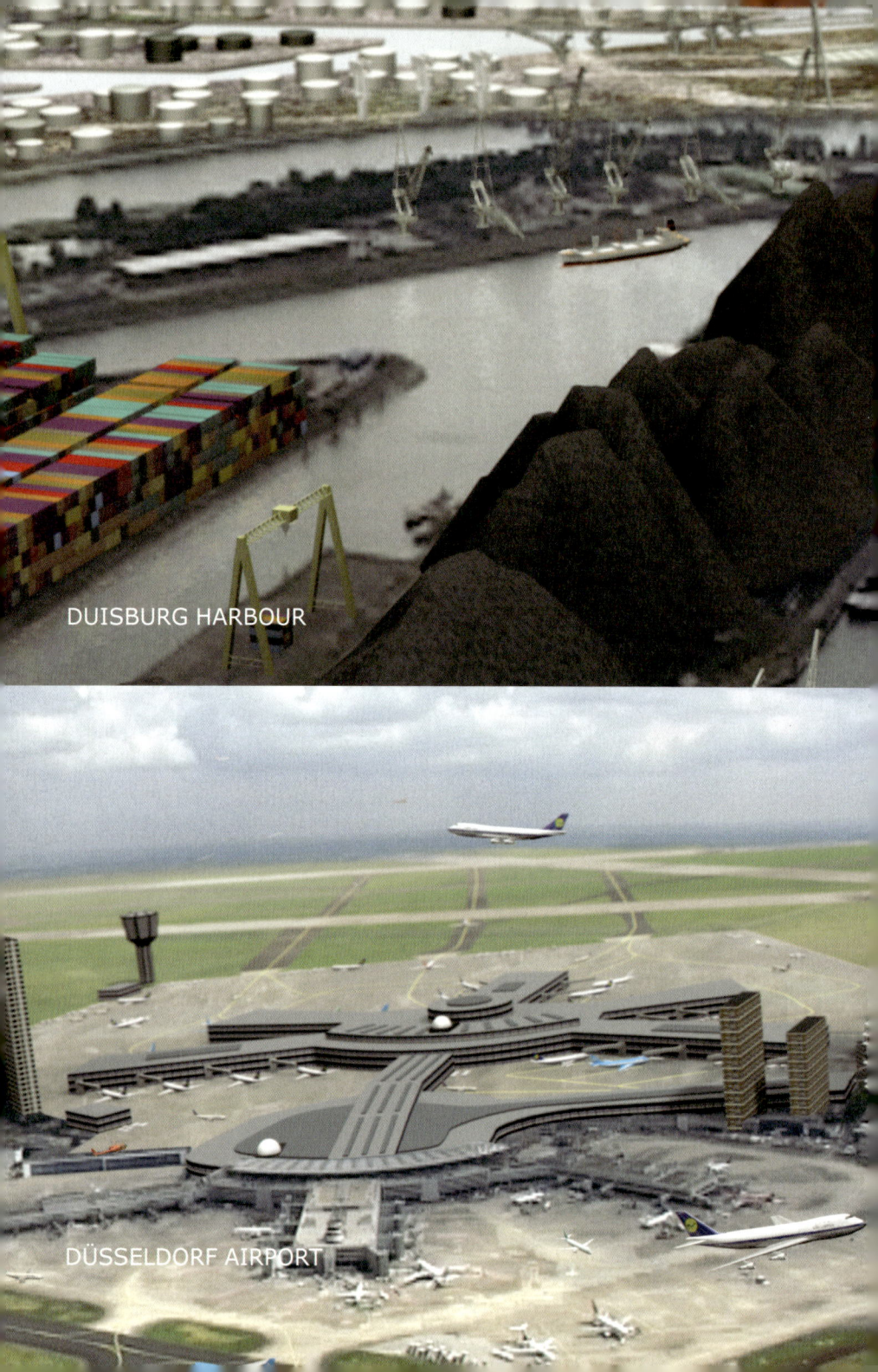

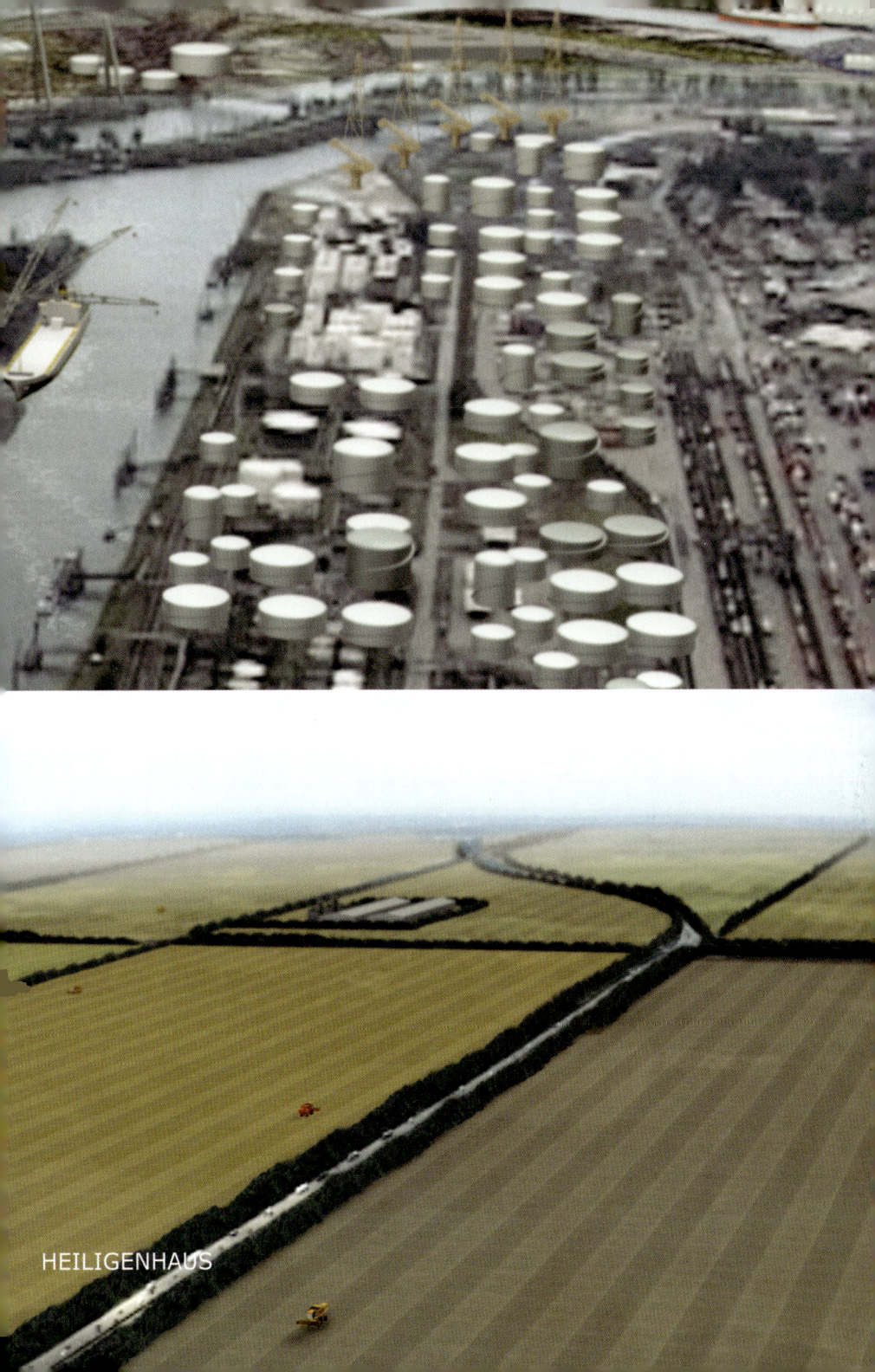

HEILIGENHAUS

# CAMPUSSZENARIO

Die Investitionen in neue Wirtschaftszweige stagnieren. Das hat mitunter mit dem Image der Region zu tun, hängt aber auch mit der allgemeinen Weltwirtschaftslage zusammen. Das Image lässt sich nicht über Nacht verändern. Und es sollte nicht einfach aus dem Hut gezaubert werden, sondern sich ganz direkt auf die Ressourcen beziehen, die tatsächlich in der Region vorhanden sind. Zuerst einmal muss die Region Abstand von der Bergbau- und der damit verknüpften Schwerindustrie gewinnen. Wie könnte ein gemeinsamer für die Region aussehen? Welche neuen Industriezwege werden die Region in der Zukunft aus ihrem Tal herausführen?

Es ist nicht weiter überraschend, dass in der Rhein-Ruhr-Region so viel Patente angemeldet werden, wie in fast keiner anderen Region der Welt. Das Industriezeitalter hat viel dazu beigetragen, dass man in technische Kultur und technisches Wissen investiertet hat. Können die Universitäten aber diese Forschungs- und Entwicklungskultur auch ohne die Industrie aufrechterhalten? Können neue Forschungszweige aufgetan werden? Kann eine Regionalwirtschaft auf Wissen und Wissenschaft aufgebaut werden? Wird es gelingen, eine hohe Anzahl an Studenten in die Region zu locken?

Neben dem Forschungs- und Entwicklungssektor gibt es auch ein beachtenswertes Potenzial in den Bereichen TV und Medien, hochentwickelte Dienstleistungen, Telekommunikation, und Softwareentwicklung. Wie kann man die Region weiter auf diese wissensbasierten Industrien vorbereiten? Es bieten sich verschiedene Ansatzpunkte: günstige Steuerstruktur, hervorragend ausgebildete, aber bezahlbare Fachkräfte, ein besseres Zugangssystem, verbesserte Bildungseinrichtungen, eine schöne landschaftliche Umgebung, Freizeitmöglichkeiten.

Um die Abwanderung von Know-how zu verhindern, muss eine hervorragende Dienstleistungsstruktur entwickelt werden. Auch die Qualität der Wohngegenden muss verbessert werden. Die Industriedenkmäler sollten in Forschungszentren umgewandelt werden. Es müssen weiterhin zukunftsweisende Netzwerke aufgebaut werden, nicht nur Straßen- und Verkehrswege, sondern vor allem schnelle Datennetze.

Bei der Ausrichtung der neuen Wissensindustrie sollte man sich darauf beziehen, was die Region aus den Lehren der Vergangenheit für Schlüsse gezogen hat. Das würde bedeuten, dass man nicht komplett auf Biotechnologie umsattelt. Die Rhein-Ruhr-Region sollte sich eher auf erneuerbare Energien, emmissionsfreien Personentransport, ökologische ausgerichteten öffentlichen Nahverkehr und zukunftsweisende Klärtechnologie konzentrieren – alles Bereiche, die uns in den nächsten Jahrzehnten beschäftigen werden.

Die landschaftlichen Gegenden sind mittlerweile vielleicht nicht sehr viel mehr als ein Denkmal vorindustrieller Zeit. Aber jetzt, wo die Schwerindustrie ruht, wäre es sinnvoll, die landschaftlichen Gegenden von Altlasten zu befreien und die verstreuten grünen Flecken der Regionen im Rahmen einer Art Flubereinigung wieder miteinander zu verbinden. Nach wie vor könnte man in den landschaeftlichen Gegenden landwirtschaftlich wirtschaften, allerdings mit High-Tech-Methoden. Es sollten mehrstöckige Gewächshäuser und hocheffiziente Produktionsmittel eingesetzt werden; es wäre weiterhin sinnvoll, Windräder und Solarzellenanlagen aufzustellen.

Essen könnte sich in einen großen Universitätscampus verwandeln, wie bei großen nordamerikanischen Universitäten der Fall. Im Stadtzentrum würden sich große Forschungseinrichtungen ansiedeln, die Randbezirke der Stadt würden zum Campus für Design und Musik, die niedrigstöckigen Gebäude wären von Wäldern und Parkanlagen umgeben, es stünden zahlreiche Apartmentgebäude und Wohnheime zur Verfügung. Der Duisburger Hafen würde zu einem High-Tech-Forschungscampus mit High-Tech-Büroräumen. Die Gebäude der vorangegangenen Ära stünden inmitten von Wiesenflächen an den ehemaligen Piers. Die Hafenarbeit wäre komplett eingestellt.

Der Düsseldorfer Flughafen würde zu einem Luft- und Raumfahrtcenter sowie zu einem Entwicklungscenter für neue Luft- und Raumfahrttechniken, das dann entweder von der ESA oder Airbus betrieben werden würde.

Düsseldorf beginnt allmählich, vom Rhein zu profitieren. Es könnten zahlreiche niedrigstöckige High-Tech-Gebäude am Flussufer entstehen; das Modell könnte dem der EXPO98 von Lissabon ähneln, wobei Park- und Technologieanlagen in einem sehr ansprechenden und sauberen Umfeld ineinander übergehen.

# CAMPUS SCENARIO

The investment in new economies stagnates. This is partially due to the regions image, partially because of the present world economy. The image can only be changed over a long period of time. Also the image should connect with the resources that are really there. So, first of all, the region has to strongly reduce its mining activity and the connected heavy industries. What could be a new common denominator for the region? What new industry will boost this region in future?

Not surprisingly, the Rhine-Ruhr region has one of the highest outputs of patents in the world. The industrial age contributed greatly to the investigation of technical culture and knowledge. Can this culture of research and development be carried by the universities without the industry? Can we find new areas of research? Can we found a regional economy on knowledge and science? Can the large number of students be seduced to stay in the region?

Besides the research and development sector, there are potentials in the development of TV media, the advanced service sector, the telecommunications sector, software engineering. How can the region be further equiped for this intellectual industry? A combination of low tax possibilities, relatively cheap, but highly skilled and trained people, an improved access system, improved educational facilities, an attractive landscape with leisure and nature possibilities.

To keep intellect in the region, high service levels have to be developed. Also the quality of the residential areas needs to be improved. Monuments must be converted into housing research centres instead of just standing there. Proper network facilities have to be installed. Not only roads for people, but rapid data connections as well.

The main subjects of the new knowledge industry should relate to what the region learned from the past. This means that biotech would not be the right choice. The Rhine-Ruhr Region should rather choose to repair some of the damage done and focus on clean energy, zero-emission individual transportation, low energy public transportation and water cleaning. These are very important issues in the comming decades. Besides that, they can be the life-savers for certain local industries in other parts of Western Europe.

The countryside can remain the reminder of former days, but it has to be cleaned up. Everything is healthy, clean, and high tech. This means the mines are closed, all detrimental industrial activities are closed. Smart, relatively small investments need to be made, to connect all the beautifull landscape fragments of the region. The countryside keeps on producing agriculture, but in a very high-tech way. Stacked greenhouses and the most efficient means of production are applied. Wind mills and solar panels fill the wide-open landscape.

As European funding shifts from mining to research programs, the region is revitalised. The selected spots of development will appear like clusters in this 'park', highly accessed by the current infrastructure that will be transformed into 'parklanes'. The river becomes a waterworld experience, taking part in the recycling process. And every city in the region can follow its own path.

Essen will turn into a huge university campus, such as the main North American ones. Meanwhile the city centers remain the same, with huge research enterprises, the surrounding areas become a design and music campus, with low rise buildings surrounded by forest and parks, and providing big residential and dormitory areas.

Duisburg harbor turns into a high-tech office and research campus, with last generation buildings surrounded by grass surfaces along the former piers. No harbor activities are developed any longer.

Düsseldorf airport becomes an aero-spacial investigation center, as well as a major development center for new air technologies, taken over by the ESA or Airbus.

Düsseldorf begins to take profit of the river. Lots of high-tech, low-rise buildings and parks appear along the riversides, in a model that could be similar to Lisbon Expo98, with park and technology mixed in a very friendly and clean environment.

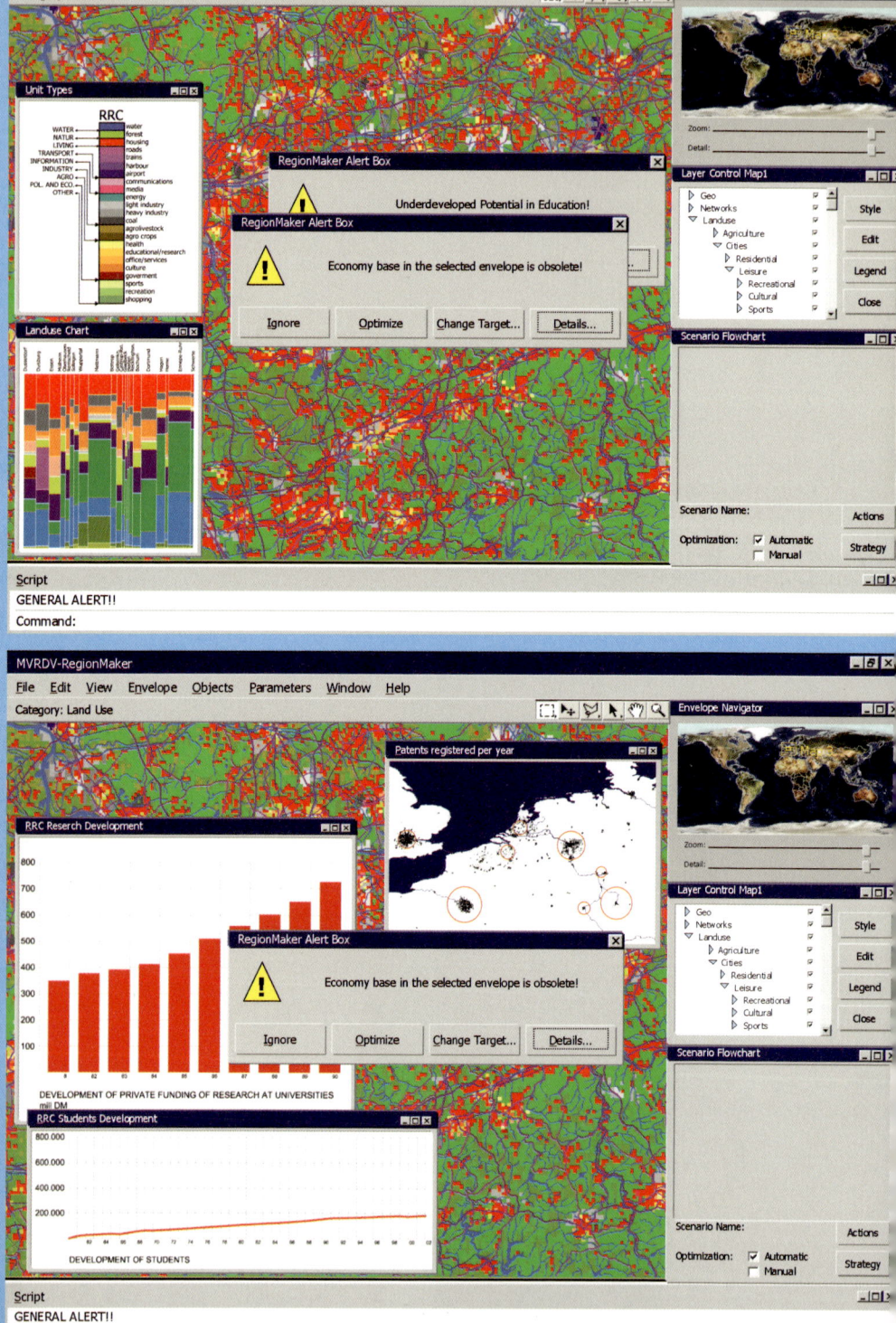

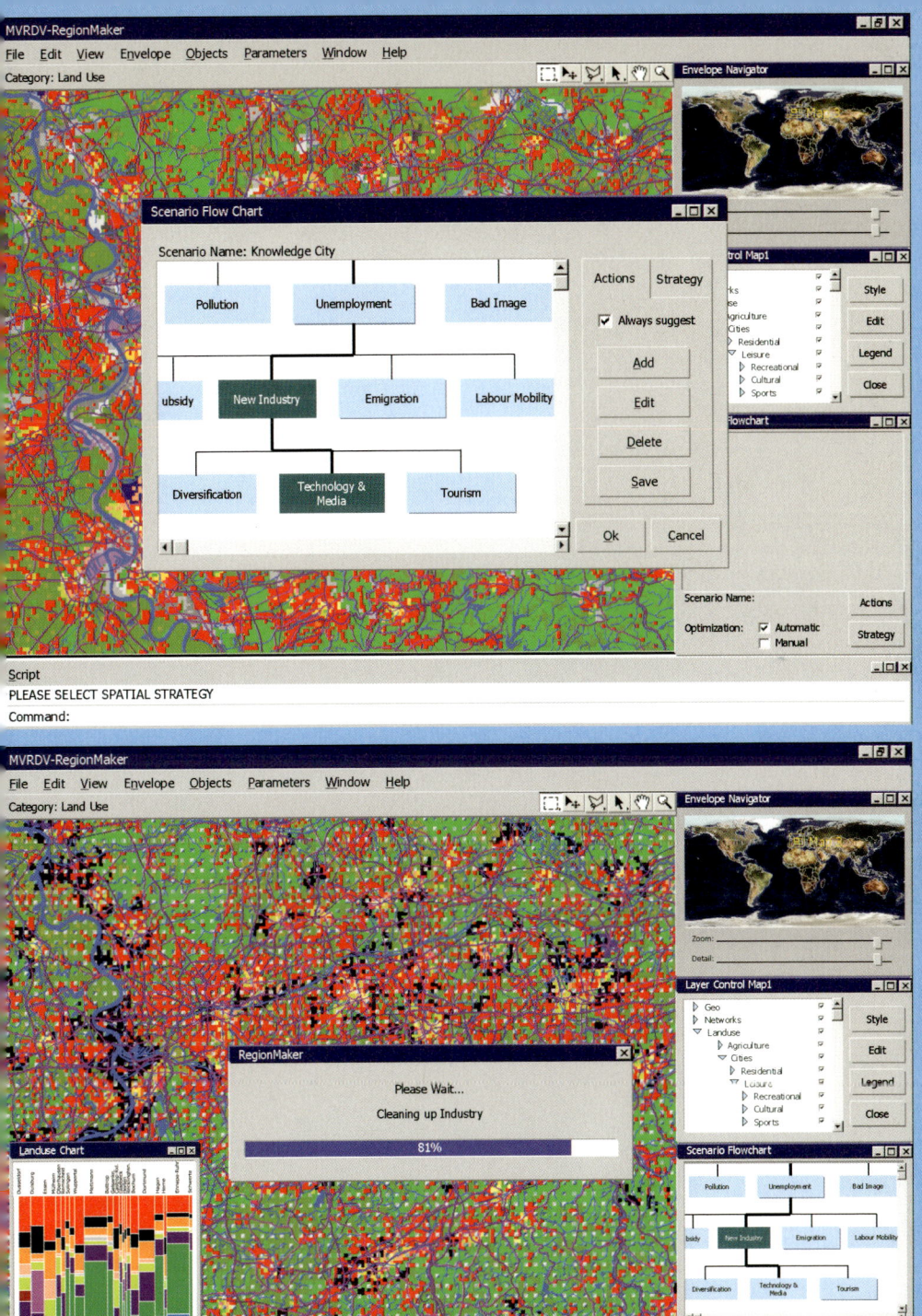

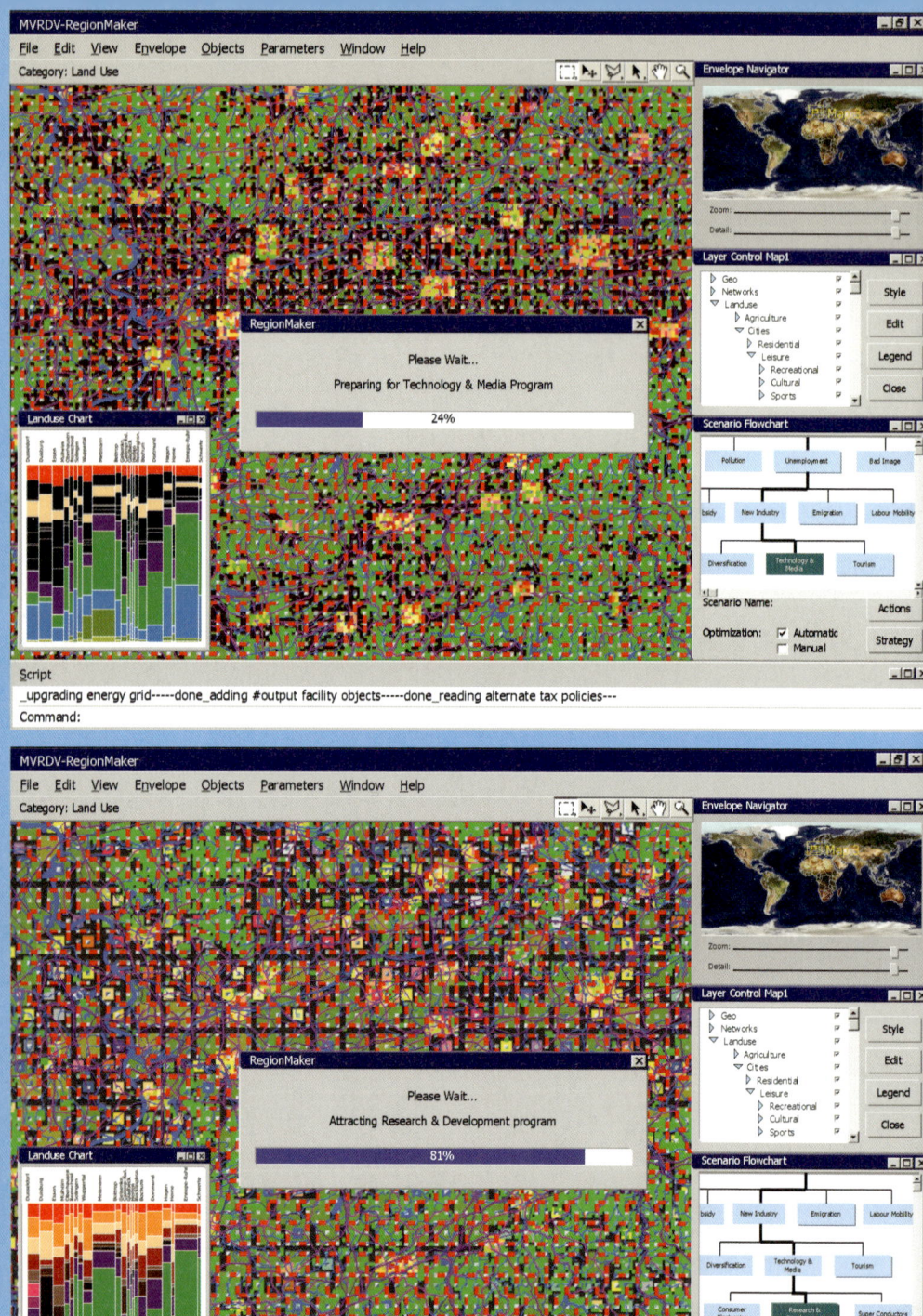

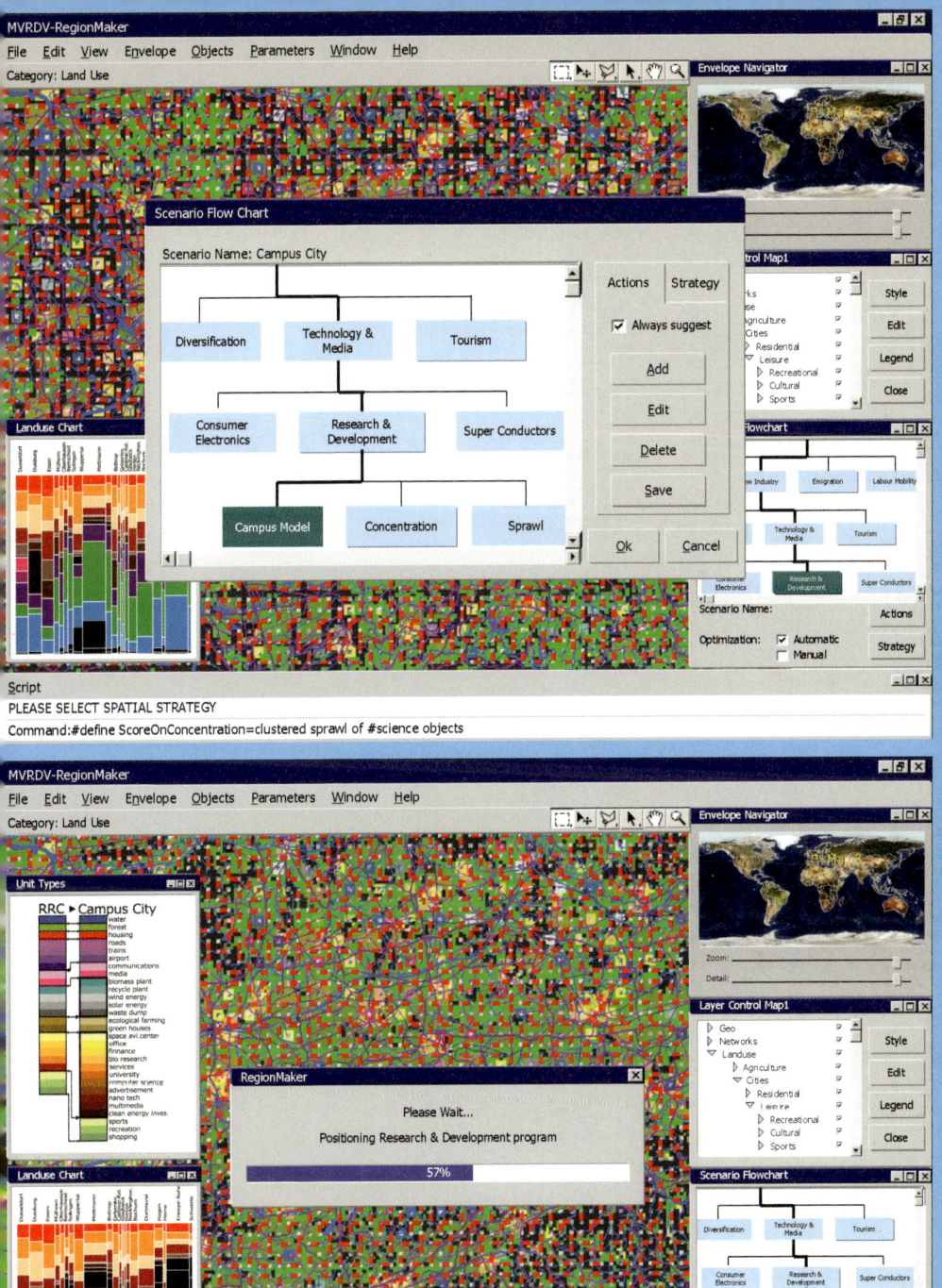

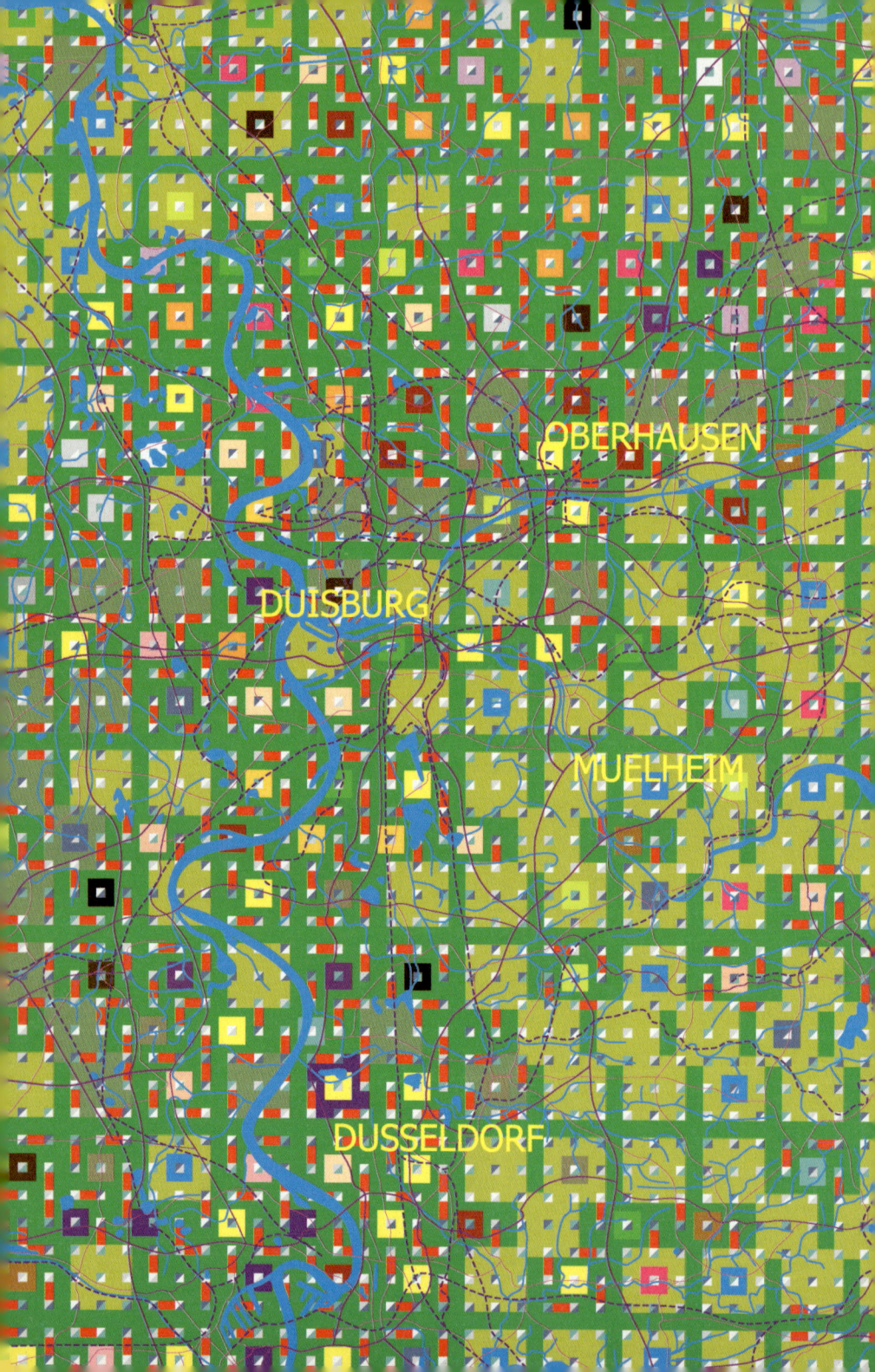

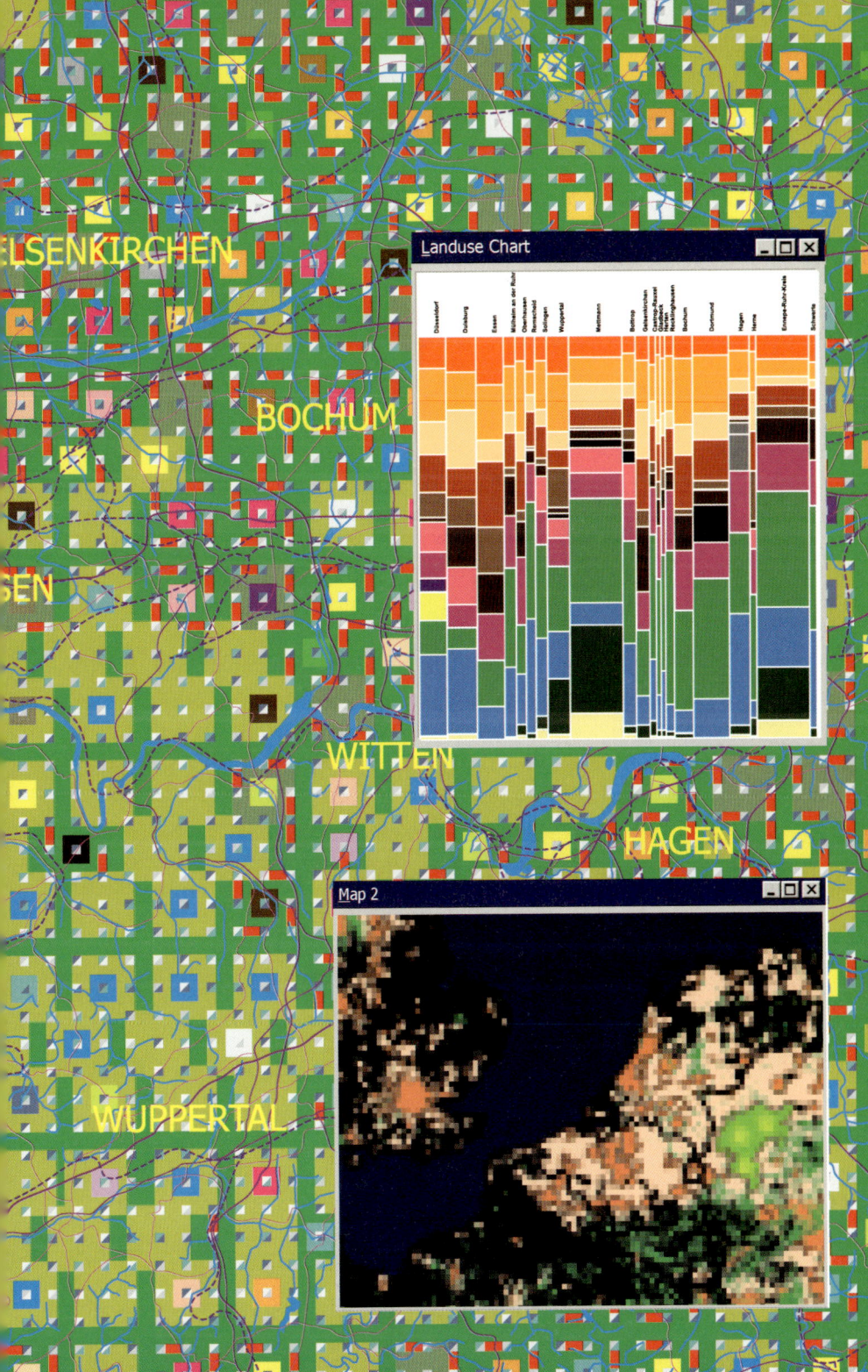

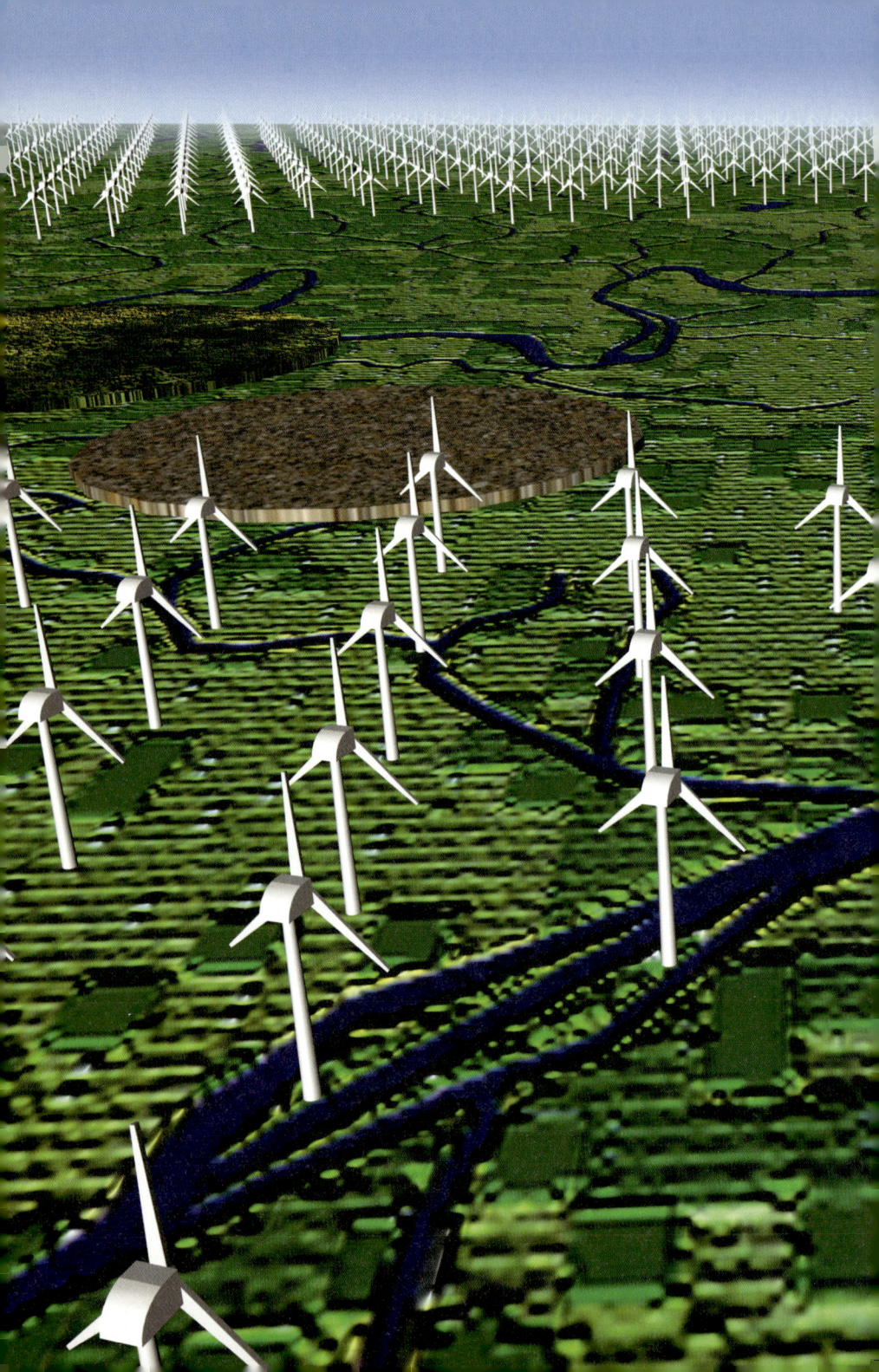

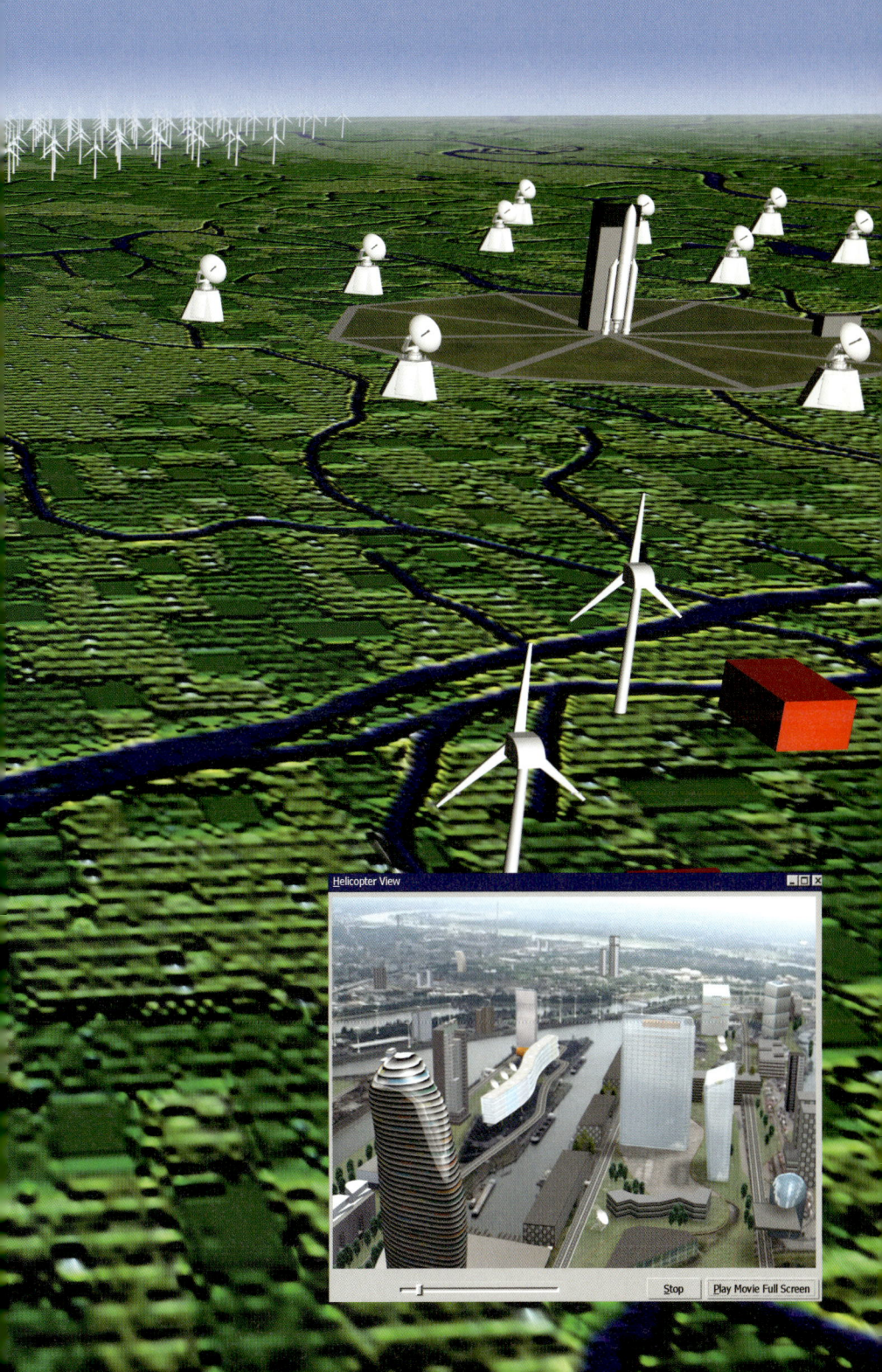

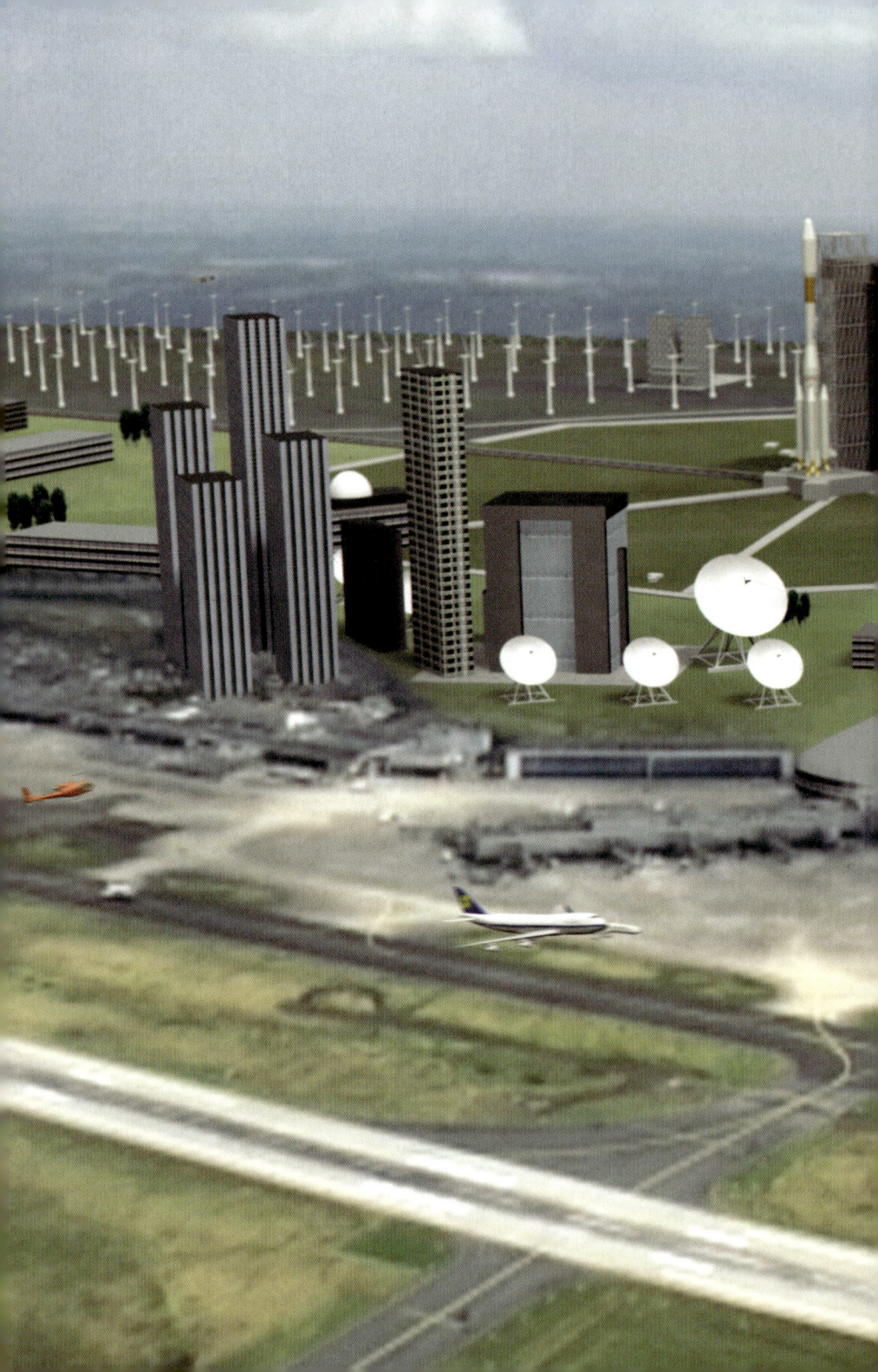

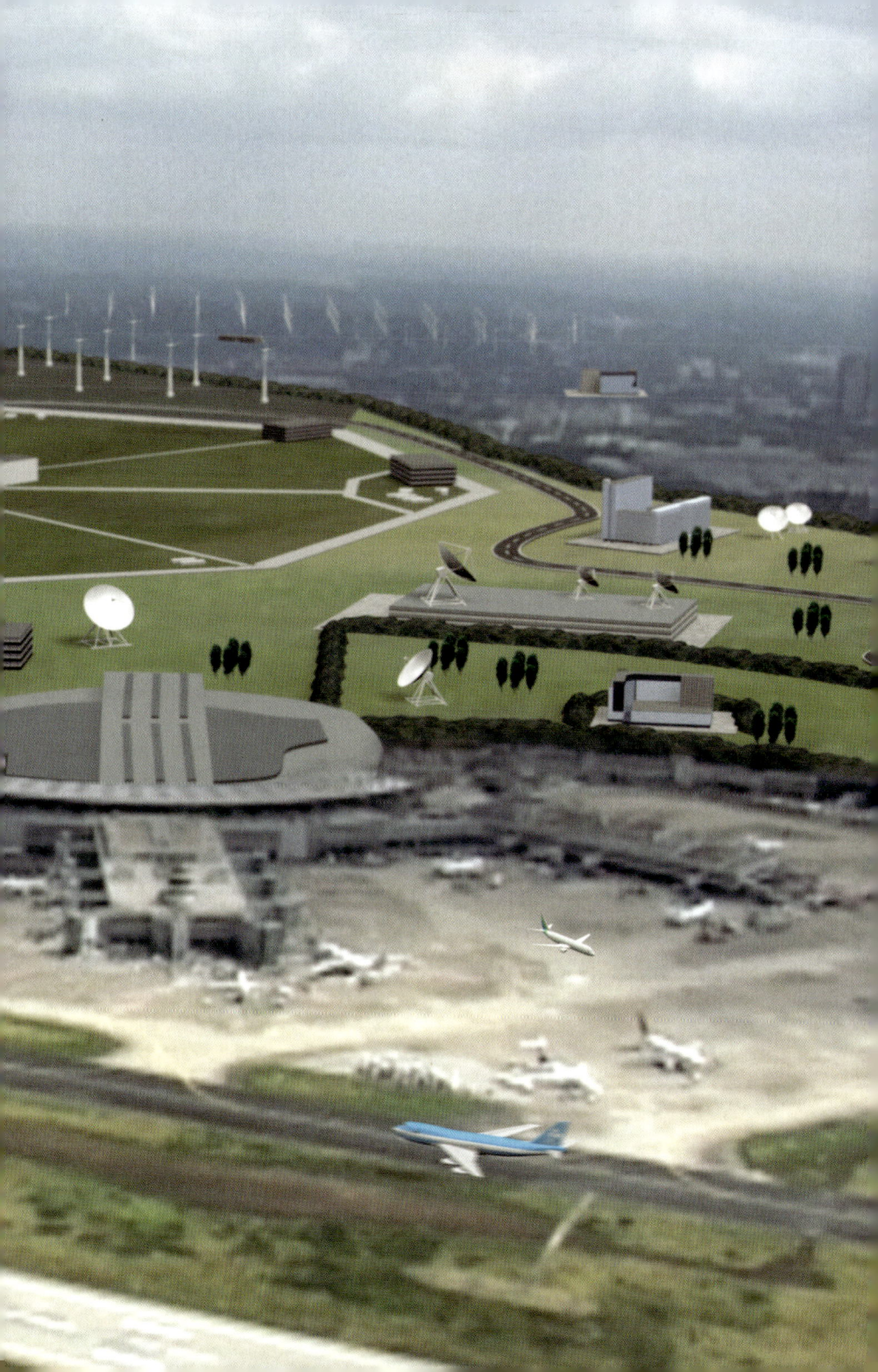

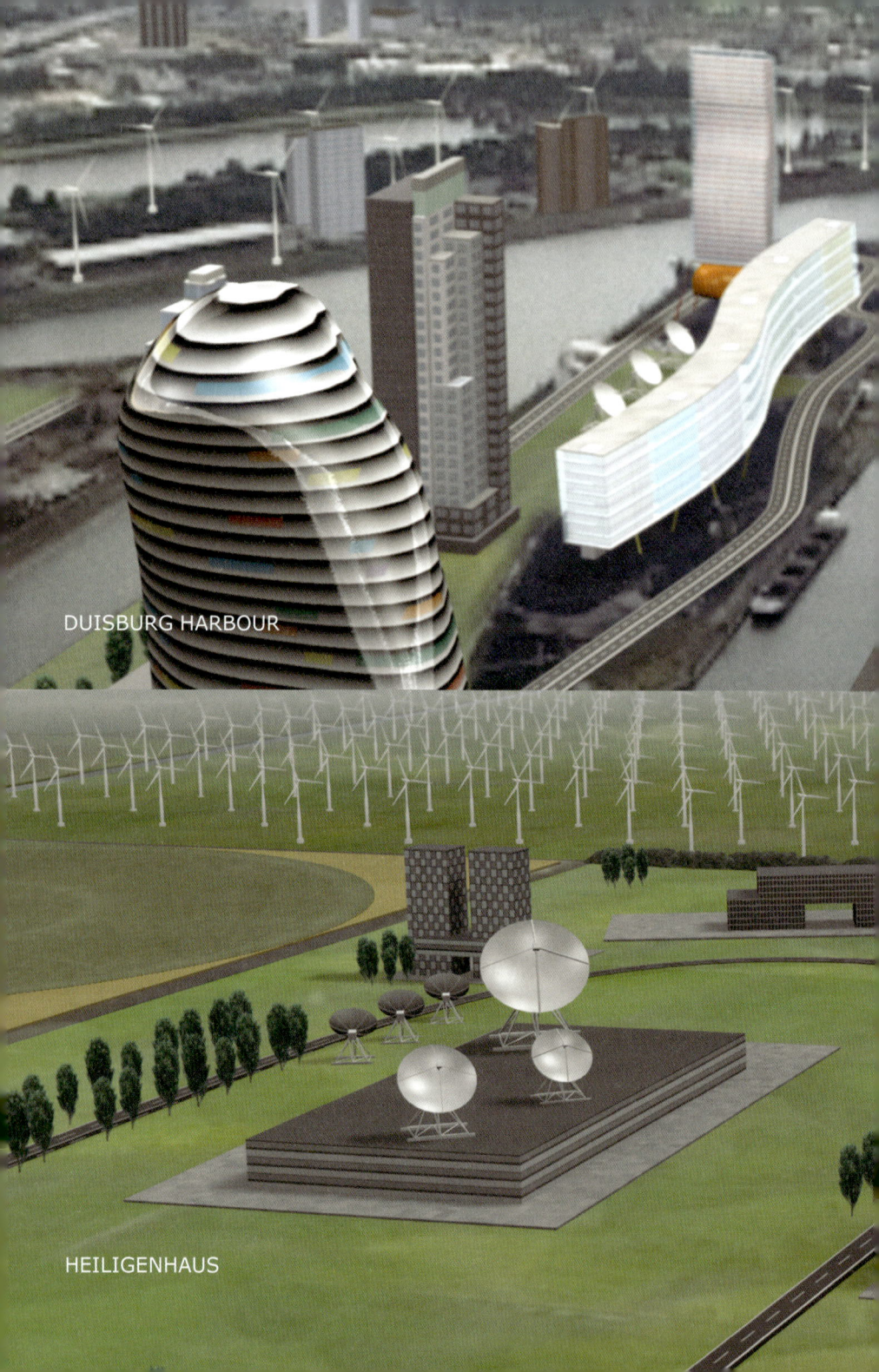
DUISBURG HARBOUR

HEILIGENHAUS

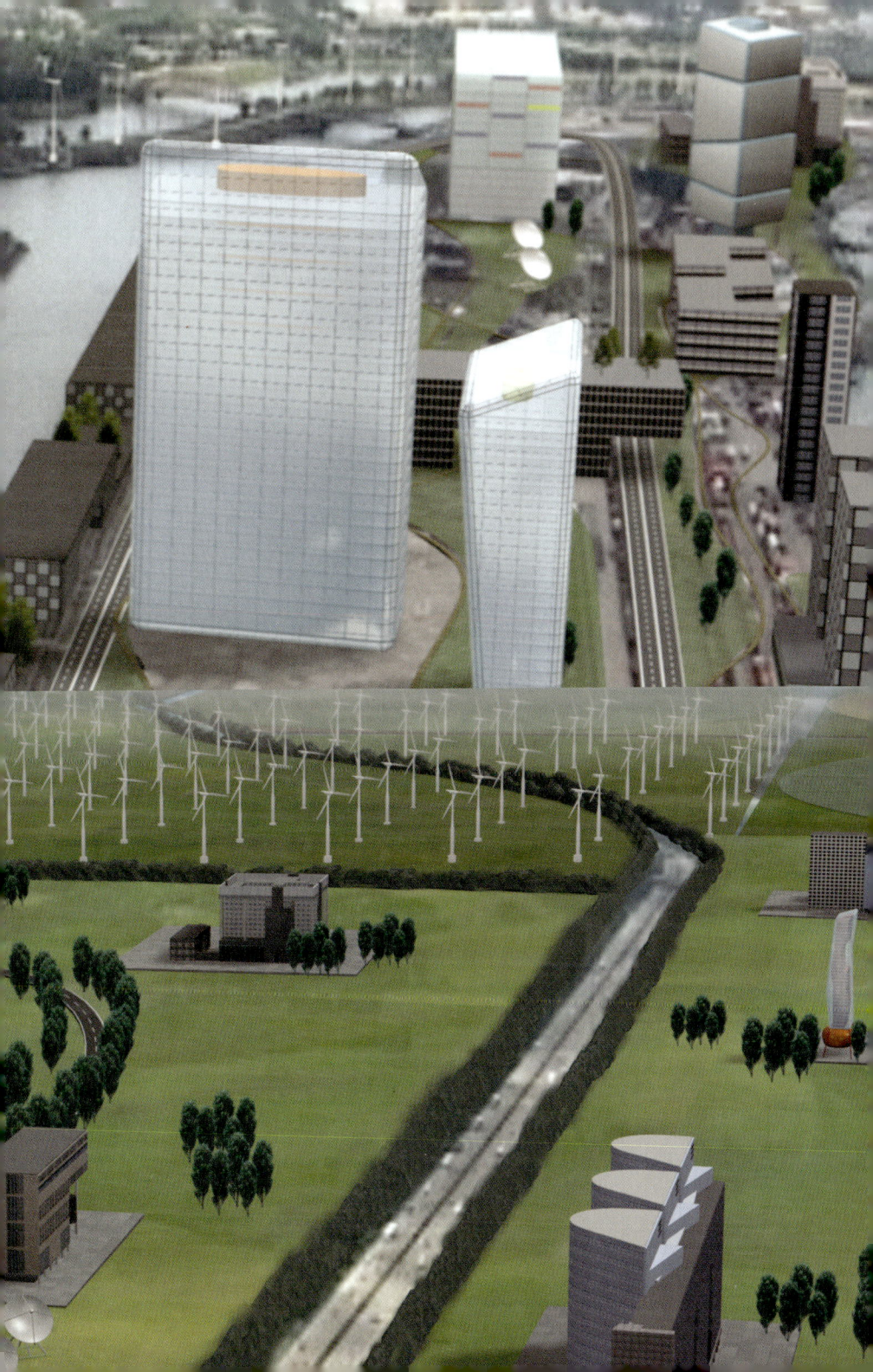

# NETZWERKSZENARIO

Für jede moderne Volkswirtschaft wird gelten: Mobilität und Flexibilität nehmen zu. Individualverkehr und öffentlicher Nahverkehr werden sich noch erheblich weiter entwickeln. Saubere, geräuscharme, schnelle Kraftfahrzeuge werden die Stadtlandschaft erneut revolutionieren. Die Rhein-Ruhr-Region wird im Bereich Fahrzeugentwicklung und Fahrzeugbau weltweit zu den ersten Adressen zählen. Das Verkehrsaufkommen wird in Europas Städten zunehmen, obwohl im Grunde gar kein Platz dafür vorhanden ist. Die erste Stadt, die schadstofffreie Fortbewegung implementiert, wird eine europaweite Ausschreibung für sich entscheiden.

Die Region Rhein-Ruhr verfügt über die dichteste Verkehrsnetzdichte der Welt. Dabei basieren alle Verbindungen auf einem unzeitgemäßen Verkehrssystem und unzeitgemäßen Transportmitteln von Industriegütern. Für den Individualverkehr muss das Netz mindestens um das doppelte vergrößert werden. Es sind aber nicht nur die Verbindungen, sondern auch die Verkehrsknotenpunkte, die dringend erneuert werden müssen. Die Verbindungen verschiedener Infrastrukturtypen dürfte dabei eine führende Rolle einnehmen.

Der Hauptgrund für die wachsende Bedeutung der Mobilität ist, dass man so Zugang zu den besten Wohngegenden hat, zu den am besten bezahlenden Arbeitgebern und den schönsten Erholungsgebieten. Hat man Zugang zur Autobahn, bedeutet dies, dass einem alle Wege offenstehen, dass man überall hinkommt. Straßen werden direkt durch Wohngebiete verlaufen, sie werden gewissermaßen zu „City Boulevards", an deren Rändern neue Wohnungen entstehen. Die Entwicklungsprozesse werden bei wichtigen Schnittstellen wie Hafen und Flughafen enorme Fortschritte machen.

Alles rückt näher zusammen, alles wird dichter. Alle außergewöhnlichen Orte innerhalb der Region werden komplett erschlossen und zu Wohngegenden, Gewerbegebieten oder Freizeitparks umgewandelt. Neue Arten von Gebäuden sowie neue Funktionseinheiten entstehen über, neben und unter den Autobahnen. Man kann praktisch jeden Ort in kürzester Zeit erreichen. Die Leute werden überall in der Region zuhause sein. Jetzt ist die Region-Rhein-Ruhr wirklich die RheinRuhrCity.

Es werden alle Fortbewegungsmöglichkeiten genutzt: Wasserwege, Straßen, Schienen, Luft, Kabel, bis hin zum Weltraum.

Essen wird sich in einen Hauptknotenpunkt des Schienenverkehrs entwickeln; ein großes Straßen- und Schienennetz ermöglicht direkten Zugang zu allen wichtigen Geschäftszentren.

Mülheim wird die Wasserwege einsetzen, um Anschluss an den Duisburger Hafen zu bekommen, aber auch an alle anderen wichtigen Flüsse und Kanäle der Region.

Duisburg wird per Metrorapid, Hochgeschwindigkeitsautobahnen und Kanalsystem an andere Gegenden der Region verkehrstechnisch angebunden sein. Neue Brücken werden den Rhein überspannen, um so die Verkehrswege zwischen beiden Seiten zu verbessern.

Der Düsseldorfer Flughafen wird seine Zugangsmöglichkeiten weiter ausbauen und so Passagiere aus ganz Mitteleuropa betreuen. Seine Rolle als wichtiger Verkehrsknotenpunkt führt dazu, dass vermehrt Büroräume und Hotelgebäude in der Nähe der Terminals entstehen; dadurch können Leute aus allen Teilen der Welt anreisen, dann in direktem Anschluss beispielsweise eine Besprechung abhalten, und wieder zurückfliegen.Das Stadtzentrum von Düsseldorf wird von Autobahnen und Schienennetzen umgeben; neue Brücken, die über den Rhein führen, verbessern die beidseitige Anbindung. Der Metrorapid spielt bei der Verbindung von Stadtzentrum und Flughafen sowie mit Köln eine große Rolle. Auch Wasserwege verlaufen durch das gesamte Stadtzentrum.

Landschaftliche Gegenden und Stadtbezirke werden nahtlos ineinander übergehen. Die Autobahnen werden so effizient sein, dass sie Unmengen an Verkehr aushalten. Auch der Schienenverkehr nimmt überall zu, ebenso wie alle anderen Arten der Kommuni-kation und die Anzahl der Satellitenumlaufbahnen.

# NETWORK SCENARIO

In every modern economy mobility continues to rise. Individual transport as well as public transport still has a lot of innovations coming. Clean, silent, fast vehicles will cause yet another revolution in the city landscape. Being one of the hotspots in the world when it comes to manufacturing cars, the RheinRuhr Region will be strongly influenced by this process. A new growth of will flood the old European cities, where we hardly have the space for it. The first city to embrace clean mobility as a designing principle will win European competion. How to upgrade the Rhine-Ruhr region network?

     The Rhine-Ruhr region has the highest network density of the world. But al of the connections are based on an obsolete system of tranportation and on an obsolete industrial transportation. For indivudial transportation, the network has to be at least doubled.
Not just the connections, but also the nodes need more attention. The interconnection of different types of infrastructure should be a leading feature. More different kinds of infrastructre should be combined. How will the city respond?

     The main reason to have mobility is to have acces to the best residential sites, the best paying employers and the nicest recreational resorts. Having access to the highway means having access to all of this. Parrallel roads and double parrallel create the possibilities for having addresses directly on the hiway. The roads are turned into city boulevards, with new development directly next to it. Development will boost on exiting important nodes like the harbor and the airport.

     Densities increase everywhere, because you can go everywhere. All special spots in the region are rediscoverd for housing, commercial functions or recreation. New building typologies and new combinations of functions appear over, next to and under the highways.

     In only little time you can reach almost any destination. The people of the region become inhabitants of the region as a whole, combining municipality specialisations and finding everything they need. Indeed, the RheinRuhrRegion is now a RheinRuhrCity.
All methods of transportation are used; water, roads, track, air, fibre, space.

     Essen will turn into a main railway hub, where a large network of highways and trainways will lead direct access to main business centers.
Mühlheim will take profit of its waterways to connect itself with Duisburg harbor, as well as with the other major rivers and channels in the region.

     Duisburg will be connected as well with other parts of the region by metrorapid, high-capacity highways and channels. New bridges will cross the Rhine river in order to increase connectivity between both sides.
Düsseldorf airport increases its accessibility to let passengers all over central Europe to get easily into it. Its role as a major air hub produces an increase of office and hotel buildings next to the terminals. It is just going there, solving whatever and leaving.

     Düsseldorf's urban core is surrounded by highways and trainways, new bridges crossing over the Rhine river increase connectivity between both sides.
The Metrorapid will take a main role connecting the airport with the city center and, further, with Cologne. Water channels spread over the whole urban city center as well .

     The countryside will become easily part of the urban city. The highways are, anyway, stacked to lead a huge amount of traffic. Train network increases everywhere, as well as other kinds of communication, such as satellite dishes.

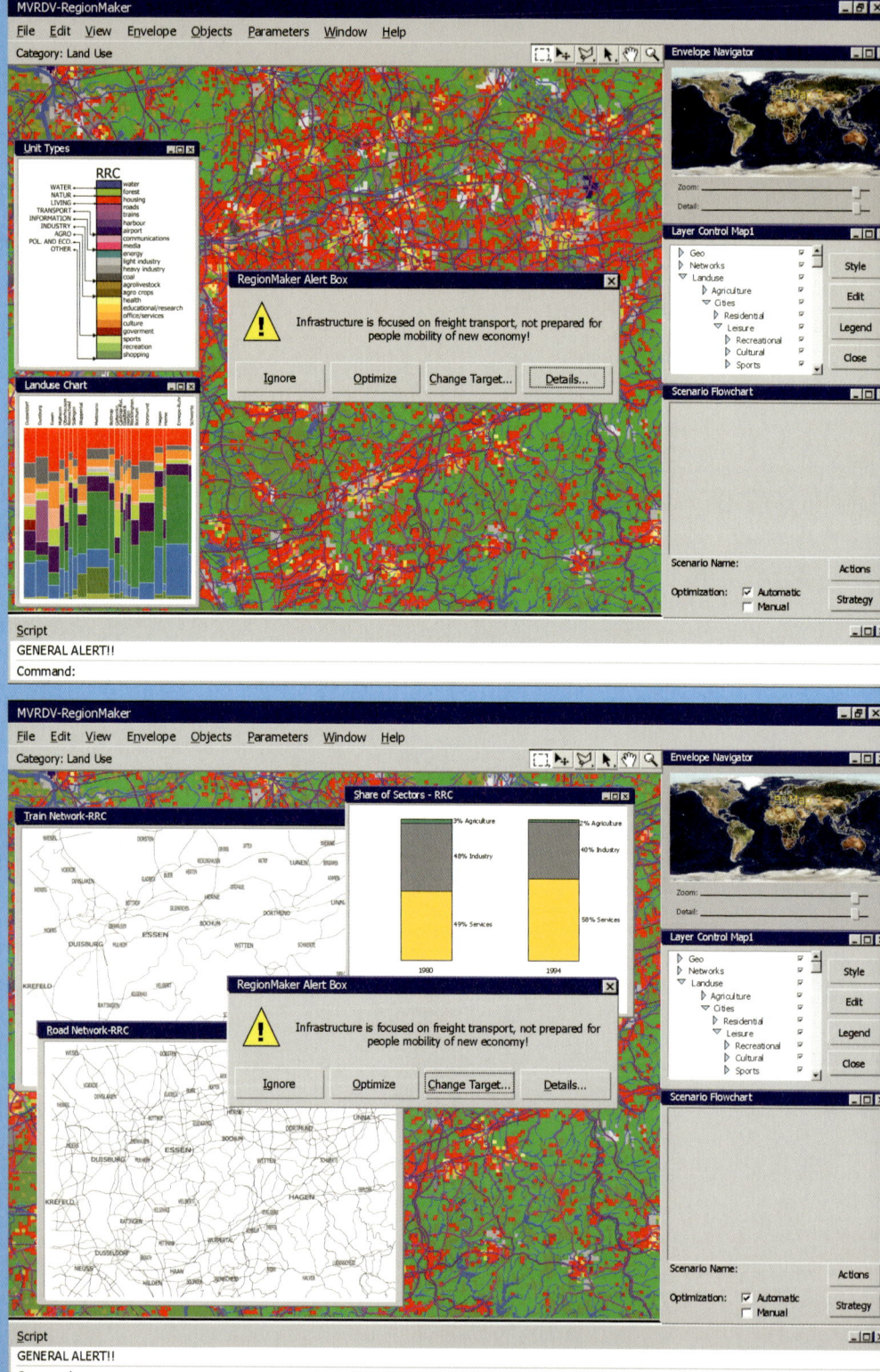

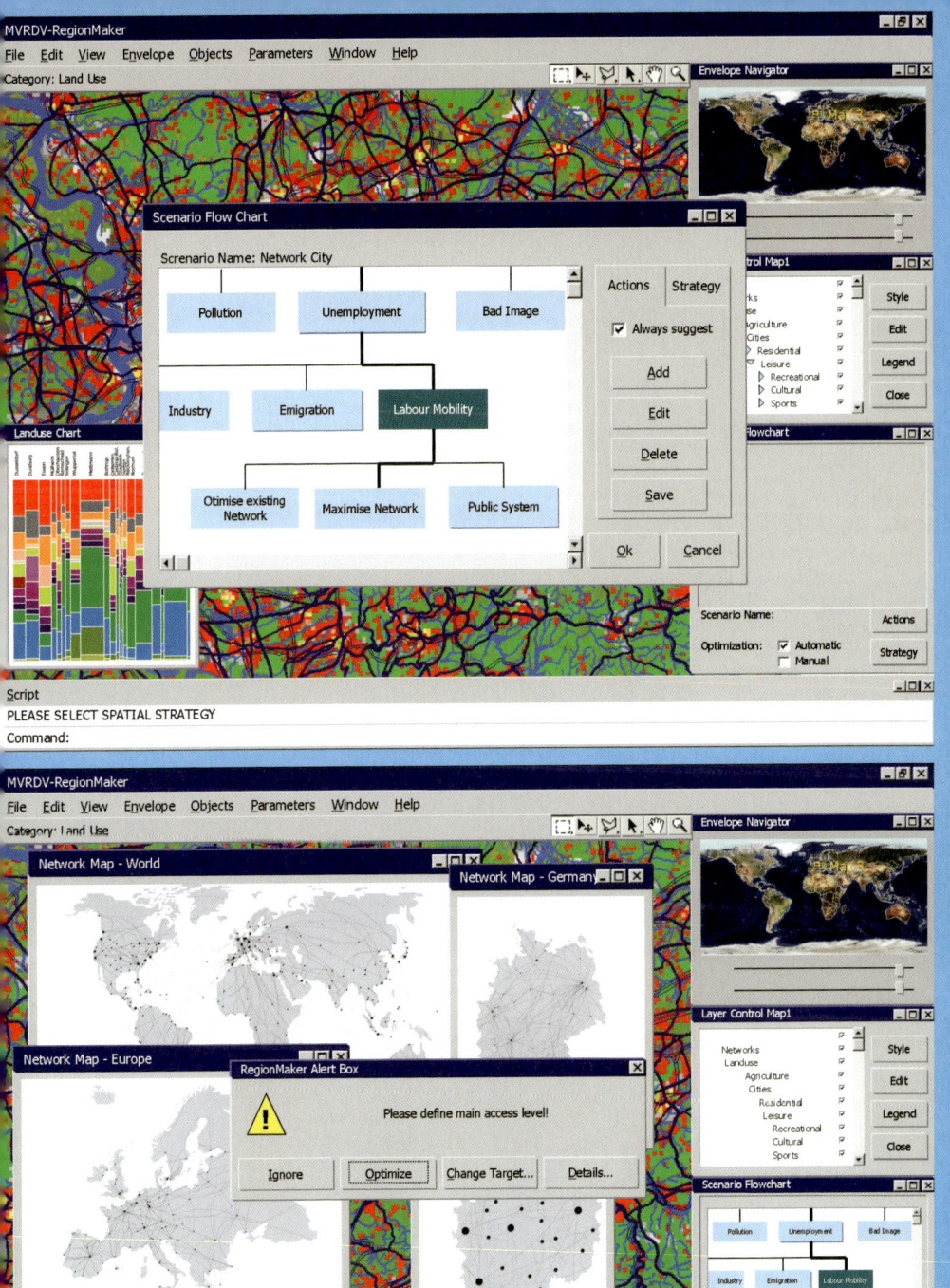

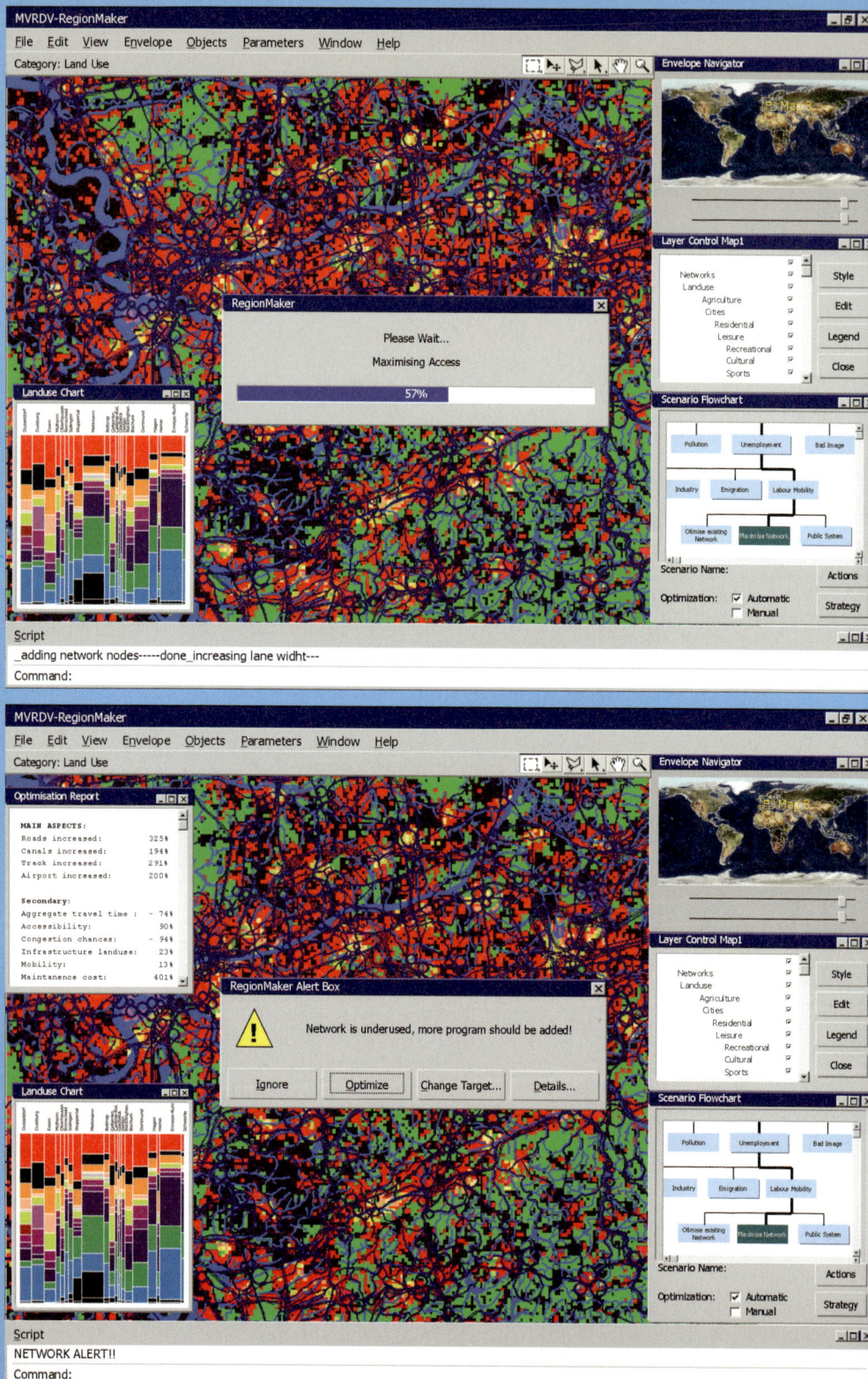

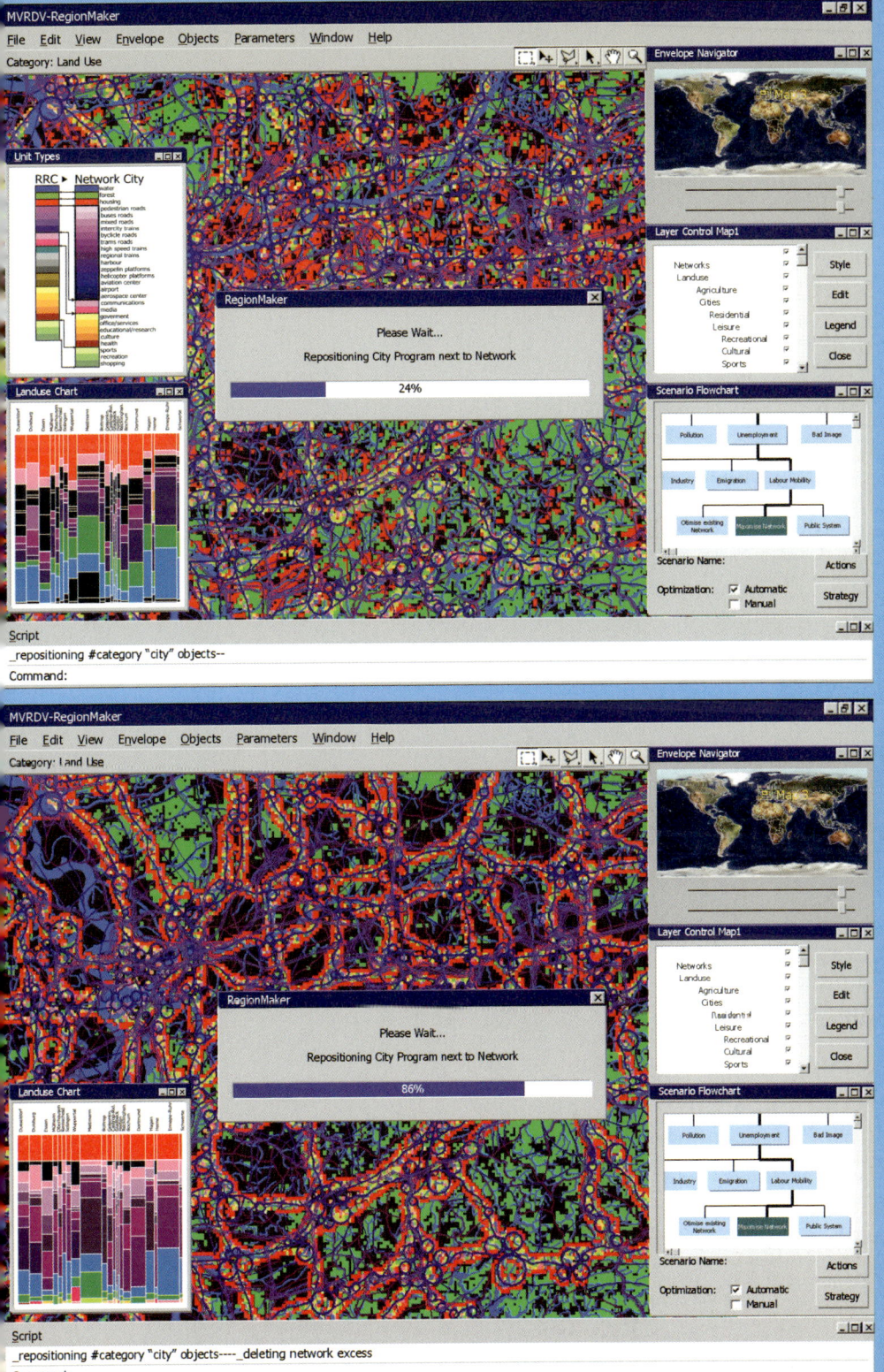

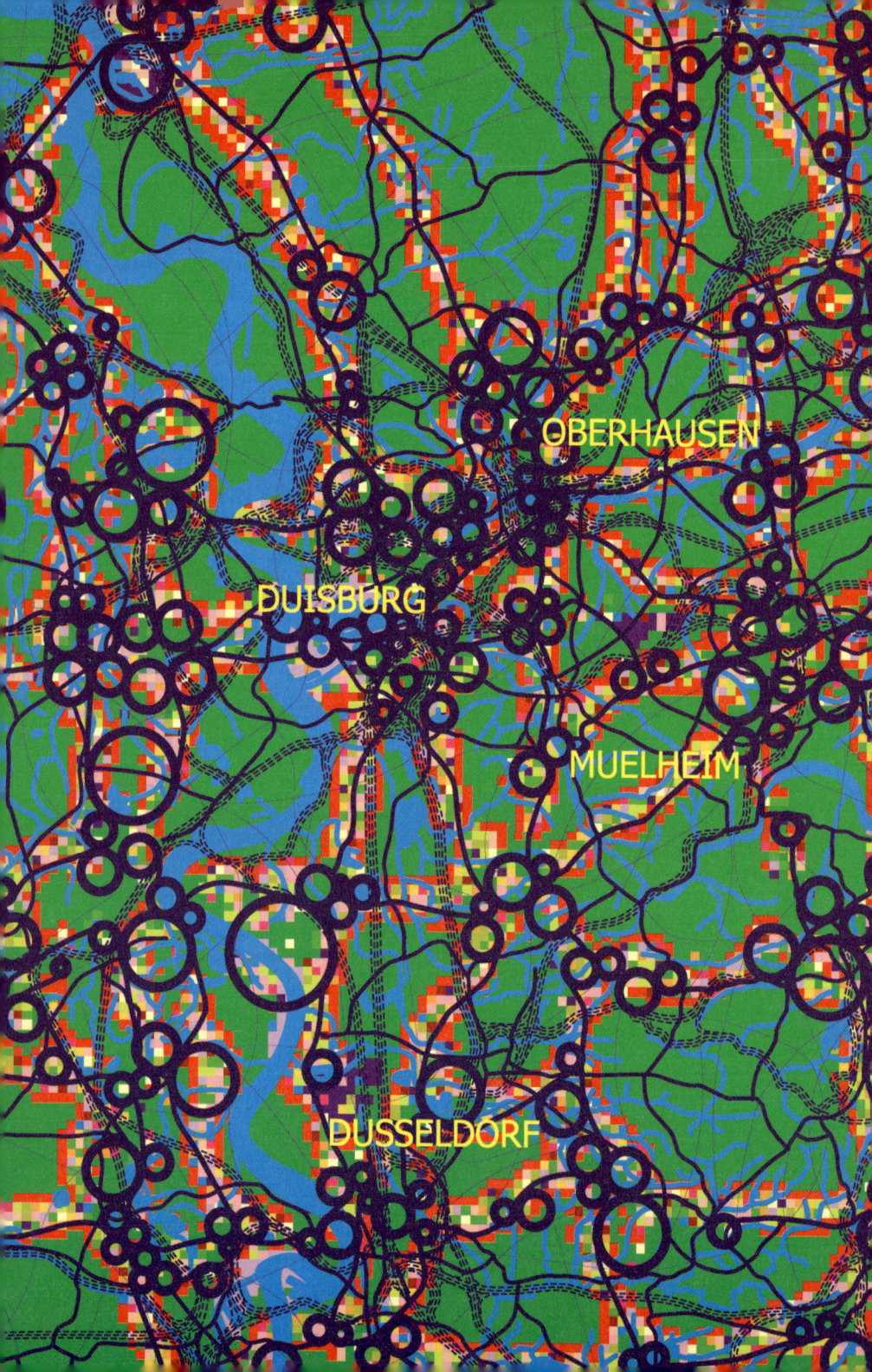

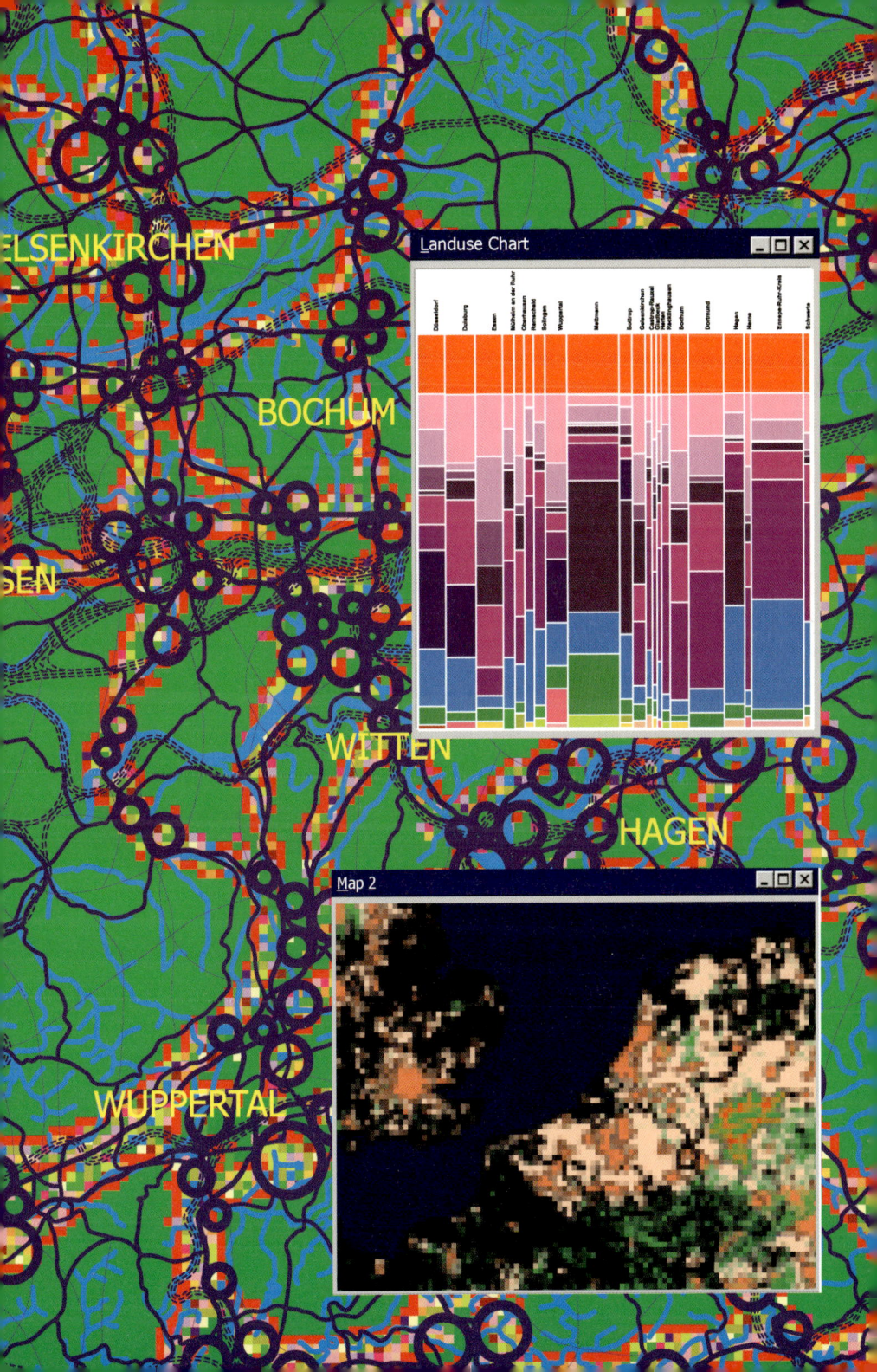

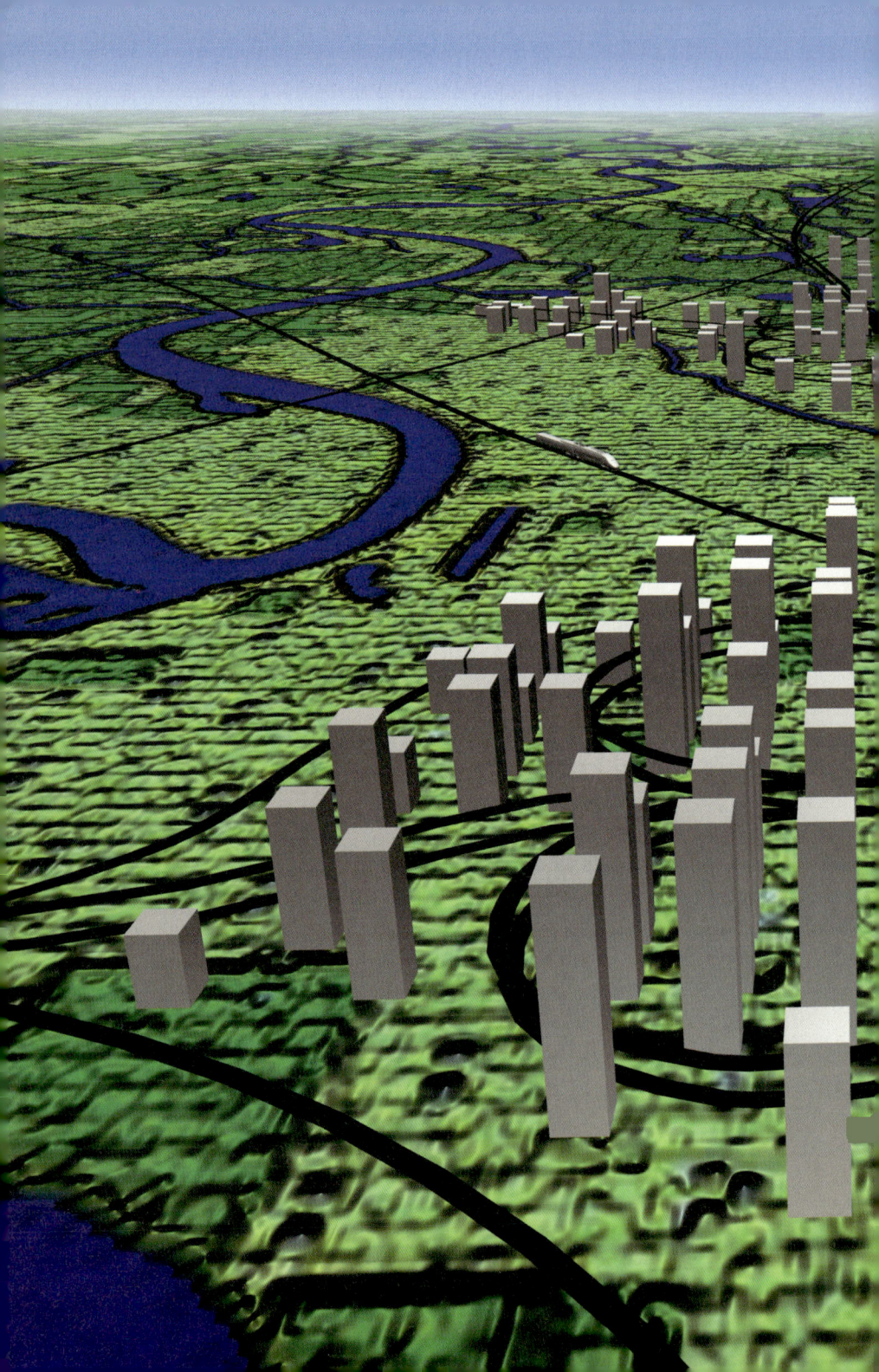

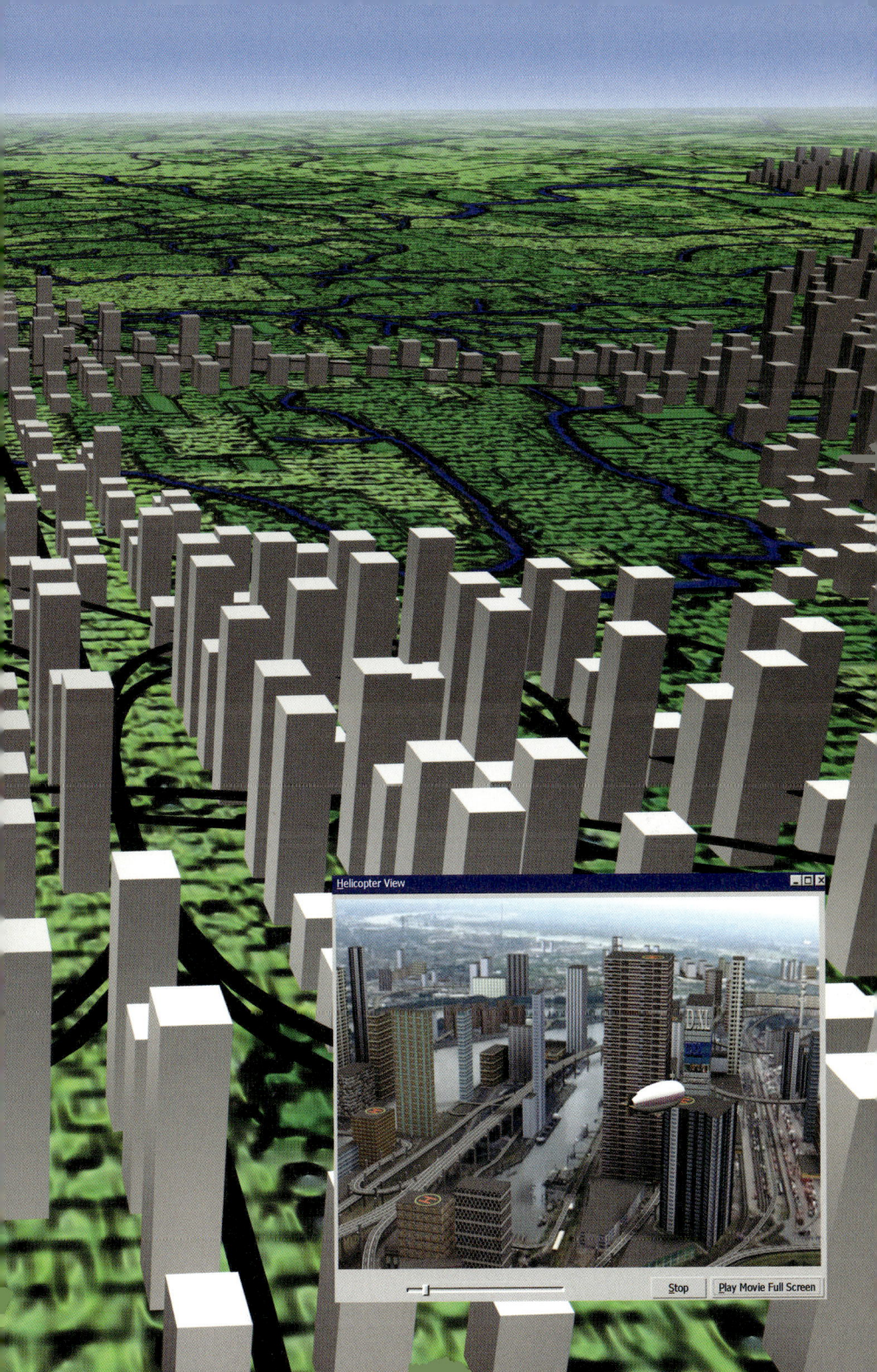

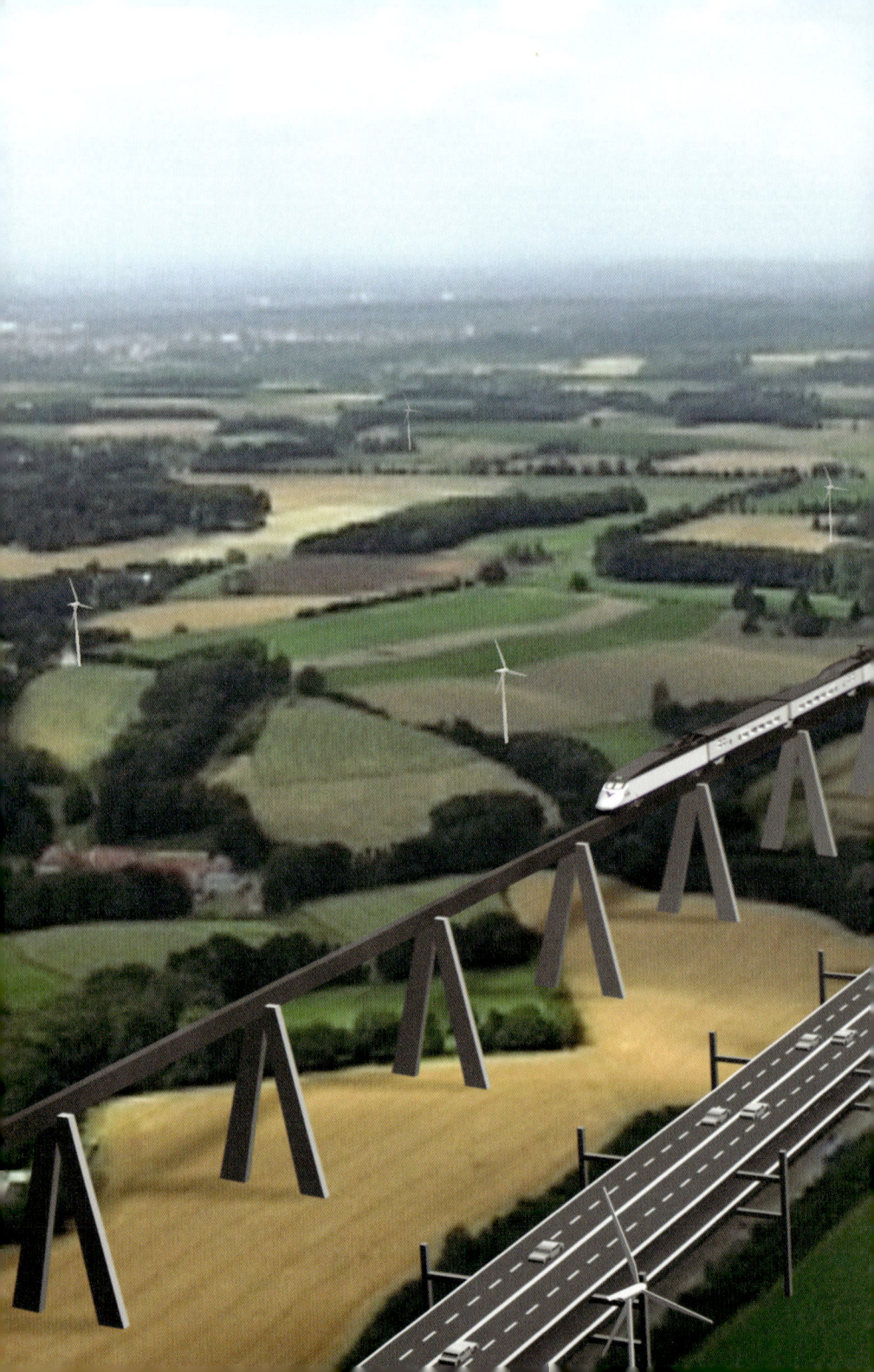

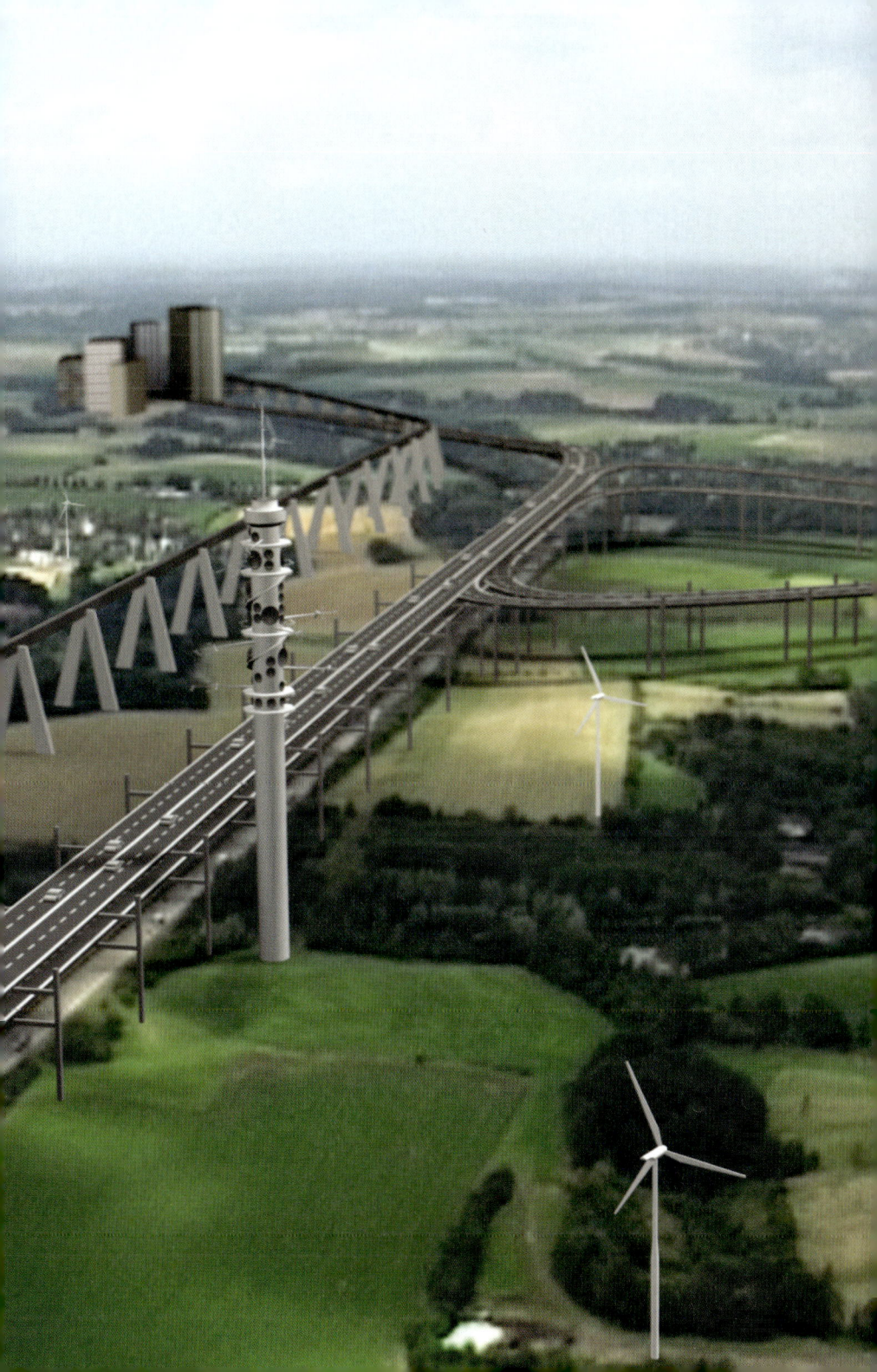

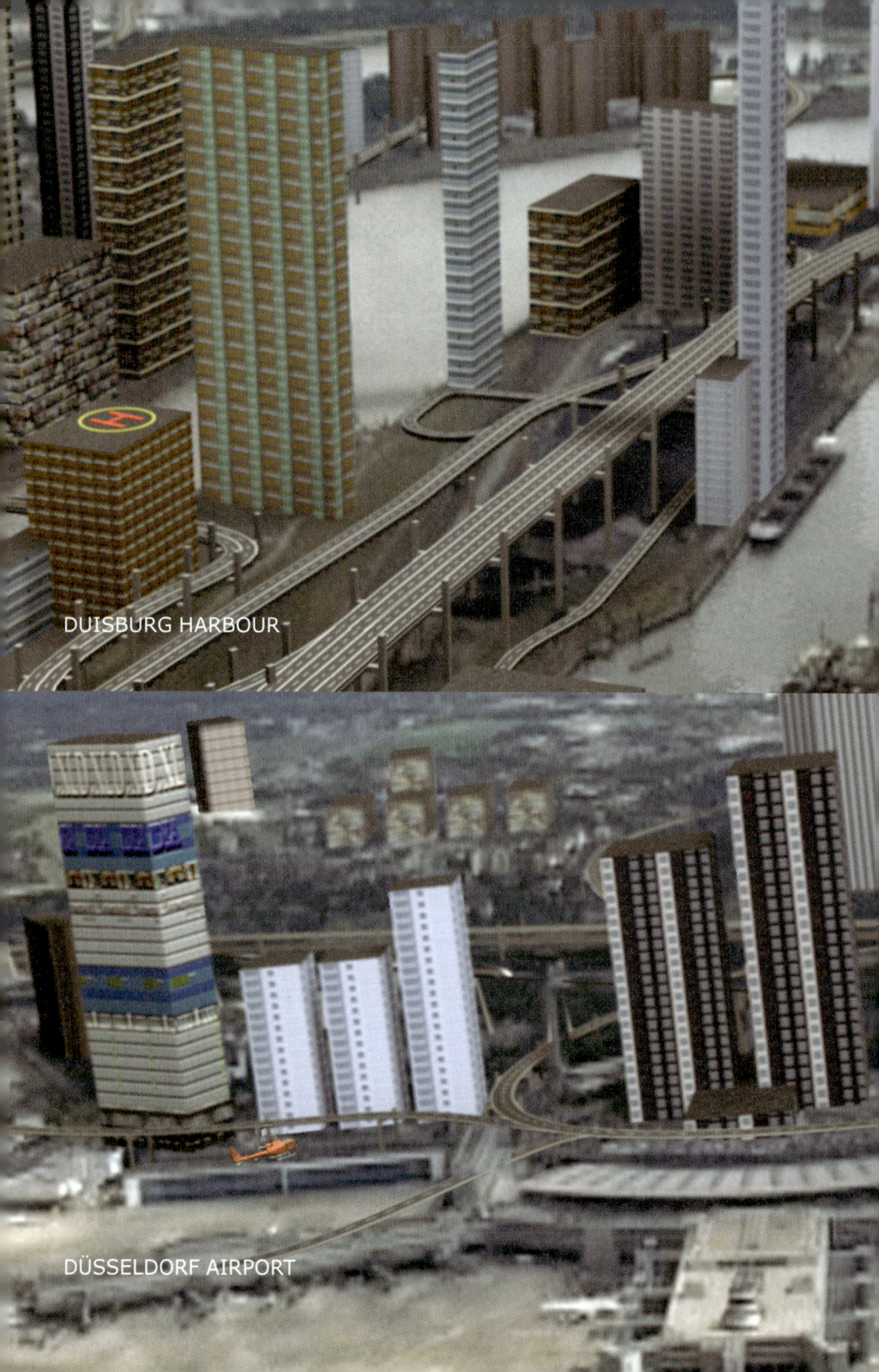

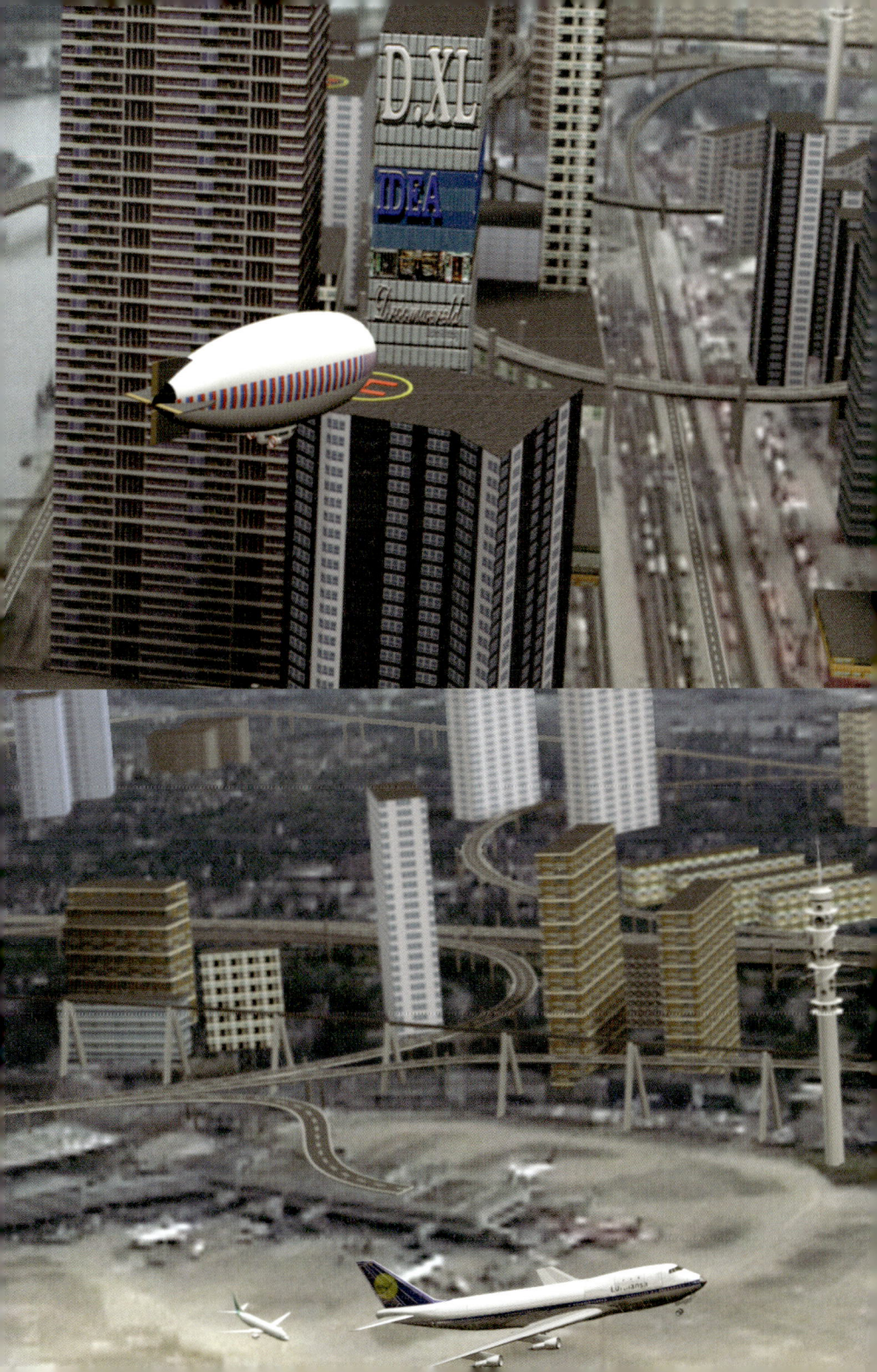

# BBDO DÜSSELDORF Rhein Central

Herzlich willkommen in Rhein Central:
Wir schreiben das Jahr 2002. Köln, Leverkusen, Düsseldorf, Duisburg haben fusioniert. Zu einer der größten Metropolen Europas. Auch wenn man es kaum glauben mag: Diese Vision ist hier und heute Wirklichkeit, und Sie stehen mittendrin. Überzeugen Sie sich mit eigenen Augen, wie faszinierend und vielseitig Rhein Central ist. Wie Stadtgrenzen und Kirchturmdenken aus globaler Perspektive verschwinden. Werbeagenturen aus der ganzen Welt haben diese Metropole sichtbar und fühlbar gemacht. Herzlich willkommen bei den Sichtweisen von:

BBDO Chicago - BBDO Düsseldorf - BBDO Moscow - BBDO Singapore - Clemenger Harvie Edge (Melbourne) - CLM/BBDO (Paris) - I&S/BBDO (Tokyo)

S.337    BBDO (Chicago):
„Rhein Central" ermöglicht Ihnen die perfekte Balance zwischen Privat- und Berufsleben. Genauso wie in allen pulsierenden Metropolen stellt die Arbeit nur eine Seite des Lebens dar. Auf der anderen Seite existieren Spaß, Humor und Unterhaltung. Also Werte, die auch in „Rhein Central" geboten werden. Nicht nur Amerikaner werden überrascht sein, was man hier alles erleben kann. Sie natürlich auch.

S.338    BBDO (Düsseldorf):
In „Rhein Central" verbinden sich viele Bestandteile zu einem großen „Gesamtkunstwerk". So werden Dinge, die einzeln eigentlich gar nicht so interessant sind, in ihrer Kombination zu etwas Großem und Einzigartigem. Eine neue Metropole mit fast unendlich vielen Angeboten ist entstanden. Auch für nach der Disco.

S.339    CLM/BBDO (Paris):
„Rhein Central" kann sich mühelos in die exklusive Liga der großen Metropolen eingliedern. Um dies deutlich zu machen, wird der Name „Rhein Central" selbstverständlich in einem Atemzug mit anderen „heißen" Städten, wie z.B. Mailand, Paris, Tokio oder New York, genannt.

S.340    Clemenger Harvie Edge (Melbourne):
„Rhein Central" ermöglicht Ihnen die Befriedigung all Ihrer Interessen. Warum? Weil Ihnen die Metropole einfach alles bietet. Sie haben den Wunsch nach Multioptionalität, wollen sich nicht einschränken lassen? In „Rhein Central" sind Sie richtig. Würden Sie nicht auch gerne mehrere Leben gleichzeitig leben?

S.341    BBDO (Moscow):
Wer auch immer Sie sind – Geschäftsmann, Student oder Hausfrau – und wo immer Sie sich aufhalten – bei der Arbeit, zu Hause oder im Restaurant –, Sie sind das Ziel von Markenbotschaften. Sie werden mit Reizen überflutet und wissen zwar, dass es Marken gibt, aber sind nicht sonderlich daran interessiert. Was Sie interessiert, sind neue, revolutionäre Produkte, die frisch auf dem Markt erscheinen, viel versprechen und alles halten.

S.342    BDO (Singapore):
Auch in „Rhein Central" findet man immer ein Stück Vertrautes. Die Region bietet mehr als nur Deutsches. Sie stellt eine europäische Metropole dar und zeigt dementsprechend auch multikulturelle Facetten. Was wünschen Sie sich heute: Altbier, Tapas oder beides?

S.343    I&S/BBDO (Tokyo):
Die Tintenzeichen „SUMI" stammen aus dem alten Japan. Wenn sie mit einem Pinsel hergestellt werden, fließen häufig Tropfen, die wiederum Linien ergeben. „Rhein Central" wirkt wie ein Magnet und erweitert so die Bedeutung der einzelnen Zeichen. „Eins" wird zu „Metropole Nr. 1", „Kreis" wird zu „Die Metropole, die alles vereint", und „Menschen" wird zu „Die Metropole, in der sich Menschen wohl fühlen". Fühlen Sie sich nicht auch wohl?

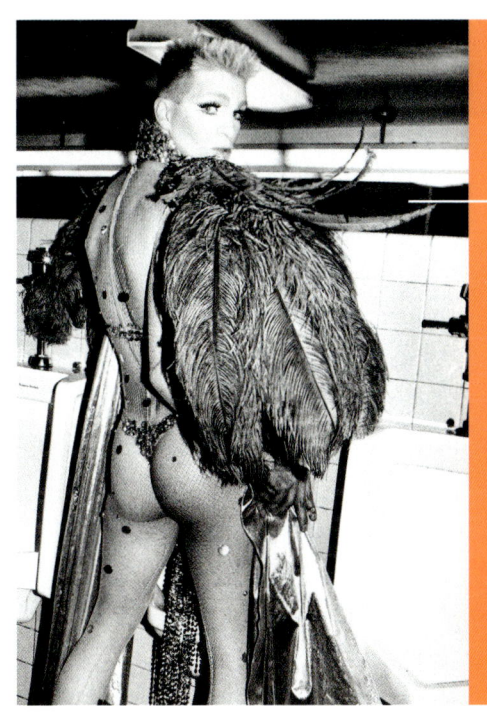

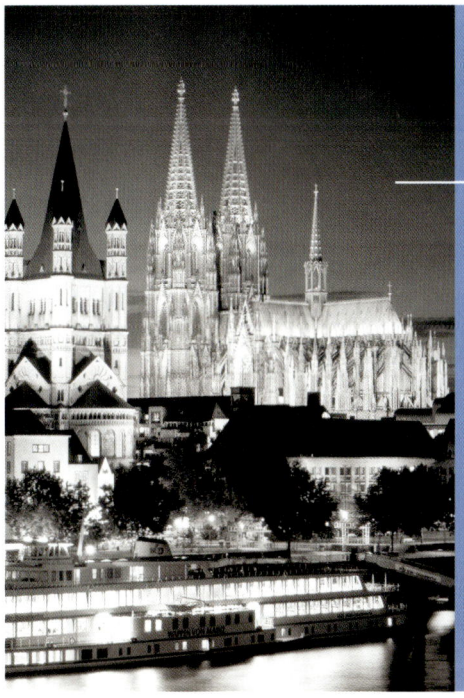

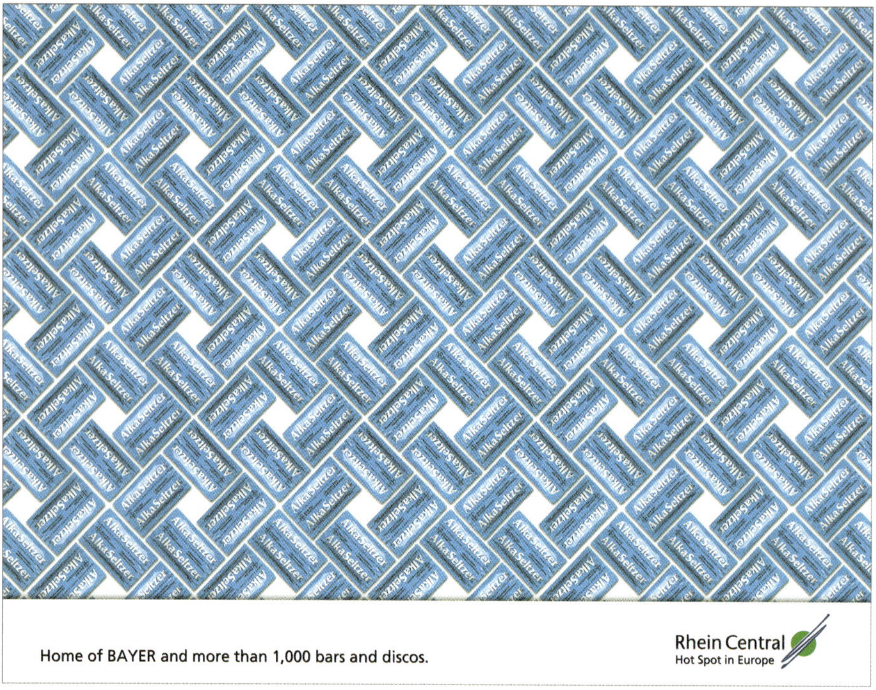

Home of BAYER and more than 1,000 bars and discos.

**Rhein Central**
Hot Spot in Europe

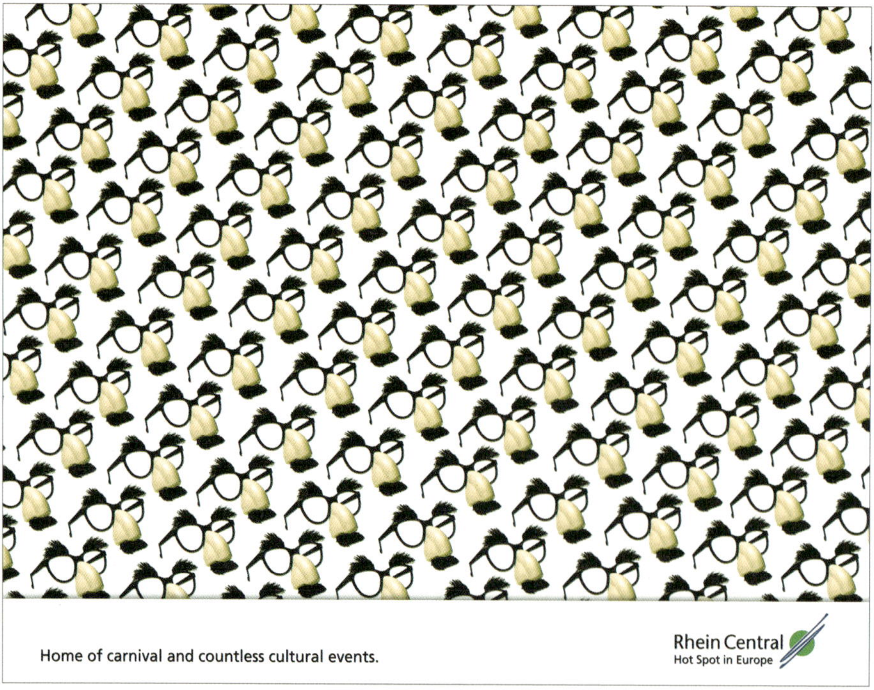

Home of carnival and countless cultural events.

**Rhein Central**
Hot Spot in Europe

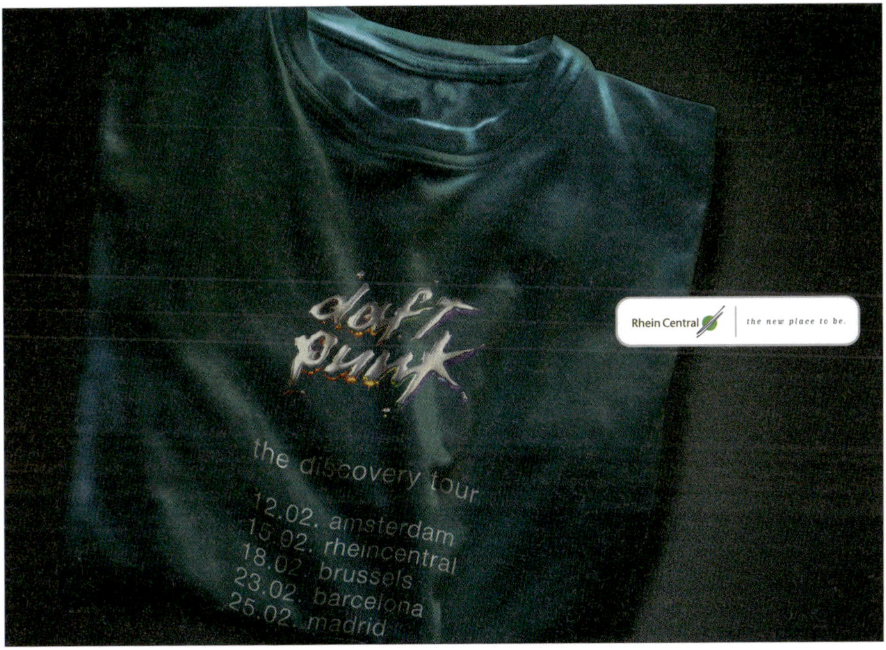

daft punk

the discovery tour
12.02. amsterdam
15.02. rheincentral
18.02. brussels
23.02. barcelona
25.02. madrid

Rhein Central | the new place to be.

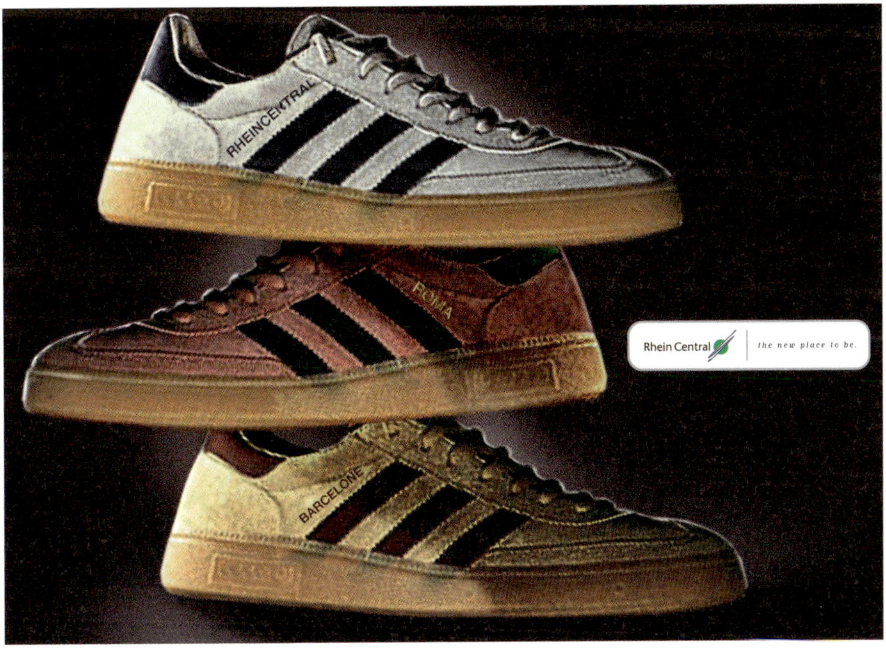

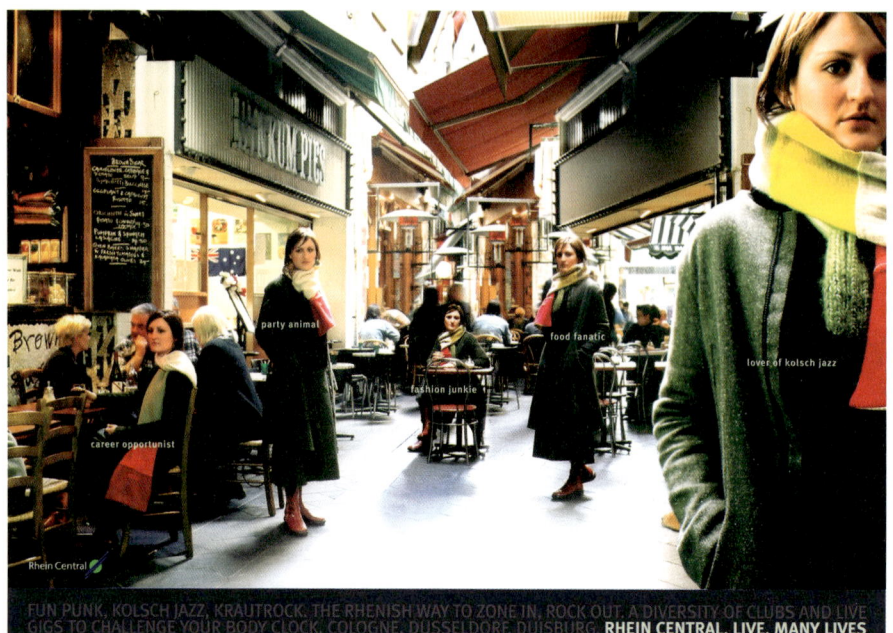

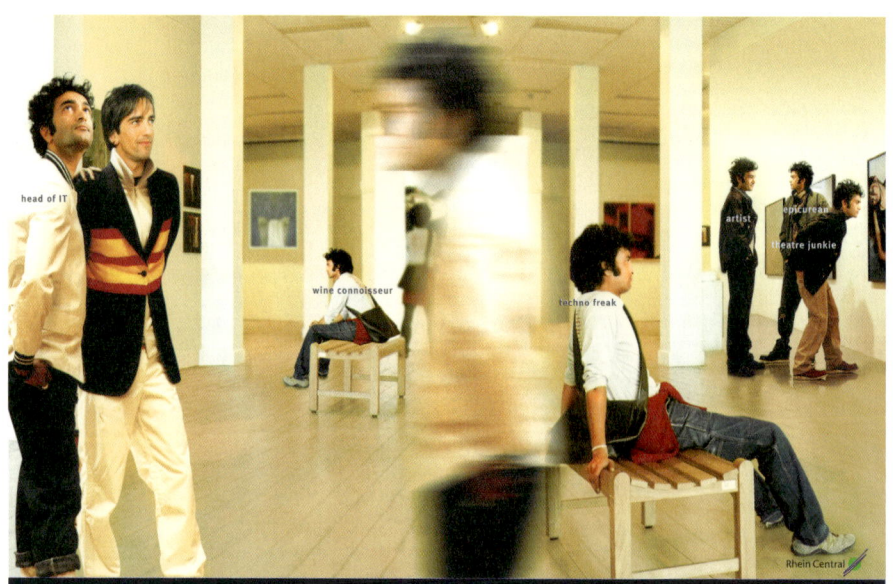

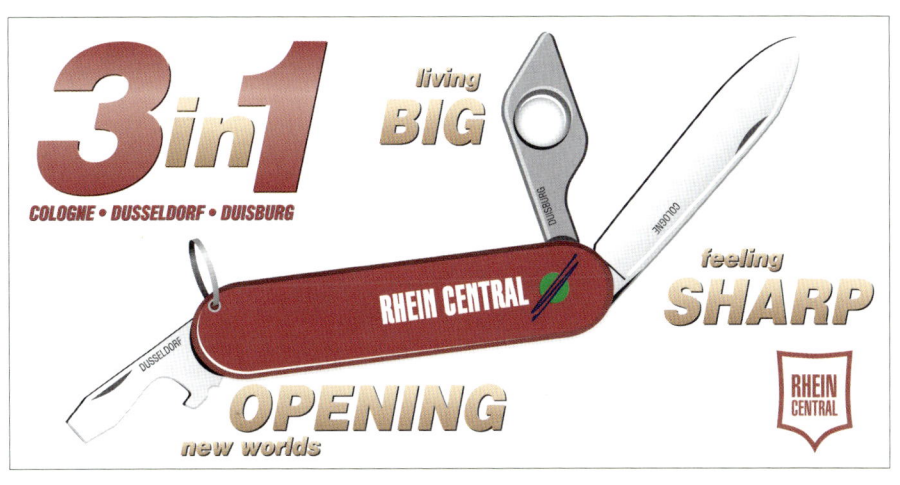

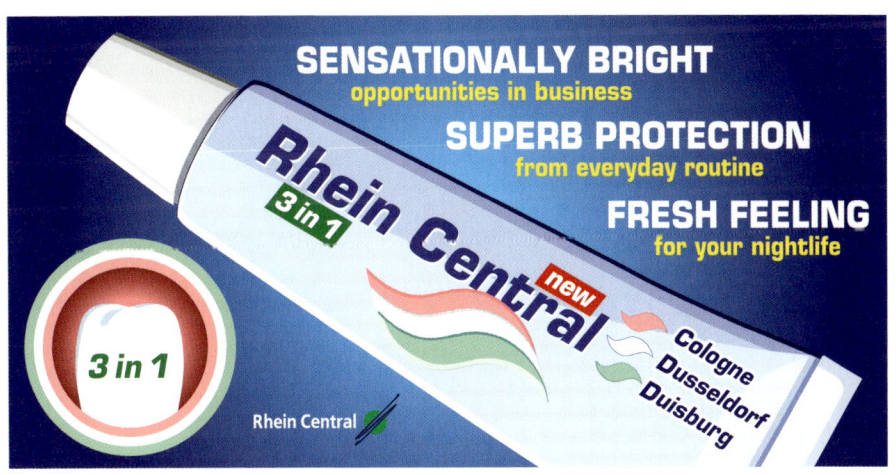

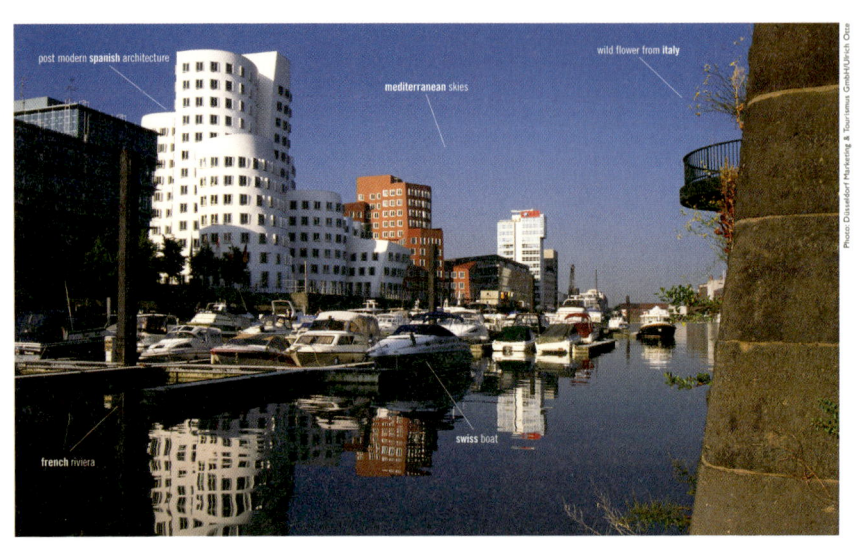

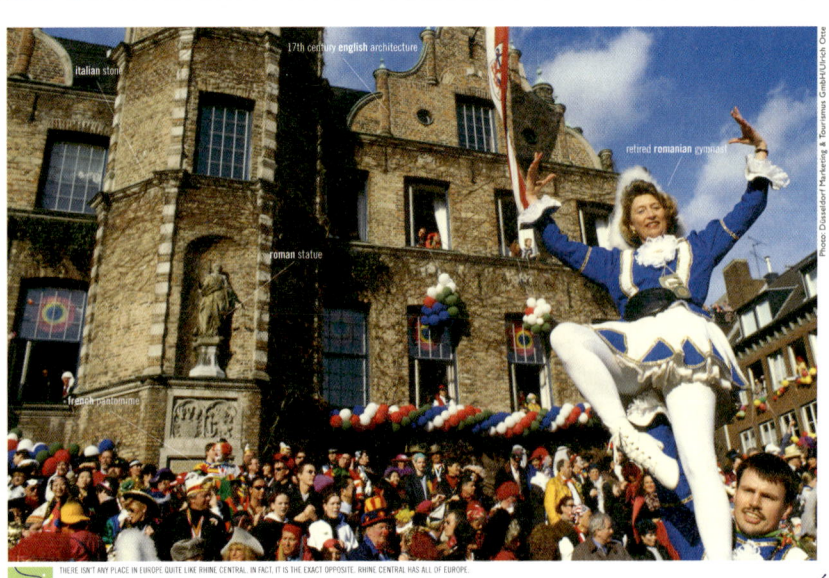

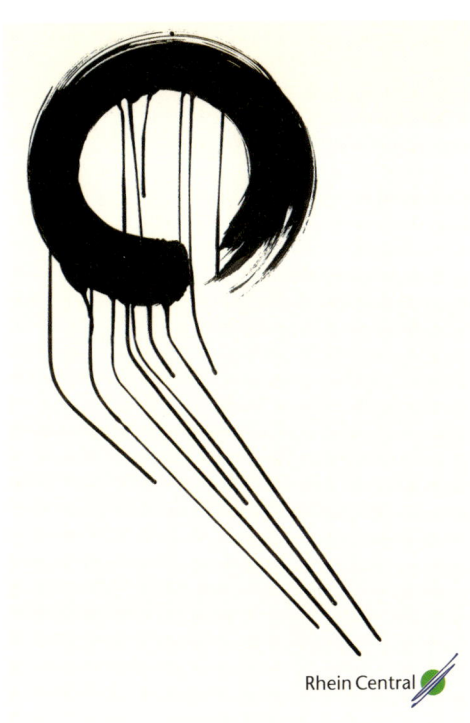

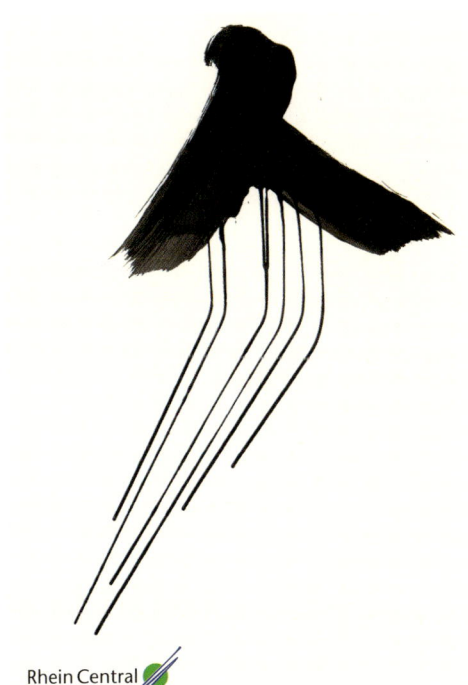

# BIBLIOGRAPHY / BIBLIOGRAFIE

Aczel, Amir D. The Mystery of the Aleph - Mathematics, the Kabbalah, and the Search for Infinity. Washington Square Press, 2000.

Baccini, Peter. Oswald, Franz (Hrsg.). Netzstadt, transdisziplinäre Methoden zum Umbau urbaner Systeme. Ergebnisse aus dem ETH-Forschungsprojekt „Synoikos – Nachhaltigkeit und urbane Gestaltung im Raum Kreuzung Schweizer Mittelland". Zürich: vdf Hochschul-Verlag an der ETH Zürich, 1998.

Banham, Reyner |1971| Los Angeles. The Architecture of Four Ecologies. Berkeley – Los Angeles – London. University of California Press, 2001.

Barbian, Jan-Pieter. Hied, Ludger (Hrsg.). Die Entdeckung des Ruhrgebiets: Das Ruhrgebiet in Nordrhein-Westfalen 1946–1996. Essen: Klartext, 1997.

Batty, Michael. Lonley, Paul. Fractal Cities. A Geometry of Form and Function. London: Acad. Press, 1994.

Beck, Ulrich (Hrsg.). Politik der Globalisierung. Frankfurt a. M.: Suhrkamp, 1998.

Becker, Heidede Becker. Jessen, Johann. Sander, Robert (Hrsg.), Ohne Leitbild? Städtebau in Deutschland und Europa. Stuttgart: Krämer, 1998.

Benz, Arthur. Fürst, Dietrich. Regionalisierung: Theorie, Praxis, Perspektiven. Opladen: Leske+Budrich, 1999.

Blotevogel, Hans Heinrich. Europäische Metropolregion Rhein-Ruhr: Theoretische, empirische und politische Perspektiven eines neuen raumordnungspolitischen Konzepts. ILS-Schriften 135. Dortmund: Institut für Landes- und Stadtentwicklungsforschung des Landes Nordrhein-Westfalen, 1998.

Bollmann, Stefan (Red.). Kursbuch Stadt: Stadtleben, Stadtstruktur an der Jahrtausendwende. Stuttgart: Deutsche Verlags-Anstalt, 1999.

Bose, Michael (Hrsg.). Die unaufhaltsame Auflösung der Stadt in die Region? Kritische Betrachtungen neuer Leitbilder, Konzepte, Kooperationsstrategien und Verwaltungsstrukturen für Stadtregionen. Hamburger Berichte zur Stadtplanung Band 9, 1997.

Campi, M. Annähernd perfekte Peripherie. Basel, Birkhäuser, 2001.

Castells, Manuel. The Rise of the Network Society. Volume 1 of The Information Age: Economy, Society, Culture. Blackwell Publishers, Oxford, 1996.

Castells, Manuel. The Education of City Planners in the Information Age. Berkley Planning Journal – Volume 12, 1998.

Castells, Manuel. The Internet Galaxy. Oxford University Press, 2001.

Chase, John. Crawford, Margaret. Kaliski, John. Everyday Urbanism. Monacelli Press, New York, 1999. Nai Publishers, Rotterdam, 2000.

De Long, David G. (Hrsg.) Frank Lloyd Wright. Die lebendige Stadt. Weil am Rhein: Vitra Design Museum, 1998.

Eaton, Ruth. Die ideale Stadt. Von der Antike bis zur Gegenwart. Berlin: Nicolai, 2001.

Garreau, Joel. Edge City. Life on a New Frontier. New York: Anchor Books, 1992.

Graafland, Arie (Hrsg.). Cities in Transition. Rotterdam: 010, 2001.

Grigg, David. Regions, Models and Classes, Integrated Models in Geography. London: Methuen University Paperbacks, 1967.

Haggett, Peter Andrew. Cliff, D. Frey, Alan. Locational Methods, London: Edward Arnold Publishers Ltd, 1977.

Hall, Peter. Civilization, A Study of Creativity in Cities Down the Ages, Weidenfeld and Nicolson, London, 1998.

Hall, Peter. Changing Geographies: Technology and Income. In: Schön, D. A., Sanyal, B., Mitchell, W. J. (ed.) High Technology and Low-Income Communities: Prospects for the Positive Use of Advanced Information Technology, 43-68. Cambridge, Mass: MIT Press, 1998.

Hall, Peter. The Future Planning of City Regions. In: Gaffikin, F., Morrissey, M. (ed.) City Visions: Imagining Place, Enfranchising People, 61-78. London: Pluto Press, 1999.

Hall, Peter. Future Urban Lifestyles. In: Bundesamt für Bauwesen und Raumordnung, Urban Future: Preparatory Expertises (Overviews) for the World Report on Urban Future for the Global Conference on the Urban Future URBAN 21, 31-40. Berlin:

Bundesamt für Bauwesen und Raumordnung (Forschungen, Heft 92). 1999.

Hall, Peter. Pfeiffer, P. Urban Future 21: A Global Agenda for Twenty-First Century Cities. London: 2000.

Ipenburg, D. Lambregts, B. Polynuclear Urban Regions in North West Europe, Delft University Press, 2001.

Ipsen, Detlev. Stadt und Land. Metamorphosen einer Entwicklung. In Hartmut Häußermann(Hg.) Stadt und Raum, Pfaffenheim, 1991.

Katz, Bruce. Reflections on Regionalism, Washington: Brookings Institution Press, 2000.

Knox, P. L. Taylor, P.J. World Cities in a World System, Cambridge University Press, 1995.

Lampugnani, Vittorio Magnago (Hrsg.). Die Architektur, die Tradition und der Ort – Regionalismen in der europäischen Stadt. Stuttgart: München, 2000.

Lerup, Lars. After the City. Cambridge – London, MIT Press, 2000.

Lootsma, Bart. Biomorphic Intelligence and Landscape Urbanism. Topos 40, European Landscape Magazine, Callway Verlag München, September 2002

Ludlow, Peter. Crypto Anarchy, Cyberstates, and Pirate Utopias, MIT Press, 2001.

Landschaftsverband Rheinland und Rheinisches Industriemuseum Oberhausen (Hrsg.). War die Zukunft früher besser? Visionen für das Ruhrgebiet, 2000.

Mattli, Walter. The Logic of Regional Integration - Europe and Beyond, Cambridge University Press, 2001.

Mitchell, W. E-topia, MIT Press, 1999.

Niethammer, Lutz. Hombach, Bodo. Fichter, Tilman. Borsdorf, Ulrich (Hrsg.). Die Menschen machen ihre Geschichte nicht aus freien Stücken, aber sie machen sie selbst. Einladung zu einer Geschichte des Volkes in NRW. Bonn, Dietz, 1984.

Noller, Prigge, Ronneberger (Hrg.). Stadt-Welt. Über die Globalisierung städtischer Milieus. Frankfurt a.M., 1994.

MVRDV. Costa Iberica. Barcelona, Actar, 2000.

MVRDV. MetaCITY / DATATOWN, Rotterdam, 010 Publishers, 1999.

MVRDV. FARMAX, Winy Maas, Jacob van Rijs, Richard Koek (eds.), Rotterdam, 010 Publishers,1998.

Noller, Peter. Prigge, Walter. Ronneberger, Klaus. Stadt-Welt. Über die Globalisierung städtischer Milieus. Die Zukunft des Städtischen. Frankfurter Beiträge Band 6. Frankfurt a.M. – New York: Campus, 1994.

Porter, Michael. The Competitive Advantage of Nations. London: Macmillian, 1990.

Portugali, Juval. Self-organisation and the City. Springer-Verlag Berlin- Heidelberg-New York, 2000.

Prigge, Walter (Hrsg.). 1998. Peripherie ist überall. Frankfurt a.M. – New York: Campus.

Rowe, Peter. Making a Middle Landscape. Cambridge, Mass.: MIT Press, 1992.

Sassen, Saskia. The Global City: New York, London, Tokyo. Princeton, New York: Princeton University Press, 1991.

Sassen, Saskia. Cities in a World Economy. California, Pine Forge Press: 1994.

Sassen, Saskia. Migranten, Siedler, Flüchtlinge. Von der Massenauswanderung zur Festung Europa. Frankfurt, Fischer: 1996.

Sassen, Saskia. Globalization and Its Discontents: Essays on the New Mobility of People and Money von New Press: 1999

Sennett, Richard. Fleisch und Stein. Der Körper und die Stadt in der westlichen Zivilisation. Frankfurt, Suhrkamp, 1997.

Sennett, Richard. Verfall und Ende des öffentlichen Lebens. Die Tyrannei der Intimität. Frankfurt, Fischer: 1998

Sennett, Richard. Der flexible Mensch. Die Kultur des neuen Kapitalismus. Btb, 2000.

Sennett, Richard. Respekt im Zeitalter der Ungleichheit. Berlin Verlag, 2002.

Schmitt, Peter. Knapp, Wolfgang. The Rhine Ruhr Area, chapter 5 in Polynuclear Urban Regions in North West Europe. D. Ipenburg and B. Lambregts, HUPS/OTB, Delft University Press, 2001.

Schrumpf, Heinz. Budde, Rüdiger. Urfei, Guido. Gibt es noch ein Ruhrgebiet? Schriften und Materialien zur Regionalforschung, Heft 6 des Rheinisch-Westfälischen Instituts für Wirtschaftsforschung Essen (RWI). Essen: RWI. 2001.

Sieferle, Rolf Peter. Rückblick auf die Natur. Luchterhand 1997.

Sieverts, Thomas Zwischenstadt. Zwischen Ort und Welt, Raum und Zeit, Stadt und Land. Braunschweig - Wiesbaden: Friedrich Vieweg, 1998.

Fuchs, Moltmann, Prigge (Hg.). Mythos Metropole, Frankfurt a.M., 1995

Sudjic, Deyan. The 100 Mile City. San Diego - New York – London: Harcourt Brace & Company. 1992.

Townsend, Anthony M. Network Cities and the Global Structure of the Internet, American Behavioural Scientist, 2001.

Vanderbilt, Tom. It's a Mall World After All. Disney, Design and the American Dream. Harvard Design Magazine, Fall 1999.

Venturi, Robert. Scott Brown, Denise. Izenour, Steven. Learning from Las Vegas. Cambridge, MIT Press, 1977.

Wachs, Martin. Crawford, Margaret. The Car and the City. Ann Arbor: The University of Michigan Press, 1992.

Wall, Ronald. World Trade Centre Network. The Hague: VROM Publishers, 2000.

Waters, Malcolm. Globalization, Routledge Publishers, London, 1995.

Wells, H.G. The Propobale Diffusion of Great Cities. In: Anticipation and other Papers, Vol. 4 of The Works of H.G. Wells, New York, 1977.

Prigge, Walter (Hrsg.). Peripherie ist überall. Frankfurt a. M. – New York: Campus, 1988.

# CREDITS / IMPRESSUM

Editor / Herausgeber
NRW-Forum Kultur und Wirtschaft
Düsseldorf
Ehrenhof 2
D-40479 Düsseldorf
Phone: ++49/211/8926681
Fax: ++49/211/8926682
www.nrw-forum.de

Author / Autor
MVRDV, Rotterdam
Postbus 63136
3002 JC Rotterdam NL
Dunanstraat 10
3024 BC Rotterdam NL
Phone:++31/10/4772860
Fax:++31/10/4773627
www.mvrdv.nl

Concept / Konzept
Winy Maas

Editing / Redaktion
Winy Maas with / mit Marc Feustel, Anton van Hoorn

Introduction / Einführung
Text: Winy Maas

Acknowledgements / Danksagungen
Text: Winy Maas

Do regions exist? /
Gibt es überhaupt Regionen?
Text: Winy Maas

Global-local / Global-Lokal
Text: Ronald Wall

What is a region? / Was ist eine Region?
Text: Ronald Wall

Interview Peter Hall
Interview: Winy Maas with Penelope Dean
Transcription / Transkription: Tihamér Hazarja Salij

Editing / Bearbeitung: Penelope Dean, Winy Maas
Image editing / Bildbearbeitung: Tihamér Hazarja Salij

Interview Bert van de Knaap
Interview: Winy Maas with Penelope Dean
Transcription / Transkription: Penelope Dean, Anton van Hoorn
Editing / Bearbeitung: Penelope Dean, Winy Maas
Image editing / Bildbearbeitung: Tihamér Hazarja Salij

Interview Saskia Sassen , Richard Sennett
Interview: Winy Maas with Penelope Dean
Transcription / Transkription: Penelope Dean, Anton van Hoorn
Editing / Bearbeitung: Penelope Dean, Winy Maas
Image editing / Bildbearbeitung: Tihamér Hazarja Salij

Why the REGIONMAKER? / Einsatzgebiete für den Regionmaker
Text: Winy Maas

Why not? / Warum nicht?
Text: Winy Maas, Manuel de Rivero

Upbeat to the Third Machine Age / Aufbruch in das dritte Maschinenzeitalter
Text: Winy Maas

Architectural Devices / Architektonische Geräte
Text: Winy Maas

The REGIONMAKER
Text: Ronald Wall
Based on studies by / Basierend auf Studien von MVRDV Rotterdam; Berlage Institute, Rotterdam; cThrough, Eindhoven

Linkages and Flowcharts /
Verbindungen und Flussdiagramme
Text: Ronald Wall, Winy Maas

Technical descriptions / Technische
Grundlagen
Text: Daniel Dekkers

The manual / Das Handbuch
Research and design / Forschung und
Design: MVRDV, Rotterdam: Winy Maas,
Jacob van Rijs, Nathalie de Vries with / mit
Marc Feustel, Ronald Wall, Manuel de
Rivero, Ana Belen Franco, Fernando
Rodriguez
Berlage Institute, Rotterdam: Iftah Arad,
Jurgen Cassaert, Sebastian Duque, Young
Wook Joung, Hara Kyriakidou, Jongsloo
Lee, Roubini Makridou, Manuel de Rivero,
Kuo-Chien Shen, Junko Tamura, Petar
Zaklanovic
tutored by / betreut von Winy Maas with / mit
Ronald Wall, Anton van Hoorn, Daniel
Dekkers; criticised by / kritisiert von Bert
van der Knaap, Roemer van Toorn, Bart
Lootsma, Vedran Mimica
Software research and design / Software
Forschung und Design: cThrough,
Eindhoven: Daniel Dekkers with / mit
George Venrooij and Kees van Overvelt

The Ruhr Area / Das Ruhrgebiet
Text: Marc Feustel

Interview Minister Dr. Michael Vesper
Winy Maas and / und Pablo Molestina
Transcription and editing / Transkription und
Bearbeitung: Tihamér Hazarja Salij

Interviews Mayors / Bürgermeister
Dr.Michael Köhler
Transcription and editing / Transkription und
Bearbeitung: Tihamér Hazarja Salij

Interviews Residents / Bewohner
Tihamér Hazarja Salij with / mit Willem de
Kooning Academy, Rotterdam
Transcription and editing / Transkription und
Bearbeitung: Tihamér Hazarja Salij

Observations / Beobachtungen
Text: Tihamér Hazarja Salij

RRC and the REGIONMAKER /
RRC und der REGIONMAKER
Text: Ronald Wall

And now? / Und jetzt?
Text: Winy Maas

Scenarios / Szenarien
Text: Winy Maas with / mit Anton van
Hoorn, Manuel de Rivero
Research and design / Forschung und
Design: MVRDV, Rotterdam: Winy Maas,
Jacob van Rijs, Nathalie de Vries with / mit
Marc Feustel, Ronald Wall, Anton van
Hoorn, Arjan Harbers, Penelope Dean, Ana
Belen Franco, Fernando Rodriguez, Manuel
de Rivero, Sophie Troch, Theo Deutinger,
Tihamér Hazarja Salij, Marc Drewes
Animations / Animationen:
Wieland+Gouwens, Rotterdam: Eline
Wieland and Mariono Gouwens
Software research and design / Software
Forschung und Design: cThrough
Eindhoven: Daniel Dekkers with / mit
George Venrooij, Kees van Overvelt

Universities / Hochschulen
Coordination: Henrik Sander, MVRDV:
Marc Feustel

RWTH Aachen: Prof. Kunibert Wachten,
Dipl. Ing. Rolf Westerheide, Dipl. Ing. Ivo
Krings
Students / Studenten: Marc Drewes, Barbara
Koller, Monika Koenig, Rafael Jasniak,
Gesine Junker, Christoph Blana, Linn
Runkel, Edith Buchholz, Kerstin Roterberg,
Hanno Ehrbeck, Anne Quack, Lutz Langer,
Stefanie Weitenberg, Chiara Derenbach,
Nadine Waluga, Jonas Lencer, Semra Ugur,
Nina Küpers, Tina Kortmann

BTU Cottbus: Prof. Heinz Nagler, Dipl. Ing.
Christoph Heinemann, Dipl. Ing. Christoph
Wessling
Students / Studenten: Rico Fuchs, Ramona
Theuergarten, Ines Triebel, Lars Eisermann,
Katrin Schamun, Katja Beck, Julia Grahl,

Meike Sasse, Regina Förster, Kai Giesler, Romy Wildgrube, Yvonne Mlosch, Sandra Trelle
BU Wuppertal: Prof.Dr. Michael Koch, Dipl. Ing. Henrik Sander
Students / Studenten: Martin Dreyer, Mohamed Elfezazi, Miriam Erbacher, Till Heinz, Marcia Krieger, Barbara Opitz, Antonio Pinca, Marius Puppendahl, Adeline Seidel, Nele Vogelsang

Universität Dortmund: Prof.Dr. jur. B. Davy, Dipl. Ing. Stefanie Bremer
Students / Studenten: Holger Aumann, Britt Bergholter, Sven Demuht, Cindy Elsner, Ursula Fieg, Petra Fischer, Anna Hemken, Carsten Ibsch, Stephanie Kahrau, Sandra Koch, Kai Kröger, Silke Lorenz, Constanze Schlemo, Frank Schulz

Fachhochschule Köln: Prof. Uta Brandes, Prof. Michael Erlhoff, Dipl. Des. Kathrin Spohr
Students / Studenten: Urs Böswetter, Matthias Eylers, Denise Laser, Mayke Hofer, Berti Roling, Maxim Kremyanski, Kyoko Kanaka-Nettesheim

Fachhochschule Düsseldorf: Prof. Pablo Molestina
Students / Studenten: Diana Berg, Beate Bischofberger, Tim Callies, Dominic Derks, Lea Först, Melanie Gorris, Julia Gross, Claudia Hassels, Jessica Hucken, Susanne Karrasch, Kerstin Kimpeler, Claudia Klages, Mirko Krause, Markus Lüdtke, Mario Manuele, Ceren Meissner, Mirjam Niemeyer, Colin Raymond, Miriam Reuter, Christian Schönthaler, Vanessa Schulzki, Sebastian Steingen, Christiane Tielsch, Torsten Urbschat, Tanja Weidenbusch, Peter Westhoff, Stefan Winkelmeyr

Design Academy Eindhoven: Prof. Frans Partesius, Timo Breumelhof
Students / Studenten: Eric Klarenbeek, Merel Karhof, Hideo Nakayasu, Maartje Dros, Jesper Tarnoe, Kathi Stertzig, Susanne Happle, Gwen Huskens, Sarah van Gameren, Mareike Gast, Sara de Boer

TU Eindhoven: Ir. Carolien Ligtenberg, Bart de Zwart
Students / Studenten: Rolf van Boxmeer, Thijs Linmans, Lydia Fraaye, Menno Geenen, Mikael Stenqvist, Michael Pape, Joana Couto, Pablo Lopez, Jorge Moreno, Alessandra Dorn, Barbara Croonenberg, Manolo Gentil

Design / Gestaltung
MVRDV, Rotterdam: Roddy MacMahon, Anton van Hoorn with / mit thonik, Amsterdam: Thomas Widdershoven

Layout and typesetting / Herstellung und Satz
MVRDV, Rotterdam: Roddy MacMahon

Translations / Übersetzungen
Lutz Lewis Gropp, Marc Joubert, Lori McKenzie, Sven Thorissen

**EXHIBITION / AUSSTELLUNG**
NRW-Forum Kultur und Wirtschaft
Düsseldorf
Ehrenhof 2, D-40479 Düsseldorf
www.nrw-forum.de

Vorstand
Heide Broll, Dr. Arnim Brux, Rudolf J.
Grospitz, Hans-Heinrich Grosse-Brockhoff

Kuratorium
Joachim Erwin (Vorsitzender), Ernst
Schwanhold (Stellvert. Vorsitzender), Georg-Wilhelm Adamowitsch, Hans-Georg Crone-Erdmann, Gisela Johanne Fuchs, Wolfgang Kamper, Dr. Thomas Köster, Manfred Kronen, Wilhelm Moog, Manfred Morgenstern, Edgar Schwickert, Herbert Vogt

Ausstellungsmanagement
Projects GmbH (Petra Wenzel, Werner Lippert)

Geschäftsführung Michael Bützer

RHEINRUHRCITY.
Die Unentdeckte Metropole - The Hidden Metropolis
16. 11. 2002 - 16. 02. 2003

Organisation / Management
Petra Wenzel, Werner Lippert
Projects GmbH
Humboldtstr. 22
D – 40237 Düsseldorf
Phone: ++49/211/9660036
Fax: ++49/211/9660035
info@projects.ag

Concept / Konzept
MVRDV: Winy Maas

Coordination / Projektleitung
MVRDV: Marc Feustel

Construction / Aufbau
Leister GmbH: Martin Zimny

Film / Animation
Wieland+Gouwens, Rotterdam: Eline Wieland and Marino Gouwens

Music / Musik
musikFabrik - Ensemble für Neue Musik
Mit freundlicher Unterstützung von Arabel von Karajan

Printed by / Gesamtherstellung
Dr. Cantz'sche Druckerei, Ostfildern-Ruit

© 2002 Hatje Cantz Verlag, Autoren und Fotografen / authors and photographers
© 2002 für die abgebildeten Werke bei den Künstlern / for the reproduced works by the artists

Erschienen bei / Published by
Hatje Cantz Publishers
Senefelderstraße 12
73760 Ostfildern-Ruit
Deutschland / Germany
Phone: ++49/(0)711/4405-0
Fax: ++49/(0)711/4405-220
www.hatjecantz.de

Vertrieb / Distribution in the US
D.A.P., Distributed Art Publishers, Inc.
155 Avenue of the Americas, Second Floor
USA-New York, N.Y. 10013-1507
Phone: ++1/212/6271999
Fax: ++1/212/6279484

ISBN 3-7757-1200-3

Printed in Germany

Umschlagabbildung / Cover illustration
MVRDV: Screenshot Regionmaker

Supported by / Gefördert von

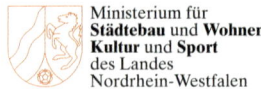

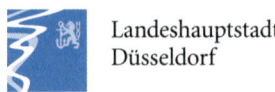

Partners / Partner

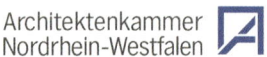

Mediapartners / Medienpartner

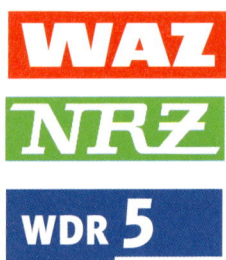